百越研究

百越民族史研究会第十九次年会暨成立四十周年研讨会论文集

主　编　段　勇　高蒙河
执行主编　曹　峻

第六辑

图书在版编目(CIP)数据

百越研究. 第六辑,百越民族史研究会第十九次年会暨成立四十周年研讨会论文集／段勇,高蒙河主编；曹峻执行主编. —上海：上海古籍出版社，2023.11
ISBN 978-7-5732-0937-5

Ⅰ.①百… Ⅱ.①段… ②高… ③曹… Ⅲ.①百越—民族文化—中国—学术会议—文集 Ⅳ.①K289-53

中国国家版本馆CIP数据核字(2023)第208090号

百越研究（第六辑）

百越民族史研究会第十九次年会
暨成立四十周年研讨会论文集
主　　编　段　勇　高蒙河
执行主编　曹　峻
上海古籍出版社出版发行
（上海市闵行区号景路159弄1-5号A座5F　邮政编码201101）
（1）网址：www.guji.com.cn
（2）E-mail：guji1@guji.com.cn
（3）易文网网址：www.ewen.co
上海丽佳制版印刷有限公司印刷
开本787×1092　1/16　印张16.5　插页4　字数311,000
2023年11月第1版　2023年11月第1次印刷
ISBN 978-7-5732-0937-5
K·3506　定价：98.00元
如有质量问题，请与承印公司联系

百越民族史研究会第十九次年会暨成立四十周年纪念研讨会留影

2020 年 11 月 14 日

序 一

段 勇

2020年深秋时节，由百越民族史研究会和上海大学共同举办的"百越民族史研究会第十九次年会暨成立四十周年纪念研讨会"，在阳光明媚、满园菊香的上海大学宝山校区隆重召开。来自全国各地数十家高校及科研院所的近百名专家学者，或光临现场，或云端遥聚，共襄盛举。

百越民族史研究会自1980年创办以来，已经走过四十载寒暑，经过几代学人的不懈努力，研究会在百越民族的历史渊源、支系分布，与中原华夏汉民族互动融合，与东南亚、太平洋、南岛语族等海洋文化关系，与当代华南、东南民族的历史联系等方面，取得了丰硕的研究成果，为全面深刻把握中华民族多元一体格局的形成进程，探索中华文明多元起源与融合的历史做出了重要的贡献。

上海位居东南，与江、浙、赣、皖、闽、粤等的联系都十分密切，上海大学考古文博学科参与到百越民族的历史、考古、风俗、文化等研究之中，可以说责无旁贷。早在1922年，在国共合作的背景下成立的上海大学作为中国共产党创办的第一所正规大学，就培养了一大批有识之士。1983年上海大学复办，1994年合并组建新上海大学，在教学科研等方面更走上新的征程。今天的上海大学一共有五千员工，四万全日制学生，学科门类齐全，发展势头良好，是"211工程"重点建设高校，也是一流学科群的建设高校，连续四年在QS排行榜上位列中国大陆高校第16位。近年来我们努力提升考古文博的学术水平，结合自身的优势和特点在考古、文物保护、博物馆三个领域积蓄力量，也取得了一定的成绩。这次与百越史研究会联合举办年会，就是我校大力支持考古文博学科发展的重要举措。为了配合本次年会的召开，上海大学博物馆还在萧山博物馆的支持下，同期策划举办了"越风悠悠——萧山越文化文物展"，取得很好的效果。

作为我校考古文博学科的一次努力和重要工作成果，《百越研究》（第六辑）即百越史研究会十九次年会论文集即将出版，期待各位专家学者同仁继续给予我们大力支持和帮助。从某种意义上可以说，此次百越民族史研究会年会暨"越风悠悠"文物展，是我们努力建设中国特色、中国风格、中国气派考古学的一次治学实践。我们相信,在中国百越民族史研究会的带领下,百越史研究一定会取得更多、更大、更好的成绩,上海大学也将为此作出自己应有的贡献。

序　　二

在百越民族史研究会第十九次年会暨百越民族史研究会
成立四十周年纪念研讨会开幕式上的致辞

高蒙河

女士们、先生们，大家好！

百越民族史研究会第十九次年会暨成立四十周年纪念研讨会，经过积极的筹备和大家的支持，今天在上海大学开幕了。

本次会议在上海召开，正值浦东开发开放30周年之际，并且得到了上海大学的大力支持！在这样的时刻，首先，让我们用热烈的掌声向支持本次年会的主办方之一的上海大学段勇副书记、向承办此次年会的上海大学文学院院领导、同志们表示衷心的感谢！同时，我们也要对为本次年会举办"越风悠悠"越文化主题展览付出辛劳的浙江省萧山区博物馆和上海大学博物馆、对为我们会议安排考古现场考查观摩的上海博物馆考古研究部等单位，表示深深的谢意！再次，我还要向具体筹办会议的筹备组全体成员表达敬意，感谢你们的辛勤付出！

百越民族是活跃于中国南方及东南亚等地的古代民族。因为支系众多，故称"百越"，他们以鲜明的民族特色、深厚的历史底蕴、丰富的文化内涵，对中国历史的发展产生了深远影响，引起了世人的关注。开展百越文化研究，对于探讨中华民族多元一体格局的形成和中国文明多元起源与融合的进程具有非常重要的历史价值和当代意义。

百越民族史研究会成立于1980年6月，是由民政部批准成立的全国性一级学会，秘书处挂靠在厦门大学。四十年来，百越民族史研究会开展了一系列富有成效的工作。目前，本研究会已成功举办了十九次学术研讨会，出版了《百越民族史论集》《百越研究》等15本文集及一批专题论集、专著，极大地促进了百越文化研究的发展。四十年来，中国百越民族史研究会作为一个为广大学者提供学术交流与研究的平台，在很多领域，取得了不少具有重要影响的学术成果：

1. 百越史研究的学术史与方法论。
2. 百越民族的概念、源流。

3. 百越的社会、经济与文化。

4. 南岛语族与百越海洋文化关系。

5. 当代华南各族文化的民族学研究。

6. 百越民族史与相关学科的关系。

多年来的百越民族史研究实践和历程表明，百越史研究越来越多地出现了不同专题、不同学科、不同层面、不限于国内的具有国际性的视野的格局，不断呈现出新时代的新局面和新气象。

回顾百越民族史的研究历史，其实远远不止学会成立以来的这四十年。我记得本研究会的老会长蒋炳钊先生2004年在武夷山举办的第十二次学术年会上，发表了《百年回眸——20世纪百越民族史研究概述》一文，那次年会我也参加了，曾倾耳听他系统回顾、梳理和总结了20世纪百越民族史研究从筚路蓝缕之初到本世纪取得的成果。他把从1920年前后开始的百越民族史研究分为四个阶段，即解放前、解放后前30年、改革开放后20年，以及展望21世纪的百越史研究。

而今，21世纪已经进入到了2020年，百越民族史的研究已经走过了一百年的历程。今天我们齐聚一堂，就是要在百越民族史百年研究的背景下和学会这四十年走过的历程中，回顾和重温百越史研究的那些前辈、那些事件、那些成果、那些贡献，交流新世纪以来的发现创新和研究创新的心得，继续为百越文化史、百越文化遗产的发现和研究、保护和利用、弘扬与传承，共襄盛会，再启百年新征程。

本次会议的主题即为百越研究史的过去、现在和未来，议题包括但也不限于以下几个方面：首先是我们研究会长久以来的核心议题，即上面提到的有关百越民族的概念、族属及其分支，百越的文化，百越文化与西南夷以及东南亚、南亚等地的文化交流等相关问题。其次，今年我们的会议在上海召开，有关吴越和江南的研讨也是专题之一。再次，四十年再出发，还有哪些百越文化史料和遗产需要我们去爬梳和发掘，需要我们去研究和保护，需要我们去弘扬和传承，也是这次会议的主要议题。

我们做百越民族史的研究，需要进一步打开学术视野和学科视野。我记得在2018广西南宁召开的第十八次年会上，我们曾以百越文化遗产为主题，表明文化遗产这一具有时代特征的新兴领域也扩大到我们的研究范畴中来了。换言之，我们今天召开的这次会议既要遵循以往百越文化的研究传统，又要守正创新，既强调民族学、历史学、考古学、语言学、人类学、宗教学等一些老学科的跨学科整合，又要加强与科学技术、景观学、规划学、传播学、教育学、管理学等学科的合作，充分体现跨学科研究在百越史研究上的潜力，这代表了我们百越民族史研究会今后的发展方向，会加快实现我们发现和研究的成果转化，服务于党和国家文化发展的大战略,更好和全面地推进百越文化的发现、研究、保护、利用和传承。

本次年会在上海举办,正值浦东开发开放30周年之际,前天,习总书记亲临上海,出席浦东开发开放30周年庆祝大会并发表重要讲话,指出要抓住机遇,乘势而上,彰显四个自信,更好地向世界展示中国理念、中国精神、中国道路。希望本届年会与学习贯彻习近平总书记考察上海重要讲话精神结合起来,展现百越民族史研究在建设社会主义现代化国家的新使命、新作为和新气象,将百越民族史的学术研究推向一个新的高度。

最后,我还要感谢前来现场参会和线上参会的朋友们,有大家的积极参与、广泛交流,我相信这届年会一定会取得新的成果!祝与会的朋友们,共享百越民族史研究成果带给我们的学术快乐、文化享受和使命担当!

预祝本次会议取得圆满成功!

目　　录

序一 ·· 段　勇（ 1 ）
序二 ·· 高蒙河（ 1 ）

骆越铜鼓研究的回顾 ······································· 蒋廷瑜　彭书琳（ 1 ）
越国早期史地探索 ··· 林华东（ 7 ）
闽越族群的来源以及相关问题的探讨 ····················· 杨　琮（ 14 ）
构造地质学视角下的百越文化起源新探 ················ 张经纬（ 22 ）
越和疍的语源及在海交史上的地位 ························ 周运中（ 30 ）
古越语视野下的"朱方""丹徒"地名释义 ··············· 高逸凡（ 45 ）
再论"徐人入越" ·· 齐韶花（ 53 ）
越王勾践徙都琅琊事辨析 ······································ 孟　鑫（ 65 ）
吴越相争的史事书写与文本生成
　　——从清华简《越公其事》人物形象异构说起 ·········· 谢雨环（ 81 ）
萧山老虎洞遗址出土玉石加工工具及相关问题的初步认识
　　·· 曹　峻　杨金东　崔太金（ 96 ）
环太湖地区与中原地区的考古学文化交流（BC 2000~BC 1000） ········ 秦超超（111）
吴越地区出土錞于整理与研究 ······················ 张　帅　张闻捷（127）
浙江出土汉六朝熏炉初步研究 ································ 杨金东（150）
从考古发现探讨灵渠的开凿及秦汉时期桂北与中原的交流融合 ········ 周有光（168）
中古时期越地的水利建设
　　——以两浙为例 ·· 宋　烜　宋绎如（180）
黎族地区的自然灾害及其防御方法
　　——基于20世纪50年代调查资料的研究 ··············· 王献军（201）
古高凉俚僚人的历史担当和贡献
　　——以隋谯国夫人冼夫人家族历史作为为例 ·········· 戴国伟（222）

薪火相传
——百越民族史研究会第十九次年会暨成立四十周年纪念研讨会在上海召开 ………………………………………………………………………… （230）
百越民族史研究会第十九次年会暨成立四十周年纪念研讨会纪要 ………… （236）
"越风悠悠——萧山越文化文物展"在上海大学博物馆隆重开幕 …………… （247）

编后记 ……………………………………………………………………………… （255）

骆越铜鼓研究的回顾

蒋廷瑜　彭书琳

(广西壮族自治区博物馆　广西文物保护与考古研究所)

骆越是百越民族中一个重要方国,活跃在岭南以广西南部为中心的地区,广东东部、海南、贵州西南部、云南东南部及越南北部都是其活动范围。骆越铜鼓就是从战国到汉晋时期骆越人及其后裔铸造和使用的铜鼓。

骆越铜鼓一词最早见于《后汉书·马援列传》。《马援列传》说:马援"于交趾得骆越铜鼓"。自《后汉书·马援列传》以后,有关骆越铜鼓的记载史不绝书,正史、野史、地方志、笔记小品、诗词歌赋,真可谓"汗牛充栋"。

清乾隆十四年(1749年)编纂《西清古鉴》大型文物图集时,开始收入古代铜鼓,在第一鼓之后说:"大抵两川所出为诸葛遗制,而流传于百粤群峒者则皆伏波为之。"意思是说,四川、云南、贵州所出的铜鼓是诸葛亮遗留的,广东、广西百粤群峒所出的铜鼓则是伏波将军马援制作的。该书把铜鼓作了地区划分,西南地区的铜鼓是一个类型,岭南地区的铜鼓是另一个类型。马伏波征交趾所获铜鼓正是"百粤群峒所出"的铜鼓,即骆越铜鼓。嘉庆时广西巡抚谢启昆作《铜鼓歌》说"骆越家家宝此物,以禳灾眚祈神明";谭熙龄《铜鼓滩》诗说"相传铜鼓骆越器,新息征蛮覆武功",说的正是骆越铜鼓。

中国是世界上铸造、使用铜鼓历史最长,保存铜鼓数量最多的国家,也是拥有铜鼓历史文献最丰富的国家。从很早的时候起,中国学人就注意搜集和研究铜鼓了。唐宋以来,流寓南方边陲的文人学者,已把铜鼓写入诗文。宋人方信孺《南海百咏》咏南海神庙铜鼓曰:"石鼓嵯峨尚有文,旧题铜鼓更无人。宝钗寂寞蛮花老,空和楚歌迎送神。"清嘉庆广西巡抚谢启昆在编修《广西通志》时作《铜鼓考》,搜集了大量铜鼓文献,进行了综合研究。道光年间,罗士琳著《晋义熙铜鼓考》,对有"义熙"铭文的一面铜鼓进行了精辟的考释。也就在这时,有关铜鼓的诗词轰然而起,洋洋洒洒到处唱和。此期间,各地编纂的地方志也常有铜鼓的记载,为以后研究铜鼓的分布、收藏和流传,留下许多宝贵资料。

骆越铜鼓很早也引起国外学者的关注。1902年德国学者弗朗茨·黑格尔(Franz

Heger)出版《东南亚古代金属鼓》,把当时所见165面铜鼓分为四个基本类型和三个过渡类型,骆越铜鼓被归在Ⅰ型和Ⅱ型,他认为Ⅰ型是铜鼓的基础类型,其他类型铜鼓都是从这一类型铜鼓发展而来的。

第一次世界大战以后,法属越南在河内设立远东博古学院,成为世界研究铜鼓的重要基地。1918年,法国学者巴门特(H. Parmentier)在《法国远东博古学院集刊》发表《古代青铜鼓》,于黑格尔著作之外,追加漏载的铜鼓23面,使当时所知铜鼓增至188面。20世纪30年代初期前后,法国学者戈露波(V. Goloubew)发表《北圻和北中圻的铜器时代》和《金属鼓的起源及传播》等论文,根据越南东山遗址出土的汉代遗物,确定东山铜鼓(黑格尔Ⅰ型)的年代为公元1世纪中后期,对铜鼓铸造的年代和铜鼓铸造工艺的来源作出新的解释。1932年,奥地利学者海涅·革尔登(Rodert Heine-Celdern)发表了《印度支那最古金属鼓的由来及意义》,认为铜鼓是东南亚各民族普遍存在的宝物之一,其用途不仅限于葬仪和祭祀祖先。此后巴门特、高本汉(B. Karlgren)、居勒尔(U. Gueler)、来维(Paul Levy)等人,又发表了不少研究铜鼓的文章。关于铜鼓的起源仍争辩不清,他们只知道公元前后中国南方确已使用铜鼓,其出自汉民族之手还是少数民族之手,仍无定说。

第二次世界大战之后,日本学者研究铜鼓的兴趣逐渐浓厚起来,先后发表过日野岩《关于马来联邦巴生出土的铜鼓》(1958年)、市川健二郎《青铜鼓的起源》(1958年)、冈崎敬《石寨山遗迹与铜鼓问题》(1962年)、梅原末治《南亚的铜鼓》(1962年)、松本信广《古代稻作民宗教思想之研究——通过古铜鼓纹饰所见》(1965年)。他们主要依靠西方学者发表的资料和越南博物馆的实物进行研究,涉及铜鼓的起源、分布、年代、使用民族、纹饰及铸造工艺等问题。在铜鼓分类上,仍沿袭黑格尔的体系,研究成果没有超过西方学者。

中国学者自20世纪30年代以来开始进行铜鼓研究。1933年广西学者刘锡蕃将他在苗山见到铜鼓一事写入《岭表纪蛮》一书;唐兆民对广西省立博物馆收藏的20多面铜鼓进行了实测绘图,着手编著广西铜鼓图录。1936年,上海市博物馆郑师许著《铜鼓考略》一书出版;1938年冬,徐松石著《粤江流域人民史》,专辟《铜鼓研究》一章,讨论铜鼓的起源、创始铜鼓的民族、铜鼓的用途。中国学者研究铜鼓在古代文献上是得天独厚的,在接触铜鼓实体和体察使用铜鼓习俗方面也较便利。1949年以后,中央和各省、市相继建立博物馆和文物管理机构,对铜鼓的搜集、整理、研究,有组织、有计划地进行,很快使铜鼓资料的积累成倍增长,关心和研究铜鼓的人越来越多,新的研究成果不断涌现。1950年代,四川大学闻宥编著了《四川大学历史博物馆所藏铜鼓考》和《续铜鼓考》二书,全面、客观地介绍了四川大学历史博物馆珍藏的16面铜鼓;随后闻宥又公开出版了《古铜鼓图录》。云南省博物馆于1959年出版《云南省博物馆铜鼓图录》，公布该馆收藏的40面铜鼓资料。1960年代，先后有李家瑞《汉晋以来铜鼓发现地区图》(1961年)、黄增庆《广西出土铜鼓初探》(1964年)、何纪生《略述中国古代铜鼓的分布地域》(1965年)等论文发表，探索铜鼓在地域上的分布和一个地区铜鼓的分类和族属。

越南是古代铜鼓分布最集中的国家之一。越南的铜鼓很早就引起研究者的重视。但越南在19世纪末沦为法国殖民地之后，越南铜鼓的研究主要控制在法国和其他西方国家的学者手里。只有在1954年越南和平恢复后，越南学者才有研究铜鼓的主动权。自20世纪50年代中期起，越南学者开始发表研究铜鼓的论文，如陈文甲《铜鼓与越南的奴隶占有制》(1956年)、陶维英《铜器文化和骆越铜鼓》(1957年)、黎文兰《关于古代铜鼓起源的探讨》(1962年)等。1963年出版了黎文兰、阮文陛、阮灵合著的《越南青铜时代的第一批遗迹》，比较详细地介绍了到1960年代初为止，在越南境内发现的青铜文化遗址和铜器时代遗物，对越南的黑格尔Ⅰ型铜鼓进行了分析和排队，并推测了相对年代。

20世纪70年代，中越关系出现紧张，为争夺话语权，铜鼓研究一度被政治化。越南考古学界和历史学界把铜鼓研究作为重点课题，曾发动了几乎所有能撰写论文的学者研究铜鼓。越南《考古学》杂志在1974年连续出版了两期铜鼓研究专辑，发表了30位作者的29篇文章，掀起了一场异乎寻常的"铜鼓热"。1975年越南历史博物馆出版了阮文煊、黄荣编著的《越南发现的东山铜鼓》一书，逐一介绍了在越南境内发现的52面东山型铜鼓（其中有一面是中国出土的开化鼓），对这些铜鼓进行了分类、确定了年代，对铜鼓的起源、分布、装饰艺术、用途等问题发表了意见。该书反复强调越南的东山铜鼓是黑格尔Ⅰ型铜鼓中年代最早、造型和装饰艺术最美的铜鼓，越南是这类铜鼓数量最多、分布最密集的地区，越南北部是铜鼓的故乡的观点。

在这种历史背景下，中国学者也加快了铜鼓研究的步伐。冯汉骥《云南晋宁出土铜鼓研究》(1974年)、洪声《广西古代铜鼓研究》(1974年)、汪宁生《试论中国古代铜鼓》(1978年)、李伟卿《中国南方铜鼓的分类和断代》(1979年)等一批高质量的论文相继问世，运用新的考古学资料从各方面对铜鼓的分类、断代和纹饰含义、社会功能作了系统的探索。1980年3月在广西南宁召开古代铜鼓学术讨论会，把铜鼓研究推向高潮。来自中国各地的专家学者60多人出席这次学术会议，提交论文40多篇。在这次会上成立了中国古代铜鼓研究会，标志着铜鼓研究已作为一个独立的学科出现于学术之林。

中国古代铜鼓研究会成立后，积极组织学术交流，先后召开了6次学术讨论会，其中2次是全国性学术讨论会，4次是国际性学术讨论会，共收到论文350多篇，公开出版论文集4集。除了探讨铜鼓的起源、分类、分布、年代、族属和功用等传统课题外，还开辟了铜鼓的装饰艺术、音乐性能、铸造工艺、合金成分、金属材质和矿料来源等新课题。中国古代铜鼓研究会组织专家,集体编著了《中国古代铜鼓》一书,于1988年10月由文物出版社出版。这部书是在综合中国学者30多年来铜鼓研究成果的基础上写成的,全面、系统地论述了中国古代铜鼓的起源、类型、分布、年代、族属、纹饰、用途和铸造工艺等问题,是中国铜鼓研究在1980年代的带有总结性的著作。在此前后,中国还出版了一些铜鼓专著,如蒋廷瑜著《铜鼓艺术研究》(1988年),王大道著《云南铜鼓》(1986年),汪宁生著《铜鼓与南方民族》(1989年),姚舜安、万辅彬、蒋廷瑜著《北流型铜鼓探秘》(1990年),广西壮族自治区博物馆编著《广西铜鼓图录》(1991年),万辅彬等著《中国古代铜鼓科学研究》(1992年)。

同时,越南学者也大力推进铜鼓研究,1987年由范明玄、阮文煊、郑生编著的《东山铜鼓》一书由越南社会科学出版社出版,对他们认为属于东山型(黑格尔Ⅰ型)的铜鼓作了全面报道,其中包括在中国发现的148面和在东南亚其他国家发现的55面类似的铜鼓。在对所有东山铜鼓作了详尽研究的基础上,提出自己的分类法,将东山型铜鼓划分为5组22式。1990年,范明玄、阮文好、赖文德编著《越南的东山铜鼓》一书出版,逐一展示了在越南境内发现的115面东山铜鼓和在中国云南出土的3面铜鼓、奥地利维也纳收藏的1面"东山铜鼓",并按其年代先后分成5组。这两本图集的分类是相同的,都认为越南的玉缕鼓、黄下鼓是最古老的铜鼓,把中国云南和其他地方(包括越南老街)发现的万家坝型铜鼓列为D组,排在冷水冲型(C组)之后、遵义型(E组)之前,与中国学者和日本学者普遍的排列次序相矛盾,因此导致了铜鼓起源地的歧义。

与此同时,日本学术界对铜鼓研究也进入一个高潮,一些研究东南亚和中国南方古代文化的学者,大都注意到铜鼓,并有论文发表,如东京大学今村启尔《古式铜鼓的变迁和起源》(1973年)、《出光美术馆所藏的先Ⅰ型铜鼓》(1986年)、《失蜡法制造的先黑格尔Ⅰ型铜鼓的发现》(1989年)、《论黑格尔Ⅰ型铜鼓的两个系统》(1993年),庆应大学近森正《西江、红河水系流域东山铜鼓之分布》(1980年),上智大学量博满《云南的早期铜鼓》(1985年),鹿儿岛大学新田荣治《泰国新发现的早期铜鼓》(1985年)、《东南亚早期铜鼓及其流传》(1990年),包括年轻一代的学人,如俵宽司《古式铜鼓的编年与分布》(1995年)、吉开将人《铜鼓改编的时代》(1998年)。他们的主要贡献在于:一是对早期铜鼓的研究,确定了黑格尔分类之外有一个比黑格尔Ⅰ型铜鼓更为原始的类型即"先黑格尔Ⅰ型";二是在铜鼓分类中,明确提出同一时代同一类型铜鼓中有东、西两个系统,把黑格尔Ⅰ型区分出石寨山系和东山系,将黑格尔Ⅰ型中期和晚期(冷水冲型)鼓,分成东组(邕江式和浔江式)和西组(红河式),对黑格尔Ⅱ型鼓,除了分出东(北流型)、西(灵山型)两组外,主张把越南的Ⅱ型鼓另辟一型,命名为"类黑格尔Ⅱ型"等。

20世纪末和21世纪初,中国学者又出版了一些著作,如蒋廷瑜《古代铜鼓通论》(1999年),李伟卿《铜鼓及其纹饰》(2000年),文山壮族苗族自治州文化局编著《文山铜鼓》(2004年),蒋廷瑜《壮族铜鼓研究》(2005年),再次强调铜鼓文化起源于中国云南中部偏西的洱海—礼社江流域,然后往东传入滇池—抚仙湖流域发展成熟了石寨山型铜鼓;往东南顺红河而下到越南北部形成东山型铜鼓。石寨山型和东山型是一对双胞胎。此时期越南没有再出现大的铜鼓著作,部分学者还是认为越南北方是古代铜鼓的故乡,越南的东山铜鼓是黑格尔Ⅰ型铜鼓中年代最早、造型和装饰艺术最美的铜鼓,"万家坝型"铜鼓是衰退型铜鼓。

为此,2004年日本学者利用东南亚学会在东京召开"考古学与铜鼓研究"特别讲演会的机会,把中越两国学者召集在一起面对面讨论,只是在这个会上只有蒋廷瑜和越南学者范明玄两人发言,各说各的,没有交锋,但都表达了合作研究铜鼓的意向。2009年是中越建交60周年,越南建国65周年,广西壮族自治区博物馆与越南国家历史博物馆签订了一份交流文物展览的协议,要把越南的铜鼓拿到广西南宁来,在广西壮族自治区博物馆举办越南铜鼓展览,在中国出版越南铜鼓图集。当年7月和9月广西壮族自治区博物馆组织考察组,前往越南鉴定铜鼓和搜集铜鼓资料。后来情况有变,展览没有办成,但编的图集《越南铜鼓》一书于2011年10月在中国的科学出版社出版了。在《越南铜鼓》图集中,越南国家历史博物馆前任馆长范国军博士撰写《越南铜鼓概述》,明确提出原始形态铜鼓(上农鼓、松林鼓)是越南铜鼓的起点,越南铜鼓艺术装饰的趋势是从简单到复杂、从粗糙到精美;如果说玉缕鼓、黄下鼓是年代最早的铜鼓,其发展趋势则是逆行的,接受了中国学者的观点。

自此以后,骆越铜鼓研究进入沉寂期。虽然后来又出版了李昆声、黄德荣《中国与东南亚的古代铜鼓》(2008年),万辅彬、蒋廷瑜、韦丹芳《大器铜鼓——铜鼓文化的发展、传承与保护研究》(2013年),不再纠结铜鼓起源和发展的问题。2015年以后又出版了万辅彬、韦丹芳著《东南亚铜鼓研究》(2018年),李富强主编《中国-东南亚铜鼓·老挝卷》(2016年),李富强、王海玲主编《中国-东南亚铜鼓·柬埔寨卷》(2018年),发掘除越南之外东南亚其他国家铜鼓的原始材料。蒋廷瑜主编《广西铜鼓》(2016年),覃溥主编《广西铜鼓精华》(2017年),吴崇基、罗坤馨、蔡荭编著《古代铜鼓装饰艺术》(2018年),也是对铜鼓基础资料的展示。这些著作从不同角度论述了铜鼓研究的历史和现状,反映了有关专题研究的最新成果,对推进铜鼓研究都有重要贡献。

日本学者吉开将人说过,铜鼓文化研究,早期靠考古学,中期靠历史文献学,晚期靠民族学,如何贯通是个大学问。

回顾铜鼓研究的历史,可以看到中外学者对铜鼓的起源地和族属出现过不同的看法。我们有责任认真理清铜鼓的起源、族属及铜鼓文化与中原青铜文化的关系,还原骆越铜鼓的真相。

骆越铜鼓文化的研究需要重点理清的问题是:

1. 铜鼓的起源。原始铜鼓集中出土于云南中部偏西的洱海、礼舍江流域,在此下游的越南老街、广西右江流域,乃至雷州半岛,也有零星发现。铜鼓起源于云南中部偏西地区的观点逐渐成为学术界的共识。

2. 铜鼓的分类。中外学者一直按照黑格尔的分类标准进行分类。20世纪70年代以后中国学者开始打破这种模式。1980年代中国学者编著的《中国古代铜鼓》以出土铜鼓标准器命名,将中国铜鼓分出八个类型,分别名之为万家坝型、石寨山型、冷水冲型、遵义型、麻江型、北流型、灵山型、西盟型。其中石寨山型和冷水冲型相当于黑格尔Ⅰ型,北流型和灵山型相当于黑格尔Ⅱ型,西盟型即是黑格尔Ⅲ型,遵义型、麻江型相当于黑格尔Ⅳ型。万家坝型在黑格尔分类中找不到对应关系,中国学者把它定名为"万家坝型",日本学者称之为"先黑格尔Ⅰ型"。黑格尔Ⅰ型鼓自20世纪70年代开始被越南学者称之为东山铜鼓。中国学者把它们分成石寨山型和冷水冲型两个类型。按铜鼓自身的客观发展历程重新安排越南东山铜鼓的分型分式和发展序列,用事实说明玉缕铜鼓不是最早期的铜鼓,在它之前还有原始形态的"先黑格尔Ⅰ型",即万家坝型铜鼓,其源头来自云南元江即红河上游地区。

3. 铜鼓的族属。由于铜鼓流传地域辽阔,时间长久,铸造和使用的民族成分复杂,必须按时代和地区来探讨它的族属。铸造和使用万家坝型(先黑格尔Ⅰ型)铜鼓的民族是春秋战国时期的濮越。铸造和使用石寨山型(黑格尔Ⅰ型早期)铜鼓的民族,包括战国秦汉时期的骆越、滇、句町和夜郎。铸造和使用冷水冲型(黑格尔Ⅰ型中晚期)铜鼓的民族,主要是僚(骆越后裔)。铸造和使用粤系铜鼓(黑格尔Ⅱ型,即北流型、灵山型铜鼓)的民族应是骆越后裔乌浒—俚。麻江型铜鼓晚出,使用的民族众多,包括宋元明时期的蛮夷,近现代的壮、布依、侗、水、苗、瑶、彝等族。使用西盟型铜鼓的民族是缅甸的克伦族、中国境内的佤族、傣族和克木族。

越国早期史地探索

林华东

（浙江省社会科学院）

众所周知，公元前490年越王句践迁都于今日的绍兴城区，建立起作为政治、经济、文化和军事中心的都城，于此学界早有定论。然在此之前的越之来源，越国早期史地和都城何在？由于言人人殊，歧议迭出，至今仍是一大悬案。本人愿就多年学习心得，草就此文，权充引玉之砖，以求教于方家。

一、越 之 来 源

关于越族的来源，学术界先后出现有越为禹后说、禹为越后说和土著说等三种主流观点。

1. 越为禹后说

此说或可称为越为夏裔说，很早就见于文献记载，素为学界信从。主要依据有西汉时司马迁的《史记》以及东汉袁康、吴平的《越绝书》和赵晔的《吴越春秋》。

《史记·越王句践世家》："越王句践，其先禹之苗裔，而夏后帝少康之庶子也。封于会稽，以奉守禹之祀。"

《越绝书·记地传》："昔者，越之先君无余，乃禹之世，别封于越，以守禹冢……无余初封大越，都秦余望南，千有余岁而至句践。"

正因为有史籍记载，以至于浙江绍兴城南的会稽山，被传称为大禹治水、朝会天下诸侯、计功行赏和葬地所在，绍兴不仅有大禹陵、禹庙、窆石亭等古代建筑，而且还有众多的民间故事传说，故自20世纪90年代以来，官方常举办祭祀大禹的盛大活动。

现当代学界罗香林、顾颉刚、董楚平、陈桥驿等众多学者均力主此说，有人甚至还将大禹治水与中国东部沿海晚更新世发生的卷转虫海侵联系起来，演绎出不少风马牛不相及的猜想。也有人认为越国铜器自铭为"戉",而夏族本名也叫"戉","故越国王室是夏裔,从山东经海路迁来,则可肯定"。

史载公元前 210 年,秦始皇南巡时,曾"上会稽,祭大禹";司马迁二十岁南游时,也亲自"上会稽,探禹穴",足见此传说颇为古老。不过,司马迁在《史记·越王句践世家》中,只是说越王句践的祖先是夏后帝少康的苗裔,并不是说越族都是夏的后代,何况他在《史记·夏本纪》中曾花大量笔墨记载夏禹治水都发生在黄河中游的中原地区,而只在文末记"或言禹会诸侯江南,计功而崩,因葬焉",说明他对绍兴的大禹陵(禹穴)也是存疑的。按我们今日的看法,在夏朝后期(尤其是夏桀奔南巢时)确有部分大禹后裔(连同其故事传说及地名等)逐渐南迁来到浙江,并最终成为越国王室贵族,这应是今天绍兴大禹陵及其纪念性建筑、地名、故事传说由来的合理诠释。

2. 禹为越后说

随着近代考古学的兴起与东渐,尤其是 20 世纪 30 年代江浙地区诸多的考古新发现,卫聚贤先生曾以石器和陶器为证,撰文主张"中国古文化由东南传播于黄河流域"(《吴越文化论丛》,江苏研究社 1937 年出版)。至 20 世纪 80—90 年代,有专家通过对山西陶寺、甘肃齐家文化以及河南龙山文化出现的石钺、破土器、石犁、玉琮、玉钺、玉璧等文物的论证,指出"以琮钺为代表的良渚文化先进部分,突然整体地、远距离地转移,从东南远徙河南、山西,甚至甘肃河西走廊,只能说明良渚文化的上层社会整体地离开了太湖地区,来到了黄河流域,参加了中原逐鹿"。也有学者以良渚文化为据,结合相关的文献记载(如瑶山祭坛),发表出版了专著《中国第一王朝的崛起》,提出了夏文化崛起于中国东南地区良渚文化的主张;还有人甚至声称夏禹是良渚先民(越人祖先)北上的后裔。凡此诸说,既无确凿的文献根据,更无考古实证,不值一驳乃不辩自明。

3. 土著说

著名学者林惠祥、蒋炳钊先生均力主此说。林氏在《中国民族史》书中称"越族为华夏以外之异族其事甚明……《史记》言越王句践为夏禹之后,此不过是越人托古之辞"。蒋先生在《越为禹后说质疑——兼论越族的来源》名作中指出:历史上的夏、越活动范围不同,夏文化与越文化迥然不同。越族不是夏民族后裔,句践非禹苗裔,越族主要是由当地土著民发展形成的。以二里头文化和越文化相比较,夏族和越族明显是两个不同的古民族。学术界有不少学者,也多支持此说,主张越国是由当地的土著越族建立起来的国家。

我们认为上述诸说失之偏颇。其实,越国的社会构成至少是建立在两大阶层之上的,其社会主体基层为土著越族,而王室统治集团(贵族阶层),则先后有不同的来源(如苗蛮集团中的彭姓诸稽氏、楚、徐及荆蛮),正是外来贵族与当地的越族融合,从而创立起越国。尽管其所占份额不大,但却带来了先进文化,引领社会。研究古史不可片面,这是我们要特别强调的史学理论。

为说明问题,我们先将浙江新石器时代文化序列简要介绍于下:

钱塘江流域和宁绍平原的史前文化先后有上山文化(距今11 000—9 000年)—跨湖桥文化和井头山文化(距今约8 000年)—河姆渡文化(距今7 000—6 000年);太湖地区的史前文化则为马家浜文化(距今7 000—6 000年);其后浙北、浙东有崧泽文化(距今6 000—5 300年)—良渚文化(距今5 300—4 200年)及至浙北的钱山漾和广富林文化(距今4 200—3 900年),后来才发展到浙江大部分地区都有分布的马桥文化(距今3 900—3 000年)。

显然,马桥文化上承良渚文化,再经由钱山漾和广富林文化发展而来,年代相当于中原地区二里头文化二期至商代后期;下启西周至春秋战国之时的越国文化,是传承有序、一脉相承的以土著为主,兼及外来文化因素(详后)的越文化之源,也就是说,马桥文化正是两周时期越国文化的前身是毋庸置疑的。

二、马桥文化剖析

马桥文化是以上海闵行区马桥镇马桥遗址第四文化层命名的考古学文化,年代为距今3 900—3 000年,是越文化的直接来源,或者说是先越文化的代表。其主要分布在江苏省句容市茅山(与金坛区交界)以东的苏南、上海市和浙江的大部分地区,其西部与闽浙赣交界的武夷文化圈(详后)接壤,西偏北则与宁镇山地的湖熟文化为邻。

马桥文化是以印纹陶著称的夏商遗存。陶器中的炊器以凹弧形足的鼎,以及双腹的甗、三袋足的鬹(但未见鬲)为主要特征;盛贮器以印纹陶为主,少数为泥质陶与原始青瓷。印纹陶习见的拍印纹饰有篮纹、编织纹、云雷纹、叶脉纹、菱格纹、回纹、曲折纹和变体云雷纹等,主要器形有各种形态的圜底内凹罐、壶、盆、钵、杯和鸭形壶等,口沿常见有刻划符号;食器多为泥质陶,以平底或带圈足居多,器形有觚、觯、尊、豆、簋、三足盘等,腹部习见鱼鸟纹或云雷纹装饰;原始青瓷见于晚期,数量不大,有尊、罐、豆等;生产工具主要见有石犁、石耘刀(破土器)、有段石锛等,此外,诸如小刀等青铜器也已出现。

据研究,马桥文化的构成主要有三大来源:

1. 钱山漾·广富林文化

这是马桥文化的前身,原曾归属良渚文化晚期,前几年才另立出文化类型来,它上接良渚文化,下为马桥文化继承,是马桥文化的主要来源。石器包括石犁、石耨刀、有段石锛等生产工具;陶器主要有凹弧形足夹砂陶鼎、盆、豆以及几何花纹装饰等。

2. 武夷文化圈

这是新提出来的观点,用以概括闽浙赣交界的武夷山脉周边地区的夏商时代文化遗存。大致包括闽北的黄土仑文化(闽侯、建阳、建瓯、光泽、武夷山、浦城等地)、赣东的鹰潭(角山)至上饶地区、浙西的江山市(肩头弄、地山岗),是以印纹陶为主,兼及着黑陶、原始青瓷(及窑址)等遗存为主要特征的物质文化。马桥文化遗存中的印纹陶圜底内凹罐和圈足罐、鸭形壶、花口宽把壶、三袋足鬶、三足盘、盆等器形,以及少数器物表面有黑衣、原始青瓷(含窑址)与口沿上习见刻划符号等文化因素大多来源于武夷文化圈。

3. 二里头文化因素

马桥文化泥质陶器中的觚、觯、尊、豆、簋等,是较为少见的器形,很可能来源于中原地区的二里头文化,不过,也有可能是经由武夷文化圈传播而来。此外,还有山东岳石文化因素。

综上所述,我们主张马桥文化主要是继承了良渚文化,并经由钱山漾·广富林文化发展而来,这是文化的主体,其次有来自武夷文化圈和二里头与岳石文化等外来因素,尽管后者份额不大,但却为马桥文化注入先进元素,成为一大亮点,很值得我们深思。

三、越国早期史地初探

著名学者徐旭生曾将中国古史传说时代的氏族部落划分成华夏、东夷和苗蛮三大集团,苗蛮集团中则以"三苗"著称,实为华夏人对南方众多部落的泛称。按《战国策·魏策》所记吴起的话,说"三苗之居,左彭蠡之波,右洞庭之水,文山在其南,而衡山在其北",活动范围在湖南、湖北和江西北部鄱阳湖一带。传称三苗出自颛顼,为了各自利益,曾与华夏集团大战而惨败,致使部分氏族被迫迁至西北,但有部分仍在南方原地,有的则进一步他迁。据吕荣芳、彭适凡先生研究,在夏王朝衰落时,南方三苗中的一支名为"越"的后裔便逐渐发展起来,是很有创见的,颇令人信服。《逸周书·伊尹朝献》曾有商汤时南方

"越沤"进献方物的记载,可资为证。不过,此后有关"三苗"的故事,文献失载。但《山海经·大荒西经》则有"颛顼生老童,老童生祝融"的记述;《海外南经》又记:"南方祝融,兽身人面。"看来作为颛顼之后的祝融氏族部落也有分支在南方,当可归属徐氏所划分的"苗蛮集团"。又据《史记·楚世家》云"禹之父曰鲧,鲧之父曰帝颛顼",可见大禹和祝融有着血缘关系。同时,《国语·郑语》称祝融的后人分为八姓,则己、董、彭、秃、妘、曹、斟、芈是也。曹锦炎先生据铜器铭文并结合史籍考证,主张越王姓氏是"彭姓诸稽氏","诸稽氏本来为祝融八姓之一的彭姓之后"。韦昭注《国语·吴语》时指出:"句践,祝融之后,允常之子。"由此看来,史书所说越王句践的祖先为"禹之苗裔"也就合理成章了。

传称西周早期周成王大会各方诸侯时,四方各地的贡物中就有"东越海蛤、瓯人蝉蛇"和"姑妹珍"(见《逸周书·王会解》),此中的"东越"虽不宜轻率地肯定就是司马迁《史记》中的"东越",然大致在今闽浙之地,且应近海谅无大错。至于"瓯人",应指地处浙南的瓯越。而"姑妹"也称为"姑末""姑蔑""姑篾",据《越绝书》中的"姑末今大末",知秦汉改称"大末县",此后在东汉又改称"太末县",唐改名"龙丘县",五代吴越国宝正六年始称"龙游县"。按钟翀所考,"后世的处衢两府各县,因为有上溯秦之大末县乃至于周代的古'姑末国'的共通之历史渊源,将它定义为一个历史人文地域可以成立"。而秦时大末县的地域还包括今日江西省的玉山和永丰县部分地域。又据《竹书纪年》所载,周穆王三十七年之时,曾"伐越,大起九师,东至于九江"。尽管文中的"九江"之地,可能大体是在江西北部鄱阳湖一带(疑属古豫章地,似应包含近邻的湖北黄石和皖西南部分地区),然却依稀透露出武夷文化圈也当为越地,且已崛起兴盛乃是史实。

《吴越春秋·无余外传》记:"越之前君无余者,夏禹之末封也。禹之父鲧者,帝颛顼之后。""禹以下六世而得帝少康,少康恐禹祭之绝祀,乃封其庶子于越,号曰无余。无余始受封,人民山居……随陵陆而耕种,或逐禽鹿而给食。无余质朴,不设宫室之饰,从民所居。"反映出无余的建国之地,绝不可能在平原地区的绍兴。石钟健先生据《武夷山志》等历史文献研究,曾主张神话传说中的"武夷君"就是越的开国君"无余"。我们从马桥文化中所见来自武夷文化圈的外来因素,结合上述《吴越春秋》所载无余之时"人民山居",并联系到武夷山一带古代也有"禹庙"以及越国发展历程等史料研究,石氏之说理应重视。

1983年,衢州市文管会曾在云溪公社的西山大墩顶发现有西周时的一座大型土墩墓,其墓底铺有石棺床,以及呈凹字形的木炭层与白膏泥,结构考究。墓中随葬品以印纹陶和原始青瓷为主,同时还有22件玉玦和14件骨管饰以及漆器,表明墓主人身份较高。特别是2018年3月,浙江省文物考古研究所等单位又在附近的云溪乡棠陵邵村庙山尖发掘清理了一座呈馒头状(底径25—30、残高3.4米)的大型土墩墓,墓向西,底有浅坑(长

14.3、宽6.2、深0.3米）并平铺鹅卵石棺床，南、北、东三面坑壁也由鹅卵石垒成，西端则为墓道（长8、宽3米）。尤为重要的是，此墓设有横断面呈等腰三角形的木结构椁室，且可分为前、后两室，形制特殊，与绍兴印山越王允常陵的木椁基本类同。墓中出土大量的随葬品，主要为青铜器和玉器，以及少量的印纹陶和原始青瓷器。据报道，此墓"规模巨大，是迄今我省已发现的西周早期规模最大的土墩墓"。尽管我认为此墓年代应为西周中期，其木椁又类同于绍兴印山越王允常陵，足以昭示出墓主人可能是越国早期上层贵族。

至此，我们要提请大家关注的是衢州、龙游一带正是周时的"姑妹"之地。《左传·哀公十三年》载："越子伐吴。为二隧，畴无余、讴阳自南方，先及郊。吴太子友、王子地、王孙弥庸、寿于姚自泓上观之。弥庸见姑蔑之旗曰：'吾父之旗也。不可以见仇而弗杀也'。"晋代孔晁为《逸周书·王会解》作注云："姑妹，国，后属越。"万历《龙游县志》也说，龙游"周姑蔑国。子爵，越附庸也"。依钟翀先生所考，"至少在西周早期，'姑末'大概与越、瓯等地理上相近的方国（或部族）地位相当，而其形成的历史则应更为久远"，是令人信服的。确实，衢州、龙游一带周时曾是"姑蔑"方国中心，大致在春秋晚期之前被越国吞并，成为越国的附庸应是可以定论的。

再者，20世纪70年代，义乌市平畴曾发现有大型西周土墩墓，文物部门向当地村民征集到的印纹陶和原始青瓷达数十件，说明其等级规格较高。2003年4—6月，浙江省文物考古研究所又在东阳市六石镇的前山顶上发掘了一座封土墩，呈东西向椭圆形，墓中见有长方形浅土坑（底铺鹅卵石）及熟土二层台和横断面呈等腰三角形的木椁，其西端还设有通长17.82米的石砌甬道和墓道。引人注目的是，此墓中随葬品没有土墩墓常见的印纹陶和原始青瓷，全部是玉器和诸如绿松石、玛瑙或水晶等质料制成的管、珠、环、玦、条、月牙形饰等装饰品，数量达3 000多件（组），同时还有一些半成品及一件圆形漆木（竹）盒。根据此墓的规模、木椁形制和品位级别高又数量大的随葬品特点剖析，发掘者认定这是一座春秋晚期的大型越国贵族墓是完全正确的。此外，萧山湘湖边的柴岭山，近年也发现设有等腰三角形木椁的春秋时代土墩墓。

我们由此联想到秦朝在会稽郡下设立的"诸稽"（今作"暨"）县，县名必有历史来历。尤其越国大夫有姓"诸稽"的诸稽郢，铜器又有诸如"者旨於睗"（"者旨"为"诸稽"省笔）的铭文，同时越王允常的都城"埤中"，也有说在诸暨的记述。这都可能与祝融八姓中的"彭姓诸稽氏"有关，为其历史渊源所在，隐含着越国王室贵族自浙西向浙北和浙东发展的历程。

通过上述对古代历史文献的梳理和越国史地的剖析，结合马桥文化中有来自武夷文化圈因素的特点，并且鉴于夏商之时的印纹陶和原始青瓷是崛起兴盛于武夷文化圈，因此,我们有证据坚信:越国王室贵族殆即源自武夷文化圈,自商至春秋时代,又因楚、徐的加盟而逐步发展壮大。尤其是徐国部分贵族南迁,并加盟入越,成为越国统治集团更不可忽视。江西省靖安县李洲坳墓中所出外缘带四凸饰的玉牙璧在衢州曾有发现,以及绍兴坡塘306号墓带有铭文的徐国青铜器,均可为此佐证。从迄今为止同一时代等级规模最高的衢州庙山尖西周土墩墓、东阳市六石前山春秋晚期越国贵族墓以及姑蔑方国和"诸稽"的历史渊源,可以肯定越国贵族是由浙西山地向浙北和浙东地区逐渐发展起来的。按《越绝书·记地传》载:"若耶大冢者,句践所徙葬先君夫镡冢也。"可见夫镡之前的越国都城并不在绍兴。诸暨、东阳、义乌及金衢盆地可能是春秋晚期之前越国中心或先后都城所在。尽管目前尚未发现城址,但这里肯定应是越国早期的发源地,自应引起我们足够的重视。我们甚至可以进一步推测:西周时越国都城在衢州、龙游,春秋时可能在东阳、义乌一带,大致在夫镡之前,可能已迁至诸暨,至允常时都城应在绍兴会稽山南,至公元前490年才定都会稽山北,即今日的绍兴城区。至于近年在安吉发现的带有隍濠的八亩墩大墓与古城,有人曾主张是早期越国的都邑,我认为不可能,实是越灭吴(公元前473年)时或之后镇守(或分封)于此的越国贵族大墓。

〔补记:此原为2018年11月26日本人在厦门大学人文学院举办的考古文博系列讲座(第26讲)的全文,后稍作修改于2020年11月提交在上海大学主办的百越史年会交流。近年浙江省考古所又在衢州市衢江区孟姜村的衢江北岸一带发现有数座西周土墩墓(均与西山、庙山尖毗邻),出土有很多的青铜器、玉器、印纹陶和原始青瓷,以及陶器、石器等。其中成套的青铜车马器及剑与外缘带三凸饰的玉玦等颇具徐文化特色,而诸如庙山尖、孟姜一号墩等规模宏大的西周土墩墓不仅铺有石棺床和木炭层,而且还设有横断面呈等腰三角形的木椁室,这与绍兴印山越王允常陵基本相同。更益使我坚信:徐越关系密切,至迟在西周之时,地处今日衢州、龙游的姑蔑,疑为徐国南迁的一支,后来与越国逐渐融合,从而促进了越国的发展,也就是说越国的部分上层贵族殆即源自徐。〕

闽越族群的来源以及相关问题的探讨

杨 琮

(闽江学院人文学院)

关于闽族和闽越族的名称,涉及闽越族源的问题,历来有两种观点不相上下。本文根据先秦及历代文献的记载,并结合考古发现资料,梳理福建不同地区史前、青铜文化的资料,以分析闽越民族的文化来源及相关问题。

一、"闽族"与闽越族考辨

关于闽族和闽越族的名称,历来存在着不同看法和争论。主要有两种观点,一种观点认为,闽是一个民族,即福建的土著民族,越也是一个民族,是浙江迁入福建的客族;战国以前福建只有闽族,后来越国为楚所败,部分越人退入福建,之后才产生了闽越这一混合民族的称呼[1]。另一种观点认为,闽越是自古居住在福建、浙南及台湾的土著民族,是我国东南地区百越民族的一支,"闽越"是不可割裂的一个土著民族的全称[2]。这两种不同看法涉及闽越的族源问题,近二十年来更多的人使用了"闽族"的说法。

笔者则是赞同后一种观点,即"闽越"是当地的土著民族族名。但前一种观点也有其道理,战国秦汉时代的闽越人中确有一部分故越国遗民。关键是如何理解"闽"字的含义问题。

在古代文献记载中,"闽"出现的年代在前,"闽越"稍后。如先秦文献《山海经·海内南经》中,即有"闽在海中"等记述。《周礼·夏官司马·职方氏》中,也有"四夷、八蛮、七闽、九貉、五戎、六狄之人民"的说法。"闽越"(或"闽粤")则于《史记》《汉书》中才出现。因此有相当一部分研究福建地方史和考古学的同仁,认为先秦文献上的"闽"或"七闽",

---

[1] 朱维干、陈元煦:《闽越的建国及北迁》,《百越民族史论集》,中国社会科学出版社,1982年,第116页。近年来亦有不少同志的文章从此说,恕不一一列举。

[2] 蒋炳钊:《东越历史初探》,《百越民族史论集》,中国社会科学出版社,1982年,第98页;辛土成:《台湾海峡两岸的古闽越族》,厦门大学出版社,1988年,第20—26页。亦有一些文章为此种观点,恕不列举。

是指先秦时代福建当地的土著民族。甚至有人还认为福建有七个闽族部落。

其实不然,先秦古文献中的"闽"及"七闽",应是指我国东南沿海的百越族群。闽是一个总称,"七闽",是泛指很多的意思,与后来的"百越"同义。也就是说,先秦文献中的"闽""七闽",最初并不是专指福建的土著民族,也不是福建的专用地名,而是指当时居住活动于我国东南地区的越人或百越族群。因此,汉代的文字学家许慎在他编著的《说文解字》中,就指明这个字最初的概念:"闽,东南越,蛇种。"即东南地区的越族人。《吴越春秋·阖闾内传》载:"越在巳地,其位蛇也,故南大门上有木蛇,北向首内,示越属于吴也。"蛇是越人的图腾之一,这也是众所周知的。在《周礼》中,则有两种不同的称呼,一是"闽",二是"粤",这两种称呼意义是相同的。如《周礼·秋官司寇》中记有"闽隶",《周礼·冬官司空·考工记》有"粤无镈"的记载。《周礼·夏官司马·职方氏》载:"职方氏,掌天下之图,以掌天下之地。辨其邦国、都鄙、四夷、八蛮、七闽、九貉、五戎、六狄之人民……东南曰扬州。"郑注云:"闽,蛮之别也。"而东南的扬州,则是当时的百越聚居地。《吕氏春秋·有始览》云:"东南为扬州,越也。"如果说闽与越(粤)是不同的民族,那么在《周礼·夏官司马·职方氏》中记载中原王朝周边的诸少数民族,有了七闽,为何不再记粤?足见如《说文》所释,当时闽与粤同义。刘逵注《左思赋》也说:"闽,越名也。"吕不韦在《吕氏春秋·恃君览》说:"扬汉之南,百越之际。"顾祖禹在《读史方舆纪要》中亦指出:"禹贡扬州地,周为七闽地。春秋以后,亦为越地。"这些都说明,早期的闽、七闽,是指越或诸越、百越。

闽,成为专指福建、浙南地区土著越人的族名,则是战国以后至秦汉间的事情。西汉时,中原的汉朝人对福建的闽越族,以及闽越国,虽然全称为"闽越",但也常常省略为一字,只称"闽",或称"越"。例如《汉书》中的《严助传》,其中除全称"闽越"外,亦常见省略的提法。有"闽王以八月举兵于冶南","闽王伏辜","闽王陨命",同时也有"虽得越王之首","臣闻越非有城郭邑里","且越人鬻力薄材","越人欲为变,必先田余干界中","虽举越国而虏之,不足以尝所亡",等等。这些情况都表明,直到西汉时代,中原人还是把闽和越看作一回事。但这时已只局限于闽越,也就是说只把福建的闽越人,或称闽,或称越。而对南越等其他支系的越人,则不称闽。同时,由于闽越的方位在东部沿海,所以也称东越。这主要也是相对南越而言的。《史记集解》记韦昭曰:"闽音武巾反,东越之别名。"这些也都说明当时中原人对闽越人的称呼并不划一。这也导致了现代不少人所产生的认识上的误区,以为闽和越是两个不相同的民族。汉代以后,以往的"越"或"百越"之词义,随着百越民族的逐渐消亡而消失。"闽"逐渐变为福建省的总称或简称,则是很晚的事。因此,我们对这个名词,如果不用历史的或者发展的眼光来看待,只以今天

"闽"是指福建来认识过去,就不可能科学地、历史地、实事求是地认识这个问题,了解这个名称的含义。

本世纪初在福建浦城发掘的西周土墩墓群中出土的多件茎部有双附耳的"越式"青铜短剑[1],以往曾经在福州[2]、皖南的屯溪[3]、浙江的西周土墩墓[4]中出土过。目前为止,这种剑茎有附耳的周代青铜短剑只发现于闽、浙和皖南地区,其他地区则不见。再参考福建、浙江和皖南等地均出土相类的原始青瓷器的现象,这些都与先秦文献的记载相吻合。反映了"闽"即"越"(粤),闽和越并非完全不同的民族,"闽"是"闽越"的简称。

二、闽越族群来源分析

福建地区,早自数万年前的旧石器时代起,就有古人类居住。这已被福建地区丰富的地下文物及考古发现所证实。如在漳州莲花池山下层,考古工作者发掘出4—8万年前人类使用的旧石器工具[5];在三明万寿岩发现了旧石器时代的洞穴遗址及遗迹、遗物[6];在闽西清流县狐狸洞及闽南东山县海域,都发现一万年前的古人牙和人骨化石[7];在漳州莲花池山上层及其他地点,则发掘出1万余年前的小石器[8];在漳平奇和洞中,发现了15 000年前的打制石器、哺乳动物化石等遗存[9];在武夷山、宁德、泉州的晋江、福州的平潭岛等地,都发现了出土旧石器的遗址或地点[10]。这些考古发现,都是福建旧石器时代古人类活动和广泛分布的实证。

福建地区新石器时代的遗址、遗迹发现更多,不同地区史前文化的发展序列也已初步建立起来。

福建东部闽江下游的沿海地区,新石器时代考古有着更多的积淀。近年在马祖亮岛发现的距今8 000—7 000年的"亮岛文化"[11],以往在沿海平潭岛上的壳丘头遗址发现的距今6 500—5 500年的"壳丘头文化"[12],距今5 000—4 300年的闽侯县石山遗址中层新

---

[1] 福建博物院、福建闽越王城博物馆:《福建浦城县管九村土墩墓群》,《考古》2007年第7期。
[2] 曾凡:《南福铁路工程中福州附近的考古发现》,《考古通讯》1958年第1期。
[3] 杨楠:《江南土墩遗存研究》,民族出版社,1998年,第53页。
[4] 杨楠:《江南土墩遗存研究》,民族出版社,1998年,第52—56页。
[5] 尤玉柱:《漳州史前文化》,福建人民出版社,1991年,第18—23页。
[6] 福建省文物局等:《福建三明万寿岩旧石器时代遗址》,文物出版社,2006年,第1—181页。
[7] 尤玉柱等:《福建清流发现的人类牙齿化石》,《人类学报》1989年第3期;尤玉柱:《东山海域人类遗骨和哺乳动物化石的发现及其学术价值》,《福建文博》1988年第1期。
[8] 尤玉柱:《漳州史前文化》,福建人民出版社,1991年,第12—16页。
[9] 福建博物院、龙岩市文化与出版局:《福建漳平市奇和洞遗址》,科学出版社,2017年,第29—92页。
[10] 范雪春:《福建旧石器时代考古的重要收获》,《福建文博》2002年第2期。
[11] 陈仲玉:《妈祖亮岛岛尾遗址群第三次发掘报告》,(台)连江县政府文化局,2016年,第3页。
[12] 福建省博物馆:《福建平潭壳坵头遗址发掘简报》,《考古》1991年第7期。

石器晚期的"昙石山文化"①。在福清东张遗址中层②、闽侯庄边山遗址上层③、霞浦黄瓜山遗址④等地,发现了距今4 000—3 500 年相当于新石器时代末期至夏代的文化遗存。商周时期遗存,在福清东张水库发现了一批商代早、中期的墓葬群⑤;在闽侯黄土仑等地则发现了相当于商代后期的墓葬群,命名为"黄土仑文化"⑥,而西周至东周时期以印纹硬陶、原始青瓷为特征的地方文化遗址、遗物,不独闽江下游沿海地区,在福建全省范围已广泛发现。

闽江上游地区史前考古相对薄弱很多,在闽北的浦城牛鼻山遗址的考古发掘,发现了新石器时代晚期的"牛鼻山文化"⑦;在武夷山的葫芦山遗址⑧、光泽的马岭墓葬⑨等,也都是相当于新石器时代末期至夏代的文化遗存。浦城的猫耳弄山商初的窑址⑩紧接其后。在光泽和闽北发现了众多商代的地方文化遗存⑪,已和"黄土仑文化"内涵非常相似。武夷山西周原始瓷窑址⑫、浦城管九村的土墩墓群⑬等,已与闽江下游和沿海地区面貌完全一致。

在福建南部沿海,发现了距今5 000—4 300 年的新石器时代晚期的东山"大帽山文化"⑭;发现了惠安的蚁山遗址⑮和云霄的墓林山遗址⑯,被有的学者暂称为"蚁山—墓林山类型",并推断年代距今4 000—3 500 年⑰,这也在新石器时代末期和夏代时期。在漳州地区商代的遗址和墓葬也有不少发现⑱;泉州地区的南安大盈,曾有一批晚商青铜器的出土⑲;近年晋江青铜时代的庵山遗址发掘成果也很重要⑳。在闽南地区,由于目前还缺

---

① 福建省博物馆:《闽侯昙石山遗址第六次发掘报告》,《考古学报》1976 年第 1 期。
② 福建省文物管理委员会:《福建福清东张新石器时代遗址发掘报告》,《考古》1965 年第 2 期。
③ 福建省博物馆:《福建闽侯庄边山遗址发掘报告》,《考古学报》1998 年第 2 期。
④ 林公务:《黄瓜山遗址的发掘与认识》,《福建文博》1990 年第 1 期。
⑤ 福建博物院:《福清下湾墓地第一次发掘简报》,《福建文博》2005 年第 1 期。
⑥ 福建省博物馆:《福建闽侯黄土仑遗址发掘简报》,《文物》1984 年第 4 期。
⑦ 福建省博物馆:《福建浦城县牛鼻山新石器时代遗址第一、二次发掘》,《考古学报》1996 年第 2 期。
⑧ 杨琮等:《葫芦山古陶窑窑址发掘的初步认识》,《福建文博》1993 年第 1、2 期合刊。
⑨ 福建省博物馆等:《福建省光泽县古遗址古墓葬的调查和清理》,《考古》1985 年第 12 期。
⑩ 郑辉、陈寅龙:《浦城猫耳弄山窑群》,福建博物院编:《21 世纪初福建基建考古重要发现》,福建人民出版社,2009 年,第 59—72 页。
⑪ 福建省博物馆等:《福建省光泽县古遗址古墓葬的调查和清理》,《考古》1985 年第 12 期。
⑫ 福建博物院等:《武夷山市竹林坑一号原始瓷窑址发掘简报》,《福建文博》2012 年第 3 期。
⑬ 福建博物院、福建闽越王城博物馆:《福建浦城县管九村土墩墓群》,《考古》2007 年第 7 期。
⑭ 福建博物院:《福建东山大帽山遗址第二次发掘报告》,《福建文博》2006 年第 2 期。
⑮ 林聿亮、林公务:《福建惠安涂岭新发现的古文化遗址》,《考古》1990 年第 2 期。
⑯ 郑辉:《云霄县尖子山贝丘遗址》,《福建文博》1988 年第 1 期。
⑰ 林公务:《福建境内史前文化的基本特点及区系类型》,福建省博物馆编:《福建历史文化与博物馆学研究》,福建教育出版社,1993 年,第 76 页。
⑱ 陈兆善:《漳州虎林山遗址》,郑辉:《南靖鸟仑尾遗址》,福建博物院编:《21 世纪初福建基建考古重要发现》,福建人民出版社,2009 年,第 34—55 页。
⑲ 庄锦清、林华东:《福建南安大盈出土青铜器》,《考古》1977 年第 3 期。
⑳ 范雪春、黄运明:《晋江庵山遗址》,福建博物院编:《21 世纪初福建基建考古重要发现》,福建人民出版社,2009 年,第 29—33 页。

乏新石器时代末至夏代的典型遗址①，从新石器时代至青铜时代的文化发展序列有待建构。这一地区和闽东、闽北等闽江流域地区的关系，有待梳理和更多的考古资料来研究。

在福建西部山区，早在20世纪30年代林惠祥先生就进行过调查和探掘②。近年来，福建考古部门也对汀江流域展开过调查，发现了不少遗址，并对部分遗址进行了发掘。漳平奇和洞遗址的第二、三期遗存距今12 000—7 000年，相当于新石器时代早期和中期遗存③。长汀麻坡岗遗址的甲类遗存年代距今5 000—4 000年，为新石器时代晚期；乙类遗存距今4 000—3 500年，相当于新石器时代末期至夏代以后；丙类遗存相当于商代晚期至西周时期④。永定桔树下遗址的年代为西周至春秋时期⑤。

在与闽北相邻的浙西南山区，于遂昌好川发现了新石器时代末期的墓群，定名"好川文化"⑥；在江山的肩头弄发现了相当于夏代的陶器群⑦；在同一地区还发现了商周时期的遗址和遗存⑧。在瓯江下游的沿海地区虽未发现保存较好的新石器时代遗址，但是也普遍发现新石器时代末期至夏代的遗址和彩陶遗存⑨。

把福建全省及浙南地区，从新石器至青铜时代已知的文化发展序列综合起来看，在新石器时代晚期各个不同地域都有不同的文化面貌。到了距今4 000—3 500年的新石器时代末期至夏代阶段，虽然闽南、闽西地区仍保持了与粤东相近的文化特点，但是闽江上下游和浙南这一广大地区的文化面貌已是大同小异，并逐渐趋于一致。原来的各自独立发展的氏族部落社会形态，如昙石山文化、牛鼻山文化、好川文化等，发展到了新石器时代末期至夏代阶段，已经联合成了更大的部落联盟。区域性的民族共同体业已形成。这个民族共同体的来源，则是福建和浙南各个不同地区的史前文化发展、汇聚而成的。此时形成的这个民族，就是中国东南沿海百越族群中的一支——闽越族。

三、闽越族群形成的年代

1959年福建省博物馆与厦门大学对福清东张水库区进行了考古发掘，在这次发掘中

---

① 笔者认为惠安蚁山遗址、云霄墓林山遗址都保存较差，内涵太单薄，两者之间的关系和面貌还有待深入探讨。
② 林惠祥：《福建武平县新石器时代遗址》，《厦门大学学报(社会科学版)》1956年第4期。
③ 福建博物院文物考古研究所等：《福建省汀江流域考古调查报告》，科学出版社，2019年，第300—301页。
④ 福建博物院文物考古研究所等：《福建省汀江流域考古调查报告》，科学出版社，2019年，第301—302页；福建博物院等：《长汀县麻岗坡史前遗址发掘简报》，《福建文博》2017年第2期。
⑤ 福建博物院文物考古研究所等：《福建省汀江流域考古调查报告》，科学出版社，2019年，第302页。
⑥ 浙江省文物考古研究所等：《好川墓地》，文物出版社，2001年，182—201页。
⑦ 牟永抗、毛兆廷：《江山县南区古遗址、墓葬调查试掘》，《浙江省文物考古所学刊》第1辑，文物出版社，1981年。
⑧ 牟永抗、毛兆廷：《江山县南区古遗址、墓葬调查试掘》，《浙江省文物考古所学刊》第1辑，文物出版社，1981年。
⑨ 牟永抗：《浙江的印纹陶——试谈印纹陶的特征以及与瓷器的关系》，《文物集刊》第3辑，文物出版社，1981年。

发现了三叠地层。但是在这里发现的三叠地层与后来昙石山遗址的三叠地层有所不同，东张遗址的最下层的文化内涵与昙石山遗址中层相同；东张中层则是一种全新的考古学文化。由于当时缺乏自然科学的考古测年，许清泉先生在撰写考古报告时只能根据地层学的原理和出土遗物分析的方法，判定出东张遗址中层文化晚于下层的新石器时代文化、而早于上层的青铜时代文化[①]。这一重要发现，对后来昙石山遗址的发掘和三叠层的判断，有着指标性的意义。同时在相对年代学上也有着重要意义，奠定了福州乃至福建地区新石器时代末期至夏代区域性考古学文化的基础。于是，有学者们把这一文化遗存暂定为"东张中层文化类型"[②]；也有的学者一步到位，如陈国强教授就把它直接定名为"东张文化"[③]。

二十多年后，福建省博物馆的考古队在发掘闽侯庄边山遗址时，又在庄边山遗址的上层，发现了与东张中层相同的文化遗存[④]。发掘的学者又称它为"庄边山上层类型"文化[⑤]。后来在霞浦黄瓜山遗址发掘到单纯的这种文化遗存，于是又改称为"黄瓜山文化"[⑥]。

由于早晚三个遗址的发掘，形成了三种不同遗址的文化命名，其实都是一个文化。考虑到今后如果又发现保存更好的这类文化遗址，是否又要更名？所以笔者赞同陈国强教授的观点，倾向于用首次发现和认识这个文化的遗址命名，即"东张文化"。

关于"东张文化"的年代问题，由于最早发现是在福清东张遗址的中层，下层是昙石山文化，上层是西周以后的青铜文化。所以发掘者根据地层的相对年代学，"推定中层的年代约相当于殷或周初"[⑦]。从之后不断发现的新资料看，这个年代判定得偏晚了一些。后来主持庄边山和黄瓜山遗址发掘的林公务先生，把与东张中层相同的庄边山遗址上层遗存（包括黄瓜山遗址）的年代断在距今 4 000—3 500 年[⑧]。笔者认为这应该是比较准确的判断。

2004 年的黄瓜山遗址第二次发掘时，测定了 7 个标本，综合得出的年代数据，发掘者

[①] 福建省文物管理委员会：《福建福清东张新石器时代遗址发掘报告》，《考古》1965 年第 2 期。
[②] 陈存洗、杨琮：《福建新石器时代文化特征与年代初论》，福建省博物馆编：《福建历史文化与博物馆学研究》，福建教育出版社，1993 年，第 42—51 页。
[③] 陈国强：《闽台史前考古的发现与展望》，福建省博物馆编：《福建历史文化与博物馆学研究》，福建教育出版社，1993 年，第 19—25 页。
[④] 福建省博物馆：《福建闽侯庄边山遗址发掘报告》，《考古学报》1998 年第 2 期。
[⑤] 林公务：《福建境内史前文化的基本特点及区系类型》，福建省博物馆编：《福建历史文化与博物馆学研究》，福建教育出版社，1993 年，第 76 页。
[⑥] 福建省博物馆：《福建霞黄瓜山遗址发掘报告》，《福建文博》1994 年第 1 期。
[⑦] 福建省文物管理委员会：《福建福清东张新石器时代遗址发掘报告》，《考古》1965 年第 2 期。
[⑧] 林公务：《福建境内史前文化的基本特点及区系类型》，福建省博物馆编：《福建历史文化与博物馆学研究》，福建教育出版社，1993 年，第 77 页。

认为距今4 300—3 500年①。"东张文化"的发展过程中,应该有早期和晚期的阶段。黄瓜山的第二次发掘已经区分出上下两个文化层,显示出这一文化的早晚两个阶段。在送检的7个木炭标本中,有5个早期地层的标本测定都在距今4 000—3 600年之间;而2个晚期地层的标本测定距今不到3 500年②。笔者认为黄瓜山遗址下层的5个木炭标本的碳14测年,只有1例达到了3 900年以上,其余4例均在3 600多年。而昙石山文化遗存的年代下限是距今4 300年,黄瓜山遗址下层的遗存,从陶器等文化内涵上看,并没有处在昙石山文化向"东张文化"的过渡状态。应该说这两个早晚不同文化遗址中,尚存在一个文化的演变过渡时期,这个阶段至少也要有两三百年的时间,这样才符合古代历史文化发展的实际规律。所以笔者认为"东张文化"的年代仍应该定在距今4 000—3 500年间比较合适,已经把文献记载的夏王朝年代基本包括在其中了。

以往认为这一文化主要分布于闽江下游、闽东地区,影响了周边地区及浙东南的瓯江下游地区③。1990—1993年武夷山葫芦山遗址的发掘④,使我们看到了这一文化不仅分布于闽江下游和闽东地区。它实际也覆盖了闽江上游、浙西南山区和整个瓯江流域,分布面积比以往认识的区域大了几倍。

"东张文化"的内涵中,生产工具普遍以小型石器为主,除了各种石斧、石锛传统生产工具外,掐穗的石刀明显增多;武器类的石箭镞和石矛明显增多,石戈和石钺出现。特别武器类的石箭镞、石矛和石戈、石钺,磨制较精细。生活陶器的烧造技术明显提高了,出现了许多大型的陶器,特别是出现了大口高领的尊类器。除了部分橙黄陶火候稍低胎质稍软外,大部分陶器胎质坚硬。陶器普遍施以陶衣,有黑衣、赭衣、红衣等;印纹硬陶占有一定的比例。彩绘陶器是这一时期最重要的文化特点,彩陶颜色以黑、赭、红为主,图案是各式各样的几何形纹样。

同时,我们也能看到"东张文化"在这一广大地区文化面貌大同之下,仍有地域性的小差异:闽江下游、瓯江下游等沿海地区彩陶文化丰富多彩,在陶器中占了很大比例。闽江上游、瓯江上游的内陆山区,彩陶器明显减少;但是,黑衣、赭衣和红衣陶器仍然占有主要地位。彩绘陶器的多寡,是沿海地区和内陆山区陶器文化中最明显的分水岭。由于这个文化分布区域较大,自然环境也有很大不同,必然在不同的地域环境中表现出一定的地区特点。这个不同地域的差别必定体现在文化遗物上,反映在考古学文化上则可区分成同一文化中不同的类型。也可称为同一文化中不同的地方相。"东张文化"明显可以分

---

① 福建博物院:《福建霞浦黄瓜山遗址第二次发掘》,《福建文博》2004年第3期。
② 福建博物院:《福建霞浦黄瓜山遗址第二次发掘》,《福建文博》2004年第3期。
③ 林公务:《福建境内史前文化的基本特点及区系类型》,福建省博物馆编:《福建历史文化与博物馆学研究》,福建教育出版社,1993年,第76页。
④ 杨琮等:《葫芦山古陶窑窑址发掘的初步认识》,《福建文博》1993年第1、2期合刊。

为沿海类型和山区类型两种：沿海类型可以典型遗址黄瓜山命名，为"黄瓜山类型"；山区类型以浙江江山县的肩头弄遗址命名，或是以武夷山的葫芦山遗址命名，尚待讨论。由于葫芦山遗址的典型遗址，三叠层中下、中层都是这个文化的不同发展时期，本文暂采用"葫芦山（肩头弄）类型"的命名①。总之，它与黄瓜山遗址一样，都存在早、晚期的发展阶段，而上下限的年代都在距今4 000—3 500年间。虽然这一时期，闽南地区的文化遗存更接近于粤东地区的"浮滨文化"②，而闽西地区则是以"麻坡岗遗址乙类遗存"为代表的地方文化遗存③，它们虽然均与"东张文化"有明显的区别，但是它们仍然受到了"东张文化"的强烈影响，并且开始走上了逐步融合的进程。可以说，在这个时期，"东张文化"就是居住、活动在闽江流域和瓯江流域的闽越民族文化的雏形。

四、结　语

综上所述，在新石器时代晚期，活动在闽江上游山地"牛鼻山文化"的氏族部落、浙西南瓯江上游山区遂昌"好川文化"的氏族部落、闽江下游"昙石山文化"的氏族部落、瓯江下游的氏族部落（这时期的文化遗物只是零星发现，文化面貌有待梳理）等，它们在距今4 000年左右时，已经进入了密切的交流融合阶段。"东张文化"时期，文化融合的现象开始出现，主要是闽江上下游的广大地区及浙南瓯江上下游地区，形成了一个大的共同的文化圈。闽南和闽西地区这一时期的典型文化遗存发现不够，从它们早晚时断时续的文化发展序列方面看，还是有一定的差异，此时尚未完全融入这个文化圈中。

从史前社会的氏族部落到部落联盟，再到民族共同体的同一文化时代，就是距今4 000年至3 500年的"东张文化"时期。尽管在这个较大的地域文化中，由于内陆山区和沿海地区自然环境的差异，人们在文化大同之下仍存差异，但是，毫无疑义，闽越这个民族已开始形成。

因此，"闽越"是福建、浙南这一区域土著越人的全称，"闽"是东南越族的简称。从考古学文化的发展序列可以看到，这一地区的历史文化发展，在西汉中期闽越族内迁之前从未中断过。从"东张文化"之后的商周考古发现中，可以明显地看到闽越族形成后的商周时代，福建和浙南地区同步发展的面貌更为一致。与此同时，闽越与江、浙、广东、赣东、皖南等周邻地区的文化交流更为广泛，进入以几何形印纹硬陶、原始青瓷为主的青铜时代。百越族群之间开始了频繁呼应、碰撞，此起彼伏，走上了中华文明史的大舞台。

---

① 虽然浙江江山肩头弄遗址较早发现了这时期的一些陶器，但是直到根据葫芦山遗址中含有彩陶、橙黄陶等的丰富内涵，才首次认识到这个文化与东张中层相同。因此笔者倾向于此类型定名为"葫芦山类型"。
② 邱立诚：《再论浮滨文化》，《粤地考古求索——邱立诚考古选集》，科学出版社，2008年，第289页。
③ 福建博物院文物考古研究所：《福建省汀江流域考古调查报告》，科学出版社，2019年，第300—301页。

构造地质学视角下的
百越文化起源新探

张经纬

（上海博物馆）

百越文化及其地理分布是一个已被前人探讨了无数次的主题。本文将重新回到这一领域的起点之处，运用现代构造地理学知识，对百越得名、地理分布连续性，以及人群迁移的动力学作尝试性探索。希望能从原本模糊的知识体系中，分离出更清晰的地理脉络，帮助我们从空间、时间两个维度，对百越文化的源头和变迁过程，给予新的认识。

一、百越文化及其特征

百越文化是一个学术界讨论已久的主题。百越得名最早可以追溯到唐代颜师古注《汉书》时引臣瓒《汉书集解音义》："自交趾至于会稽七八千里，百越杂处，各有种姓。"这句话不但首次提出了"百越"的名称，而且大致描述了"百越"的分布范围，为"自交趾至于会稽七八千里"。

在之后的一千多年时间里，后人关于百越地域分布的叙述基本不脱于此。比如，林惠祥在《中国民族史》中认为："百越所居之地甚广，占中国东南及南方，如今之浙江、江西、福建、广东、广西、越南，或至安徽、湖南诸省。"[1]另有陈国强在《论百越民族文化特征》一文中也提到："在中国东南、南部直至越南这一越族分布地区，在西周有杨越，在春秋有于越，在秦汉有瓯越、闽越和南越等。将越族分布地区确定在中国东南部和南部，直到越南的北部，是大家较一致的、适当的看法。"[2]这些表述，显然同样来自颜师古注疏中，有关百越地域分布的说法。

"百越"这一名称，作为一个偏正式的构词，通过"百"表达了这一群体在数量和地域

---

[1] 林惠祥：《中国民族史》（上册），商务印书馆，1936年，第111页。
[2] 陈国强：《论百越民族文化特征》，《中华文化论坛》1999年第1期。

上的广度和多样性,同时以"越"这一共称,强调了这些"杂处,各有种姓"的人群在文化上的同源性。这种同源性可以从林惠祥等人的论述中发现:越族文化特异之处有断发文身、契臂、食异物、巢居、语言不同、使舟及水战、铜器等 7 种①。其中除"语言不同"不能作为共性外,其他都可作为百越民族的文化同一性特征。

林惠祥之外,还有中国人类学家凌纯声、美国人类学家克娄伯(K. L. Kroeber)等人,从太平洋文化的角度,将百越文化拓宽为"环南中国海"文化圈的一部分,归纳出该区域中更丰富的文化特征。尤其是"文化区"概念创始人克娄伯,将华南地区与南中国海沿线合为一体,提出"中南半岛与东印度群岛在昔组成一个文化区域"的观点。该观点认为:"在今菲律宾、东印度群岛、阿萨姆,及中南半岛等地,这一系文化还多保持着相同的文化特质,例如:刀耕火种、梯田、祭献用牺牲、嚼槟榔、高顶草屋、巢居、树皮衣、种棉、织彩线布、无边帽、戴梳、凿齿、纹身、火绳、取火管、独柄风箱、贵重铜锣、竹弓、吹箭、少女房、重祭祀、猎头、人祭、竹祭坛、祖先崇拜、多灵魂。这许多文化特质组成了东南亚古文化,他的分布地域,不仅在东南亚的岛屿,且远及大陆。"②

而凌纯声在此基础上进一步发展了克娄伯的观点,认为这种东南亚古文化,"不仅在东南亚的半岛和岛屿,且在大陆方面,自半岛而至中国南部,北达长江,甚至逾江而北"。因此,他借助中国古代文献和民族考古的资料,在克娄伯的 26 种文化特质上,"再加上:铜鼓、龙船、弩箭、毒矢、梭镖、盾牌、涅齿、穿耳、穿鼻、鼻饮、口琴、鼻笛、贯头衣、衣着尾、坐月、父子连名、犬图腾、蛇图腾、长杵、楼居、点蜡印花布、岩葬、罐葬、石板葬"。③

最终,凌纯声将克娄伯与他所发现的这一"环南中国海"(中国华南—菲律宾—婆罗洲—中南半岛)区域的文化特质,合计为 50 项。换句话说,包括"铜鼓、龙船、猎头、人祭、祖先崇拜……"等习俗,几乎可以从这个巨大文化区域中任何一个人群中找到。

不论是林惠祥的七种文化特征,还是凌纯声的五十项文化特质,都标志着我们对百越文化共性的认识逐步深入。虽然这些文化特征未必普遍存在于"杂处,各有种姓"的每个人群之中,但不能否认,其从统计学上进一步证明,"百越"的确是一个在文化上颇具同质性的人群共同体。

那么,从文化发展"源流"的角度来说,百越文化之所以能在远超"交趾至于会稽七八千里",乃至东南亚海外,如此广泛的区域中,依旧保持如此众多的文化共性而不至涣散,恰恰说明,其具有一个非常强势,且连续不断的源头,能使其在扩散过程中保持整体上的完整性。

---

① 林惠祥:《中国民族史》(上册)商务印书馆,1936 年,第 112—115 页。
② 凌纯声:《中国边疆民族与环太平洋文化》,(台)联经出版事业有限公司,1979 年,第 395 页。原文为凌纯声译自克娄伯《菲律宾的民族》(第七章"提要与结构")。
③ 凌纯声:《中国边疆民族与环太平洋文化》,(台)联经出版事业有限公司,1979 年,第 396 页。

二、大地构造学与百越之分布

百越文化的源头其实已经隐藏在颜师古的注疏之中,如果我们用现代地理知识重新审视一下"自交趾至于会稽七八千里,百越杂处"一句,就会发现,西晋史学家臣瓒的观察极为准确。因为从"大地构造学"的角度来说,"自交趾至于会稽七八千里"的区域中,存在一条由华南的"东南沿海构造带"与"长白山—雪峰山构造带"共同构成的"黄海—湘桂波谷带"。

如图一所示,这条"黄海—湘桂波谷带"横跨整个华南区域,将北部湾盆地北部平原、两湖盆地、鄱阳湖盆地连接在一起,一直延伸到黄淮海平原东南端。这一漫长通道还有一

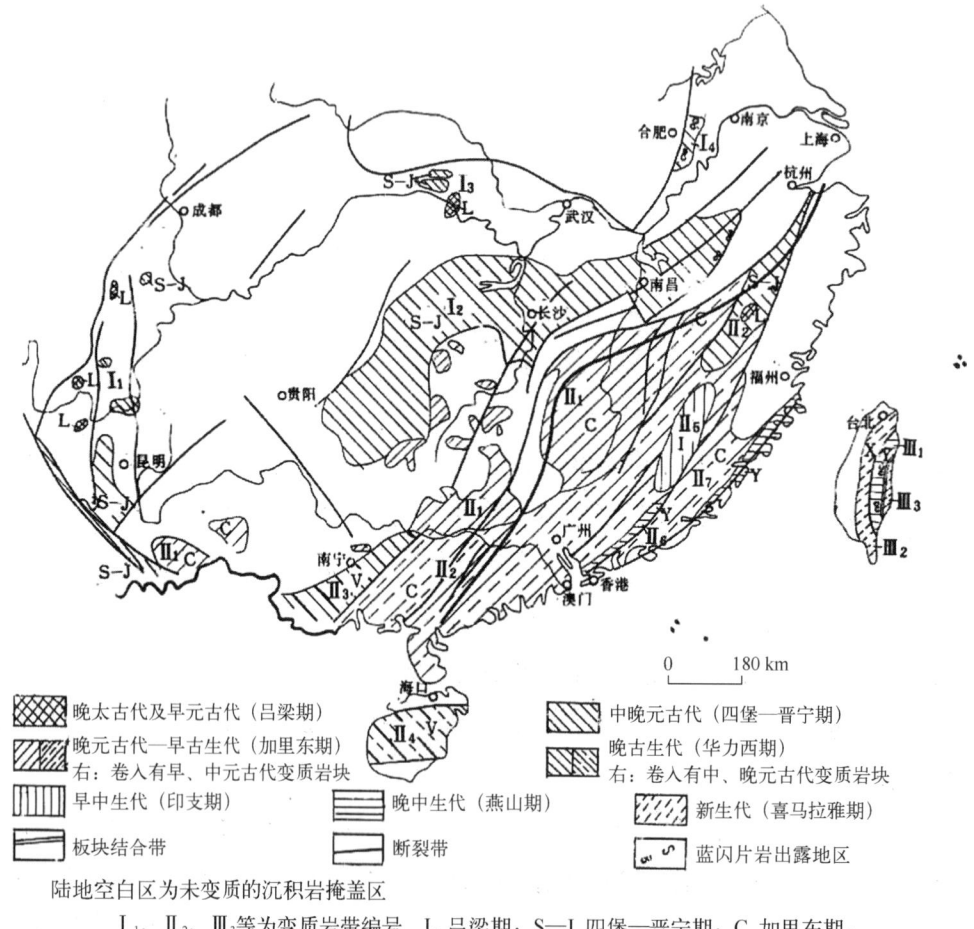

图一　华南变质岩和变质带分布示意图①(图中黑色粗线为笔者所加)

---

① 程裕淇:《中国区域地质概论》,地质出版社,1994年,第365页。

个构造地质学名称——绍兴—萍乡—北海断裂带。它从北部湾北部的北海开始,沿着柳州、桂林、永州方向,穿越洞庭湖平原的南部丘陵,在萍乡和新余之间穿过了分隔湘赣的罗霄山脉;并且构成了赣南丘陵与鄱阳湖平原的分野,而从鹰潭开始,这条断裂就在东南沿海波峰带中分开了一条重要谷地,其宽处达数十公里(金[华]衢[州]盆地),狭处仅几公里,两边山峦逼仄,唯见江水中流。它在进入浙东后,名义上以杭州湾南部的绍甬平原作为终点,但以地表的延续性来说,还会继续深入长江下游三角洲。

如果要向西继续延伸,黄海—湘桂波谷带还会通过兴义、百色一线,与藏北—广西波谷带联系在一起,与重要的南岭民族走廊基本重合①。因此,从地质构造上看,绍兴—萍乡—北海断裂带不但联系了整个华南地区最主要的水系和平原(洞庭湖盆地、鄱阳湖盆地、金衢盆地),而且西接云贵高原,东入黄淮海平原,承接了整个东亚大陆的南部。不仅如此,在这条构造带上,我们可以找到华南的从古至今,内陆地区中几乎所有重要的聚落、城镇,其中包括但不限于,昆明、南宁、桂林、长沙、南昌、衢州、绍兴等。而这显然不是一种巧合。

我们稍稍留意就会发现,这条通道其实贯穿了全部有文献记载的"越"人区域,从西江上游云之南的滇越,到黔南与广西的骆越,洞庭湖平原长江中游的扬越,鄱阳湖平原的干越,西江下游的南越,通道以南沿海的东越和闽越,以及通道最东端出口的吴越。所有"越"人的主要聚落如同一串葡萄串连在这条通道主干的两侧,某种意义上讲,这就是东亚大陆南部人群迁移"大动脉"。而且,这一构造带所覆盖的区域,与臣瓒所谓"自交趾至于会稽七八千里"的范围极大吻合。无怪乎"百越"这个兼具地域多样性与文化相似性的称呼,可以指代东亚大陆南部极大部分人群。

三、历史案例:楚国与吴、越争霸

接下来,我们将要探讨生活、分布于这条构造带中的百越人群,如何借助地理构造迅速扩张,并广泛分布于包括整个华南在内"环南中国海"这一巨大地域。为了更清晰阐述这一过程,我们需要引入春秋战国时代,楚国与吴、越争霸这一历史案例(见图二),借此说明这一构造带所具有的推动作用。

西周末期,在周人对铜料需求的推动下,楚人从渭水迁移东到汉水流域,开始对长江

---

① 费孝通:《费孝通文集》(第8卷),群言出版社,1999年,第322页。费孝通先生1982年5月第一次完整指出了这"几个复杂地区:一条西北走廊、一条藏彝走廊、一条南岭走廊,还有一个地区包括东北几省",稍晚于他首次分别提出"藏彝走廊"(1978.9)和"南岭走廊"(1981.12),同见《费孝通文集》(第8卷)。

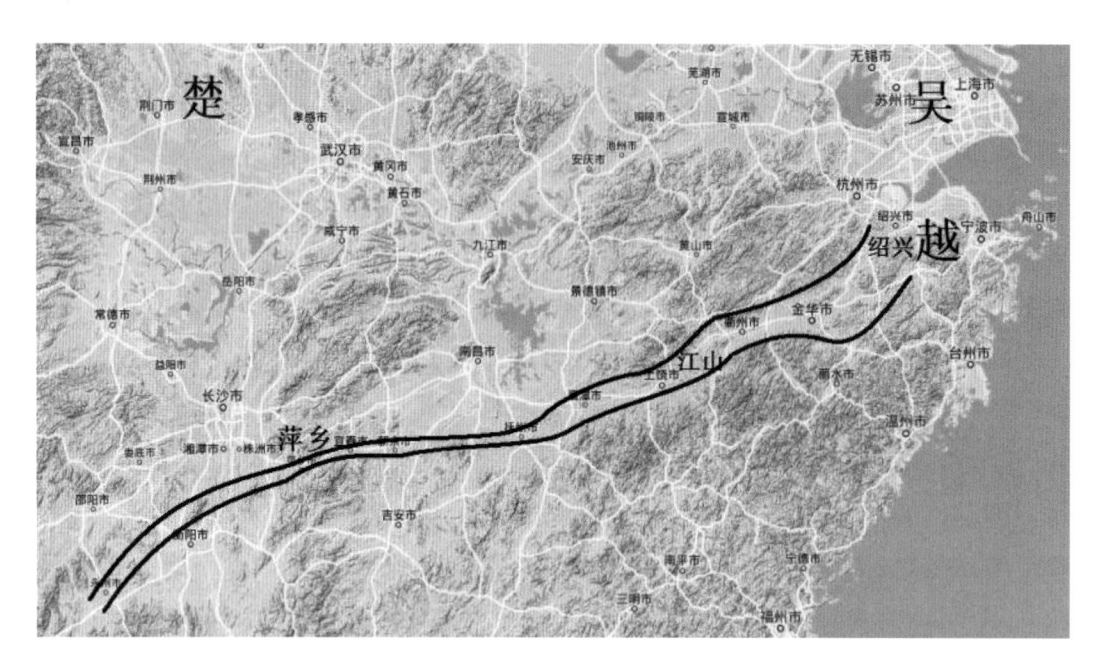

图二　绍兴—江山断裂带及其延伸部分

干流的越人施加压力,"得江、汉间民和,乃兴兵伐庸、杨粤,至于鄂"①。据文献记载,楚国在很长时间里,都积极参与中原事务。而当他们在与中原诸国交锋中受挫时,就会把物力、人力的补给来源对准了洞庭、鄱阳湖流域的越人。

《韩非子·喻老》中"楚庄王欲伐越"的故事点出了楚国和越人的关系。楚国因为"政乱兵弱"要伐越,楚王对此的解释是"王之兵自败于秦、晋,丧地数百里,此兵之弱也"。虽然故事中的楚王最后放弃"伐越",但故事的内涵非常清晰:楚国在罹患兵员不足(兵弱)的时候,会以掠夺越人人口的方式,来补充部伍,重建军威。而与楚国直接接壤的越人,就是位于鄱阳湖平原的干越。

长久以来,楚国"伐越"的原因,一方面在于窥伺鄱阳湖平原腹地的物力(能用于铸剑、戈的铜矿),这些为楚国提供了足够的战争资源。另一方面,则是当地蕴含的更重要的人力(能铸剑、持剑之干越)。通过实地考察可见,江南古代以及今天著名的铜矿(大冶、瑞昌、铜陵、德兴)都分布在鄱阳湖平原周边②。幕阜山北坡的大冶和瑞昌铜矿在春秋时属楚,铜陵属吴。当时干越集中分布的鄱阳湖周边,即属于北海—萍乡—绍兴断裂带的一部分,而且构造带本身也是铜矿富集的关键因素。

当楚国东进给干越人群带来显而易见的迫力后,鄱阳湖平原以东有两条主要的路线

---

①　《史记》卷四十一《楚世家》。
②　裘士京:《江南铜研究——中国古代青铜铜源的探索》,黄山书社,2004年,第28—39页。

可供选择。如图三所见,沿着德兴—黄山一线,可以进入太湖平原,这里是吴兴之地。而沿着鹰潭—上饶一线,就能进入浙西的金—衢盆地(姑蔑所在),继续向东,就是越国故里的宁绍平原。这条构造带在江西的部分新余—上饶一线分别连接着赣东和浙西,尤其是与浙江(绍兴—江山段)相连的余干县,自古就被认为"本越勾践之西界"①。

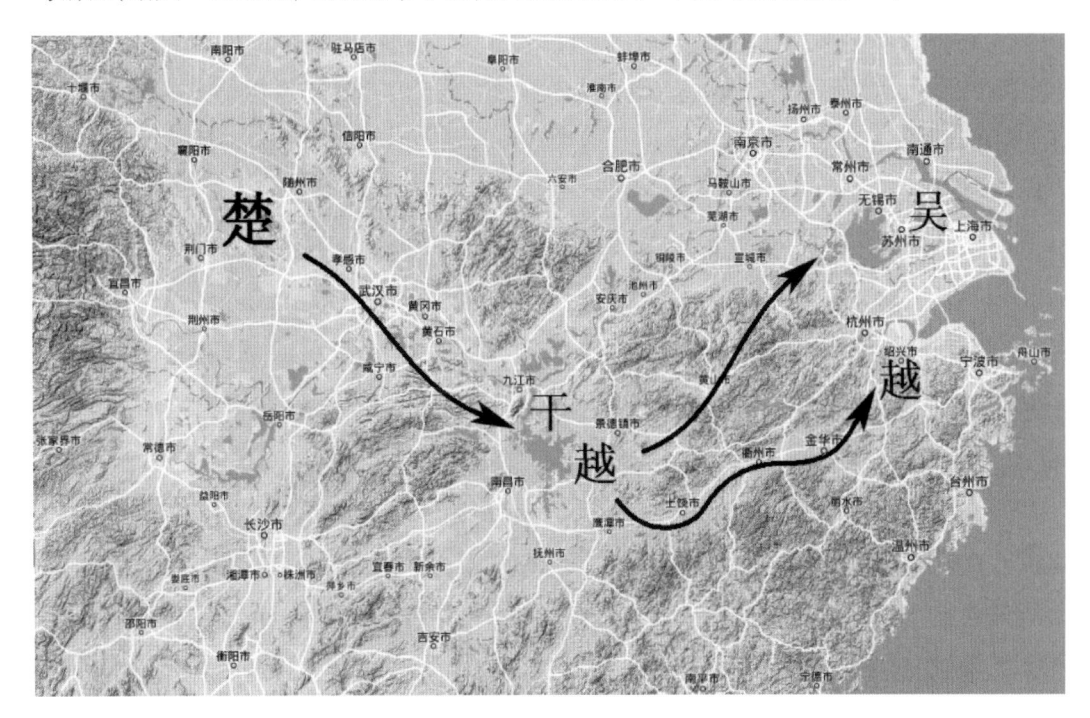

图三 楚→干越→吴、越关系图

当吴国和越国分别得到了干越人群的人力、物力支持后,就引发了两国历史上最重要的羁绊。首先,吴国接纳了来自楚国间接输送的外援后,果然走上强国道路,给予东侵的楚国最强回应。西征千里,数败楚军,最终攻入楚国郢都。然而,楚强吴弱的整体局面,不是寓居长江下游三角洲的吴国可以改变的。何况,楚国推送的人口、技术资源也不为吴国所独享。

其次,吴国兴起所倚重的外来人口资源,同样惠及越国。《国语·越语》描述,"勾践之地,南至于句无,北至于御儿,东至于鄞,西至于姑蔑",概括了越国当时的实控范围。不用说北面与吴接壤,三面被大海群山环抱,越国的西部"姑蔑",即浙西腹地金华—衢州盆地,乃是浙西沟通江西的必经路口。换句话说,这里连着"干越"生活过的鄱阳湖以东平原,随着楚国东进的过程,其中一部分沿着长江进入吴国境内,另一部则寻道姑蔑,挺进了

---

① 乐史撰,王文楚点校:《宋本太平寰宇记》卷一百七,江南道五饶州"余干"县条下提到:"余干县……本越勾践之西界……韦昭曰:'于越,今余干县勾践之别名也。'"中华书局,2000年,第156页。

越国腹地,并最终走上了北上吞吴的征程。

综上,在数百年的时间里,楚人对越人人口、铜矿的索取迫使鄱阳湖平原的干越人群屡次东迁。正是在楚国的推动下,鄱阳湖平原自商代以来①便以卓越金属冶炼、加工技术闻名的干越人群,陆续东迁。使当地卓越的冶炼技术和传说随着人群一道,沿着鹰潭—上饶一线,进入了浙西与长江下游平原,将自己的人口与文化特征融入了吴国和越国的冶金传说之中,令吴越在中国历史上最早留下"百越"的身影,其中部分继续北上融入中原,另一部分则东入大海进入"环南中国海"文化圈的轨道。

四、结论:百越起源及其流变初探

从楚国与吴、越争霸这一历史案例中,我们可以看到,来自西、北方向(楚国)的人群迁移,始终对绍兴—萍乡—北海断裂带内,自西向东的(百越)人群保持了一个恒定的推动力。这种过程,可以朝着空间和时间两个维度继续延伸。

第一,既然绍兴—萍乡—北海断裂带可以"黄海—湘桂波谷"与"藏北—广西波谷带"相连,那么我们就可以将百越人群的东迁,与青藏高原氐、羌人群自新石器时代晚期以来,自青藏高原,经横断山区的持续南迁结合起来,作为一个观察的整体。这就解释了包括"铜鼓、龙船、猎头、人祭、祖先崇拜……"等百越文化核心习俗,自云贵高原而向东流布的历史原因。比如,铜鼓文化所体现的送魂习俗与青铜铸造工艺的结合,就反映出"原本生活在滇池附近的'滇族'很可能是在与川南、滇西北南下人群的接触中习得了包括铜鼓铸造在内青铜器制作方法"②这一历史过程。

第二,从林惠祥、凌纯声等人归纳出的"东南亚古文化"诸多特征,空间上分布的最西端可达缅北、印度东北部的藏南地区、阿萨姆平原等地。可以进一步推测,百越文化的源头,亦可能来自这一区域的早期人群。随着青藏高原人群从高原腹地,沿雅鲁藏布江进入藏南低地,其与当地土著文化的互动,催生了最早的百越人群的先驱,从"藏北—广西波谷带"与"黄海—湘桂波谷"组成的路径,进入了华南腹地。

第三,北方人群在历史上进入华南百越文化区的路径和趋势,也可通过"绍兴—萍乡—北海断裂带"这一地理构造动态呈现。

---

① 李家和等先生曾指出:"种种迹象表明,至少从商代晚期业已开始,首先是宁镇、赣鄱地区文化交流、融合的步伐加快,逐渐由条条、块块连成一片。到了西周早期,特别是西周中晚期以降,南方青铜文化大一统之局面,率先在江、浙、皖、赣地区形成,然后逐步浸润至边远地区,为秦汉之统一南方,在文化上奠定了坚实基础。"见李家和、杨巨源、刘诗中:《湖熟文化与江西万年类型文化——谈吴越文化》,《东南文化》1990 年第 5 期。

② 张经纬:《铜鼓文化与华南信仰体系探源》,《艺术与探索》2016 年第 4 期。

第一阶段(周代至秦汉),楚人通过幕阜山进入鄱阳湖平原,推动干越人群进入浙西;秦人从洞庭湖源头进入岭南设郡,以桂林为据点,推动南越、南海国人群,进入粤东、赣南;汉帝国探究天竺道路,从川南进入昆明盆地,推动滇越人群向东南西江、红河流域的迁移。

第二阶段(唐代至明清),唐人再次进入绍兴—江山断裂带,并打通了通道内部至岭南的路径。宋人始开梅山,使苗瑶人群从湘赣通道进入赣南,产生两个影响,一使新来人群切割了绍兴—萍乡—北海断裂带内部连续的百越聚落,造成吴越与南越之间的分离,及畲客人群共同体的诞生;二使闽越人群南迁,进入粤东——这也遵循了"环南中国海"的迁移路径。明清时期,随着对乌江、西江上游支流的开发,使苗瑶人群进一步南迁,最终形成了今天,苗瑶语族人群和侗台语族人群(百越)在华南犬牙交错的现象。

综上,从颜师古《汉书》注疏中,"自交趾至于会稽七八千里,百越杂处,各有种姓"一句出发,结合现代"大地构造学",让我们厘清了这一百越地区的现代地理学特征。这将有助于我们从更大、更开阔的整体视角来审视百越文化的过去、现在和未来。也为我们将来探索中华民族的南方起源,提供更重要的人类学启迪。

越和疍的语源及在海交史上的地位

周运中

(南京大学海洋文化研究中心)

百越族群包括今天南岛语系(外越)和侗台语系族群(内越),历史上的分布极广。百越族群建立的古国之中,最强的越国在浙东平原诞生,隋唐时期的浙东平原称为越州。古人称南方的水上居民为蜑,即疍民。越和疍的本义,前人的说法很多。本文先考证越和疍的语源,再考证疍民的别名及越人和疍民在海交史上的地位。

一、越的语源是洼地、海洋

越的本义,前人或以为源自越人的工具戉。戉是象形字,戉源自有肩石斧,金属时代演变为钺。还有一种斜形钺,又变异为靴形钺,这种钺源自早期的尖形和靴形石犁,不是源自石锛、石斧,其实不应称为钺。广西隆安、柳江、大新、龙州等县发现很多大石铲,材质精美,颜色多样,作为祭祀的礼器。遗址中的大石铲有时围成一圈,插在地上,可能是为了祭祀农神。这种大石铲也是源自有肩石斧,其肩部有时会变异为复杂的造型。海南省定安县蹲虎岭也出土了类似的大石铲,很可能是广西的壮族移民带来,前人已经指出海南岛北部的土著临高人是壮族的分支而非黎族[①]。

我以为越人源自戉的观点是因果颠倒,戉是因为越人得名,而不是相反。世界上很少有族名源自生产工具,相反,我们看到很多物品的名字源自族名,最著名的例子就是西方人称瓷器为 China,源自中国 China。再比如开司米 cashmere 源自克什米尔 Kashmir,因为古代交通不便,物品交流不易,所以古人得到某种物品,会用传播者的名字来命名。

越的汉语上古音是匣母月部 hiuat,古代日语的海是わた(wata),读音极近。日本最早的史书《古事记》说伊邪那美生出海神大绵津见神,本居宣长《古事记传》卷五:"关于大绵

---

① 梁敏:《"临高人"——百粤子孙的一支》,《民族研究》1981 年第 4 期;梁敏、张均如:《侗台语言的系属和有关民族的源流》,《语言研究》2006 年第 4 期。

津见神的名义,根据师说,绵 wata 者即海 wata,津是助词,见 mi 是毛智 mochi 的简化,所以绵津见即海津持之意。"海神的古日本语是海つ持,读作 wata-tsu-mochi。《古事记》说伊邪那岐被禊时,生出海部氏族的祖先阿昙连,读作 azumi,即海つ持的转化①。日语的绵也读 wata,而绵花来自南洋,显然是因为南洋的航海者把绵花传入日本。

日语的海 wata,接近朝鲜语的洋 bada,也接近南岛语系萨摩亚语的洋 vasa、斐济语的 wasa 与马来语的海 laut,因为现在越人的 Y 染色体主要类型 O1 在日本很少,所以日语的海洋读音应该是来自古代的世界同源字。因为古人很早就认识海洋,所以海洋这个字也应该有一些古老的共通语。挪威语的海洋是 verdshav,丹麦语是 wereldzee,芬兰语是 valtmeri,秘鲁奎查语(Quechua)是 wat'a,北美洲拉科塔语(Lakota)是 wíta,波兰语是 wyspa,读音都非常接近 wata。芬兰语属乌拉尔语系,乌拉尔语系民族的主要 Y 染色体类型 N,最接近亚洲东部的主要染色体 O,其祖先来自东亚。美洲土著的 Y 染色体基本都是 Q 型,源自西伯利亚的 Q 型,Q 型和印欧人的 R 型关系最近,所以这些语言上的接近不是巧合,而是源自血缘的接近。

汉语的"活"字,原来特指水的流动,上古音的"活"是见母月部 kuat,这个字对应一些印欧语的水,比如英语的 water,也是海洋 wata 的同源字。

汉语中另一个对应的字是溟,溟通泯、没,没的上古音是明母物部 muət,没的原义是被水淹没,意义也通。其实海的意义也通,因为海通晦,上古常把海写成晦,秦代的封泥官印中海写成晦,晦、冥都是黑暗。溟是齐语,齐国人把北海(渤海)称为北溟,《庄子·逍遥游》引齐谐说北溟有鱼,《左传》昭公二十九年(前 513 年)蔡墨说:"故有五行之官,是谓五官。实列受氏姓,封为上公,祀为贵神。社稷五祀,是尊是奉……水正曰玄冥……少皞氏有四叔,曰重、曰该、曰修、曰熙,实能金、木及水……修及熙为玄冥,世不失职,遂济穷桑。"玄冥来自少皞氏,也是来自山东,靠近朝鲜、日本。汉代乐浪郡有海冥县,在今朝鲜的海州。

越 hiuat 的语源就是海洋 wata,本义是低洼之地,王力指出汙、洿、窊、洼、秽是同源字②,我认为同源字还有澳、奥、岙、奥、凹、坳、窝等。地势低洼的地方易生污水,当然污秽。因为大海是最低洼的地方,所以从 wata 从低洼之地引申为海洋。越人原来生活在低洼多水的地方,特别是在华南的河谷和海岸,故名越人。

唐代樊绰《蛮书》卷二说自永昌(今保山)之越赕,要经过高黎贡山。卷六:"自澜沧江已西,越赕扑子,其种并是望苴子……越礼城在永昌北,管长傍、藤弯。"卷七:"马,出越赕

---
① [日]木宫泰彦著、胡锡年译:《日中文化交流史》,商务印书馆,1980 年,第 9 页。
② 王力:《同源字典》,商务印书馆,1987 年,第 119—120 页。

川东面一带,岗西向……故代称越赕骢……犀,出越赕、高丽。"越赕在今腾冲,其东是产马的高黎贡山,越礼城在今保山之北。现在保山西北的高黎贡山之东还有傣族,有芒龙、芒宽、芒黑、芒柳、芒颜、芒旦等傣族地名在怒江河谷,因为河谷较热,所以傣族沿河谷分布。腾冲现在还有傣族,腾冲的西北部马站乡二龙山、古永乡苏江、大横山都出土过铜鼓①,说明越赕、越礼城很可能因为越人得名。汉代越嶲郡在今四川南部,都说明越的名字可能很早出现。

最近有人提出年岁的岁来自钺,我认为其说太过牵强附会,不能成立。我认为岁的本字是薉,《说文》:"薉,芜也。"《荀子·天论》:"田薉稼恶。"田地荒芜则生杂草,可见薉和秽是同源字。《说文》:"鮸,鱼名,出薉邪头昧国。"邪头昧县在乐浪郡,薉就是秽人。古人在每年秋收之后庆祝新年,此时田地荒芜,所以称岁(薉)。《隋书》卷八一《流求国》:"候草药枯,以为年岁。"古代流求(今台湾)族群以草木枯萎为一年,可见岁源自秽。王力指出,年和稔是同源字,读音接近,年的本义是谷物成熟,《说文》:"年,谷熟也。"《谷梁传》桓公三年:"五谷皆熟,为有年也。"②我认为年、稔的同源字还有穰,穰也是谷物丰收。年(季)字的原形,上面是禾,下面是人,现在土家族新年有茅古斯舞,浑身穿戴稻草,其实就是年字的由来。

二、倭、秽都源自海

越的上古音 hiuat,音近倭、秽(濊)的上古音 iuai、iuat,古代朝鲜半岛东北部沿海有倭、秽(濊)、沃沮等同源民族。《山海经·海内北经》说:"盖国在巨燕南,倭北,倭属燕。朝鲜在列阳东,海北山南,列阳属燕。"巨燕是大燕,《史记·匈奴列传》说:"燕有贤将秦开,为质于胡,胡甚信之。归而袭破走东胡,东胡却千余里。与荆轲刺秦王秦舞阳者,开之孙也。燕亦筑长城,自造阳至襄平。置上谷、渔阳、右北平、辽西、辽东郡以拒胡。"《朝鲜列传》:"自始全燕时,尝略属真番、朝鲜,为置吏,筑鄣塞。"燕国疆域从河北迅速扩展到朝鲜,盖国在今朝鲜北部,汉代的盖马大山是今狼林山。高句丽《好太王碑》有勾牟城,即唐代的盖牟城,在今抚顺。现在中国的盖姓,主要分布在胶东和东北。盖国之南的倭在今朝鲜半岛东北部沿海,秽(濊)、沃沮、倭是同源民族,《三国志》卷三十说:"东沃沮在高句丽盖马大山之东,滨大海而居。其地形东北狭,西南长,可千里,北与挹娄、夫馀,南与濊貊接……其言语与句丽大同,时时小异。"又说:"濊南与辰韩,北与高句丽、沃沮接,东穷大海,今朝鲜之东皆其地也……言语法俗大抵与句丽同。"沃沮、秽(濊)的地域靠近,语言都接近高

---

① 云南省文化厅:《中国文物地图集》云南分册,云南科技出版社,2001 年,第 146—147、264 页。
② 王力:《同源字典》,商务印书馆,1982 年,第 533 页。

句丽,日语和朝鲜语的语法、词汇等现在仍然非常接近,血缘也很接近。秽人的名字不是源自污秽,只是汉语音译。《三国志》卷三十说濊人:"多忌讳,疾病死亡辄损弃旧宅,更作新居。"可见濊人不污秽。

沃沮、秽、倭都住在海边,所以《山海经》称沃沮人水居,《三国志》卷三十说濊:"其海出班鱼皮。"又说:"今倭水人好沉没捕鱼蛤。"《说文》:"鲼,鱼名,出薉邪头国。"《尔雅·释鱼》:"鲼,魾。"郭璞注:"出秽邪头国。"海 wata 的读音接近秽、倭,秽、倭都是因为在海边而得名。

汉代乐浪郡有邪头昧县,我认为很可能是邪昧头的讹误,中国正史最新详细记载的日本国家是《三国志》卷三十的邪马台国,在今九州岛北部,邪马台和邪昧头的读音非常接近。前人一般认为邪马台就是大和的训读 Yamato,源自日语的山门,日语的山读 yama,门读 to。陈乐素等很多学者认为,本州岛上的大和国在魏晋之际吞并了邪马台国,所以大和有邪马台的名号①。关于邪马台国的历史,参见我最近以笔名周行道发表的论文②。

朝鲜半岛北部的倭人还有一个铁证,《后汉书·乌桓鲜卑列传》说鲜卑:"种众日多,田畜射猎不足给食,檀石槐乃自徇行,见乌侯秦水广从数百里,水停不流,其中有鱼,不能得之。闻倭人善网捕,于是东击倭人国,得千余家,徙置秦水上,令捕鱼以助粮食。光和中,檀石槐死,时年四十五,子和连代立。"鲜卑人曾经迁倭人到内陆,有学者认为倭人太远,不可能被鲜卑人征服,所以此处的倭人是汗人(韩人)之误,因为《三国志》卷三十《东夷传》裴松之注引《魏书》说:"闻汗人善捕鱼,于是檀石槐东击汗国,得千余家,徙置乌侯秦水上,使捕鱼以助粮。至于今,乌侯秦水上有汗人数百户。"此处倭人作汗人,有学者认为汗人是韩人。③

我以为鲜卑人俘虏的就是倭人,不是韩人。因为郦道元《水经注》卷十四《大辽水》说:"白狼水又东北,迳昌黎县故城西。《地理志》曰交黎也,东部都尉治,王莽之禽虏也。应劭曰:今昌黎也。高平川水注之,水出西北平川,东流迳倭城北,盖倭地人徙之。"据杨守敬的《水经注图》,倭城在今辽宁省喀喇沁左翼蒙古族自治县北部④,郦道元是北魏官员,熟悉北方地理,在北方很多地方考察过。他记载鲜卑先帝之事,不太可能会有错。《后汉书》的汗人是汙人的形误,汙(污)的上古音是影母鱼部 a,接近倭的上古音。檀石槐控制东西万里,到达今朝鲜北部,但不可能到达今天的日本,所以他俘虏的倭人就是朝鲜北部的秽人,倭、秽是同源民族。

---

① 陈乐素:《〈魏志·倭人传〉研究》《后汉刘宋间之倭史》,《求是集(第一集)》,广东人民出版社,1986 年,第 1—45 页。
② 周行道:《岱舆、徐福、天孙和邪马台》,《元史及民族与边疆研究集刊》第 41 辑,上海古籍出版社,2022 年。
③ 沈仁安:《日本起源考》,昆仑出版社,2004 年,第 17—21 页。
④ [清]杨守敬等编绘:《水经注图(外二种)》,中华书局,2009 年,第 78 页。

三、日本的火山沃燋与沃沮同源

汉代人传说东方海中有沃椒山，又作恶燋山。《神异经·东荒经》："大荒之东极，至鬼府山臂，沃椒山脚，巨洋海中，升载海日。盖扶桑山有玉鸡，玉鸡鸣则金鸡鸣，金鸡鸣则石鸡鸣，石鸡鸣则天下之鸡悉鸣，潮水应之矣。"

燋字下面的四点，本来就是火，燋的原义指用火烧隹（鸟）。但是古人为了强调沃椒山的凶恶大火，又给燋字加上了火字偏旁，写成恶燋。《太平御览》卷六十引《玄中记》："天下之强者，东海之恶燋焉，水灌而不已。恶燋，山名，在东海南方三万里。海水灌之即消，即沃椒也。"《神异经》又说："东海之外荒海中，有山焦炎而峙，高深莫测，盖禀至阳之为质也。海中激浪投其上，噏然而尽。计其昼夜，噏摄无极，若熬鼎受其洒汁耳。"东海的南方，有座高大的山被烧焦。沸腾如汤，海浪浇灌，也不能熄灭。显然就是沃焦山，也即火山，最有可能在今日本。虽然中国台湾、菲律宾也有火山，但是上古在海上探险的主要是燕齐人，最容易到达的是日本。

因为沃焦有炎火热水，又在东方扶桑，十日所出，所以传说是太阳坠入，化为沃焦，《庄子·秋水》成玄英疏引《山海经》："羿射九日，化为沃焦。"沃即浇灌，因为海水浇灌仍然烧焦，所以称为沃焦。但是沃焦显然是音意兼译，其实沃焦的上古音是 ok-tzio，很接近沃沮 ok-tsia，所以此名的真实来源是东方的族名，也即秽、倭。《古事记》说日本始祖伊邪那美生了很多神，但是最终被火神烧死，伊邪那岐杀死火神，这反映了古代日本人认为火山最凶猛。我已经根据前秦王嘉的《拾遗记》卷十记载的岱舆山，考证出岱舆山之东的火山是萨摩半岛东部的樱岛火山。①

朝鲜半岛北部的沃沮和倭人靠近，《山海经·海内经》："东海之内，北海之隅，有国名曰朝鲜、天毒，其人水居，偎人爱人。"前人指出，靠近朝鲜的天毒是夭毒的讹误，夭毒是沃毒、沃沮。② 沃毒 ok-tuk 和沃沮 ok-tsia 读音接近，偎人、爱人不是动词，而是两个族名。偎人是倭人，上古音的偎 uəi 接近倭。爱 ət 人是濊 hiuat 人，读音接近。

沃沮的沃 ok 很可能源自日语的海おき（oki），日语中写作冲，这个字其实和汉字的沃是同源字，汉字沃的本义是浇灌，现在还有成语以汤沃雪。沃 ok 读音接近郁 iuək，郁通倭，《尧典》："分命羲仲，宅嵎夷，曰旸谷，寅宾出日。"《史记·五帝本纪》嵎夷改为郁夷，倭

---

① 周运中：《上古东南海外五大神山考实》，《海交史研究》2015 年第 1 期；周运中：《道士开辟海上丝绸之路》，（台）花木兰文化事业有限公司，2020 年，第 57—61 页。
② 刘子敏、金荣国：《简议"钜燕"与东北亚的若干古族——读〈山海经〉》，《民族研究》1995 年第 4 期。

的本义是海。海的两种读音おき(oki)和わた(wata),应该是同源字。因为王力已经指出郁 iuək 和鬱 iuət 是同源字①。沃沮的沮 tsia 可能是岛 tô、礁 tziô,读音接近。闽南语(厦门话)的礁是 ta,读音更接近沮。所以沃沮的本义是海岛,本来指日本列岛。沃沮人很可能是从日本北迁,所以也有沃沮之名。

四、疍(蜑)的本义是蛇

南岛语系语言分布在马达加斯加岛到夏威夷、复活节岛的广大海域,上古在闽浙沿海也有很多南岛民族,名为外越、游艇子、卢亭、白水郎、曲蹄等。南岛族群的祖先从侗台族群分出,台湾是南岛语系的语言差异最大的地方,所以有人认为南岛民族从台湾岛开始扩散②。也有学者认为南岛民族源自东南亚,还有学者认为南岛民族祖先从大陆来到台湾,可能还有东南亚的人群加入,还有一支先民从华南向越南与婆罗洲等地扩展③。近来研究表明他们最早居住在福建沿海④。不过末次冰期时的台湾海峡还是陆地,所以可以统一为闽台来源说。考古学家发现台湾玉器在菲律宾的巴坦群岛、巴布延群岛、巴拉望岛、加里曼丹岛、越南和泰国都有发现,说明这些地区很早就有航路⑤。

南岛民族又名游艇子,《北史·杨素传》:"南海先有五六百家,居水为亡命,号曰游艇子。"《太平寰宇记》卷九八明州鄞县:"东海上有野人,名为庚定子。旧说云昔从徐福入海,逃避海滨,亡匿姓名,自号庚定子。土人谓之白水郎。脂泽悉用鱼膏,衣服兼资绢布,音讹亦谓之卢亭子也。"庚定子是卢定子之讹,在今舟山群岛。卢定即卢亭,周去非《岭外代答》卷三《蜑蛮》:"广州有蜑一种,名曰卢停,善水战。"所谓卢循遗种是汉人曲解,徐松石指出卢亭源自马来语的海 laut,卢亭即海人⑥。此说精辟,上古音的游是以母幽部,卢是来母鱼部,音近,游艇即卢亭之音讹,从族名演变为船名。我认为珠江口的伶仃岛也是源自南岛语的海 laut,伶仃岛周围岛屿很多,显然不是源自汉语的伶仃。

卢亭子又名白水郎,《太平寰宇记》卷一百二泉州风俗:"白水郎,即此州之夷户,亦曰游艇子,即卢循之余。晋末卢循寇暴,为刘裕所灭,遗种逃叛,散居山海,至今种类尚繁。

---

① 王力:《同源字典》,商务印书馆,1982 年,第 448—449 页。
② 李壬癸:《珍惜台湾南岛语言》,(台)前卫出版社,2010 年,第 9—16 页。
③ 臧振华:《吕宋岛考古与南岛语族的起源和扩散问题》,萧新煌:《东南亚的变貌》,中研院东南亚区域研究计划,2000 年,第 3—25 页。
④ 焦天龙、范雪春:《福建与南岛语族》,中华书局,2010 年,第 5—28 页。
⑤ [日]饭冢义之:《台湾产玉の拡散と東南アジアの先史文化》,《海の道と考古学》,高志书院,2010 年,第 51—65 页。
⑥ 徐松石:《东南亚民族的中国血缘》,香港平安书店,1959 年,第 110 页。

唐武德八年,都督王义童遣使招抚,得其首领周造、麦细陵等,并授骑都尉,令相统摄,不为寇盗。贞观十年,始输半课。其居止常在船上,兼结庐海畔,随时移徙。船头尾尖高,当中平阔,冲波逆浪,都无畏惧,名曰了鸟船。"白水郎的大船,首尾尖高,是南岛民族的海船,元稹《送岭南崔侍御》:"白水郎行旱地稀。"

宁波出土春秋时期铜钺(图一,1),上有蛇纹,下有羽冠疍民划船①。这是《越绝书》东海外越、《禹贡》扬州岛夷的真实写照,羽冠、大船是南岛语族使用。我发现越南清化省东山遗址也出土了一块靴形斧,外形类似,上面也有双蛇,下面也有羽人乘船(图一,2)。《汉书·地理志》所谓自交趾至会稽七八千里,百越杂处,其言不虚。我发现日本福井县坂井郡春江町井向出土的弥生时代中期的铜铎上,也有类似的图案,正中间有两个类似X的符号,左下角和右下角也有同样符号。这种X符号就是宁波、越南斧钺的卷蛇纹样的简化。多人划船的图案又完全一致,不过日本铜铎的图案上内容更加丰富,还有很多动物和人,动物有野兽和乌龟。

图一 宁波出土的铜钺、越南清化省东山遗址出土铜斧拓片②

我发现珠海宝镜湾岩画最核心的部分也是越人的海船,船上方也有卷曲的花纹(图二)。非常类似宁波、越南、日本的越人海船上方的X形双蛇纹,珠海在宁波、越南之间,恰好填补了宁波、越南之间的缺环。深圳南山博物馆还藏有来自岭南的几件类似造型的青铜钺,上面也有羽人划船和蛇纹③。

中国西南本来是百越民族的起源地,中国云南、广西、四川、贵州及越南、老挝等地发现的古代铜鼓上也有羽人竞渡纹饰,船的首尾翘起,多有装饰。有的是单体船,有的是两只船合成一个方舟,又名舫,在太平洋诸岛也常见④。因为海洋航行需要足够大的船,所以方舟更加安全。

---

① 曹锦炎、周生望:《浙江鄞县出土春秋时代铜器》,《考古》1984年第8期。
② [日]量博满:《东南アジアの土著文明》,讲谈社出版研究所,《东南アジア》,株式会社讲谈社,1983年,第95页。
③ 戚鑫:《南山博物馆藏古越族青铜兵器研究》,文物出版社,2017年,第234—244页。
④ 李伟卿:《铜鼓船纹的再探索》,黄德荣、李昆声:《铜鼓船纹考》,陈丽琼:《铜鼓船纹补释——兼论越人航渡美洲》,收入中国铜鼓研究会编:《中国铜鼓研究会第二次学术讨论会论文集》,文物出版社,1986年。

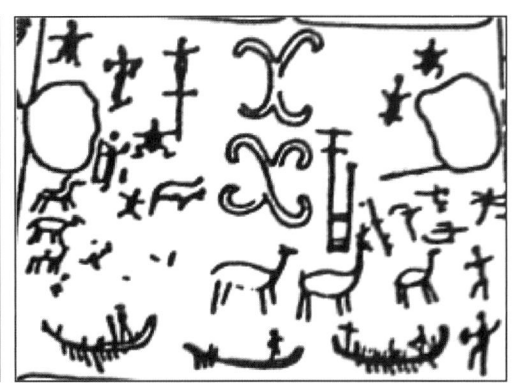

图二　珠海宝镜湾岩画、日本铜铎的海船双蛇同源图像①

有学者认为羽人竞渡图是展现越人祭祀水神的场景，引唐代许浑《送客南归有怀》："瓦尊迎海客，铜鼓赛江神。"印度阿萨姆邦的那伽人和台湾的雅美人祭祀时，头戴犀鸟羽冠。云南景颇族祭祀时，领祭人头戴犀鸟羽冠②。

西汉刘向《说苑·奉使》说越人："剪发文身，灿然成章，以象龙子者，将避水神也。"《淮南子·原道》："九疑之南，陆事寡而水事众。于是民人被发文身，以像鳞虫。"《三国志·东夷传》说："夏后少康之子封于会稽，断发文身以避蛟龙之害。今倭水人好沈没捕鱼蛤，文身亦以厌大鱼水禽，后稍以为饰。"《隋书·流求传》："妇女以墨黥手，为虫蛇之文。"

元代吴莱《渊颖集》卷九："今卢亭夷人，男女椎髻，俗采鱼蛎藤竹，又有龙户，一曰蜑户。"清代屈大均《广东新语》卷二十二："南海，龙之都会。古时入水采珠贝者，皆绣身面为龙子，使龙以为己类，不吞噬。在今日，人与龙益习，诸龙户率视之为蝘蜓矣。"广东德庆县悦城镇很早出现龙母信仰，扩散到江西、四川等很多地方③。清代华南疍民的船上，还喜欢画龙蛇花纹。现代厦门海船的船头，也有龙形花纹。1793 年英国使团中的画家威廉·亚历山大（William Alexander），画的中国海船上有完全一致的花纹④。

古代很多海船以龙为名，宋代朱长文《吴郡图经续记》说华亭县青龙镇（在今上海青浦）："或云因船得名，按庾信《哀江南赋》，排青龙之战舰。《南史》杨素伐陈，以舟师至三峡，陈将戚欣，以青龙百余艘，屯兵狼尾滩。杨素亲率黄龙十艘，衔枚而下，击败之。则青

---

① 李世源：《珠海宝镜湾岩画判读》，文物出版社，2002 年。[日]国分直一：《民俗と信仰》，收入[日]江上波夫编：《日本民族と日本文化》，山川出版社，1989 年，第 330 页。
② 林蔚文：《铜鼓船纹与水上祭祀》，《南方文物》1993 年第 1 期。还有人把铜鼓船纹分为交通、捕鱼、竞渡、祭祀多类，见任华利：《铜鼓船纹分类研究》，《中国港口》增刊《中国港口博物馆馆刊专辑》2017 年第 2 期。
③ 王元林：《国家正祀与地方民间信仰互动研究——宋以后海洋神灵的地域分布与社会空间》，中国社会科学出版社，2016 年，第 378—397 页。
④ 刘潞、[英]吴芳思编译：《帝国掠影：英国访华使团笔下的清代中国》，中国人民大学出版社，2006 年，第 80、85—87 页。

龙者,乃战舰之名。或曰青龙舟孙权所造也,盖昔时尝置船于此地。"①五代马缟《中华古今注》卷上:"孙权,吴之主也。时号舸为赤龙,小船为驰马。"

东汉许慎《说文解字》:"闽,东南越,蛇种。"《太平寰宇记》卷一百福州风俗引《开元录》说:"闽州,越地,即古东瓯,今建州亦其地。皆蛇种,有五姓,谓林、黄是其裔。"闽是形声字,门是声旁,虫是形旁,虫即蛇的象形,闽人原以蛇为图腾。现在闽南话还把闽读为mang,闽即蟒。现代台湾的排湾族还崇拜蛇,甚至把蛇当成祖先,流行蛇的雕塑和花纹。

绍兴中庄出土的春秋铜鸠杖下方的越人造型,非常接近安徽六安九里沟窑厂364号墓出土的战国青铜越人②,湖州埭溪出土的铜鸠杖下方越人也有纹身。战国越王州句铜剑鞘上的朱绘越人图,左手操蛇,右手持戈,《山海经》经常说到神人操蛇,广州南越王墓出土了两件铜构件,有人衔蛇操蛇的塑像③。山东滕州鲍沟镇郝寨出土的西汉石椁墓板上,也有操蛇衔蛇的图像。

前人指出江南有蛇王庙,巫师召蛇称为请蛮家。洪迈《夷坚志》支戊卷三说福建政和县人买来女孩祭蛇,福州闽越王庙的二将化为二蛇,清代福州还有蛇王庙,《建阳县志》说妙高峰下横山王庙被蛇妖所据,明代《榕荫新检》引《晋安逸志》说福清黄檗山的蟒神是九使,清代施鸿保《闽杂记》说福州农妇:"多带银簪,长五寸许,作蛇昂首之状,插于髻,俗名蛇髻……乃不忘其始之义。"彭光斗《闽琐记》福建妇女:"髻号盘蛇……宛然首戴青蛇,鳞甲飞动,令人惊怖。"明代谢肇淛《长溪琐语》:"水口以上,有地名朱船坂,有蛇王庙,庙内有蛇数百,夏秋之间赛神一次。蛇之大者,或缠人腰、缠人头出赛。"现在福建南平樟湖镇的蛇王庙仍然供奉蛇王,正月十七到十九游蛇灯,七月初七以活蛇缠人赛神。庙里的碑文记载捐资的人,很多是闽江上的船工,传说蛇王来自闽江下游的古田,因此有学者认为蛇王源自闽江口的疍民。福州曾有很多蟒天洞府庙,连江绿茵村、闽侯县仙洋村还有蛇王庙。④《太平寰宇记》卷一百二汀州长汀县有灵蛇山,光绪《长汀县志》说罗汉岭有蛇王宫,蛇王菩萨手持一蛇。南方还有很多制服蛇妖的故事,象征汉文化对越文化的征服⑤。东晋干宝《搜神记》卷十九《李寄》说闽中庸岭以童女祭祀大蛇,将乐县女子李寄斩杀大蛇,其实也是象征汉人杀死越人的圣兽,汉文化取代越文化。

---

① [宋]朱长文撰,金菊林校点:《吴郡图经续记》,江苏古籍出版社,1999年,第59页。
② 皖西博物馆:《皖西博物馆文物撷珍》,文物出版社,2013年,第104页。第58页有九里沟窑厂41号墓出土的春秋吴王姑发铜戈,吴国从大别山攻入楚国,说明六安的青铜越人很可能是吴军中的越人带来。
③ 西汉南越王博物馆:《西汉南越王博物馆珍品图录》,文物出版社,2007年,第71页。
④ 王逍、郭志超:《闽江流域蛇神形态、性质和分布的流变》,蒋炳钊主编:《百越文化研究》,厦门大学出版社,2005年,第203—215页。
⑤ 吴春明:《从蛇神的分类、演变看华南文化的发展》,见吴春明:《从百越土著到南岛海洋文化》,文物出版社,2012年,第373—402页。

越人女子盛装唱歌吸引龙,邝露《赤雅》卷下:"岩狄之下,有驯龙焉。靓女欲见之,盛饰入岩,唱土歌。龙出,五色照灼,驯习如素。望之若《山海图》中珥蛇者,神也。歌至绝伦,龙喜,踊跃盘入怀中,遗鳞而去。女即珍藏,以为获神之贶。邻女毕贺,笙箫云合。予逐队往观,见鳞大如钱,光具众色,奕奕不定。"太平府(今崇左)的这种龙有五色鳞片,显然是蜥蜴,蜥蜴的鳞片可以变色,故名变色龙。

浙江仙居县上张乡西塘村发现一幅2米长的蛇形岩画,温岭温峤镇莞渭渎村出土一件商代晚期青铜大盘,中间塑造一条蟠龙,这件商代东南沿海罕见的器物很可能是东瓯王的重宝。过去一般认为东瓯王的都城在今温州,但是温岭紧邻温州,温州之名即源自温岭,温岭大溪发现了汉代越人的古城,所以温岭应该也是东瓯国的核心地。

广西恭城县出土的一件春秋时蛇蛙纹铜尊,现在北京的国家博物馆。中部有四组蛇蛙纹图案,上方都是双蛇衔蛙,下方则不同,虽然都是双蛇衔蛙,但是两组的中间有鳄鱼,其中一组仅有鳄鱼,一组有鳄鱼和重复出现的蛇。另一组的中间又重复出现青蛙,另一组的中间又重复出现双蛇。最中间的部位有一个建鼓,上方有鸟,下方有蛇,非常类似浙江越人的鸠柱。说明从广西到浙江,越人有类似的风俗。

北宋沈括《梦溪笔谈》卷二十:"彭蠡小龙,显异至多……雍熙中王师南征,有军仗数十船,泛江而南,自离真州即有一小蛇登船……此龙常游舟楫间,与常蛇无辨,但蛇行必蜿蜒,而此乃自行,江人常以此辨之。"

湖南衡阳的《衡州风俗记》:"各船户最信奉杨泗将军(水神也),公立庙于城北,各船开到,例必至庙敬之。清宣统时,有某船泊于樟木市(距衡二十里),夜间舱内忽来一绿蛇,头有黄章,长约尺许。该船户以为杨泗将军显身也,花香供奉,恭运至衡。于是城乡轰动,闻风来观者甚众。邑吏恐民间骚扰,投之于河。是夜蛇复至舱内,于是船户益信其神,恭抬至神座上,演戏玩龙以敬之,自是庙内异常热闹矣。"①

唐代刘禹锡说:"闽有负海之饶,其民悍而俗鬼,居洞寨、家桴筏者,与华言不通。"此时的福建疍民还不说汉语,宋代王逵《福州南台江》诗云:"海通蛮蜑越人家。"清代《侯官县乡土记》:"疍为蛇种,盖无诸国之遗民也。"

很多人误以为疍源自艇,疍和艇的古代读音确实接近,但是我多次强调,正如China不是源自瓷器,越不是源自戉,瓯不是源自茶瓯,族名一般不是源自物品,而是物品源自族名,所以应该是艇源自疍。疍民的船有很多种,艇不过是其中常见的一种。

南宋文珦《潜山集》卷八《听说南中蟒事》:"蟒身漆黑蟒首红,蟒来动地起狂风。惭愧

---

① 胡朴安:《中华全国风俗志》下编,河北人民出版社,1986年,第331页。

蜑巫能制蟒,床头开柙放蜈蚣。"蜑巫能够制服蟒蛇,我认为疍的原字蜑就是蛇,所以偏旁是虫,甲骨文的虫就是眼镜蛇的象形,口就是眼镜蛇突出的颈部。蛇是长虫,蜑字上面的延就是长,西汉扬雄《方言》卷一:"延,长也。"这个字是一个古老的世界同源字,蛇的突厥语是 yilan,柯尔克孜语的 cilan,荷兰语是 slang,延的上古音 jian 接近 yilan。从 cilan、slang 来看,其最早的读音也接近 dan,这就是蜑的现代读音 dan 的由来,蜑最早的读音可以根据上古音的延 jian、诞 dan 而构拟为 djian。因为疍民住在水边,身上纹满龙蛇,所以被称为蜑,就是蛇。

伊朗 Iran 源自蛇 yilan,突厥人和印欧人的 Y 染色体 R 型源自 P 型,而 P 型主要分布在菲律宾吕宋岛和帝汶岛,从 P 型分化出的 P1 型在黑龙江河口的尼夫赫人 Nivkh 人和贝加尔湖以西的图瓦人 Tuvans 之中比例最高,说明印欧人的祖先是从东南亚北迁到东北亚海岸,再西迁到亚欧大陆内部。所以印欧人一直崇拜龙蛇,希罗多德《历史》说中亚草原塞人 Saka 的祖先是蛇,塞人和伊朗人是同源民族。关于印欧人早期的龙蛇崇拜,我将在另文详证。

隋伐陈时,杨素用巴郡蜑民开船,《隋书》卷四八《杨素传》:"仲肃复据荆门之延洲。素遣巴蜑卒千人,乘五牙四艘,以柏樯碎贼十余舰,遂大破之,俘甲士二千余人,仲肃仅以身免。"

六朝江南还有越人的鸟了船,《梁书·王僧辩传》:"及王师次于南州,贼帅侯子鉴等率步骑万余人于岸挑战,又以鹘舸千艘并载士,两边悉八十棹,棹手皆越人,去来趣袭,捷过风电。"我认为鸟了即须虑。《越绝书·吴内传》的汉越对照《维甲令》:"越人谓船为须虑。"上古音鸟了 tyu-lô 和须虑 sio-lia 接近,也即舳舻 duk-la,《汉书·武帝纪》说汉武帝刘彻:"自寻阳浮江,亲射蛟江中,获之。舳舻千里,薄枞阳而出。"寻阳县(今黄梅)有造船基地,《史记·淮南衡山列传》:"南收衡山以击庐江,有寻阳之船。"

多桨船在明清的潮州沿海还有,阮旻锡《海上见闻录》卷一说:"鸥汀在潮州港口,其民强悍。有船百余只,加十八桨,水上如飞。遇大船以绳绊其舵,牵之入港,小船即攻杀之。海舟至潮者,往往被其劫掠,杀害甚多。"鸥汀村在今汕头龙湖区,其北有疍家园村,东南有珠池村。鸥汀原来在海边,现在因为三角洲的淤积稍稍远离海岸。

我认为鸥汀可能源自瓯蜑或乌蜑,元代陶宗仪《南村辍耕录》卷十:"乌蜒户,广东采珠之人,悬縆于腰,沉入海中。良久得珠,撼其縆,舶上人挈出之。葬于鼋鼍蛟龙之腹者,比比有焉。有司名曰乌蜒户,蜒音但。"乌蜑指其肤色较黑,《逸周书·王会》的瓯邓可能源自乌蜑,也可能是瓯、邓(蜑)。现在汕头沿海还有一些人肤色较黑,嘴唇较厚,长相类似南岛民族,分子人类学发现闽语人群的 Y 染色体之中源自越人的 O1 型比例很低,甚至比浙江人还低,但是汕头沿海稍高,李辉发现:"汕头的O1单倍群达到广东粤语人群的平均水平,南澳人群略高于广东粤语人群。"汕头的越人后裔,主要在南澳岛和靠近南澳的澄海、潮阳、饶平。①

江淮有鱼蛮子,苏轼《鱼蛮子》诗云:"江淮水为田,舟楫为室居。鱼虾以为粮,不耕自有余。异哉鱼蛮子,本非左衽徒。连排入江住,竹瓦三尺庐。于焉长子孙,戚施且侏儒。擘水取鲂鲤,易如拾诸途。破釜不着盐,雪鳞芼青蔬。一饱便甘寝,何异獭与狙。人间行路难,踏地出赋租。不如鱼蛮子,驾浪浮空虚。空虚未可知,会当算舟车。蛮子叩头泣,勿语桑大夫。"王象之《舆地纪胜》卷第一百二:"蜑家,蜑家即江淮所谓鱼蛮子也。自为雏时,母负而跃,已与风涛相忘。"

湖北也有鱼蛮子,南宋赵蕃《章泉稿》卷二《舣舟杨口叩居人以何时缚屋于此何时复去云我乃雁泊人户,冬来春乃去》诗云:"户户鱼蛮子,年年雁泊人,生资持网罟,迁徙逐冬春。岸俗从渠变,乡邻自我亲,殊胜倦游者,渺渺愧风尘。"杨口是扬水入处,在今潜江西北。

江淮鱼蛮子从运河北迁到山东的南旺湖(今微山湖),明代嘉定人唐时升《三易集》卷六《舟行青齐道中》诗云:"忽闻唤同伴,果是故乡声。南旺鱼蛮子,巢居亦有徒。随船卖菰米,身自食蒲卢。"

五、仡佬、昆仑、高凉、高丽源自河谷

古人把贵州的侗台语系民族统称为仡佬,清代谢遂《职贡图》有贵定县剪发仡佬,有平越、黔西等处打牙仡佬,有平远州披袍仡佬、锅圈仡佬,又有余庆、施秉、镇远等处的水仡佬:"其人善捕鱼,隆冬亦能入渊,故以为名。"仡佬族源自百越,原来住在河谷。西晋《南中八郡志》说牂牁郡:"獠民喜食人,以为至珍美。不自食其种类也,怨仇乃相害食耳。能水中潜行数十里,能水底持刀,刺捕取鱼。其人以口嚼食,并以鼻饮水。"②

戴裔煊曾经详细研究过古书中仡佬的各种异译,比如獦獠、阁獠。我认为,仡佬的语源和越字一样,也是河谷、低地。仡佬和窟窿同源,河谷就是大地的窟窿。窟窿是黑色,所以这个字引申为黑色,突厥语的黑色是 kara,梵语是 krsna,俄语变成了红色 krsno,俄语黑色是 cornyj。又变成棕色,棕色的柯尔克孜语是 kuron,土耳其语是 kongur。高黎贡山因为

---

① 李辉:《分子人类学所见历史上闽越族群的消失》,《广西民族大学学报(哲学社会科学版)》2007年第2期。
② 此句出自《太平御览》卷七九六引《永昌郡传》,但王叔武辑《云南古佚书钞》(云南人民出版社,1996年)已指出《永昌郡传》记载的八郡和《南中八郡志》相同,因此我认为这是《南中八郡志》的另一版本,因为永昌郡在前被误以为是《永昌郡传》。

有很深很长的峡谷，所以称为高黎贡，引申为其北部的昆仑山。古代人称南洋人为昆仑，昆仑实即仡佬，因为南岛民族源自百越。《太平御览》卷七八六引《南州异物志》说扶南王和大臣自称昆仑，卷七八八引竺芝《扶南记》说扶南国王名昆仑。《通典》卷一八八说扶南王姓古龙，即昆仑。国王自称昆仑，应该是指大山。《南齐书》卷三二《王琨传》说他的小名是昆仑，《南史》卷二三《王琨传》说他的母亲是獠婢，獠通獠，说明昆仑人是獠人。獠的读音是巢，接近爪，庄绰《鸡肋编》卷上："南方举子至都讳蹄子，谓其为爪，与獠同音也。"抓就是掠、撩，现在闽南语的抓还读成撩。老挝是越人，古人又写成老抓。

疍民的别名高梁源自仡佬，北宋乐史《太平寰宇记》卷一六七钦州（今广西钦州）："又别有夷人，名高梁人，不种田，入海捕鱼为业。婚嫁不避同姓，用腊月为岁。"高梁应读成 ko-lio，就是疍民。汉代在今广东阳江设高凉县，高凉的名字显然源自海上的疍民。《陈书》卷一《高祖纪上》记载越南沿海有屈獠，也是源自疍民。

连江县马祖列岛南竿塘岛的西北部有科蹄澳，也即曲蹄澳，福州人称疍民为曲蹄。福州城南的闽江南台岛是疍民聚集地，西南有高螺头，高螺即 colo。福建霞浦县东南部的东冲半岛，东北部有高罗澳，高罗就是 colo，也即 kole。

漳浦县南部有狭长的古雷半岛，古雷也是 kole，福建水师提督窦振彪的《厦门港纪事》和大英图书馆所藏清代漳州人的《安船酌钱科》，都把古雷头写成古螺头，也即 colo。靠近古雷头的东山岛，东部有古雷庄。漳浦县的内陆，还有一个古罗村。

金门岛的西北角是古宁头，也即 kole。金门岛的东南角有咕力岸，或许也是源自 kole。附近有料罗湾，有鱼王公庙，是疍民的聚居地。厦门岛的南部有一个海角是胡里山，也即 kole，这是一个海角，不在湖的里面，两侧原来也不是平地。厦门岛的北部还有湖里社，现在有湖里区，也是源自 kole。

广东海丰东南沿海有高螺山、高螺村，也是源自疍民。台山的下川岛东南部有一个小岛，称为格勒岛，或许也是源自疍民。香港西贡半岛的东北角有蛋家湾，靠近高流湾，高流即高螺。古代台湾岛最南部有傀儡番，傀儡是闽南语对 kale 的音译，疍民和台湾土著都是南岛语系族群，所以有读音近似的族名。

福州城南的闽江是疍民聚居地，历代福州的《南台竹枝词》总会写到疍民，清代赵涵的《南台竹枝词》说："蜑人别种曲蹄婆，黄头阿囝赤双脚……五虎雄蹲海子东，朝暾出海射鲸红。去年郎泛琉球去，望断门前舶趁风。"[1]在福州和琉球之间开船的人，很多是疍民，福州人称为曲蹄，读成 kule。我认为这不是源自汉语曲蹄 kiok-dei，而是源自仡佬。

---

[1] 王利器、王慎之、王子今辑：《历代竹枝词》，陕西人民出版社，2003年，第4009页。

葡萄牙最早到明朝的使者皮列士在《东方志》中说琉球人被称为Gores,有人误以为高丽人,谢必震指出这是源自福州话的疍民kole,因为最早在福建和琉球之间的航行者主要是疍民[①]。我认为此说正确,但是高丽和kole其实也是远古分化出来的同源字。

高丽koli的族名很可能源自河谷,接近北方民族语言的河、湖。蒙古语的河是gol,卡尔梅克语是hol,湖的楚瓦什语是külĕ,多尔甘(Dolgan)语是küöl,哈萨克语、柯尔克孜语、维吾尔语、土库曼语是köl。分子人类学检测出蒙古人的Y染色体主要是C型,最早来自云南,现在西南还有很多C型族群。上文说过印欧人的祖先来自亚洲东南沿海。所以河gol是一个古老的世界同源字,因为印欧人、突厥人的祖先西迁经过缺少河流的戈壁,所以突厥语的河转变为湖。好太王碑说高句丽祖先邹牟的母亲是河伯女郎,得到河神帮助,这就证明了我的看法,高句丽源自河、湖。

仡佬族中的多罗支系即古籍的土獠,对应白仡佬,分子人类学测出其Y染色体有接近一半是O2,这是南亚语系族群和苗瑶族群的成分,南亚语系的芒洪布朗语的江是kolo,孟语是krəg,德昂语是klong,读音都很接近仡佬。

我认为是海上的疍民主导了早期东海的交通,《日本书纪》卷十说应神天皇:"三十七年,春二月戊午朔,遣阿知使主、都加使主于吴,令求缝工女,爰阿知使主等渡高丽国,欲达于吴,则至高丽,更不知道路。乞知道者于高丽,高丽王乃副久礼波、久礼志二人为导者,由是得通吴。吴王于是与工女兄媛、弟媛、吴织、穴织四妇女。"日本人为了获得吴地的纺织技术,迎来了吴地的女织工。奇怪的是,吴的读音是くれ,现在一般转写成kure,但是日语没有翘舌音r,实际读音是kule,显然不是汉语上古音的吴疑母鱼部nga。久礼波、久礼志的姓氏久礼,也读kule,这两个人显然是在高丽的吴人。我认为,kule就是福州人对疍民的读音kule,也是古代江南人对疍民的读音,所以最早到高丽、日本的吴人其实是吴越海岛的疍民,不是真正的汉人。这些疍民最有可能住在舟山群岛或浙东沿海,也有可能来自江苏沿海。日本僧人圆仁《入唐求法巡礼行纪》记载他在唐文宗开成三年(838年)乘船入唐,看到长江口的白水郎。古代韩国的久礼在今庆尚南道咸安郡的漆原,现在日本大分县高田市有吴崎,广岛县有吴市,高知县的中土佐有久礼,读音都是kule,源自吴人。

据《日本书纪》卷十四,日语的秦读为はた即hata,最早归化日本的秦人来自朝鲜半岛,秦的读音显然也不是源自汉语的秦,秦的读音hata接近秽(濊)iuat,可见归化日本的秦人不是真正的汉人,而是乐浪郡的秽人。因为秽人长期被汉朝统治,长期和汉人杂居,所以汉化。《三国志》卷三十:"辰韩在马韩之东,其耆老传世,自言古之亡人避秦役来适

---

① 谢必震:《琉球闽人与Gores关系考》,《东南学术》2017年第3期。

韩国,马韩割其东界地与之……谓乐浪人本其残余人,今有名之为秦韩者。"朝鲜半岛东南的辰韩之名可能源自秦韩,迁来的秦人和其他族群杂居,导致其他族群也被称为秦人。这些所谓的秦人虽然把汉文化传到日本,但血统上不是汉族。《隋书》卷八一记载从朝鲜半岛渡海到日本:"经都斯麻国,乃在大海中。又东至一支国,又至竹斯国,又东至秦王国,其人同于华夏,以为夷洲,疑不能明也。又经十余国,达于海岸。自竹斯国以东,皆附庸于倭。"都斯麻国即对马(Tsushima),一支国在壹岐岛,竹斯国即筑紫国,在今福冈县。秦王国在今本州岛西部的山口县,源自朝鲜半岛迁入的秦人,秦人很早就迁入京都等地。

另外《日本书纪》卷九记载日本从新罗俘虏汉人,汉的读音是あや即 aya。似乎也不是汉的读音 han,不知是否源自朝鲜半岛的其他民族读音,或许源自韩国东南部的伽倻 kaya。总之,日本最早接触不到太多真正的汉族,多数是汉地边陲的民族。从朝鲜半岛到达日本的秦人、汉人不是真正的秦人、汉人,从江南到达日本的吴人也不是真正的吴人,而是海上的疍民。宁波、日本、珠海、越南的文物上发现类似的疍民海船和崇拜的双蛇纹,证明疍民在早期东亚海域交通史上起了重要作用,疍民最早传播吴越的纺织技术到日本。

古越语视野下的"朱方""丹徒"地名释义

高逸凡

(江苏大学马克思主义学院)

一 引 言

"朱方""丹徒"是江苏古城镇江最早见诸文献史料的两个名称①,前者是吴越地区最早出现的县制城邑名,而后者则是秦一统以来当地使用时间最长的县级行政区域名,至今仍然为镇江市丹徒区所沿用。

"朱方"始见于《左传》记载的鲁襄公二十八年(前545年)"吴予齐庆封朱方"事(杨伯峻1981:1149);鲁昭公四年(前538年)楚伐吴,使屈申克朱方,"执齐庆封而尽灭其族"(杨伯峻1981:1253);《吕氏春秋》和《史记·吴太伯世家》也记载有吴、楚、齐围绕"朱方"展开的这段历史(许维遹2009:603;司马迁1959:1452、1459—1460),其中《史记》的记载首次提到了"朱方"之县:

> 吴予庆封朱方之县,以为奉邑,以女妻之,富于在齐。(司马迁1959:1452)

此处南朝宋裴骃《史记集解》引《吴地记》注曰:"朱方,秦改曰丹徒。"案刘宋以前流传的《吴地记》以西晋张勃所著最为知名(刘昫等1975:2014;陆振岳1986),故知"丹徒更名自先秦之朱方"大约在六朝早期以前已是一定社会范围内的常识,而六朝以来"朱方"也常被用作镇江一带的古称(刘建国1987;石奕龙1993)。个别学者认为"朱方"应在河南房县或安徽凤阳(钟离),然其直接证据终不及"丹徒"说充分(刘建国1987;石奕龙1993),不足以推翻成说。

---

① 《中国历史地图集》(第一册)(谭其骧1982:17—18)显示,镇江东部在西周时期还有一地名"宜"。这一名称来源于镇江大港烟墩山出土的西周青铜器"宜侯夨簋",属于出土金文史料中的地名(李学勤1985)。但是,"宜"是否就在镇江一带,目前学术界仍存在较大争议(钱公麟2016)。故本文讨论不涉此。

"丹徒"始见于《史记·绛侯周勃世家》记载的汉景帝三年(前154年)"吴王刘濞保于江南丹徒"事(司马迁1959：2076)，《汉书·地理志》载其为会稽郡属县(班固1962：1590—1591)，东汉顺帝时吴郡自会稽郡分出，故西晋司马彪《郡国志》载"丹徒"为吴郡属县，梁刘昭注云"春秋曰朱方"(范晔1965：3489—3490)①。吴嘉禾三年(234年)，丹徒县改称武进县，晋太康三年(282年)复改为丹徒县(沈约1974：1039)。此后除隋改丹徒县为延陵县(刘昫等1975：1583)、南京国民政府改丹徒县为镇江县(镇江市地方志编纂委员会1993：103)外，"丹徒"作为本地县级行政区域的名称基本没有较大变化。

一处地名在形成时往往与当时当地的时代特色、空间特色、社会特色、族群特色、文化特色等历史信息有着密切的关联，因此地名的释义对于语言学、历史学、考古学、民族学、地理学等相关学科的研究都具有重要意义。

关于地名"朱方"的释义，历代文献并无明确记载。刘建国(1987)由"方"字联想到商代"徐方""虎方""危方"等众多的方国名，认为"朱方"即是这类商代方国地名在春秋时期的孑遗；肖梦龙(1988：21)进一步认为"朱方"原本应是"矢方"，即宜侯矢簋铭文中名"矢"的方国，由"矢"而"朱"是"音似形近"之讹。

关于地名"丹徒"的释义，最早出现在南朝时期的地志之中：

《南徐州记》云：秦使赭衣凿其地，因谓之丹徒。(司马迁1959：2077)②

《京口记》曰：龙目湖，秦王东观，亲见形势，云此有天子气，使赭衣徒凿湖中长冈使断，因改名丹徒，今水北注江也。(徐坚等1962：141)③

后世文献由此因袭、层垒，始终没有突破这一传说色彩浓厚的解释框架：

始皇三十七年，使赭衣徒三千，凿京岘东南垄，故名丹徒。(俞希鲁1999：3)

《地理志》言："秦时望气者云其地有天子气，始皇使赭衣徒三千人(原注：一作二千)凿坑败其势，故更名丹徒。"(何绍章等1991：56)

然而春秋时期的"朱方"距离商代已经非常遥远，同时期也没有其他的"方"国见诸记载；"矢"与"朱"古音不似，金文不近，谓"朱方"即"矢方"更未免牵强；至于"丹徒"若因"赭衣徒"而得名，为何不名"赭徒"而另取"丹"字？这些关于"朱方""丹徒"地名的释义，基本都是后人从汉字字面意思出发的推测或附会，未能切中问题的肯綮。

---

① 今本《后汉书》中《郡国志》实为司马彪《续汉书·郡国志》附入。
② 此处是唐代张守节《史记正义》所引佚书南朝《南徐州记》文字，见于《史记》(点校本)注文中。
③ 此处是徐坚等著《初学记》所引佚书南朝《京口记》文字。

从考古学文化上看，镇江一带在先秦时期属于吴越文化区（郑小炉 2007：1），当地的主要居民是"习俗同，言语通"（许维遹 2009：628）的吴人和越人，二者都属于古代"百越"民族的范畴（吴春明 2008：23—27），所操语言应属于侗台语族的古越语（郑张尚芳 1999）。"今吴语区在秦汉时代，广大的乡野仍是百越所居地，其语言为越语，并非汉语方言"（游汝杰 2018：301），且百越民族的人口至少在孙吴时期以前仍占江南居民的多数（潘悟云 2017：83—86）。因此我们在探讨镇江地区先秦乃至秦汉时期出现的古地名涵义时，不可不考虑当地吴越居民所操古越语的因素，正如宋代以后随着壮汉杂居地区的增加，广西开始出现用汉字音记载的当地壮语地名一样（王法辉等 2013）。张敏（2018：46）提出"对于音译的吴国地名，可音训而不可义解"，这一认识大有见地；然而将"朱方""丹徒"都解释为"句吴"的不同音译（张敏 2014），在音韵学上并没有给出更令人信服的论证①。郑张尚芳（1990，1996）通过汉字上古音与侗台语族亲属语言词汇的比较研究，从古越语的角度对"盱眙、余杭、夫椒、姑苏、会稽"等吴越地名进行了较为合理的释义，这对我们探究"朱方""丹徒"二地名的涵义具有重要的启示意义。

二 "朱方"释义

吴越地区多齐头式地名，如"余杭、余干、余姚""姑苏、姑孰、姑蔑"等。这些地名的涵义大多与古越语有关，"齐头"的现象亦是侗台语名词修饰成分后置的语法特点造成的，如"余"在词首时可通作"地"解，"余杭"即意为"搁浅之地"，"余干"即意为"干越人的田地"之类（郑张尚芳 1990，1996）。同样，"朱方"词首的"朱"字，如果从吴越齐头式地名的角度来看，很可能与"朱余"的"朱"字有着相同的涵义，而"朱余"的古越语释义在东汉时期成书的《越绝外传记地传》中早有记载：

朱余者，越盐官也。越人谓盐曰"余"。去县三十五里。（李步嘉 2013：228）

"朱余"意为"盐官"，而"余"是古越语"盐"之意，按照侗台语名词修饰成分后置的语法习惯，"朱余"中的"朱"字就极有可能是古越语"官"一词的音译。郑张尚芳（1990）援引傣语 tça:u¹"头人"与"朱"字的上古音拟音 *tjo 进行比较，认为"朱"是古越语中"主管"一词的记音。而傣语中意为"头人，主人"的 tça:u¹ 一词，其音译汉字多作"召"或"鸟"，曾是傣族土司

---
① 其文称"'朱方'与'句吴'声同韵转""见端旁纽，丹徒与句吴声近韵同"。且不论章母三等与见母一等的关系，此处将二字地名全部反切为一音来比较声韵的作法未免过于冒险，而"旁纽"谓同组声母则可，见、端属异组声母，也并无"旁纽""声近"可言。

的专有称谓,亦是傣族贵族第一大姓"刀"姓的来源(吴东海 2011)。结合以上材料判断,将"朱余"词首的"朱"字解释为古越语中表示主管某事之"官"这一语素的音译,是较为合理的。既然如此,参照吴越齐头式地名的命名规律,"朱方"词首的"朱"字也有充分的理由作同样的解释,剩下的问题就是"朱方"所"朱"之"方"所指何事了。

"方"字上古音属阳部,帮母或并母,拟音作 *paŋ 或 *baŋ(郑张尚芳 2013:316),可与侗台语"河岸"一词的读音相对应。侗台语"河岸"读音如表 1 所示:

表 1 侗台语"河岸"一词的读音①

原始侗台语拟音	标准泰语	布依语	越南傣语 (越南保安县)	南部壮语 (广西上思县)	石家语 (Saek)
*hwaŋ^B	faŋ^{B1}	pa:ŋ^4	phaŋ^{B1}	phaŋ^{B1}	vaŋ^{B1}

壮语中读音同为 pa:ŋ^4 的"bangx"一词还有"像墙一样直立的石山"之意,对应汉语的"壁"(广西壮族自治区少数民族语言文字工作委员会《壮汉英词典》编委会 2005:48)。

镇江东部丹徒镇至大港镇五峰山一带在先秦时期是长江入海口的南岸,沿岸一线皆是宁镇山脉的群山丘陵,因为河岸边界条件优良,至今本段长江南岸的岸线仍与先秦时期基本一致(曹光杰等 2006)。而这一线山脉的高处或山麓之上,就分布有大量西周春秋时期吴文化的台型遗址和高等级土墩墓(刘树人等 2006:80—84)。对于当时的吴人来说,此地以东就是茫茫东海,此地由群山丘陵构成的江岸或海岸正如同天然的城墙壁垒一般,即壮语的"bangx[pa:ŋ^4]",是吴国能够专心向太湖流域腹地发展的关键屏障。在此后的历史中,镇江也因为这一凭江临海的丘陵地势而号称"浙西门户",可"内控江、湖,北拒淮、泗",为"三吴襟带之邦,百越舟车之会"(顾祖禹 2005:1248—1249)。春秋晚期,吴国主要军事力量长期在太湖流域与越国争锋,镇江一带的沿岸防御就显得尤为重要,吴国在此地设置主管岸防的官守及其城邑是合乎情理的。

综合以上语言学、地理学和考古学材料判断,"方"字在"朱方"这个地名中应当解释为古越语中"河岸"一词的汉字记音。因此,"朱方"按照其上古汉字音对应的古越语词应释作"主管河(江)岸的官守"之义,可译为"堤官",与"朱余"之译"盐官"相仿。由此再重新审视历史,就能发现吴国将庆封封于"朱方"的举动的确具有捍御身后之敌的意味。

---

① 表中"布依语"一项见周国炎(2011:7、60)"baangxdah""dah¹"条,依原文用数字标调类;其他诸项见 Pittayawat Pittayaporn(2009:334)"river bank"条,依原表用 A、B、C、D 分别表示与中古汉语平、去、上、入四声对应的四个调类,后加 1、2 区分其清、浊源流。

三 "丹徒"释义

"丹徒"词首位置的"丹"字,上古音属元部,端母,拟音作*taːn(郑张尚芳 2013：298),其同音字"单"(郑张尚芳 2013：299)曾在越王勾践《维甲令》的汉文记载中被用来音译古越语中的"堵"一词：

> 越王句践反国六年,皆得士民之众,而欲伐吴。于是乃使之维甲……治须虑者,越人谓船为"须虑"……习之于夷。夷,海也。宿之于莱。莱,野也。致之于单。单者,堵也。(李步嘉 2013：85)

对此,郑张尚芳从《说文》所载上古"堵"字原义("垣也,五版为一堵")出发,以泰文中"硬块版""关隘""抗敌"三词的读音作参照,指出这里的"单"字应当是以其上古音对应了古越语中表"城垣关隘"义的词汇(郑张尚芳 1999)。因此,根据吴越地名词汇中心语成分前置的特点,与"单"字同音的"丹"在"丹徒"这一地名中很可能意为"某城"或"某关",而这个"某"则与"徒"字的涵义有关。

从侗台语语法出发,"徒"字在"丹徒"一词中属修饰成分,其上古音属鱼部,定母,上古后期拟音(秦汉音)作*daː(郑张尚芳 2013：261、483),此音与侗台语"河川"一词的读音十分契合,见表2(Pittayawat Pittayaporn 2009：334)：

表2 侗台语"河川"一词的读音

原始侗台语拟音	*daːB
标准泰语	thaːB2
越南傣语(越南沙坝县)	taːB2
越南傣语(越南高平市)	daːB2
南部壮语(广西龙州县)	taːB2
南部壮语(广西上思县)	taːB2
热依语(Yay)	taB2
石家语(Saek)	thaːB2

秦汉时期的丹徒县位于长江入海口南侧,其地理位置很可能还与一条早期运河水道有关：

丹徒水道入通吴会,孙权初镇之。(萧子显 1972:246)

在存世文献中,元代《至顺镇江志》最早将"秦使赭衣三千凿丹徒"的传说与"丹徒水道"及大运河的开凿联系起来,称"秦凿丹徒、曲阿,齐通吴会,隋穿使广",其理由是"今水道所经大小夹冈,一在京岘之南,一在云阳之北,其势委曲周折,皆凿山为之",正与"秦使赭衣徒三千凿京岘东南垄""秦凿云阳北冈"诸说相合,并有宋人诗句"自从秦凿兴赭徒,大业广此事遨娱"为证(俞希鲁 1999:277—278)。虽然此说是从间接证据①和感性认识出发形成的推断,以论证逻辑来看并不严谨,但南朝史书对于"丹徒水道"的记载也使我们无法排除其在秦汉时期就已存在的可能性:1980 年,在镇江古运河畔的丹徒镇金家山西汉早期墓葬中曾出土过一枚"丹徒右尉"铜印,系秦汉时期大县长吏官印(肖梦龙、戴志恭 1983),而丹徒镇(今丹徒社区)坐镇镇江城市东南的古运河入江口,历史上即为汉丹徒县治所在:

《括地志》云:"丹徒故城在润州丹徒县东南十八里,汉丹徒县也。《晋太康地志》云:'吴王濞反,走丹徒,越人杀之于此城南'……"(司马迁 1959:2077)

总之,无论是长江入海还是"江河交汇","丹徒"此地都与"河川"有着密切的联系。结合汉语上古音来看,"丹徒"地名中的"徒"字应是古越语中"河川"一词的记音字,而非"赭衣徒"这种字面意义上的"徒"。由此再结合"丹"字的"城垣关隘"之意,则"丹徒"这一地名在古越语中应是"河川之城"或"河川之关"的意思,对其义加以引申就是"控扼江河的城关",汉语可译为"江城""河关"之类。这一古越语视野下的地名释义不仅与秦汉丹徒县城(今丹徒社区)坐镇古运河入江口的地理位置相吻合,更与后世出现的汉语地名"镇江"异曲同工,不谋而合。

四 结 语

从先秦时期的"朱方"到秦汉时期的"丹徒",这两个地名从字面上看,可谓毫无联系。然而在古越语的视野之下,从主管江岸的"堤官"到控扼江河的"江城",其内涵竟又如此相通,从源头上清楚地揭示了镇江这座城市古今一贯的地理意义——屏障太湖的吴越门户,锁钥江河的天下关津。

史载吴王刘濞中原兵败之后退保江南"丹徒",此地尚有东越王率领的越军万余人。

---

① 见前文所示南朝地志的记载。

东越王封地在东瓯之地(今浙江温州一带),响应吴王起事发兵,却只屯驻于"丹徒",不曾渡江北上助战,未必没有控此"江城""河关"观望天下,必要时以吴越之境自保的想法。而事情的结果也的确如此:汉军没有选择渡江南征,而是通过收买东越王借刀杀死了刘濞,东越王因此免除了罪过,得以全师归国(司马迁1959:2834、2980)。"丹徒"在历史上的第一次亮相,就证明了自己的名副其实。

我国中原以外地区的古代地名往往保留了许多历史上当地居民语言的痕迹,这就使得从字面意思出发对其进行的释义经常不得要领,留下了许多附会敷演的地名传说。而从历史上当地居民语言的角度来审视这些地名的历史读音时,我们却有机会获得更为贴近当地自然环境或风土人情的解读。正如"朱方""丹徒"以古越语译作"堤官""江城"恰与汉语的"镇江"一脉相通,这是仅靠汉字的音韵、训诂无法进入的认知领域,却与历史上当地居民简单朴实的生活世界紧密相连。当我们由此接近这些地名真正的内涵时,就能更加清楚地读懂它们在各自的一方山水间所扮演的人文角色。

参考文献

[1] 班　固:《汉书》(点校版),中华书局,1962年。
[2] 曹光杰、王　建、屈贵贤:《全新世以来长江河口段河道的演变》,《人民长江》2006年第2期。
[3] 范　晔:《后汉书》(点校版),中华书局,1965年。
[4] 顾祖禹:《读史方舆纪要》(点校版),中华书局,2005年。
[5] 广西壮族自治区少数民族语言文字工作委员会《壮汉英词典》编委会:《壮汉英词典》,民族出版社,2005年。
[6] 何绍章、冯寿镜、吕耀斗等:《光绪丹徒县志》(影印版),江苏古籍出版社,1991年。
[7] 李步嘉:《越绝书校释》,中华书局,2013年。
[8] 李学勤:《宜侯夨簋与吴国》,《文物》1985年第7期。
[9] 刘建国:《朱方考》,《镇江师专学报》1987年第4期。
[10] 刘树人等:《镇江地区吴文化台形遗址及土墩墓分布规律遥感研究》,载王玉国等编著《镇江吴文化研究》第75—86页,中国文史出版社,2006年。
[11] 刘　昫:《旧唐书》(点校版),中华书局,1975年。
[12] 陆振岳:《苏州旧方志概述》,《苏州大学学报》1986年第4期。
[13] 潘悟云:《吴语形成的历史背景——兼论汉语南部方言的形成模式》,载陈忠敏、陶寰编选《吴声越韵》第81—98页,商务印书馆,2017年。
[14] 钱公麟:《从〈宜侯夨簋〉谈起》,《苏州文博论丛》(总第7辑)第30—33页,文物出版社,2016年。
[15] 沈　约:《宋书》(点校版),中华书局,1974年。
[16] 石奕龙:《"朱方"辩》,《东南文化》1993年第1期。
[17] 司马迁:《史记》(点校版),中华书局,1959年。

[18] 谭其骧:《中国历史地图集》(第一册),地图出版社,1982年。
[19] 王法辉、王冠雄、李小娟:《广西壮语地名分布与演化的 GIS 分析》,《地理研究》2013年第3期。
[20] 吴春明:《"自交趾至会稽"——百越的历史、文化与变迁》,载车越乔主编《越文化实勘研究论文集》第 23—34 页,科学出版社,2008年。
[21] 吴东海:《傣族人名的命名方式和文化功能》,《百色学院学报》2011年第6期。
[22] 肖梦龙:《吴国的三次迁都试探》,载江苏省吴文化研究会编《吴文化研究论文集》第 14—32 页,中山大学出版社,1988年。
[23] 肖梦龙、戴志恭:《镇江博物馆藏古代铜印》,《文物》1983年第8期。
[24] 萧子显:《南齐书》(点校版),中华书局,1972年。
[25] 徐　坚等:《初学记》(点校版),中华书局,1962年。
[26] 许维遹:《吕氏春秋集释》,中华书局,2009年。
[27] 杨伯峻:《春秋左传注》,中华书局,1981年。
[28] 游汝杰:《吴语方言学》,上海教育出版社,2018年。
[29] 俞希鲁:《至顺镇江志》(点校版),江苏古籍出版社,1999年。
[30] 张　敏:《鸠兹新证——兼论西周春秋时期吴国都城的性质》,《东南文化》2014年第5期。
[31] 张　敏:《吴越文化比较研究》,南京出版社,2018年。
[32] 镇江市地方志编纂委员会:《镇江市志》,上海社会科学院出版社,1993年。
[33] 郑小炉:《吴越和百越地区周代青铜器研究》,科学出版社,2007年。
[34] 郑张尚芳:《古吴越地名中的侗台语成份》,《民族语文》1990年第6期。
[35] 郑张尚芳:《古越语地名人名解义》,《温州师范学院学报》1996年第4期。
[36] 郑张尚芳:《句践"维甲"令中之古越语的解读》,《民族语文》1999年第4期。
[37] 郑张尚芳:《上古音系》(第二版),上海教育出版社,2013年。
[38] 周国炎:《布依—汉词典》,贵阳:贵州民族出版社,2011年。
[39] Pittayaporn, Pittayawat. 2009. *The Phonology of Proto-Tai*. Itheca, New York: Cornell University Ph. D. dissertation.

(本文原载《民族语文》2022年第2期)

再论"徐人入越"

齐韶花

(浙江艺术职业学院)

《左传》哀公十九年独笔楚越之间一去一回的拉锯战,是否属实?杜预所注是否可信?学界有关"徐人入越"问题旷日持久的讨论,是否可以随着现代考古的翻新,得出部分可信的答案?本文通过考古与文献两重证据的梳理,认为北来的"夷人入越"属实,而今天的安徽广德近地,可对应《左传》中三夷与楚师盟的"敖"地,正是历史上北人进入越地的关隘。同时审读绍兴 M306 号出土的两件徐器和战国楚墓襄阳蔡坡 M4 的徐王铜剑铭文,认为徐王章羽和他的近臣国亡后入越。战国语境中的所谓"越有三夷"者,"徐夷"必在其中,而徐子章羽的失国流亡,是春秋末期徐人入越的核心原因。进而观察"越王佐徐"和"徐人入越"的历史渊源与民族情感,本文推测,春秋末期的"徐越"联盟或是商末周初时期"商奄"联盟的延续,浙江各地流传的徐偃王传说,正是越人为悲剧英雄"徐王""奄王"隐怀而作的口头文学形式。

一、夷 人 入 越

1. 越文化中的非土著文化因素

考古资料显示,进入西周晚期至春秋时期,茅山两侧宁镇丘陵地区存在着墓葬数量增多、土墩墓和石室土墩墓均出现"一墩多墓"的现象[①]。与之相伴的,是入周以后,皖南、浙北、浙西一带在相对集中的时间段里(约于西周早、中期)出土众多的青铜礼器所释放出的与以原始瓷、印纹硬陶为特征的土著文化迥然不同的文化信息。除此之外,不容忽视的是越地墓葬中出现的人殉现象,尤以安吉龙山 107 号墓葬群(八亩墩大墓)与江西靖安县李洲坳东周墓葬为代表。安吉龙山 107 号墓葬群在主墓周围包围了 31 座小型的土墩陪

---

① 付琳:《江南地区周代土墩墓中"一墩多墓"的结构与形式》,《南方文物》2015 年第 3 期。

葬墓,虽未有人骨出土,但从墓中出土的陪葬品观察,当属为主墓陪葬的人殉墓①;江西靖安县李洲坳东周墓葬共揭露出47具一次性下葬的木棺,除主墓G47为一棺一椁且有高规格的金质陪葬品外,其余46穴均为单棺且不少棺内保存有较完好的人类遗骸,因此,这46具木棺应属G47墓葬主人的人殉②。两处墓葬均断代为春秋末期,分别位于越国的西境与东北境。

这些包括青铜器、人殉等现象在内的非土著文化内涵在越地的出现,不禁使人想起一处颇存争议的《左传》孤笔。

2.《左传》孤笔

《左传·哀公十九年》文本③如下:

【十九·一】十九年春,越人侵楚,以误吴也。夏,楚公子庆、公孙宽追越师,至冥,不及,乃还。

【十九·二】秋,楚沈诸梁伐东夷,三夷男女及楚师盟于敖。

【十九·三】冬,叔青如京师,敬王崩故也。

此年有传无经,属于《左传》对《春秋》经文的补充。【十九·三】直接交代了此年发生的大事,即周敬王的崩逝。正是这条简明的记录,为我们穿梭于文本之间的史料沉钩提供了比对基础。本文从杨伯峻,以鲁哀公十九年为敬王四十四年,也即西历公元前476年④。

有意思的是,此年发生的楚、越间的一次拉锯战(【十九·一】【十九·二】)——此事除《左传》外,不见于任何其他先秦文献中,也未被《史记》所采纳。那么,《左传》的这一处孤笔,可靠吗?

3."冥"居何处

【十九·一】说的是越人主动侵楚的一次军事行动,但《左传》明确给出了越人侵楚的

---

① 田正标:《巨冢中的泱泱古越——浙江安吉龙山越国贵族墓园》,"文博中国"公众号,2020年4月27日;路国权:《深度解读:2019"十大考古"与中国考古学的特点和趋势》之《龙山越国墓园:越国贵族墓葬研究的新标杆》,《中国文物报》2020年5月8日第5版。
② 江西省文物考古研究所:《江西靖安县李洲坳东周墓葬》,《考古》2008年第7期。
③ 杨伯峻编著:《春秋左传注》,中华书局,2018年,第1915页。本文所引之《左传》,皆从此文本。
④ 据杨伯峻校,鲁哀公十九年属周敬王四十四年/秦厉公元年/楚惠王十三年/吴王夫差二十年/越王勾践二十一年,也即西历公元前476年。他的这一对应西历的记载法,显然为中华书局的《史记》《十二诸侯年表》与《六国年表》所采用,虽然其间略有出入。杨伯峻在《左传》的乙丑年(敬王四十四年)与《史记》的乙丑之间(也即周元王元年)选择了前者。据《史记·周本纪》,周敬王二十二年,西周的近邻诸侯——梁与秦,还落在了周臣马犯"敬王病甚若死"和"敬王病愈"的欺诈之中,可见,《六国年表》所从,虽未经秦火但不载日月的《秦记》,对敬王崩逝一事有所疑惑,只知其事近"秦厉公立"而不辨四十三还是四十四年,是十分可能的。

动机——"以误吴也"。杨伯峻据此在其后楚人"追越师,之冥,不及,乃还"下注曰:"越侵楚之原意仅在'误吴',故其退速。"至确!此正楚惠王十三年,惠王母乃越王勾践女,越侵楚倏忽而返,楚师追至越境,这一去一回的拉锯战,乃在迷惑吴人,制造楚、越不和,越无力抗吴的假象。因此所言越人迅速回撤,楚师追而之止的"冥"地,便应在楚、越交界,越国的北部边境内。杜预注:"冥,越地。"顾祖禹更详:"冥地,盖在苦岭关与泗安镇之间"①,也即今天的安徽广德与浙江长兴之间。如顾祖禹的判断无误,则单从文献解读的角度,就可以得出结论:太湖西南角,今天的安徽广德与浙江长兴之间的天目山北端隘口——"冥",在勾践灭吴之前,就已归属越王。

4."敖"在越地与越有"三夷"

【十九·二】载:楚师在沈诸梁的带领下组织了一次"伐东夷"的战事,事后并与"三夷"在"敖"地结盟为安。据杜注,这是一次楚师"报越"的行为,也即【十九·二】乃【十九·一】的顺叙,两者合而为一,才完整地记录了楚、越边地一来一往的拉锯战。勿论楚师是否真正"报越",这样的边境战役,在先秦各国历史上司空见惯。然而,杜预此注,受到了王恩田的挑战。

王恩田认为【十九·二】根本没有提及"越",楚师征战的对象,分明是"东夷"或"三夷",【十九·二】与【十九·一】是割裂开来的两件战事,前者所述为越人犯楚事,后者所述乃楚师伐东夷事,杜预错会《左传》,将两事混为一谈,并进而导致了清儒江永的以讹传讹。②

然而,王恩田有所不知,首先,【十九·二】所载之"敖"地,正在今天浙皖交界的广德地区;其次,至少在春秋战国的文献中,的确存在着称呼越境内的他族为"东夷、西夷"的楚、越语境。以下分而论之。

《汉书·地理志》"丹阳郡"下列地名"黝",并曰:"渐江水出南蛮夷中,东入海。成帝鸿嘉二年为广德王国。莽曰愬虏。"③故知,汉代的"黝"地正位于今天浙皖交界的广德地区。而陈地、越地的上古音训中,侯、宵近韵,笔者已另有详述④,故知汉代的"黝"音,在先秦越地,近乎"敖"音。据此,本文认为,《汉书·地理志》"丹阳郡"之地名"黝"即为《左传》【十九·二】所载之"敖"地,地在【十九·一】"冥"地附近。此事过程如下:春,越师袭楚,楚师追至"冥"地而返;秋,强楚在公子高率师下报越,还从当初撤离的"冥"地附近开始讨伐,最后与越地三夷盟于"敖"。"冥""敖"均在越地北境今天的安

---

① 杨伯峻编著:《春秋左传注》,中华书局,2018年,第1915页。
② 王恩田:《楚高缶与楚公子高伐东夷——春秋晚期大铁盘的发现及其重要意义》,《江汉考古》2018年第1期。
③ 班固著,颜师古注:《汉书》,中华书局,2006年,第1592页。
④ 齐韶花:《商句鑃考析》,《苏州文博论丛》2020年总第11辑,文物出版社,2021年,第100—107页。

徽广德地区。

无独有偶,清华大学藏战国竹简收有讲述越王勾践励精图治故事的《越公其事》,其中的"征人篇"载文如下:"东夷、西夷、古蔑、句吴,四方之民,乃皆闻越地之多饮食,政薄而好信,乃波往归之,越地乃大多人。"编注者以句中的"东夷""西夷"为中原文献对东、西边裔的称谓释之,认为文中的越人或有夸大之嫌,又因"古蔑""句吴"在古文献中向来指的是越地诸侯或越地邻国诸侯,进而推测,此是以越地为中心,言及的"越地四方"之民。①虽然《越公其事》的撰写者未必是越人,但合《越公其事》与《左传》【十九·一】共观之,可以明确的是,战国文献语境中,是存在着"越有三夷"(或"越有东夷、西夷"等)这样的语境的。

值得一提的是《左传·哀公六年》提及的地名"大冥":【楚】昭王攻大冥,卒于城父。杨伯峻:大冥,据《汇纂》,在今河南周口地区项城县境。② 这个位于豫东的《左传·哀公六年》的"大冥"与位于越北的《左传·哀公十九年》的"冥",仅一字之差。我们知道,先秦文献地名中有使用"大、小"以判的约定俗成——所谓"大某"者,乃人们所知的"某地的源流地";所谓"小某"或未冠"大"名者,往往为前者的衍生地、迁徙地。譬如《毛诗》所谓"大东""小东",顾炎武所考之位于山西平凉的"大原"与战国诸多文献所记之"原",③《越绝书》所言勾践本国的"大越",等等。《左传》同文而使用"大小若判"的地名"冥",是作者有意为之? 以战国文献的语境判断,至少,【十九·一】所提位于越地北端的"冥"乃豫东"大冥"的衍生地,是可能的。

5. 小结

综上,结合考古与文献的两重证据,本文认为,以墓葬人殉现象为表现,至晚于春秋末期已存在于越境的非土著文化——与王迅所考周代东夷、淮夷的墓葬人殉礼俗相视一笑,④直可对应周文献所涉之"夷",并非越国上层为凸显自己的贵胄身份而采取的对越地土著的泛称,⑤而是实指了商晚期时尚居住在河淮之间的如"淮夷""东夷""九夷""徐夷"等特殊群体的南迁入越。也就是说,文献所载越地存在且不止一处存在着外迁进入的夷人团体,也即"夷人入越"属实;今天的安徽广德近地,当属越国的北境,也是历史上北人进入越地的关隘。

---

① 李学勤主编:《清华大学藏战国竹简(柒)》,中西书局,2017年,第137—139页。
② 杨伯峻编著:《春秋左传注》,中华书局,2018年,第1825页。
③ 顾炎武著,黄汝成集释:《日知录集释》,上海古籍出版社,2020年,第153—154页。
④ 王迅:《东夷文化与淮夷文化研究》,北京大学出版社,1994年,第151—152页。
⑤ 李学勤主编:《清华大学藏战国竹简(柒)》,上海中西书局,2017年,第137—139页。

二、徐 人 入 越

1."徐人入越"前论

学术史上"徐人入越"的观点推测,是首先由郭沫若先生提出来的。郭公1930年公之于众的《杂说林钟、句鑃、钲、铎》一文言及:"以上三句鑃……自是徐器……又徐人乃由山东江苏安徽接境处被周人压迫而南下,且入于江西北部者,则春秋初年之江浙殆犹徐土者,亦未可知也。"①此后(1937年)德国汉学家Eduard Erkes(何可思)也注意到了中国文献中的徐偃王,并将徐人的这位"无骨"英雄与流传在日本、斯堪的纳维亚半岛、美洲民族史上的"无骨"英雄作了有趣的对比,提出了这些文化下的"无骨"传奇人物均为悲剧英雄的推想;②同时期的Wolfram Eberhard(艾伯华)则亲临越地,遍访浙江的民俗民风,撰写成文,并将之收录在1942年德文版的《Kultur und Siedlung der Randvoelker Chinas》以及1966年德文版的《Erzaehlungsgut aus Suedost-China》,在后者的英文版《the Local Cultures of South & East China》中,艾伯华如此表述:"引人注目的是那些身为悲剧英雄而被供奉的徐偃王的庙宇均出现在浙江。何以本应居于江苏北端徐州地区的徐偃王,会在如此遥远的南部被供奉?"③两位学者对"徐偃王"民族学视角的观察,事实上肯定了郭沫若对徐、越两地文化渊源上存在交集的推测。

此后,学术界关于"徐人入越"问题的讨论持续不断,相关文章汗牛充栋,其中蒙文通《越史丛考》从文献的角度推称"吴、越之霸业即徐戎之霸业",生出"徐戎与越人同族"的疑问;④董楚平⑤、林华东⑥则认为是失国后的"徐人奔越",曹锦炎先有"徐人入越建越"说,⑦后又增加"越人佐徐复国"说;⑧后论也为孔令远所接受⑨,等等。那么,我们推证徐、越关系的思路上有谬吗?在徐人入越之前,两国尚有前缘吗?

---

① 郭沫若:《杂说林钟、句鑃、钲、铎》,《郭沫若全集》之第四卷《殷商青铜器铭文研究》,人民出版社,1982年,第72—86页。
② [德] Eduard Erkes: Die Sage vom knochenlosen König: Eine Chinesisch-Amerikanische Mythenparallele, Artibus Asiae, Vol.6, No.3/4 (1937), pp.243-255.
③ [德] Wolfram Eberhard: the Local Cultures of South & East China, Leiden E. J. Brill 1968: 411.
④ 蒙文通:《越史丛考》,人民出版社,1983年,第140—147页。蒙文通的这一观点,实际上是再次点燃了学界对郭公1930所推徐越关系的兴趣。
⑤ 董楚平:《吴越文化新探》,浙江人民出版社,1988年,第206—226页。
⑥ 林华东:《绍兴306号"越墓"辩》,《考古与文物》1985年第4期。
⑦ 曹锦炎:《绍兴坡塘出土徐器铭文及其相关问题》,《文物》1984年第1期;《春秋初期越为徐地说新证》,《浙江学刊》1987年第1期。
⑧ 曹锦炎:《越王得居戈考释》,《古文字研究》第25辑,中华书局,2006年,第208—212页。
⑨ 孔令远:《涂山汇考》,《中国大禹文化》第2018年第7期。

其实，郭公"徐人入越"观点的最有力举证，当是由考古工作者揭露出浙江绍兴狮子山 M306 号墓后完成的：这座 1980 年发掘的 M306 墓共出土（包括采集）了 17 件青铜器，其中 1 件汤鼎与和 1 件小炉上均铸有铭文"徐"①。囿于学界持续至今的"徐、越"关系讨论，我们有必要重新审视绍兴 M306 墓出土的这两件徐器。

2. 徐王章羽入越

我们先来看一下绍兴 M306 号墓出土小炉的内铭（见图一）：

发掘者对文中的第四、六字，采取了持疑的态度，未作深入解读；曹锦炎读作"徐王之宾（？）□□之小炙炉"；②董楚平读作"徐王之元子■之小炉"，③李零新近另识第五字为"女"，认为此器或为嫁入越国的徐王长女■的弄器。④本文从董楚平、李零，认最后一字为"炉"，并将全铭隶读为"徐王之元子不之小炉"，理由如下。

图一 M306"徐王之元子不之小炉"

306 号墓小炉器主单名■，从"北"从"不"，结构清晰（见图一）。与之相对，1972 年出于战国楚墓襄阳蔡坡 M4 的徐王铜剑，剑铭"徐王义楚之元子不（？）"中的最后一铭，出现了类似"不"的字构（见图二），对此，李瑾读为"杏"，⑤苏州博物馆认作与 306 墓小炉器主字构一致的"柰"。⑥此剑在铸铭之间镶嵌有蓝色琉璃，剑格又因长期使用而于外缘处有损耗，从图片上观察，"义楚"之"楚"的下半部已不完整，剑铭的最后一字同理或有所缺失也未可知（笔者未能目睹，不能确定）。笔者认为，首先，图一与图二相比对，苏博认出字构中的"不"无误。其次，古文字以"北"为构的字若"■（福）""背""邶"者，其中之"北"皆作声旁，推而知之，绍兴 306 号墓青铜小炉出现的■字，最可能是从"不""北"声的形声字结构，也可能是"不"字加了声旁"北"后的异体字。再次，见后文详述，"余不"即"徐不"，在春秋徐人的语境中乃是徐王义楚之元子、失国后的徐王末世——"章羽"或"羽"的另名。合而观之，苏博所判无误——306 号墓出土的青铜小炉器主■与襄阳 M4 青铜剑之剑主同，均为徐王义楚之元子"不"，只是炉铭写作"柰"，剑铭写作"不"而已（不

---

① 浙江省文物管理委员会等：《绍兴 306 号战国墓发掘简报》，《文物》1984 年第 1 期。
② 曹锦炎：《绍兴坡塘出土徐器铭文及其相关问题》，《文物》1984 年第 1 期。
③ 董楚平：《吴越徐舒金文集释》，浙江古籍出版社，1992 年，第 313—314 页。
④ 李零：《绍兴坡塘 306 号墓的再认识》，《中国国家博物馆刊》2020 年第 6 期。
⑤ 李瑾：《徐楚关系与徐王义楚元子剑》，《江汉考古》1986 年第 3 期。
⑥ 苏州博物馆编：《大邦之梦》，上海古籍出版社，2017 年，第 18—19 页。

图二　蔡坡 M4 徐王铜剑的剑格细节(左)及其铭文拓片(右)

排除作"丕""柔"写的可能)。

对于表义字"不"的形析,今天的古文字学家多从王国维"谓'不'直是柎",也即"花柎"的象形字。然而此说实自郑笺起,《毛诗·小雅·常棣》:"常棣之华,鄂不韡韡。凡今之人,莫如兄弟。"郑笺:"承华者曰'鄂','不'当作'柎',柎,鄂足也……古声'柎''不'同。"①而析字早于郑玄的《说文解字》却说:"不,鸟飞上翔,不下来也。从一,一犹天也。象形。"段玉裁补注许慎的"象形",谓"象鸟飞去而见其翅尾形"②,常令考家大惑不解③。今天我们根据中国历史博物馆藏"徐王之子羽之元用戈"并《春秋》所记"徐子章羽"(《左传》音转作"章禹")知,徐王义楚之世子以"羽"为名疑无可疑,④若重新结合许慎以"羽"形析"不"的解字方法以及先秦经传中以近义或反义分别授以同一男子以名、字的礼俗,本文认为,许慎"不"义从"羽"形的解释,确有所据,而徐人以意义相关的"羽""不"自名一人,也符合春秋成年男子的命名习惯。

又:越地的东苕溪水系中,有溪名"余不"者。齐召南《水道提纲》曰:"余不溪即东苕水,其上源即临安县之南、北二溪,至余杭钱塘为安溪,至德清合武康前后二溪为余不溪,

---

① 季旭昇:《说文新证》,(台)艺文印书馆,2014 年,第 828—829 页。
② 段玉裁:《说文解字注》,浙江古籍出版社,2007 年,第 584 页。
③ 季旭昇:《说文新证》,(台)艺文印书馆,2014 年,第 828—829 页。
④ 董楚平:《吴越徐舒金文集释》,浙江古籍出版社,1992 年,第 301—302 页。

亦名雪溪,至(湖州)府治与苕溪会。"①而文献中较早记录地名"余不"的,要数《宋书·自序》沈括的一段家世自言:"(东汉初,沈戎)徙居会稽乌程县之余不乡,遂世家焉。"此中之"余不乡",据崔富章所考,即乡有过"余不"溪者。② 若沈括所言不虚,则今天太湖南岸湖州、德清东苕溪水域中的"余不"溪名之始,至晚可推至北宋时期,甚而可早至东汉初年。"余不"即"徐不",名同前文所析,失国后徐王末世——章羽的别名:徐不。

综上,不但越王都邑出土了"徐不"小铜炉,灭越的战国楚墓中也出现了以"徐不"自铭的铜剑,而位于越国东北境的东苕溪水域,后世又流传着"徐不"溪名,因此,本文认为,吴灭徐后,徐王义楚之子"徐不",也即"章羽",最终入了越地的可能性极大。我们虽不能明了他最终乞骸何处(案:章羽失国,在昭公三十年,距离哀公十九年楚与越之三夷之盟已36年),但本文认为,当非《左传·昭公三十年》言及的楚人为之营建的"夷"(今天安徽亳州地区),也非306号墓"徐不"小炉的出土地——越都会稽,最大的可能,还当处于出土章羽之父——徐王义楚铜器最多、且顽固保留徐人人殉葬俗的江西靖安、高安一带,也即越国的西境。

3. 徐王章羽之近臣入越

306号墓出土的另一件带"徐"铭的汤鼎铭文如下:

> 唯正月吉日初庚,郐赍尹礬自作汤鼎,温良圣每,余敢敬盟祀,以津涂俗,以知衈辱,寿躬毂子,眉寿无期,永宝用之。③

此器自名"汤鼎",当如曹锦炎所言,意为"以良铜铸就之鼎"的意思。④ 铭文中一"郐"一"涂","郐"指春秋徐国之"徐"无疑,而"涂",如董楚平所言,乃徐人先祖"涂山氏"之"涂",一器二"余",作器者乃有意而为之。⑤ 恰如李零所言,两件徐铭铜器应为失国前的徐人在自己的淮夷故地——徐国所铸无疑,⑥这个推测,今天也得到了1982—1997年间陆续于江苏邳州九女墩春秋徐国墓葬群中出土的铜器铭文与铜器特征的验证。⑦ 故知,汤鼎铭文绝不可能作类如入越地而死守徐礼的自勉或警戒之辞,或越地"入主者

---

① 齐召南:《水道提纲》,四库全书史部卷十五第十页。
② 崔富章:《沈约籍贯考》,《杭州大学学报(哲学社会科学版)》1980年第1期。
③ 李零:《绍兴坡塘306号墓的再认识》,《中国国家博物馆馆刊》2020年第6期。
④ 曹锦炎:《绍兴坡塘出土徐器铭文及其相关问题》,《文物》1984年第1期。
⑤ 董楚平:《吴越徐舒金文集释》,浙江古籍出版社,1992年,第303—310页。
⑥ 李零:《绍兴坡塘306号墓的再认识》,《中国国家博物馆馆刊》2020年第6期。
⑦ 徐州博物馆、邳州博物馆:《江苏邳州市九女墩春秋墓发掘简报》,《考古》2003年第9期。

的口吻"。① 又,作器者身践"赍尹"之职,以"甓"为名,而306号墓出土的展示祭祀场面的伎乐铜屋,器表经过大漆处理的灌铅跪甬铜插座,多套刻刀、削刀等文具却无武器现象,铜质阳燧等特殊物件的存在,都让人推测墓主人最可能生前以巫祝为职。②

继续结合前文分析,306号墓同墓伴出的徐王章羽(余不)的小炉,本文认为,汤鼎作器者"敢敬盟祀,以津涂俗,以知卹辱"的语气,无关乎徐人的失国之恨、他乡的复国之誓,最大的可能是,器主"甓"乃章羽的亲信近官,曾负责主持徐国的祝祷、祭祀诸礼。章羽之时,徐已腹背受敌,故其临危受命的礼官,誓以徐人古礼——涂俗来中兴徐国,并铸器为盟,始有"余敢敬盟祀,以津涂俗,以知卹辱"这样铿锵、沉重的诫勉之辞。进一步推之,306号墓的墓主人就是汤鼎器主——"甓",乃徐王章羽在徐时所命之祭祀官,且看《左传·昭公三十年》"徐子章羽断其发,携其夫人,以逆吴子。吴子唁而送之,使其迩臣从之",③绍兴306号墓的墓主人,最可能是此条文献下章羽的"迩臣"之一,而他也是徐亡入越后,徐人礼官再为越王所用的一个典型案例。

以上,实际上充分肯定了前人"徐人奔越"的观点,进一步的结论则具体到:1.春秋末期徐人入越属实,这个结论也与前文"夷人入越"的结论互为呼应,战国语境中(距离章羽失国至少36年后)的所谓"越有三夷","徐夷"必在"三夷"之中;2.文献所载徐王末世——徐子章羽的失国流亡,当是春秋末期徐人入越的核心原因;3.随着章羽及其近臣的入越,徐人无疑成为春秋末期越国礼俗制度建设的重要参与者。

此处最值得一提的是引起学界广泛讨论的"越王佐徐"诸器,它包括曹锦炎④首先注意到的两件"越王得居"戈(也即吴振武⑤、董珊⑥、彭裕商⑦等文下的"越王差徐"戈,分别藏于澳门珍秦斋与绍兴越文化博物馆,珍秦斋一件铭文见图三)以及孔令远⑧后来补充的出土于安徽蔡家岗赵家孤堆出土的两件"越王者旨於赐"铜戈。本文认同曹、孔两君所持"差徐"实乃"佐徐"的读法,支持曹锦炎首读之"得居"即越王"允常"的观点。与本文前段考证对应,可知徐子章羽(昭公三十年)入越之时,正值越王允常后期;允常佐徐,将接吴之地(譬如越之西夷)辟与章羽为王,此举既助徐王又守了越国边地,而以M306号墓墓

---

① 曹锦炎:《绍兴坡塘出土徐器铭文及其相关问题》,《文物》1984年第1期;《春秋初期越为徐地说新证》,《浙江学刊》1987年第1期。
② 董楚平:《吴越徐舒金文集释》,浙江古籍出版社,1992年,第306页。本文在董楚平的基础上增加了铜质阳燧,另淮夷有以虎为巫助的风俗,故人名"甓",或也能体现出其巫祝之职。
③ 杨伯峻编著:《春秋左传注》,中华书局,2018年,第1679—1680页。
④ 曹锦炎:《越王得居戈考释》,《古文字研究》第25辑,中华书局,2006年,第208—212页。
⑤ 吴振武:《论珍秦斋藏越国长铭青铜戈》,《古文字研究》第27辑,中华书局,2008年,第311—314页。
⑥ 董珊:《越王差徐戈考》,《故宫博物院院刊》2008年第4期。
⑦ 彭裕商:《越王差徐戈铭文释读》,《考古》2012年第12期。
⑧ 孔令远:《涂山汇考》,《中国大禹文化》第2018年第7期。

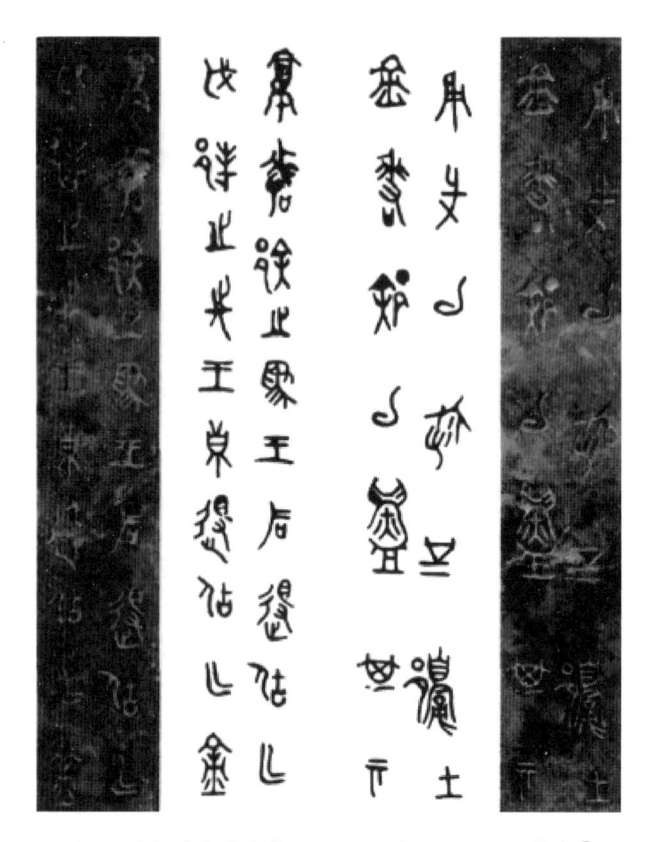

图三 澳门珍秦斋所藏"越王得居佐徐"戈铭文摹本①

主为例,所谓"越王佐徐"又何尝不是"徐王佐越"。越受大神益后,则徐、越相佐的关系俨然已成。徐、越联盟相佐,自允常起至勾践并勾践子(者旨於赐),以至于子孙相递连绵成俗,合理可见耳!

那么,除了章羽入越这一春秋末期的历史变故外,徐、越之间,尚有其他不为后人知的渊源吗?

三、徐、越关系推测

关于越人言下的乐器"商句鑃",笔者追证,可以对应殷墟卜辞中的"益嵒",当以"伯益之句鑃"解。而文献记载的伯益族人,除了徐人外,至少还有秦先人。且越人之所以以"商句鑃"称呼"益鑃"这一古老的巫术法器,或与商王的联盟族——商奄族或秦先人的逃离中原,窜入越地有关。② 独立于以上考证之外,笔者又另论得出结论——越族之㕥,乃

---

① 图片采自董珊:《越王差徐戈考》,《故宫博物院院刊》2008年第4期,第24—39页。
② 齐韶花:《商句鑃考析》,《苏州文博论丛》2020年第11辑,文物出版社,2021年,第100—107页。

源于商代商奄君族可、可。① 如此,则越地以句鑃为礼俗传统的族群,至少出现了三个可能:1. 徐人;2. 秦先人;3. 商奄君族(也即越族)。

需要指出的是,虽然《清华简·系年》给出了秦人将自己先祖纳入商奄族的说法,且战国文献也不乏对此一说法的附和,但是在中商都邑考证尘埃未定之前,秦先人是否能百分百地对应商奄族群,我们仍需谨慎对待。② 毕竟,商末周初的商奄族群羽翼丰满,秦先人只是其联盟族中之一是极其可能的。故此本文并不主张将商奄族与秦先人合而为一的逻辑思路,而坚持在论及商代的商奄族群时,特指商奄族群中的君族。

也就是说,即使抛开目前尚定义不清的秦先人不谈,我们仍然可以在春秋越国的贵族文化(以使用句鑃为特征的上层)中,找到商代晚期活跃在商人东土的两个族群:商奄与徐。换句话说,今天得到我们肯定的,春秋以后存在确凿相助关系的徐人与越人,实际上还可能是商代末期徐、奄关系的延续。

以此回眸前文提到的浙江各地民俗传说中普遍出现的传奇人物——"徐偃王"。最初将"徐偃王"推近"商奄"称谓的是董楚平,董推测文献中的"徐偃王"最可能是"徐兼并奄"后的合称,实际就是"徐王"。③ 可以看出,他的主要兴趣是"徐人入越",而不是"商奄入越"。本文认为,越地的徐偃王传说,实乃徐王、奄王之隐晦。因为第一,商奄作为西周最大的反国,过江之后,④选择以韬光养晦的方式求得本族在流亡地的喘息与生存,最为合理可能;⑤第二,Eduard Erkes 将徐偃王归为"悲剧英雄"的推想堪称神来之笔,然而不单单徐王是悲剧英雄,奄王(商奄君族)更是悲剧英雄——在为周人捉刀的传世文献中,全无奄王之笔墨、方寸。如此讳莫如深的悲剧英雄,才最容易活在本族的传奇故事中。

综上,本文扩展了前文对活跃在越地的徐、越关系的推测——徐、越之间,不再仅仅是徐人亡国后,徐王及其近臣入越并被越王所助、所用撑起的徐、越关系,徐、越之间的联盟(包括联姻)关系,或最晚源于商晚期的徐、奄联盟。所谓"周公东征,四国是皇",徐、奄既在周初武庚时期即结盟共同叛周,⑥可知,周公、成王伐奄、践奄战争后,随着奄君退入越地的徐人后裔不在少数。这无疑也是徐人失国后能退至越地、与身为奄君后人的越王再续前缘的历史与民族情感的良好基础。且看"得居佐徐"戈铭⑦中的越王允常,分明是卜

---

① 齐韶花:《越国新考》,《中国越学》第 11 辑,中国社会科学出版社,2020 年,第 1—9 页。
② 齐韶花:《关于秦先人与商代商奄族群关系的思考》,《东方博物》第 68 辑,中国书店,2018 年,第 92—101 页。
③ 董楚平:《绍兴 306 号墓国属问题研究》,《绍兴文理学院学报(哲学社会科学)》2006 年第 6 期。
④ 顾颉刚:《奄和蒲姑的南迁》,《文史》第 31 期,中华书局,1988 年,第 1—16 页。
⑤ 齐韶花:《烟墩山出土的角状器》,《东方博物》第 63 辑,中国书店,2017 年,第 48—53 页;《析安徽屯溪出土的"五柱器"》,《浙江艺术职业学院学报》2018 年第 1 期。
⑥ 齐韶花:《商奄考》,浙江大学出版社,2015 年,第 144—146 页。
⑦ 本文隶读如下:"越邦之先王谋得居作金戚,佐徐之为王后,得居作金,佐徐之铸其元用戈,以守马邊土"相关考证,容作另文。

问过他的先王并取得他们的庇护后才开始佐徐行动的(即所谓"越邦之先王谋得居作金戚,佐徐之为王后")。越之先王者,奄君也。奄君,徐人昔日死生与共之盟友也,越欲佐徐,奄君焉有不许之理哉?

综上,本文认为,战国语境中的"越有三夷"属实,其根本则是北来的"夷人入越";此中,最明确可鉴的是春秋末期的"徐人入越"——随着徐王章羽及其近臣的到达越地而产生和推动的"徐人入越"现象。进一步推测,春秋时期的徐越关系,实乃商末周初徐、奄关系的延续,浙江各地流传的徐偃王传说,是越人为悲剧英雄"徐王""奄王"隐怀而作的口头文学形式。

(本文属于2021年度浙江省哲学社会科学规划冷门"绝学"重点支持《商奄入越的多重考证》(21LMJX07Z)的阶段性成果之一。)

越王勾践徙都琅琊事辨析

孟 鑫

（山东大学历史文化学院）

越王勾践徙都琅琊一事，学界至今众说纷纭。蒙文通[1]、钱林书[2]、钱穆[3]、曹锦炎[4]、辛德勇[5]等学者主张越王勾践徙都琅琊事为真，陈可畏[6]、刘金荣[7]、蒋凡[8]、周运中[9]等学者则持相反观点，还有林华东先生[10]提出了琅琊为越陪都的调和说法。

目前关于越国勾践徙都琅琊的争论经久不绝，笔者认为主要原因有以下三点：

首先，当下关于越国都城位置的直接考古学证据尚不足。虽然浙江省考古研究所在绍兴平水盆地等处发现了大量越国大型贵族墓葬，但尚未建立这些墓葬与越国诸王或其他越国贵族的对应关系[11]。在山东青岛、江苏苏州、浙江绍兴等地也未发现能够证明是勾践以后越国都城的大型都邑遗址，这使得相关讨论的客观基础不足。张志立等学者虽然在连云港市锦屏山九龙口古城发现了越国遗迹，主张琅琊应在连云港，但尚缺乏该城为琅琊的决定性证据[12]，难以推翻辛德勇等人关于琅琊在今山东省青岛市黄岛区境内的主流观点[13]。

其次，在当前关于勾践徙都琅琊的争论中，对相关传世文献尚未进行充分辨析。目前关于越国徙都琅琊的传世文献记载驳杂，多有互相矛盾乃至自相矛盾之处。但论者多未

---

[1] 蒙文通：《越史丛考》，人民出版社，1983年。
[2] 钱林书：《越国迁都琅邪析》，《历史地理研究》第1辑，复旦大学出版社，1986年。
[3] 钱穆：《越徙琅那考》，《五华》1947年第4期。
[4] 曹锦炎：《再论"能原"镈》，《故宫博物院院刊》1999年第3期。
[5] 辛德勇：《越王勾践徙都琅邪事析义》，《文史》2010年第1期。
[6] 陈可畏：《越国都琅邪质疑》，《中国史研究》1983年第1期。
[7] 刘金荣：《越都琅邪辨》，《绍兴文理学院学报（哲学社会科学）》2006年第5期。
[8] 蒋凡：《春秋晚期越王勾践迁都琅邪平议》，《绍兴文理学院学报（哲学社会科学）》2017年第2期。
[9] 周运中：《百越新史》，（台）花木兰文化事业有限公司，2020年。
[10] 林华东：《越国迁都琅邪辨》，《中央民族学院学报》1989年第1期。
[11] 黄昊德：《浙江绍兴越国王陵及贵族墓葬调查与勘探成果丰硕》，《中国文物报》2015年12月18日。
[12] 张志立、彭云、梁涌：《越王勾践迁都琅琊考古调查综述》，中国中外关系史学会等主编：《新视野下的中外关系史（中外关系史论文集第14辑）》，甘肃人民出版社，2008年，第445页。
[13] 辛德勇：《越王勾践徙都琅邪事析义》，《文史》2010年第1期。

对相关传世文献的可靠性及各文本中的矛盾进行细致讨论,而是选取一部分支撑自身论点的文献记载以为依据。与越国都城位置相关的考古学发现如越王差徐戈等,亦未被充分用于对传世文献的辨析。这使得相关讨论的主观性过强。

最后,过度推断的现象广泛存在于目前对勾践徙都琅琊的争论中。例如,在琅琊邻近地区发现越文化遗存,或发现越国在琅琊邻近地区活动的相关记录,并不宜直接等同于越人当时以琅琊为都城。依靠逻辑推理认为定都在琅琊有何种益处或害处,也不宜作为论证越国都城位置的直接证据。

鉴于此,笔者希望对当前传世文献中有关越王勾践徙都琅琊的记载进行辨析,从而判断对勾践灭吴以降越国都城位置众说法的真实性。以此为基础,通过对末代越王亲命运相关文本流变的辨析,揭示出越王勾践徙都琅琊说法的成因。

一、传世文献中关于勾践徙都琅琊的记载

传世文献中年代最早的关于勾践徙都琅琊的记载,出自《古本竹书纪年》:"(魏武侯)(十七年),于粤子翳(三十三年)迁于吴。"[1]认为越王翳从某处迁移到吴(即姑苏,姑胥)。值得注意的是,《古本竹书纪年》通篇未提及越王勾践徙都琅琊事。

在稍晚的《史记·越王勾践世家》中,有对勾践灭吴后军政活动的记载:

> 句践已平吴,乃以兵北渡淮,与齐、晋诸侯会于徐州,致贡于周。周元王使人赐句践胙,命为伯。句践已去。渡淮南,以淮上地与楚,归吴所侵宋地于宋,与鲁泗东方百里。当是时,越兵横行于江、淮东,诸侯毕贺,号称霸王。[2]

此处同样未提及越王勾践徙都琅琊事。

至东汉,关于勾践灭以降越国都城的记载丰富起来。《汉书·地理志》中提及琅琊时称"越王勾践尝治此,起馆台"。[3]《吴越春秋》和《越绝书》中关于勾践灭吴以降越国都城的记载更多:

《吴越春秋》在叙述勾践事迹时称:"越王既已诛忠臣,霸于关东,徙都琅琊,起观台,周七里,以望东海。死士八千人,革船三百艘。"[4]后文又称:"越王使人如木客山取元常之

---

[1] 朱右曾辑,王国维校补,黄永年校点:《古本竹书纪年辑校·今本竹书纪年疏证》,辽宁教育出版社,1997年,第25页。
[2] 《史记》卷四十一《越王勾践世家》。
[3] 《汉书》卷二十八上《地理志》。
[4] 崔冶译注:《吴越春秋》,中华书局,2019年,第286—292页。

丧,欲徙葬琅琊。三穿元常之墓,墓中生飘风,飞砂石以射人,人莫能入。勾践曰'吾前君其不徙乎?'遂置而去。"①这两处记载,明确提及勾践徙都琅琊,并希望迁移先王允常到新都琅琊安葬。

《吴越春秋》在记录越国世系时,又提到越国晚期从琅琊迁到吴:"自勾践至于亲,其立八主,皆称霸,积年二百二十四年。亲众皆失,而去琅琊,徙于吴矣。"②后文又称:"尊、亲失琅琊,为楚所灭。"③认为越国在丧失琅琊后被楚国灭亡。

《越绝书》中,亦称:"允常子勾践,大霸称王,徙琅琊,都也……亲以上至勾践,凡八君,都琅琊二百二十四岁。"④明确指出勾践迁都琅琊。

此外,《越绝书》中还数次提及勾践"徙琅琊",如:

越王勾践徙琅琊,凡二百四十年,楚考烈王并越于琅琊。后四十年,秦并楚。⑤

勾践徙琅琊到建武二十八年,凡五百六十七年。⑥

勾践伐吴,霸关东,徙琅琊,起观台,台周七里,以望东海。死士八千人,戈船三百艘。⑦

木客大冢者,勾践父允常冢也。初徙琅琊,使楼船卒二千八百人伐松柏以为桴,故曰木客。⑧

独山大冢者,勾践自治以为冢。徙琅琊,冢不成。⑨

但《越绝书》亦称:"勾践小城,山阴城也……而灭吴,徙治姑胥台。"此处又认为越国在灭吴国后,迁移都城到姑胥⑩。

最后,被王国维等学者考定为伪书,但部分学者认为仍具有一定参考价值的《今本竹书纪年》,亦有关于越国都城的记录。其中"(周贞定王)元年癸酉,於越徙都琅琊"⑪提及勾践迁都琅琊事。王国维认为该条辑自《吴越春秋》。另一条有关记载为"(周安王)二十三年,於越徙于吴"⑫,王国维认为来自《史记》所引《古本竹书纪年》。既已有出处,不必

---

① 崔治译注:《吴越春秋》,中华书局,2019年,第286—292页。
② 崔治译注:《吴越春秋》,中华书局,2019年,第286—292页。
③ 崔治译注:《吴越春秋》,中华书局,2019年,第286—292页。
④ 李步嘉校释:《越绝书校释》,中华书局,2018年,第206—210页。
⑤ 李步嘉校释:《越绝书校释》,中华书局,2018年,第39页。
⑥ 李步嘉校释:《越绝书校释》,中华书局,2018年,第206—210页。
⑦ 李步嘉校释:《越绝书校释》,中华书局,2018年,第206—210页。
⑧ 李步嘉校释:《越绝书校释》,中华书局,2018年,第206—210页。
⑨ 李步嘉校释:《越绝书校释》,中华书局,2018年,第206—210页。
⑩ 李步嘉校释:《越绝书校释》,中华书局,2018年,第206—210页。
⑪ 朱右曾辑,王国维校补,黄永年校点:《古本竹书纪年辑校·今本竹书纪年疏证》,辽宁教育出版社,1997年,第113页。
⑫ 朱右曾辑,王国维校补,黄永年校点:《古本竹书纪年辑校·今本竹书纪年疏证》,辽宁教育出版社,1997年,第117页。

再对《今本竹书纪年》相关记载进行单独的辨析。

东汉以后关于越王勾践迁都琅琊的记述,应都引自以上记载。下文将以辅以考古学证据,对以上文献进行充分辨析。

二、对越都有关传世文献记载的辨析

1. 以越王翳迁吴为基础的辨析

（1）以越王差徐戈证越王翳迁吴事

前文与越都有关的传世文献记载中,《古本竹书纪年》创作年代最早,因而可信度总体上高于其他史料。《古本竹书纪年》对勾践徙都琅琊一字未提,却明确指出在魏武侯十七年（即公元前 379 年）越王翳将越国都城迁移到吴。

越王翳迁吴一事,具有较充分的考古学证据支持。孟蓬生先生对越王差徐戈铭文的释读为"越国先王没有得到过姑苏的铜,到了差徐做国王时才得到姑苏的铜。差徐用姑苏的铜铸成了自己使用的戈,用它来修治边疆。"①董珊先生认为,差徐就是《古本竹书纪年》中的越王无余之②。根据《古本竹书纪年》记载："（魏武侯二十年）七月,于粤太子诸咎弑其君。十月,粤杀诸咎,粤滑③,吴人立子错枝为君。（魏武侯二十一年）,于粤大夫寺区定粤乱,立无余之。"④这应当与《庄子·让王》中所谓"越人三世弑其君"⑤所描述的越国动荡时期相对应。

越王差徐戈铭文中所指的先王,应是指某一位先王的越王,而非他之前所有的越王。姑苏的铜既然能够用于铸造越王的兵器,应具备较成熟的矿冶流程,不可能是新近才开发的矿藏。在这种情况下,历代越王都一直无法获得姑苏的铜是难以想象的事情。这位先王在位的时间应该不长或控制力较弱,以至于未能在统治期间获得姑苏的铜。在差徐之前有两位先王：诸咎和错枝。而在《古本竹书纪年》的叙述中,他们的统治都不稳定。诸咎弑君后三个月左右就被杀,错枝被姑苏人拥立后也在次年被推翻。因此,越王差徐戈铭文能够证明《古本竹书纪年》对越国动荡记载的可靠性。吴人能够立错枝为君,说明吴在

---

① 孟蓬生：《越王差徐戈铭文补释》,《中国文字研究》2009 年第 1 期。
② 董珊：《越王差徐戈考》,《故宫博物院院刊》2008 年第 4 期。
③ 此处断句参见赵平安《〈竹书纪年〉"粤滑"考》,《古文字研究》第 32 辑,中华书局,2018 年。"粤滑"意为"越国发生祸乱。"
④ 朱右曾辑,王国维校补,黄永年校点：《古本竹书纪年辑校·今本竹书纪年疏证》,辽宁教育出版社,1997 年,第 25 页。
⑤ 陈鼓应注译：《庄子今注今译》,中华书局,1983 年,第 796—797 页。

魏武侯二十年应确系越的政治中心。这就印证了《古本竹书纪年》中越王翳在魏武侯十七年徙吴的记载为真①。

(2) 从越王翳迁吴看传世文献中的越徙琅琊说法

若采信越王翳迁吴一事,则《吴越春秋》中"自勾践至于亲,其立八主,皆称霸,积年二百二十四年。亲众皆失,而去琅琊,徙于吴矣"的说法就不能成立。因为越王翳时已经迁都吴。据曹锦炎先生解释②,越王翳就是《吴越春秋》该段文本中排列在亲之前四代③的越王"不扬",也绝非越王亲。

同理,《越绝书》中"允常子勾践,大霸称王,徙琅琊,都也……亲以上至勾践,凡八君,都琅琊二百二十四岁"的说法也同样不能成立。越王翳既然迁都到吴,就并不存在连续的八个君主在琅琊定都二百二十四年的历史。

越王翳迁都吴一说,与《越绝书》中"而灭吴,徙治姑胥台"的说法却相互呼应。该记载仅仅说明徙治姑胥台发生在灭吴之后,并不是确凿地表示两事是连贯发生的。何况越王翳徙治姑胥台虽是在越王勾践灭吴数十年后,但后世人记录这两件事时缺乏充分的参考资料。这在《史记》中相较《古本竹书纪年》对越国历史记载大为简略的情况中可见一斑。《越绝书》所录该段文本的作者完全可能误判其中间隔的时间,误以为两事相近而如此记录。

如果采信越王翳迁都吴一说为真,排除掉与其相斥的传世文献,其余传世文献是否能够证明勾践曾徙都琅琊呢?

《汉书·地理志》中"越王勾践尝治此,起馆台"的记载不能作为确凿的证据。"治"在古代汉语中具有多种含义,如"治理""修建""经营"等。"治"可在此解释为"治于此",如此则意为越王勾践曾在琅琊治理越国,即勾践曾都琅琊。但"治"也可理解为动词,结合"起馆台"的营造活动,似可解释为"修建""经营"。若取后一种解释,则仅能说明勾践在琅琊进行城市建设。

《吴越春秋》中"越王既已诛忠臣,霸于关东,徙都琅琊,起观台,周七里,以望东海。死士八千人,革船三百艘"以及"尊、亲失琅琊,为楚所灭"的记载虽未被直接动摇,却又难以在越王翳迁吴的前提下同时成立。若勾践徙都琅琊,越王翳迁移到吴,尊、亲又丢失琅琊被楚国灭亡,则说明越王翳之后某个时段越都又从吴迁回琅琊。但越国从吴迁都回琅

---

① 另一件可能与越王翳相关的文物是越者汈钟,参见张闻捷:《者汈编钟与越国乐制》,《东南文化》2018 年第 5 期的论证。笔者不太认同董珊先生在《越者汈钟铭新论》(《东南文化》2008 第 2 期)中的解释。笔者认为该钟为越王翳赐予其子诸咎的赏赐,其中"勿有不义"可能对应越王翳与诸咎父子关系的恶化,可作为《古本竹书纪年》的旁证。但目前该钟归属尚未有确凿结论,故仅能作为次要的证据。
② 曹锦炎:《越王嗣旨不光剑铭文考》,《文物》1995 年第 8 期。
③ 崔治译注:《吴越春秋》,中华书局,2019 年,第 286—291 页。

琊的行动又不见于任何传世文献,无法证明其存在。

而《越绝书》中"徙琅琊"的相关记载也难以证明越王勾践迁都琅琊。"越王勾践徙琅琊,凡二百四十……勾践徙琅琊到建武二十八年,凡五百六十七年"中的"徙"与"徙治""徙都"毕竟不同,没有明确的"定都"含义。存在另一种可能性,即越王勾践前往琅琊进行某些重要活动,作为重大事件给人留下深刻的印象,从而作为纪年的依据。这些活动未必是要徙都。如根据蒙文通的考证,鲁哀公数次前往越国进行外交活动,应是前往琅琊①。根据曹锦炎的分析,"能原"镈铭文反映了勾践晚年对邾国和莒国纠纷的仲裁活动②,而这一活动也很可能是以邻近两国的越国城邑琅琊为中心进行的。

《越绝书》中"勾践伐吴,霸关东,徙琅琊,起观台,台周七里,以望东海。死士八千人,戈船三百艘"的记载,则和《吴越春秋》中"越王既已诛忠臣,霸于关东,徙都琅琊,起观台,周七里,以望东海。死士八千人,革船三百艘"的记载表述基本一致,显然具有共同的来源。但《越绝书》在此称"徙琅琊"而《吴越春秋》则称"徙都琅琊",存在微妙的差异。笔者认为,这两则记载的共同来源并未确凿地宣称越"徙都琅琊",《越绝书》按照较宽泛的"徙琅琊"收录之,而《吴越春秋》则对勾践徙都琅琊一说更加确信,将之表述为"徙都琅琊"。《越绝书》多次使用"徙琅琊"的宽泛说法,反映了其对于越迁都琅琊的确信程度不如《吴越春秋》强烈。

综上所述,以越王翳徙都于吴事为准绳,可见诸晚出文献中关于越王勾践徙都琅琊的大部分表述,或与越王翳徙都事矛盾,或自相矛盾,或缺乏确凿性。有鉴于此,越王勾践徙都琅琊论的说服力大大下降了。

2. 对越王亲"失琅琊"与"走南山"矛盾的辨析

在《吴越春秋》中,对越国晚期越王尊、亲时期的记载存在几个说法不同的版本。第一个版本主张越王亲自琅琊徙吴:

> 兴夷即位一年,卒。子翁。翁卒,子不扬。不扬卒,子无强。强卒,子玉。玉卒,子尊。尊卒,子亲。自勾践至于亲,其历八主,皆称霸,积年二百二十四年。亲众皆失,而去琅琊,徙于吴矣。③

该版本所主张的勾践以后越王世系,是兴夷—翁—不扬—无强—玉—尊—亲。其中

---

① 蒙文通:《越史丛考》,人民出版社,1983年,第121—122页。
② 曹锦炎:《再论"能原"镈》,《故宫博物院院刊》1999年第3期。
③ 崔治译注:《吴越春秋》,中华书局,2019年,第286—292页。

"亲众皆失,而去琅琊,徙于吴矣"与前文所述越王翳徙吴事矛盾,应为伪。

紧邻该版本,出现了第二个版本,主张越王亲在琅琊被楚灭亡:

> 自黄帝至少康,十世。自禹受禅至少康即位,六世,为一百四十四年。少康去颛顼即位,四百二十四年。黄帝—昌意—颛顼—鲧—禹—启—太康—仲庐—相—少康—无余—无玉,去无余十世—无曎—夫康—元常—勾践—兴夷—不寿——不扬—无强—鲁穆柳有幽公为名,王侯自称为君。尊、亲失琅琊,为楚所灭。勾践至王亲,历八主,格霸二百二十四年。①

该版本所主张的勾践以后越王世系,是兴夷—不寿—不扬—无强—"鲁穆柳有幽公为名,王侯自称为君"的混乱时期—尊—亲。

而在《越绝书》中,对越国晚期越王尊、亲时期的记载出现在两段文本中,也存在两个说法不同的版本。第一段文本如下:

> 允常子勾践,大霸称王,徙琅琊,都也。勾践子与夷,时霸。与夷子子翁,时霸。子翁子不扬,时霸。不扬子无疆,时霸,伐楚,威王灭无疆。无疆子之侯,窃自立为君长。之侯之子尊,时君长。尊子亲,失众,楚伐之,走南山。亲以上至勾践,凡八君,都琅琊二百二十四岁。②

该段记载所主张的勾践以后越王世系,是与夷—子翁—不扬—无疆—之侯—尊—亲。该段文本中"亲以上至勾践,凡八君,都琅琊二百二十四岁"与前文所述越王翳徙吴事矛盾,应为伪。但"尊子亲,失众,楚伐之,走南山"则提出了关于越王亲命运的第三种说法,即在楚的打击下"走南山"。

另一段文本也主张越灭于琅琊:

> 越王勾践徙琅琊,凡二百四十年,楚考烈王并越于琅琊。后四十余年,秦并楚。③

为方便讨论,笔者将上述四段文本依次称为文段 A、文段 B、文段 C、文段 D。

在四个文段中,排除已被证伪的第一种说法,存在越在琅琊被楚灭亡和越王亲"走南山"两种说法。文段 A 不包含这两种说法,但其中的世系和叙述细节可供参考。文段 B 和文段 D 都主张越在琅琊被楚灭亡,其中文段 B 明确指出是越王亲"失琅琊"。而文段 C 则主张越王亲"走南山"。笔者计划在目前对《吴越春秋》和《越绝书》文本流变情况研究

---

① 崔治译注:《吴越春秋》,中华书局,2019 年,第 286—292 页。
② 李步嘉校释:《越绝书校释》,中华书局,2018 年,第 206—210 页。
③ 李步嘉校释:《越绝书校释》,中华书局,2018 年,第 39 页。

的基础上,以世系为基础比较这四个文段,进而尝试还原关于越王亲命运两种说法的形成过程。

(1)《吴越春秋》和《越绝书》的文本流变情况

《吴越春秋》的主要编纂者,通常被认为是东汉会稽人赵晔。曹林娣先生根据《吴越春秋》中出现的灾异谶纬之说和诗歌体裁,证明《吴越春秋》的主要编纂者确系赵晔①。梁宗华先生也考证得出,赵晔今文经学经师的身份是造成《吴越春秋》非信史特征的重要因素②。赵晔根据所学《韩诗》的传统,广泛采集会稽本地的民间传说、历史故事;杂以谶纬神学,借此阐发经义。林小云先生指出,《吴越春秋》以审美理想驾驭史料,已经由史学叙事走向了文学叙事③。结合陈桥驿先生的观点④,在赵晔之后,又经过杨方、皇甫遵等人的编纂,形成今天所见的《吴越春秋》文本。

而《越绝书》的文本流变则稍复杂。陈桥驿先生认为,《越绝书》应是东汉会稽人袁康、吴平在战国、秦汉著述的基础上编纂而成的⑤。乔治忠先生则认为,《越绝书》的作者是袁康、吴平组织的一个团体,成员为会稽本地具有乡土情结的人士,编纂水平较低劣⑥。笔者认为这两种说法并不矛盾,袁康、吴平等人组织的编纂活动可能继承了在战国、秦汉时前人著述的内容,但该书整体编成仍在东汉时。乔治忠先生还认为《越绝书》的编纂是为反对《吴越春秋》的尊吴倾向,《越绝书》借鉴了《吴越春秋》,笔者认为证据尚嫌不足。《越绝书》与《吴越春秋》的相似部分,可能是借鉴了共同的早期文本的结果。

因此,《吴越春秋》和《越绝书》的文本整体形成都应是在东汉时期,其资料来源都应是东汉以前关于吴越历史的著述和传说,都难称为信史。不同的是,《吴越春秋》的编纂过程主要由赵晔一人完成,整体统一性较强,编纂水平也相对较高。而《越绝书》更多由不同年代的多个作者创作而成,整体统一性较弱,编纂水平较差。

有鉴于此,笔者拟以如下模式概况《吴越春秋》和《越绝书》中关于越王亲命运的文本生成过程:在越国故地关于越国历史留下了大量"民间故事",一些战国、西汉时的"早期作者"们在此基础上创作了一些"早期文段"。同时,当时其他诸侯国对于越国历史有一定记录,在《史记》《竹书纪年》等作品中有所体现。东汉时期,赵晔、袁康、吴平等"主要编纂者"搜集"民间故事"和"早期文段",参考《史记》等史籍记载,根据不同方式完成了《吴

---

① 曹林娣:《关于〈吴越春秋〉的作者及成书年代》,《西北大学学报(哲学社会科学版)》1982年第4期。
② 梁宗华:《论〈吴越春秋〉的作者和成书年代》,《苏州大学学报》1999年第3期。
③ 林小云:《从历史叙事走向文学叙事——从史料的运用看〈吴越春秋〉的叙事特征》,《中州学刊》2009年第2期。
④ 陈桥驿:《〈吴越春秋〉及其记载的吴、越史料》,《杭州大学学报(哲学社会科学版)》1984年第1期。
⑤ 陈桥驿:《关于〈越绝书〉及其作者》,《杭州大学学报(哲学社会科学版)》1979年第4期。
⑥ 乔治忠:《〈越绝书〉成书年代与作者问题的重新考辨》,《学术月刊》2013年第11期。

越春秋》和《越绝书》两部著作的"整体文本"。在东汉以后,较晚发现的《竹书纪年》等史料也可能被"晚期编纂者"参考,形成今天所见的"最终文本"。文段 A、B、C、D 都属于"最终文本"的一部分。其中,文段 A、B、C 的论述都在对越王世系的描述后讲述了勾践以后越国的兴衰史,结构较完整。笔者认为,文段 A、B、C 应非杂凑而成,应系三个"早期文段"演变而来,"早期作者"的主观因素对这些文段发挥了重要作用。

(2) 以世系为基础比较文段 A 与文段 B

文段 A、B、C 各自提供了对勾践以后越王世系的描述。其中,文段 A 与文段 B 中的世系差异有两点:

其一在于,兴夷(曹锦炎①、俞志慧、俞风②等先生考证即与夷)之后,无疆(即无强)之前的越王,文段 A 定为翁,而文段 B 定为不寿。翁,根据郑张尚芳先生考证就是朱句③。《古本竹书纪年》载"(晋敬公三年),于粤子不寿见杀,是谓盲姑。次朱句立"④。朱句即位于不寿被杀害之后,虽无直接证据表明朱句杀不寿,但这一不祥事件可能导致越人对于这两位王的记录发生偏差。值得一提的是,《史记·越世家》中关于越王的世系中同时保留了不寿和朱句⑤,而《越世家》应属各文段的"早期作者"都有可能参考的文献。在此前提下,隐去其中一人可能是两个文段各自的"早期作者"有意为之,其目的或许是掩盖朱句和不寿的手足相残以美化越国历史,或许是为否定朱句和不寿中一人的合法性。

其二在于,无疆之后,尊、亲之前的越王,文段 A 定为一个具体的君王"玉",而文段 B 则认为存在一个混乱时期"鲁穆柳有幽公为名,王侯自称为君"。玉不见于其他史料,可靠性存疑。对于"鲁穆柳有幽公为名",崔治先生解释为"鲁国的穆柳有个人把幽公作为自己的名号"⑥。为考证牟娄在何处,宜参考当时的地名,尤其是琅琊邻近地区的地名。

在琅琊附近,笔者发现了一处地名:无娄,即牟娄,其位置如上图一所示。《春秋》载"(鲁隐公)四年春王二月,莒人伐杞,取牟娄"。⑦ 后又载"(鲁昭公五年)夏,莒牟夷以牟娄及防兹来奔"。⑧ 可见牟娄初为杞地,为莒所取,后又被鲁控制,此事在越衰亡之前。参考上海师范大学语言研究所提供的郑张尚芳及潘悟云二先生拟音方案⑨,"牟娄"的上古

---

① 曹锦炎:《记新发现的越王者旨於赐剑》,《收藏家》2018 年第 2 期。
② 俞志慧、俞风:《越王句践世子的名谓及音读》,《浙江社会科学》2020 年第 3 期。
③ 郑张尚芳:《古越语地名人名解义》,《温州师范学院学报(哲学社会科学)》1996 年第 4 期。
④ 朱右曾辑,王国维校补,黄永年校点:《古本竹书纪年辑校·今本竹书纪年疏证》,辽宁教育出版社,1997 年,第 22 页。
⑤ 《史记》卷四十一《越王勾践世家》。
⑥ 崔治译注:《吴越春秋》,中华书局,2019 年,第 291 页。
⑦ 杨伯峻:《春秋左传注》,中华书局,1981 年,第 129—130 页。
⑧ 杨伯峻:《春秋左传注》,中华书局,1981 年,第 1260 页。
⑨ 参见网址"东方语言学":http://www.eastling.org/sgycx.php,下文涉及拟音处同。

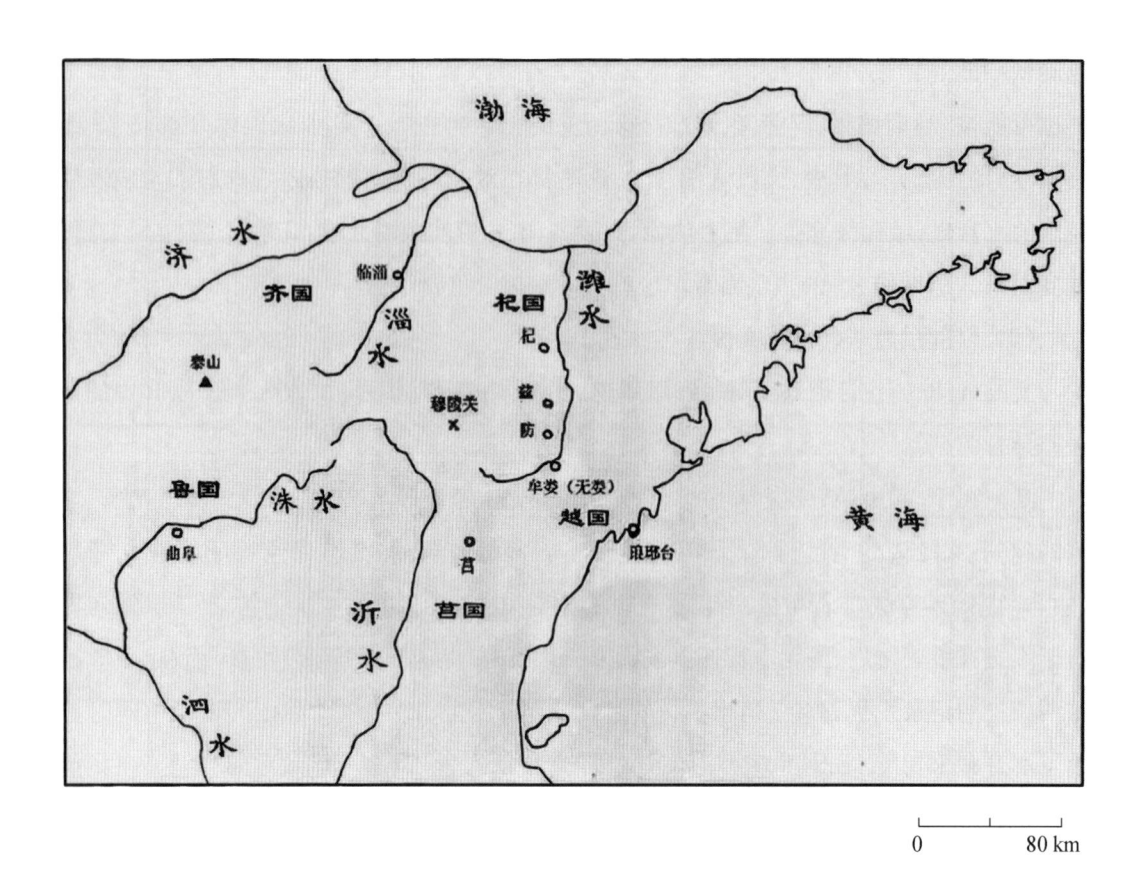

图一　春秋时琅琊附近地区地图

音拟音为"mu [g]roo",而"穆柳"的上古音拟音为"mug [m]ruʔ",发音相近。因此,"鲁穆柳"当为鲁国的牟娄地方之意思。

结合文段 B 上下文意,"鲁穆柳有幽公为名,王侯自称为君"的含义应为"鲁国的牟娄地方有越国贵族自立,谥号为幽公,其他地方的越国贵族也自称君长"。牟娄邻近当时越国控制的琅琊,是越国贵族较容易抵达的地方。鲁国长期是越国的盟友和附庸,《清华简·系年》曾载越公翳和三晋、鲁联合讨伐齐国,"越公与齐侯贷、鲁侯衍盟于鲁稷门之外。越公入飨于鲁,鲁侯御,齐侯参乘以入。"①鲁侯为越公驾车,姿态何等谦卑!越国贵族也常前往琅琊一带活动,如《左传·哀公二十四年》载载:"闰月,公如越,得大(太)子适郢,将妻公而多与之地。"据蒙文通先生考证,鲁哀公前往越应为前往琅琊,可见越国太子当时在琅琊进行外交活动②。越国陷入动荡后,有在琅琊附近的贵族得到鲁国的支持自立为君,是完全有可能的。至于为何与牟娄相关,可能是鲁国暂借牟娄之地给"幽公",也

---

① 李学勤主编:《清华大学藏战国竹简(贰)》,中华书局,2012 年版,第 192 页。
② 蒙文通:《越史丛考》,人民出版社,1983 年,第 121—122 页。

可能是"幽公"前往牟娄和鲁国方面联系并举行政治活动,细节已难查证。

可见,文段 A 与文段 B 在世系上的差异,反映了文段 A 和文段 B 经过了不同的"早期作者"对材料的取舍,以至于选择从《史记·越世家》中隐去不同的王。这两段文本依据的"民间故事"也具有差异,以至于文段 B 包含了文段 A 未能反映的"幽公"信息。这在《吴越春秋》中涉及这两段文本的行文排布中也可窥见端倪。文段 A 关于勾践以后越王世系的讨论结束后,紧邻的文段 B 又回到了上古时代的越王世系,从头讲起了越王家族兴衰之事。可见文段 A 是其前所叙勾践事迹自然的收尾性延伸,而文段 B 则是补充进入的一篇独立的关于越王家族史的简述。

(3) 以世系为基础比较文段 A 与文段 C

文段 C 所依据的世系与文段 A 接近。A 子翁,即为翁。文段 C 与文段 A 世系的差异在于,在无疆之后、亲之前的君主,文段 A 定为玉,而文段 C 则定为之侯。之侯在《史记·越世家》中,被排列在翳之后、无强之前①,文段 C 中应系错置。在《古本竹书纪年》中所列翳之后、无疆之前的越国君主中,诸咎最有可能对应之侯。参考潘悟云和郑张尚芳二先生的拟音方案,"诸咎"拟音为"tjaguɯʔ"或"kljaguɯʔ",而"之侯"拟音为"tjgoo"或"kjɯgoo",基本能够对应。而诸咎弑君的行为,又与文段 C 中之侯"窃自立为君长"的行为接近。文段 C 保存了诸咎的名号,说明诸咎在部分"民间故事"中被承认为合法的王。前文所述越王差徐戈铭文中获取"先王"希望得到的铜并以此铸戈,体现了越王无余之在平定动乱后希望追溯和"先王"的联系来加强其统治合法性。结合诸咎被文段 C 承认的情况,可以认为越王差徐戈中的"先王"就是指诸咎。这也与《吕氏春秋·审己》所载越王授杀子的故事相印证:

> 越王授有子四人。越王之弟曰豫,欲尽杀之,而为之后。恶其三人而杀之矣,国人不说,大非上。又恶其一人而欲杀之,越王未之听。其子恐必死,因国人之欲逐豫,围王宫。越王大息曰:"余不听豫之言,以罹此难也。"亦不知所亡也?②

《吕氏春秋》并非严肃的史学作品,具有政治寓言性质。越王授被儿子杀死,其原型应是越王翳被诸咎杀死之事。该故事将越王翳描写的昏庸残暴,将诸咎弑父的行为描述为迫不得已的自保。所以该故事应是为诸咎弑君一事辩护,宣扬诸咎的合法性。而这样的宣传显然有利于标榜对诸咎继承性的无余之。而文段 C 将诸咎挪移至无疆之后,则是为了利用无疆被杀后越国混乱的形势合理化诸咎"窃自立"的行为,掩饰"越人三世弑其

---

① 《史记》卷四十一《越王勾践世家》。
② (汉)高诱注,(清)毕沅校,徐小蛮标点:《吕氏春秋》,上海古籍出版社,2014 年,第 184 页。

君"这段不光彩的历史。

由此可见,文段 C 和文段 A 所依据的"民间故事"总体上具有一致性,大体共享了相同的世系观念。但文段 C 的"早期作者"对"民间故事"进行了进一步的编纂,其证据为对诸咎(之侯)位置的挪移。文段 C 的"早期作者"很可能参考了《史记·越世家》,从中引入之侯的名谓。文段 C 中关于楚威王杀越王无强的记载,也反映了其对《史记·越世家》混淆楚威王败越和楚怀王灭越这一错误的继承①。这体现了文段 C 的"早期作者"相较于文段 A 的"早期作者",更多积极地参考史料进行写作。在关于越王亲命运的描述上,文段 C 相较于文段 A 也体现了更多的考证痕迹。文段 A 中越王亲自琅琊徙吴的伪说,文段 C 并未采纳,可能是文段 C 的"早期作者"进行了更多考据而否定了该说。越王亲"走南山"的说法来源于文段 C 的"早期作者"搜集到的"民间故事",该故事在他处均不见采信。

而文段 B 所依据世系既与文段 A、文段 C 不同,其依据的"民间故事"也应与文段 A、文段 C 有较大差异。文段 D 未体现世系观,但其关于越王亲命运的记载与文段 B 具有一致性,可视为文段 B 的补充,应与文段 B 共享一部分"民间故事"。文段 B、文段 D 中越王亲"失琅琊"与文段 C 中越王亲"走南山"所依据的"民间故事"不同,造成了对越王亲命运叙述的差异。

(4)"失琅琊"与"走南山"的兼容

细究四个文段,笔者认为其中对越国末期命运的部分描述是可能兼容的。

文段 B 反映了楚怀王杀越王无疆后越国政治陷入混乱,当时在琅琊一带活动的一位越人贵族在鲁国援助下于牟娄自立为越国君主,其谥号为幽公的史实。而南方的越人贵族也纷纷自立为君长,未被楚立刻征服,如越王孙开还能在吴地抗击楚军:"有西岑冢,越王孙开所立,备春申君,使其子守之,子死,遂葬城中。②"《越绝书》又载"娄门外马亭溪上复城者,故越王馀复君所治也,去县八十里。是时烈王归于越,所载襄王之后,不可继述。其事书之马亭溪。③"其大意为,越人君长"馀复君"在吴县娄门外马亭溪筑城,楚考烈王并越后在其旧址有相关记载,但其内容所记录的事情只到楚顷襄王统治时期为止,之后的记载可能因为碑文模糊等原因无法转述了。"馀复君"在马亭溪上筑城,与王孙开筑城时期相近,应都是为和占据姑苏的楚国交战而筑城。馀复君、王孙开等越人势力能够一度反攻到吴地,说明浙江的越人君长中还存在较高级的首领组织军政活动,应就是后世所谓越王尊、亲形象的来源。这些越人君长的名称,并未在战国史书中得到记录。战国时越人君长

---

① 杨宽:《关于越国灭亡年代的再商讨》,《江汉论坛》1991 年第 5 期。
② (刘宋)范晔:《后汉书》卷三十二《郡国志》刘昭注引《越绝书》,中华书局,1969 年,第 3490 页。
③ 李步嘉校释:《越绝书校释》,中华书局,2018 年,第 32 页。

的名称相当复杂,如勾践世子的名谓就有十二种之多①,又往往需要懂得越语才能释读②,属于人类学家格尔茨所谓"地方性知识"的范畴。《越绝书》的整理者袁康、吴平和《吴越春秋》的整理者赵晔,都是会稽人。他们能够较便利地搜集当地人创作的"早期文本"和当地人记忆中的"民间故事",琅琊有关于越国的"民间故事"和"早期文本",则由于当地越国遗民数量有限、其他战国政权的遗民对越国历史又少有记录等原因,未能留存太多。因此琅琊的越国君王称谓大多不存,仅留下"幽公"等一鳞半爪为南方的越人历史编纂者获知。

在楚怀王杀越王无疆数十年后,楚考烈王兼并琅琊,琅琊的越人势力灭亡,这就是文段B所谓"失琅琊"。鉴于文段D又称呼"后四十余年,秦并楚",楚国灭亡是公元前223年事,楚考烈王在公元前262年即位,因此楚并琅琊大致在公元前260年前后。楚国在此前后于海岱地区大举扩张,占据了鲁、莒等地③,对琅琊的进攻也属于这些扩张的一部分。琅琊越人势力的支持者鲁国尚且在这一时期被楚灭亡,琅琊难以抵抗楚军也是自然之理。同一时期,楚军也对江东残存的越人君长发动进攻,如文段C所述越王亲被迫"走南山",离开了位于"山北"的宁绍一带。楚势力在战国晚期进入浙东宁绍一带,也在当地的楚墓发掘中得到了佐证。如陈元甫先生指出,绍兴凤凰M1和M2、绍兴茅家山战国墓、宁波火车站M125等战国晚期浙东墓葬中出土的随葬品已完全是楚式的泥质黑陶仿铜礼器,越文化的传统因素已经荡然无存了④。徐良高先生也指出,绍兴凤凰山M3墓室为竖穴土坑木椁墓,木椁四周充填白膏泥,完全为楚式墓特征⑤。该墓中出土的"越王不光"矛应属于越王翳,出现在该楚式墓中,也反映了楚国对浙东地区的征服。

总之,文段B、D与文段A、C共同反映的越国晚期历史图景,是楚考烈王灭亡琅琊的越人势力,同时将南方越人势力驱赶到宁绍平原以南的山地。文段B、D中的越人失琅琊与文段C中的越王亲走南山这两件事实并不矛盾,出现分歧的部分在于越王亲在其中发挥的作用。越王亲本人不太可能在"失琅琊"后再"走南山"。《越绝书》载:"犬山者,勾践罢吴,畜犬猎南山白鹿,欲得献吴,神不可得,故曰犬山。其高为犬亭。去(山阴)县二十五里。"⑥可见"南山"指代的是绍兴南面的山地。若越王亲在失琅琊前往南山,则其行事不合常理。若当时楚已经拿下浙东,则越王亲需自琅琊渡海一直到温州一带登陆,再北

---

① 俞志慧、俞风:《越王句践世子的名谓及音读》,《浙江社会科学》2020年第3期。
② 郑张尚芳:《古越语地名人名解义》,《温州师范学院学报(哲学社会科学)》1996年第4期。
③ 赵炳清:《楚国疆域变迁之研究》,复旦大学博士学位论文,2013年,第193—194页。
④ 陈元甫:《宁绍地区战国墓葬楚文化因素考略》,宁波市文物考古研究所等编:《宁波文物考古研究文集》,科学出版社,2008年,第88—97页。
⑤ 徐良高:《考古发现所见楚文化在东南和西北方向的进退》,《三代考古》第8辑,科学出版社,2018年。
⑥ 李步嘉校释:《越绝书校释》,中华书局,2018年,第210页。

上穿越山区进入绍兴南面的山地。在其"失众"的情况下还进行如此远距离的迁移,是难以设想的。而若楚当时尚未拿下浙东,越王亲自琅琊南渡,不前往较发达的宁绍一带,而要前往南山,也是不合逻辑的。

(5) 文本流变下越徙琅琊说的形成

在明确了楚考烈王取琅琊、定浙东的历史后,再从文段 C 的流变入手,不难发现文段 C 中关于越王亲命运说法中自相矛盾之处的成因。

文段 C 的"早期作者"善于考证史料,能够得知越王亲走南山一事,并能援引《史记》等史料。他还能依据越王诸咎不正常的继承行为,灵活地挪动越王诸咎(之侯)在世系中的位置以美化越国历史,因此他应当对王翳、诸咎(之侯)的相关史事有一定了解,不太可能不知道越王翳徙吴一事。然而,文段 C 中"徙琅琊,都也"及"亲以上至勾践,凡八君,都琅琊二百二十四岁"两处,与越王翳徙吴事相矛盾。

因此,文段 C 中越王勾践徙琅琊事应非文段 C 的"早期作者"所写,而应是《越绝书》的"主要编纂者"袁康、吴平等人在将文段 C 编入《越绝书》时添加。如乔治忠先生所言,《越绝书》的"主要编纂者"群体史学水平较差,可能无法如文本 C 的"早期作者"一般能够了解越王翳徙吴一事并进而推断越徙琅琊为伪。能够帮助推断越王勾践徙琅琊事为伪的传世文献,如越王翳徙于吴事,又出自《竹书纪年》。该书又晚至晋时才出土,《越绝书》的"主要编纂者"们无从参考。鉴于在《越绝书》较靠前的部分编入了文段 D,编纂者很可能为保持文本的一致性而对后文中的文段 C 进行调整,以对应前文文段 D 的说法。因此,《越绝书》在编纂过程中渐渐地倾向于以越徙琅琊为统一的说法,以满足文本的前后一致性。

文段 C 中关于越徙琅琊的记载应为后期添加,从文本细节中亦可发现端倪。"亲以上至勾践,凡八君,都琅琊二百二十四岁"的类似表述亦见于文段 A、B 中,仅与文段 D 所述稍有差异,应来自各文本广泛共享的"民间故事"和"早期文本"之中。《越绝书》的编纂者不难从某处选取出这一段描述置入。"徙琅琊,都也"则应是在文段 C 所属"早期文本"中的"徙琅琊"后加上"都也",将原先模糊的"徙琅琊"改为徙都琅琊之意。然而,由于《越绝书》编纂的不统一性,其中毕竟仍保存了文段 C 中越王亲"走南山"这一与越徙琅琊相悖的说法。由于《越绝书》的编纂者们并未对越王勾践徙都琅琊事达成最终共识,模糊的"徙琅琊"说法仍存在于《越绝书》中数处。

而在《吴越春秋》中,对越曾徙琅琊的表述更加笃定。

虽然文段 A 中越王亲自琅琊徙吴的表述与越王翳徙于吴的史实明显冲突,但能够证明越王翳徙吴事的史料《竹书纪年》及越王差徐戈等文物在"主要编纂者"赵晔整理此书时尚未被发现。相反,当时还存在一些关于越国以吴为中心进行统治的"民间故事"乃至"早期文本",如《越绝书》载越国"而灭吴,徙治姑胥台"事,及馀复君、王孙开等人在吴地筑城对抗楚人的记录。这些"民间故事"和"早期文本"反而使得文段 A 的"早期作者"及赵晔等《吴越春秋》的"主要编纂者"更加相信越王亲徙于吴之记载具有一定可信度。

而文段 B 中的"鲁穆柳有幽公之名"及其依据的"民间故事",则使得《吴越春秋》的一部分"早期作者"和"主要编纂者"赵晔能够得知战国晚期越人在琅琊活动的资料。文段 B 中"尊、亲失琅琊,为楚所灭"及文段 D 中"楚考烈王并越于琅琊"二处所共享的"民间故事",包含了楚考烈王灭越、楚考烈王占领琅琊、为楚所灭的末代越王为亲这三点信息。但文段 B、D 的"早期作者"都不知道琅琊灭亡时当地的越人君长如何称谓。文段 B 的"早期作者"知道末代越王为亲,却并未获知亲"走南山"的"民间故事",从而将越王亲在楚讨伐下败走南山与琅琊越人势力被楚消灭两事混淆为一事。《吴越春秋》的"主要编纂者"赵晔根据文段 B,认为有充足的证据证明越国曾定都琅琊,后来在越王亲时楚考烈王夺取琅琊,并在同一时期灭亡了越国。他据此认定,末代越王亲就是在琅琊被楚灭亡的,琅琊在勾践以后一直是越国的政治中心。而《越绝书》的"主要编纂者"袁康、吴平等人,则根据文段 D 中所载"楚考烈王并越于琅琊",如前文所述对文段 C 进行了改写,但仍未能在《越绝书》全书中统一说法。

至此,《吴越春秋》和《越绝书》中关于越王勾践徙都琅琊的说法形成了。由于"晚期编纂者"们未能依据《古本竹书纪年》修正"主要编纂者"们的记载,越王勾践徙都琅琊说作为晚出文献中的主流说法流传至今。

3. 有关"木客大冢"与"独山大冢"的辨析

在涉及越都的传世文献中,关于"木客大冢"和"独山大冢"的论述,与其他记载联系相对较弱。这些记载反映了《吴越春秋》和《越绝书》的文本编纂者们在涉及越王陵墓的故事中仍持维护越王勾践徙琅琊一说的立场。

《吴越春秋》所谓"越王使人如木客山取元常之丧,欲徙葬琅琊",位于勾践"徙都琅琊,起观台,周七里,以望东海"的叙述之后,其写作目的是弥合越徙都琅琊一说和现实中越王陵寝仍在会稽的差距。"三穿元常之墓,墓中生飙风,飞砂石以射人,人莫能入"的记载,是借助允常显灵,运用超自然能力阻止迁葬来解释了为何越国"迁都琅琊"的同时在"去县十五里"[①]处仍存在被认为是越王允常冢的陵墓,以免后人因此怀疑勾践迁都琅琊一说的真实性。

---

① 李步嘉校释:《越绝书校释》,中华书局,2018 年,第 206—210 页。

《越绝书》中"独山大冢者,勾践自治以为冢。徙琅琊,冢不成",则应是该作者试图在勾践徙都琅琊的观念框架内解释为何当时人认为勾践"冢不成",与《吴越春秋》中徙元常冢不成事类似。

《越绝书》中"木客大冢者,勾践父允常冢也。初徙琅琊,使楼船卒二千八百人伐松柏以为桴,故曰木客"则是希望利用徙琅琊一说来解释"木客"的由来。《吴越春秋》称:"越王乃使木工三千余人入山伐木。一年,师无所幸,作士思归,皆有怨恨之心,而歌《木客之吟》。一夜,天生神木一双大二十围,长五十寻。阳为文梓,阴为楩楠,巧工施校,制以规绳,雕治圆转,刻削磨砻,分以丹青,错画文章,婴以白璧,镂以黄金。状类龙蛇,文采生光。乃使大夫种献之吴王。"①可见木客与神木相关。林蔚文先生认为,被定为允常陵墓的印山大墓之所以被称为木客大冢,是因为其中长达 6 米的独木棺被认为具有神性,是神木②。若依此说,在"伐松柏以为桴"之后的"一曰勾践伐善材,文刻献于吴,故曰木客③"才是更接近古越人观念的解释,"善材"与"神木"含义相接近。而"伐松柏以为桴"则属牵强附会,其背景"初徙琅琊"的可靠性也就要打上问号了。

三、结　　语

结合《古本竹书纪年》文献记载及越王差徐戈铭文,可证越王翳徙都于吴为真。以此为基础,可推断各晚出文献中关于越王勾践徙都琅琊的说法缺乏可信度。

《吴越春秋》相较于《越绝书》编纂水平更高,文本整体统一性更强。通过比较《吴越春秋》和《越绝书》中四段涉及越王亲命运的文本,可推断出文段 A、文段 C 和文段 B、文段 D 分别共享相近的"民间故事"。《吴越春秋》中"鲁穆柳有幽公为名"反映了楚怀王杀越王无强后越国贵族在琅琊、牟娄一带进行政治活动的历史。战国末期楚考烈王灭亡琅琊的越人势力,并在同一时期将浙江的越人势力赶往宁绍平原以南的山区。《吴越春秋》和《越绝书》的"主要编纂者"们未能全面认识这段历史,在文本流变中越徙琅琊的说法成为主流。

《吴越春秋》和《越绝书》中关于越王陵墓的描写,则佐证了二书附会故事以为越王勾践徙都琅琊说辩护的现象。

不过,虽然越王勾践徙都琅琊一说可能是因为历史流变而造成的误解,但其被后世广泛采信可能还有其他深层原因,还有待方家进一步考察。

---

① 崔治译注:《吴越春秋》,中华书局,2019 年,第 227—228 页。
② 林蔚文:《古代越人的神木崇拜》,《中央民族大学学报》2001 年第 2 期。
③ 李步嘉校释:《越绝书校释》,中华书局,2018 年,第 206—210 页。

吴越相争的史事书写与文本生成

——从清华简《越公其事》人物形象异构说起

谢雨环

（上海大学历史系）

吴越相争是春秋中后期的重大历史事件，也是一段极具戏剧性的史事。早期文献中关于这段史事的记载不仅见于《左传》《国语》《史记》等史传文献，《孟子》《韩非子》《说苑》等子书中也多有涉及，东汉更是出现了《越绝书》和《吴越春秋》这种专门记载吴越相争的地方史志。近年来出土材料中陆续发现了与吴越史事相关的文献资料，如1987年在湖南省慈利县城关石板村36号战国墓出土的竹简《吴语》、上博简《吴命》等[①]。2017年公布的清华简《越公其事》篇是目前出土文献中叙述吴越相争最完整的材料，为我们研究这段经典史事提供了新的素材和视角。

《越公其事》整理成果发布以来，不少学者从字词考释、叙事比较、叙事立场等角度进行了研究，取得丰硕成果[②]。本文拟从清华简《越公其事》的人物形象塑造与其他文本的差异说起，对吴越史事的书写特征、史料来源与文本生成以及叙事流变进行分析。

[①] 上博简《吴命》收入《上博简七》，见马承源主编：《上海博物馆藏战国楚竹书（七）》，上海古籍出版社，2008年。慈利竹简《吴语》残损严重，整理者张春龙先生认为是今本《国语》有关章节的最早抄本。见湖南省文物考古研究所：《湖南慈利石板村36号战国墓发掘简报》，《文物》1990年第10期；张春龙：《慈利楚简概述》，收入艾兰、邢文编：《新出简帛研究》，文物出版社，2004年，第4—11页。由于《吴命》和《吴语》残损较多，故本文未引其文。

[②] 字词考释如王辉：《说"越公其事"非篇题》，《出土文献研究》2017年第2期；魏栋：《清华简〈越公其事〉合文"八千"刍议》，《殷都学刊》2017年第9期；范常喜：《清华简〈越公其事〉与〈国语〉外交辞令对读札记一则》，《中国史研究》2018年第1期；李松儒：《清华七〈越公其事〉中的一词多形现象》，《出土文献研究》第17辑，中西书局，2018年；蔡一峰：《清华简〈越公其事〉字词考释三则》，《出土文献》2019年第2期；张新俊：《清华简〈越公其事〉释词》，《中华文化论坛》2020年第1期等，成果颇多，恕不烦列。叙事比较研究如李守奎：《〈越公其事〉与句践灭吴的历史事实及故事流传》，《文物》2017年第6期；熊贤品：《论清华简七〈越公其事〉吴越争霸故事》，《东吴学术》2018年第1期；黄爱梅：《〈越公其事〉的叙事立场及越国史事》，《社会科学战线》2020年第8期。此外，还有对越国经济政治制度的研究，如王进锋：《清华简〈越公其事〉与春秋时期越国的县制》，《历史地理》2018年第2期；刘成群：《清华简〈越公其事〉与句践时代的经济制度》，《社会科学》2019年第4期。不少硕士学位论文也据此篇进行研究，如郭洗凡：《清华简〈越公其事〉集释》，安徽大学硕士学位论文，指导教师：程燕，2018年；宋俊文：《清华简〈越公其事〉与〈国语〉叙事比较研究》，吉林大学硕士学位论文，指导教师：马卫东，2018年；张朝然：《清华简〈越公其事〉集释及相关问题初探》，河北师范大学硕士学位论文，指导教师：张怀通，2019年，等等。

一、清华简《越公其事》人物形象

《越公其事》共 75 支简,十一章,所述史事与《国语》之《吴语》《越语》大致相同,均以越王句践灭吴为主线记载吴越相争。与此前公布的另一篇长篇史书《系年》纯粹的历史叙述不同,《越公其事》记录了大量对话,在整体结构上与《国语·吴语》《越语》大体相当,从总体上看,都属于以叙述故事为主的语类文献,都是从不同的侧面记载句践灭吴的过程,总结出有关的历史经验或教训,但具体事件的过程叙述有详有略,所塑造的人物形象、表达的主旨也不尽相同[①]。

1. 吴王夫差

吴王夫差作为吴越相争主角之一,各本文献均对其着墨较多,虽然文献中的夫差形象并不完全一致,但几乎都离不开"刚愎自用""杀害忠良"这样的负面烙印。

"吴王许成"这一事件的不同记载反映了夫差的形象差异。《左传》哀公元年记载了这一事件的基本事实,即夫椒之战越国兵败,求成于吴,伍子胥进谏反对,吴王弗听,许成于越:

> 吴王夫差败越于夫椒,报檇李也。遂入越。越子以甲楯五千,保于会稽。使大夫种因吴大宰嚭以行成,吴子将许之。伍员曰:"不可。臣闻之树德莫如滋,去疾莫如尽……介在蛮夷,而长寇仇,以是求伯,必不行矣。"弗听。退而告人曰:"越十年生聚,而十年教训,二十年之外,吴其为沼乎!"三月,越及吴平。吴入越,不书,吴不告庆,越不告败也。[②]

《吴语》和《越语》中对这一过程的描写较《左传》详尽,增记吴王告诸大夫之辞:

> 吴王夫差乃告诸大夫曰:"孤将有大志于齐,吾将许越成,而无拂吾虑甲。若越既改,吾又何求?若其不改,反行,吾振旅焉。"[③]

面对申胥"不可许也"的进谏,吴王的态度是:

> 大夫奚隆于越中,越曾足以为大虞乎?若无越,则吾何以春秋曜吾军士?[④]

---

① 李学勤:《清华大学藏战国竹简(柒)》,中西书局,2017 年,第 112 页。
② 杨伯峻:《春秋左传注》(修订本),中华书局,2017 年。
③ 徐元诰撰,王树民、沈长云点校:《国语集解》,中华书局,2002 年,第 539 页。
④ 徐元诰撰,王树民、沈长云点校:《国语集解》,中华书局,2002 年,第 540 页。

吴越行成时,吴王又轻易听信诸稽郢①荒成不盟:

> 将盟,越王又使诸稽郢辞曰:"以盟为有益乎? 前盟口血未干,足以结信矣。以盟为无益乎? 君王舍甲兵之威以临使之,而胡重于鬼神而自轻也?"吴王乃许之,荒成不盟。②

《吴语》中此三段对吴王的言行书写,将吴王塑造成刚愎自用,不听劝谏,贪功无谋的形象。《越语》中虽然没有对吴王言行的直接描写,但通过申胥与太宰嚭进谏一段衬托出吴王形象:

> 越人饰美女八人纳之太宰嚭,曰:"子苟赦越国之罪,又有美于此者将进之。"太宰嚭谏曰:"嚭闻古之伐国者,服之而已。今已服矣,又何求焉。"夫差与之成而去之。③

越王向太宰嚭行美人计,太宰嚭受越贿进谗的情节,忠臣形象的伍子胥和佞臣形象的太宰嚭形成鲜明的对比,从而刻画出吴王不纳善谏,听信谗言的形象。

汉代的《吴越春秋》中借子贡之语评价夫差,使得夫差亲佞远贤的亡国昏君形象更加深刻:

> 子贡曰:"夫吴王为人,贪功名而不知利害。"
>
> 子贡曰:"臣观吴王为数战伐,士卒不恩,大臣内引,谗人益众。夫子胥为人精诚中廉,外明而知时,不以身死隐君之过。正言以忠君,直行以为国,其身死而不听,太宰嚭为人智而愚,强而弱,巧言利辞以内其身,善为诡诈以事其君,知其前而不知其后,顺君之过以安其私,是残国伤君之佞臣也。"(《吴越春秋·夫差内传第五》)④

《越公其事》的问世,让我们见到了与传世文献中不同的吴王夫差。《越公其事》有关越王派文种求成的辞令与《越语上》大致相同,但是吴王许成的记载却与《吴语》和《越语》的记载大不相同。试看《越公》篇有关这段史事的记载:

> 吴王闻越使之柔以刚也,思道路之修险,乃惧,告申胥曰:"孤其许之成。"申胥曰:"王其勿许!【九】天不仍赐吴于越邦之利。且彼既大北于平壈,以溃去其邦,君臣父子其未相得。今越【一〇】公其胡有带甲八千以敦刃偕死"?吴王曰:"大夫其良

---

① 越国求和使者各本文献均为大夫种,《吴语》为诸稽郢。
② 徐元诰撰,王树民、沈长云点校:《国语集解》,中华书局,2002年,第540页。
③ 徐元诰撰,王树民、沈长云点校:《国语集解》,中华书局,2002年,第569页。
④ 周生春:《吴越春秋辑校汇考》,上海古籍出版社,1997年,第75页。

图此！昔吾先王盍庐所以克入郢邦【十一】，唯彼鸡父之远荆，天赐忠于吾，右我先王。荆师走，吾先王逐之走，远夫勇残，吾先王【十二】用克入郢邦。今我道路修险，天命反侧。岂庸可知自得？吾始践越地以至于今，凡吴之【十三】善士将中半死矣。今彼新去其邦而笃，毋乃豕斗，吾于胡取八千人以会彼死？"申胥【十四】乃惧，许诺【十五上】。(《越公其事》第二章)①

在这段记载中，既没有好大喜功、听信谗言的吴王，也没有尖锐的君臣矛盾。吴王一反传世文献中刚愎自用的形象，对于越国的求成，吴王认真分析战争形势和己身实力，思及三大不利之势："一是远离吴土，道路修险，后备不济；二是吴之将士战死过半，兵力不足；三是困兽犹斗，越人八千斗志旺盛。在此形势下双方决战胜负难测，所以决定许和。"②与申胥的君臣对话也并非申胥单方面的苦心劝说，而是一团和气的君臣协商；申胥在吴王对战争形势的分析后就许成达成一致，而非吴王一意孤行。简文第三章吴王对越使的答辞更显吴王的谦卑恭逊：

吴王乃出，亲见使者曰："君越公不命使人而大夫亲辱，孤敢脱罪于大夫【十五下】。孤所得罪，无良边人称瘳怨恶，交斗吴越，使吾二邑之父兄子弟朝夕粲然为豺【十六】狼，食于山林草莽。……今三年无克有定，孤用愿见越公，余弃恶周好，以徼求上下吉祥。孤用率我一二子弟【十九】以奔告于边。边人为不道，或抗御寡人之辞，不使达气，雁甲缨胄，敦齐兵刃以捍御【二〇】寡人。孤用委命，踵晨昏，冒兵刃，匍匐就君，余听命于门。君不尝亲右寡人，抑荒弃孤【二十一】，圮墟宗庙，陟栖于会稽。孤又恐无良仆驭燃火于越邦，孤用入守于宗庙，以须【二十二】使人。今大夫俨然衔君王之音，赐孤以好曰：'余其与吴播弃怨恶于海济江湖。夫妇【二十三】交接，皆为同生，齐执同力，以御仇雠。'孤之愿也。孤敢不许诺，恣志于越公！"(《越公其事》第三章)③

这段记载辞令色彩极其浓郁，夫差作为战胜的一方，面对战败一方的使者，言辞恭谨，不仅亲见使者，还极尽谦卑之辞令与之周旋，"完全不像战胜一方的言辞态度，更像是失败一方的委曲求全，致使在整理初期缀合编联的时候很难分辨哪些是战胜者言辞，哪些是战

---

① 李学勤：《清华大学藏战国竹简(柒)》，中西书局，2017 年，第 119 页。文中所引简文皆用宽式释文。
② 参考李守奎：《〈越公其事〉与句践灭吴的历史事实及故事流传》，《文物》2017 年第 6 期。
③ 李学勤：《清华大学藏战国竹简(柒)》，中西书局，2017 年，第 122 页。其中"孤用医(委)命，踵(踵)昏(晨)阆(昏)，冒兵刃，遣(匍)达(匐)寡(就)君，余圣(听)命于门"一句，整理者作"孤用医(委)命，踵(重)昏(臣)，阆冒兵刃，遣(匍)达(匐)寡(就)君，余圣(听)命于门"，范常喜先生与《吴语》"孤日夜相继，匍匐就君"对读，认为"踵昏阆"可读为"踵晨昏"，晨昏相继、以晨继昏之义，与《国语·吴语》中的"日夜相继"表意完全一致。如此断读颇为合理，故采其说。

败者的语言"①。简文二、三章中所刻画的谦恭有礼的吴王与传世文献中骄狂自大的夫差可谓判若两人。

黄爱梅女士认为,尽管《越公其事》中能够自圆其说,但是按照传世文献的记载,夫差既然满怀报越杀父之仇的心志,"若非越国做出最大屈服、能让夫差以为终于大仇得报,夫差决计不肯轻许讲和。从这一逻辑出发,《越公其事》中的夫差既未扬眉吐气以告慰先君,却反以卑下之辞对待杀父敌国,就实在难以理解了"②。黄爱梅女士认为对于"吴越故事"的叙事逻辑和解释框架,《越公其事》与《吴语》大相径庭,《越公其事》有明显"抑吴扬越"的越人立场。③ 此说根据"越公"和"天王"的称谓以及以越地为中心对应四方之夷的表述判断《越公其事》为越人书写固然有其合理性,但是吴王许成一段,是否亦可视为"抑吴扬越"的佐证,恐另当别论。吴王许成之辞虽然极尽谦卑,但反观春秋外交辞令,极少有置对方于死地的辞令,即使是两国交涉争论激烈,然往来之间也多婉转含蓄,即便处于胜者地位,言辞之间也并非张扬跋扈,而是谦卑有礼。如《左传·僖公四年》齐楚争霸,齐桓公伐楚,楚成王派屈完与齐讲和,盟于召陵。在观诸侯之师时,齐侯与屈完的对话第一段双方都使用了礼节性的称谓,将对方置于高位:

> 齐侯曰:"岂不穀是为? 先君之好是继。与不穀同好,如何?"
> 对曰:"君惠徼福于敝邑之社稷,辱收寡君,寡君之愿也。"

《左传·僖公十五年》秦晋韩原之战,晋派韩简向秦挑战,秦使公孙枝应战,应答之间极尽辞令之婉转:

> 遂使请战,曰:"寡人不佞,能合其众而不能离也。君若不还,无所逃命。"
> 秦伯使公孙枝对曰:"君之未入,寡人惧之;入而未定列,犹吾忧也。苟列定矣,敢不承命。"

诸如此类还有成公二年,晋、齐鞌之战,韩厥俘虏齐顷公,仍向齐顷公施以君臣大礼:

> 韩厥执絷马前,再拜稽首,奉觞加璧以进,曰:"寡君使群臣为鲁、卫请,曰:'无令舆师陷入君地。'下臣不幸,属当戎行,无所逃隐。且惧奔辟而忝两君,臣辱戎士,敢告不敏,摄官承乏。"

---

① 李守奎:《〈越公其事〉与句践灭吴的历史事实及故事流传》,《文物》2017年第6期。
② 黄爱梅:《〈越公其事〉的叙事立场及越国史事》,《史林》2020年第8期。
③ 黄爱梅女士认为《越公其事》体现明显越人立场的原因有三:以己身出发、在求和的时候称吴王为"天王";将夫差描述为理性且卑下,以突出己方不卑不亢、顽强坚守的形象;以越地为中心,对应有四方之夷的表述。

齐国求和于晋时,晋郤克为报旧怨要求以齐顷公之母萧同叔子为质,在宾媚人动之以情晓之以理和鲁、卫说情之下作罢,称:

> 群臣帅赋舆以为鲁、卫请,若苟有以借口而复于寡君,君之惠也。敢不唯命是听。

刘熙载称左氏"尚礼故文",《左传》中的外交辞令一个明显特点是交往双方向对方用敬语和对己方用谦语,上文援引语例已充分说明这一点。礼制约束下的外交辞令形成了一定的定式,用我们今天的通俗话说叫"场面话",实际上大多都是言不由衷、虚伪空泛的。《越公其事》中吴王许成之辞显然也是属于辞令套语,夫差表面谦恭,实际不过为开脱侵越之责,且用词讲究,颇有左氏之风,并不能说明"抑吴"之倾向。相反,《越公其事》以越人立场书写,遣词造句间并未贬低吴王,而是以一种理性态度对待吴越君臣,体现了书写者对于这段史事的客观看待。

2. 申胥

在传世文献中,申胥(伍子胥)是一个目光长远、强言直谏的忠臣形象,他再三向吴王进谏均不被采纳,最终留下越必破吴的谶言悲愤自杀。《吴语》对申胥的谏言着墨较多,申胥三谏吴王,君臣针锋相对,而申胥自杀是君臣矛盾的高潮:

> 申胥释剑而对曰:"昔吾先王世有辅弼之臣,以能遂疑计恶,以不陷於大难。今王播弃黎老,而孩童焉比谋。……今王无以取之,而天禄亟至,是吴命之短也。员不忍称疾辟易,以见王之亲为越生擒也。员请先死。"遂自杀。将死,曰:"以悬吾目于东门,以见越之人,吴国之亡也。"王愠曰:"孤不使大夫得有见也。"乃使取申胥之尸,盛以鸱鹎,而投之于江。①

吴王未听申胥劝阻兴师伐齐,获胜归来后诘责申胥,申胥引剑自杀,留下谶言,夫差恼羞成怒,沉申胥之尸。

《左传》中关于申胥之死的记载在哀公十一年:

> 弗听,使于齐,属其子于鲍氏,为王孙氏。反役,王闻之,使赐之属镂以死,将死,曰:"树吾墓槚檟可材也。吴其亡乎!三年,其始弱矣。盈必毁,天之道也。"②

《左传》中增加了申胥"属其子于鲍氏,为王孙氏",吴王闻之,将其赐死,从《左传》的记载中没有体现伍子胥之尸被投江的细节。与《左传》相比,《吴语》更加凸显了申胥的肝

---

① 尚学峰,夏德靠译注:《国语》,中华书局,2007年,第544—545页。
② 杨伯峻:《春秋左传注》(修订本),中华书局,2017年,第1664—1665页。

胆忠心，申胥之死也更显悲壮。《史记》中对申胥临死前的行状和吴王怒沉申胥之尸的细节附会更加丰富：

> 乃使使赐伍子胥属镂之剑，曰："子以此死。"伍子胥仰天叹曰："嗟乎！谗臣嚭为乱矣，王乃反诛我。我令若父霸。自若未立时，诸公子争立，我以死争之於先王，几不得立。若既得立，欲分吴国予我，我顾不敢望也。然今若听谀臣言以杀长者。"乃告其舍人曰："必树吾墓上以梓，令可以为器；而抉吾眼县吴东门之上，以观越寇之入灭吴也。"乃自刭死。吴王闻之大怒，乃取子胥尸盛以鸱夷革，浮之江中。吴人怜之，为立祠於江上，因命曰胥山。（《史记·伍子胥列传》）

汉代的《越绝书》和《吴越春秋》中大量增加了伯嚭、吴王、申胥君臣三人博弈的情节，极大地深化了伯嚭的奸臣形象，排挤陷害忠良的奸臣与昏庸的君王不断暗示亡国的必然。

《越公其事》中对申胥刻画相当少，仅简文第二章出现。虽然都是反对与越国行成，但《越公》中的申胥明显言辞温和：

> 申胥曰："王其勿许【九】！天不仍赐吴于越邦之利。且彼既大北于平壄，以溃去其邦，君臣父子其未相得。今越【一〇】公其胡有带甲八千以敦刃偕死？"①

申胥认为应乘胜追击，继续用兵，在吴王对战争形势的循循分析后，申胥"乃惧，许诺"。根据文意，申胥之"惧"应当是对吴王所分析灭越不利条件的认同，君臣就许成达成一致。简文最后一章与《吴语》大体相同，《吴语》中夫差自杀之前曾"使人说于子胥曰：'使死者无知，则已矣；若其有知，君何面目以见员也'"，与前文申胥之死遥相呼应。但简文至"吴王乃辞曰：'天加祸于吴邦，不在前后，当役孤身。焉遂失宗庙。凡吴土地民人，越公是尽既有之，孤余奚面目以视于天下'"即止，全篇并未提及申胥的结局，我们也难以得知根据简文吴王与申胥的君臣关系会有怎样的发展。根据第二章君臣协商的叙述来看，吴王与申胥之间并没有激烈的矛盾，而且简文中的吴王谦卑有礼，似乎难以想象申胥会有惨烈的结局。我们无法得知究竟是简文的作者所据材料中并无申胥结局的记载，还是作者有意回避了申胥与吴王的矛盾。不过值得注意的是，吴王回忆先王时提到"鸡父之远荆"，"鸡父"又见于清华简《系年》：

> 景王即世，景平王即位。少师无极谗连尹奢而杀之，其子伍员与伍之鸡逃归吴，

---

① 李学勤：《清华大学藏战国竹简（柒）》，中西书局，2017年，第119页。

伍鸡将【八一】吴人以围州来,为长壑而氾之,以败楚师,是鸡父之氾。(《系年》第十五章)①

鸡父其人于传世文献未载,李守奎先生根据《系年》和《越公其事》对鸡父的身份和事迹作了推断:鸡父即伍鸡,是连尹伍奢之子,伍员之弟;伍之鸡在吴人围困州来战役中发挥了重要作用,他利用发掘深沟,利用淮水作战,出奇制胜,大败楚国。后人为了纪念他,把他修建的水利工程称作"鸡父之氾";鸡父在辅佐阖闾伐楚入郢战役中发挥了重要作用;伍子胥与伍之鸡二人为兄弟,一同奔吴。② 我们所熟知的故事是伍子胥自楚入吴,辅佐吴王阖闾对楚作战,五战破郢,战功卓绝,但是从《系年》与《越公其事》中,我们得知在破郢之时还有一位重要人物伍鸡。伍子胥与伍鸡兄弟二人可能都是阖闾伐楚中的重要功臣,但是"因为伍之鸡早逝,其人其事历史失传,他的部分事迹被附会到伍员身上"③。

3. 越王句践

越王句践是吴越相争中最重要的角色,在句践灭吴的历史事实下,无论是简文还是传世文献,越王句践都是一个励精图治的形象。

简文中吴越议和后,"使者返命越王,乃盟,男女服,师乃还"④,即双方各自撤兵回国,并无句践入事于吴、为夫差前马的记载,自然没有忍辱负重的形象特征。简文4—9章以大量篇幅写句践图强之策,句践行"五政"富国强兵,备战灭吴,整个过程独立决策,可以说"励精图治"的形象最为深刻。在攻吴之时,简文中有一段表现越王谋略的新细节:

王监越邦之既敬,无敢躐命,王乃试民。乃窃焚舟室,鼓命邦人【59下】救火。举邦走火,进者莫退,王惧,鼓而退之,死者三百人,王大喜,焉始绝吴之行李,毋有往【60】来以交之。

句践通过命越人救舟室之火的方式,考验越国士兵是否唯命是从。得到满意结果后驱逐吴国的外交人员,开始对吴国的战争。简文全篇重在表现越王如何治国理政,兴国强兵,反败为胜,这与《吴语》中的句践形象大体相合。

较之,《越语》中句践的谋略反而被弱化了。《越语下》浓墨重彩地塑造了范蠡高瞻远瞩的谋臣形象。不仅增加句践即位三年欲伐吴,范蠡劝谏,句践弗听导致兵败的情节,求

---

① 李学勤:《清华大学藏战国竹简(贰)》,中西书局,2011年,第170页。
② 李守奎:《清华简中的伍之鸡与历史上的鸡父之战》,《中国高校社会科学》2017年第2期。
③ 李守奎:《清华简中的伍之鸡与历史上的鸡父之战》,《中国高校社会科学》2017年第2期。
④ 李学勤:《清华大学藏战国竹简(柒)》,中西书局,2017年,第122页。

和之谋也是范蠡所出,范蠡还与句践入宦于吴,此后的富国强兵之策也是范蠡之谋略,全文围绕范蠡在灭吴过程中的谋略功勋展开,简直像是"范蠡传奇",句践在其中所表现出的胜者品质仅是忍辱负重,虚心纳谏而已。汉代文献中不断深化的也是句践忍辱负重的形象,不仅有卑事吴王,卧薪尝胆,更有为夫差尝溲的记载,句践自身治国理政的能力反而被忽略了。

综合来看,《越公其事》中吴王夫差谦逊有礼,有主见但并非刚愎自用,申胥言辞温和君臣和睦,越王句践励精图治,谋略得当,这几位重要人物的形象特征与传世文献均有或多或少的差异。熊贤品先生在比较了《越公其事》与传世文献中的吴越争霸的故事后认为"在本篇中,不论是先胜后败的吴王,还是先败后胜的越王,突出显现的都是他们自主决策、不受干扰的独立形象"①。当然,这并不意味着《越公其事》的问世可以让我们对传统吴王、申胥的形象感观发生颠覆性变化,事实上,《越公其事》所传达给我们的,是先秦时期对吴越史事的不同书写。虽然同属于语类文献,但《越公其事》较之《国语》对故事的叙述更为平实,没有明显的"善"与"恶"、明君与昏君的对比。

无论是《国语》还是《越公其事》,这段史事的大体框架是清晰的,即句践兵败,求成于吴,申胥进谏,吴王许成,句践励精图治兴兵灭吴。在叙事框架下,不同的文献各自对个中细节进行附会,以表达对历史的理解。《吴语》叙述吴国被灭的过程分为前后两部分,前半部分以夫差和申胥的君臣矛盾为中心,刻画了夫差不听劝谏、刚愎自用、好大喜功、杀害忠良的负面形象;后半部分以句践备战伐吴为中心,刻画了越王句践励精图治、善纳良言的正面形象,通过越王与吴王一正一反的形象对比揭示兴亡的经验与教训。《越语上》主要以句践为中心,正面描写句践灭吴的过程,表现句践忍辱负重矢志雪耻。《越语下》通过写范蠡辅佐勾践灭吴,功成隐退泛舟五湖表现范蠡在灭吴过程中的谋略功勋,意在体现治世能臣的重要性。《越公其事》以越公之事为主,用较多篇幅叙述越王句践为灭吴所施行的"五政",表现越王句践得以成功灭吴的原因,给后人提供治国理政的经验和教训。尽管真实的历史人物客观存在,但是我们很难判断哪一篇文献笔下的人物形象才是真实人物,哪一些历史细节才是历史的真实,又或者都不是。我们从这种不同的书写中可以体味时人对历史事件的不同理解,正如李剑鸣先生所说:"真实的历史知识是可以获得的,但它不是绝对的和唯一的,不等于只有一种叙述、一种解释和一种观点。'客观历史'是丰富多样和纷繁复杂的,这使得对它的认识也充满了多样性。史学的真实来自于多种叙述的汇聚,来自不同解释的竞争,来自多种观点的互补。"②

---

① 熊贤品:《论清华简七〈越公其事〉吴越争霸故事》,《东吴学术》2018 年第 1 期。
② 李剑鸣:《历史学家的修养和技艺》,上海三联出版社,2007 年,第 88 页。

二、吴越史事文本来源与叙事流变

《越公其事》第一章和后两章叙述吴越决战与夫差求成被拒的过程与《国语》中相关内容几乎完全相同,这说明《越公其事》与《国语》有一些共同的史料来源,我们认为这些共同的史料来源是与吴越相争有关的"语"。

1. 语类文献与《国语》的文本生成

有研究者认为"《国语》很有可能是对《越公其事》篇的吸收和发展"①,事实上,谁对谁进行糅合,谁吸收谁很难定论。首先就年代早晚来看,没有直接且有利的证据表明这几篇文献谁早谁晚;其次,即使能够确定时间的先后,也难以对诸篇文献如何相互影响下定论。"语"相当于一个资料库,作者们从这个"资料库"中选取所需要的材料。正如李零先生在《简帛古书与学术源流》中所说:

> 如果我们能对先秦口语和书面语的关系,以及当时的谈话技巧和书体风格进行研究,我们一定会对当时人的思想有新的了解。研究语类故事,会有重复雷同,喜欢分析年代的学者,他们老想从"谁抄谁"来定早晚。但我们不应忘记的是,当时的"你抄我,我抄你"可能并没有早晚,因为这些"谈资"很可能是"资源共享",来自同一个"资料库"。②

《国语》是先秦语类史书的典型标本。班固在《汉书·司马迁传》说"及孔子因鲁史记而作《春秋》,而左丘明论辑其本事以为之传,又撰异同为《国语》"。三国时期的韦昭在《国语解叙》中也说:

> 左丘明因圣言以摅意,托王义以流藻,其渊源深大,沈懿雅丽,可谓命世之才,博物善作者也。其明识高远,雅思未尽,故复采录前世穆王以来,下讫鲁悼、智伯之诛,邦国成败,嘉言善语,阴阳律吕,天时人事逆顺之数,以为《国语》。③

《国语》的编纂者是否左丘明学界多有争议,姑且不论,就《国语》的生成来看,无论是班固还是韦昭都点明《国语》根据春秋时期留存于世的材料编纂而成的。《国语》最直接

---

① 张朝然:《清华简〈越公其事〉集释及相关问题初探》,河北师范大学硕士学位论文,指导教师:张怀通,2018年,第76页。
② 李零:《简帛古书与学术源流》,生活·读书·新知三联书店,2004年,第202、276页。
③ 韦昭:《国语解叙》,徐元诰撰,王树民、沈长云点校:《国语集解》,中华书局,2002年,第594页。

的文本来源是各诸侯国的"语"。

语类文献是先秦时期的一种重要文类。李零先生认为:"春秋战国时期,语类或事语类的古书非常流行,数量也很大。同一人物,同一事件,故事的版本有好多种,这是当时作史的基本素材。""过去我们的印象,古代史书,'春秋'最重要,但从出土发现看,'语'的重要性更大。因为这种史书,它的'故事性'胜于'记录性',是一种'再回忆'和'再创造'。它和它所记的'事'和'语'都已拉开一定距离,思想最活跃,内容最丰富,出土发现也非常多。"①20世纪70年代长沙马王堆汉墓出土帛书《春秋事语》,张政烺先生认为他们"记事十分简略,而每章必记述一些言论,所占字数要比记事多得多,内容既有意见,也有评论,使人一望而知这本书的重点不在讲事实而在记言论。这些春秋时期的书籍是一种固定的体裁,称为'语'"②。20世纪90年代以来上海博物馆陆续公布了一批战国楚简,其中就包括《昭王毁室》《柬大王泊旱》《庄王既成》等二十余篇语类文献,李零先生指出,马王堆帛书《春秋事语》、上博简语类文献诸篇等出土材料让学界意识到"语"类文献是古代史书中数量最大也最活跃的一种。

"语"是上古时期一种载录"善言"的文体。"语"的产生源于"记言",早期史官有记言的传统,《汉书·艺文志》云:"古之王者世有史官。君举必书,所以慎言行,昭法式也。左史记言,右史记事,事为《春秋》,言为《尚书》,帝王靡不同之。"吕思勉曾谓:"记言之史,体既恢廓,其后凡叙述详尽者皆沿之,以其初本以记言辞;又古简牍用少,传者或不资记录,而以口耳相传受也。《史记》本纪、列传,在他篇中多有称及语者,可知纪传等为后人所立新名,其初皆称语。"③记录之意在传他人言行者,谓之"语",《周易·大畜》有"君子以多识前言往行,以畜其德"。"语"的来源广泛,除君王言行以外,也包括一些富有教益的言论,如《国语·周语上》载邵公之语:"故天子听政,使公卿至于列士献诗,瞽献曲,史献书,师箴,瞍赋,矇诵,百工谏,庶人传语,近臣尽规,亲戚补察,瞽、史教诲,耆、艾修之,而后王斟酌焉。"孔子曰"有德者必有言",吕思勉认为"不惟《国语》,《晏子春秋》及《管子》之《大中小匡》诸篇,凡记贤士大夫之言行者,皆《国语》类也。亦不惟《论语》,诸子书中,有记大师巨子之言行者,皆《论语》类也"④。

《国语·楚语上》中申叔时在阐述太子教育时曾说:

> 教之《春秋》,而为之耸善而抑恶焉,以戒劝其心;教之《世》,而为之昭明德而废

---

① 李零:《简帛古书与学术源流》,生活·读书·新知三联书店,2004年,第202、276页。
② 张政烺:《〈春秋事语〉解题》,《文物》1977年第1期。
③ 吕思勉:《吕思勉读史札记》,上海古籍出版社,1982年,第230—231页。
④ 吕思勉:《吕思勉读史札记》,上海古籍出版社,1982年,第231页。

幽昏焉，以休惧其动；教之《诗》，而为之导广显德，以耀明其志；教之《礼》，使知上下之则；教之《乐》，以疏其秽而镇其浮；教之《令》，使访物官；教之《语》，使明其德，而知先王之务，用明德于民也；教之《故志》，使知废兴者而戒惧焉；教之《训典》，使知族类，行比义焉。①

在太子教育的九类教材中，"语"被列为其中之一，与《春秋》《世》《诗》《礼》《令》《乐》《故志》《训典》并列，说明在文体功能上有所区分。虽然申叔时所说的"语"所表现的具体文体形式如何，我们无从判断，但是这段话给我们传达一个重要信息："语"在春秋时期已编纂成类。以《春秋》为例，先秦时期各国都有本国史书，《孟子·离娄下》有："晋之《乘》，楚之《梼杌》，鲁之《春秋》，一也。"虽然名称不一，但实质都为史书。墨子自称"吾见百国春秋"，《墨子·明鬼下》曾有"著在周之《春秋》""著在燕之《春秋》""著在宋之《春秋》""著在齐之《春秋》"等。同理推测，各诸侯国也有各自的"语"，这些"语"也就成为《国语》最直接的文本来源。王树民在《〈国语〉的作者和编者》一文指出："在春秋时期，各国的'语'还是由各国的统治者直接控制，到战国时期，逐渐流入民间，因而有了不同的传本。把当时流传的各国的'语'集合起来，编成一书，便为《国语》，即列国之语的意思。"②夏德靠先生进一步指出《国语》文本除了载录周王朝及诸侯国君臣之间的对话文献即"国语"之外，还有来自各国大夫"家语"文献③。

综合上述分析，我们可以梳理出《国语》的文本形成过程：在重言风气与记言传统下，产生了大量的"语"文献；春秋时期出现了文献编纂的高潮，如《诗经》、百国《春秋》等，各国史官对"语"类文献也进行了编纂和整理，从而形成各国之"语"；在各国之"语"的基础上，《国语》得以编纂而成。从吴越史事来看，无论是《越公其事》还是《吴》《越》二语，它们的史料来源于与吴越争霸相关的"语"，这些"语"既包括君臣对话的记录，也包括一些流传于社会的口述传闻。作者根据自己对历史的理解和经验教训的总结选取不同的材料加以编纂，再加上流传过程中的文本衍生，最终形成一事异记、形象各异的文本现象。

2. 吴越史事的叙事流变

语类文献和史类文献的编撰者在处理史料的问题上有着不同的态度。语类文献的编纂在于"知先王之务，用明德于民"，以《国语》为例，如张以仁先生所言："《国语》作者的

---

① 徐元诰撰，王树民、沈长云点校：《国语集解》，中华书局，2002年，485—487页。
② 王树民：《〈国语〉的作者和编者》，见徐元诰撰，王树民、沈长云点校：《国语集解》附录，中华书局，2002年，第602页。
③ 夏德靠：《先秦语类文献形态研究》，中华书局，2015年，第142—143页。

目的,显然并不着重于史实的记述,而只是有意地撷取某些片段的史实,加重其中的伦理意味。即偶写征伐之事,而所重者多在礼让智勇。使读者见善而知所从,见恶而知所去。见灾异而知尊天敬神,睹祸福而知爱民尚德。成败了了,垂戒良深。"①语类文献更侧重监戒和教益,史实的完整与否则在其次,因而编者往往省略一些自认为不必要的史实。如《越公其事》意在叙述句践治国理政的措施,因而省略夫差北上伐齐之事,对越国破吴历程的记载也相对简略,省去了越国趁吴王参加黄池之会时兴兵伐吴的背景,以及行军路线等战争细节。而史类文献则看重史实的系统性与完整性,或以时间为序,或以人物为纲,记述一段完整的史事。成书两汉的《史记》《越绝书》和《吴越春秋》②在叙事上较《国语》《越公》等更为完整,在细节的描绘上更加丰富,今天我们所熟知的吴越争霸的故事也多据此而来。

从内容上看,从《左传》《国语》到《越绝书》《吴越春秋》,经手之人众多,民间流传版本混杂,所附会的情节更甚。"这是一种从无到有的现象,在早前的文献典籍中没有的内容,经过后世作家之手,出现在了人们的视野中,并且在后世的流传过程中不断地丰富,以至于成为吴越事迹中不可或缺的部分。"③这体现了吴越史事"层累"形成的过程,同时也反映从历史叙述向文学转向的流变。

以句践入宦于吴为例,无论是《左传》《国语·吴语》还是《越公其事》、都没有句践宦吴的记载,目前所见文献中最早记载句践入宦于吴的是《越语》:

(句践)然后卑事夫差,宦士三百人于吴,其身亲为夫差前马。(《越语上》)④

令大夫种行成于吴,曰:"请士女女于士,大夫女女于大夫,随之以国家之重器。"吴人不许。大夫种来而复往,曰:"请委管籥属国家,以身随之,君王制之。"吴人许诺。王曰:"蠡为我守于国。"对曰:"四封之内,百姓之事,蠡不如种也。四封之外,敌国之制,立断之事,种亦不如蠡也。"王曰:"诺。"令大夫种守于国,与范蠡入宦于吴。(《越语下》)⑤

《韩非子·喻老》篇也有"越王入宦于吴,而观之伐齐以弊吴""句践入宦于吴,身执干戈为吴王洗马"的记载。

《史记》则有所不同,句践并未入吴而是返回越国,范蠡与大夫柘稽行成并为质于吴:

---

① 张以仁:《论〈国语〉与〈左传〉的关系》,见《中研院历史语言研究所集刊》第33本,1951年,第233—286页。
② 《越绝书》《吴越春秋》在古代知识体系中被归入"史部—杂史"。
③ 焦妮:《先秦两汉吴越纪事流变考论》,河北师范大学硕士学位论文,指导教师:陈斯怀,2011年,第45页。
④ 徐元诰撰,王树民、沈长云点校:《国语集解》,中华书局,2002年,第570页。
⑤ 徐元诰撰,王树民、沈长云点校:《国语集解》,中华书局,2002年,第577页。

> 吴既赦越,越王句践反国,……于是举国政属大夫种,而使范蠡与大夫柘稽行成,为质于吴。二岁而吴归蠡。

春秋时期臣子为质的情况很多,宣公十五年楚师围宋,华元夜入楚师,登子反之床,胁迫子反与之盟,"宋及楚平,华元为质"①。《史记》中范蠡入质与华元质楚的情况有相似之处,都是以敌国功臣为质。李守奎先生认为"司马迁《史记·越王句践世家》中不取《越语下》'(句践)与范蠡入宦于吴'之类怪诞之说,表现出史学家的见识"②。

《越绝书》和《吴越春秋》均采用了句践宦吴之说。《越绝书》记述简洁,以"越王去会稽,入官于吴。三年,吴王归之"一句带过,而《吴越春秋》对句践宦吴极尽描绘,单列《句践入臣外传》一章详述句践宦吴期间如何备受屈辱。其中越王从范蠡之策为吴王尝溲一段可谓将句践的忍辱负重表现得淋漓尽致:

> 越王明日谓太宰嚭曰:"囚臣欲一见问疾。"太宰嚭即入言于吴王,王召而见之。适遇吴王之便,太宰嚭奉溲恶以出,逢户中。越王因拜:"请尝大王之溲,以决吉凶。"即以手取其便与恶而尝之。因入曰:"下囚臣句践贺于大王,王之疾至己巳日有瘳,至三月壬申病愈。"吴王曰:"何以知之?"越王曰:"下臣尝事师,闻粪者顺谷味,逆时气者死,顺时气者生。今者臣窃尝大王之粪,其恶味苦且楚酸。是味也,应春夏之气。臣以是知之。"吴王大悦,曰:"仁人也。"乃赦越王得离其石室,去就其宫室,执牧养之事如故。越王从尝粪恶之后,遂病口臭。范蠡乃令左右皆食岑草,以乱其气。(《吴越春秋·句践入臣外传》)③

这段故事性极强,且无源可考,个中情节细致丰富仿若亲历,应是作者兼采民间传说与虚构附会而成。类似的情节还有伍子胥鞭尸、献西施、越国请籴、句践卧薪尝胆等,《吴越春秋》中还增加了干将铸剑、越女剑、子胥文种化神等荒诞离奇的故事。"历史记载变成历史传闻,不断被故事化、小说化,融入了个人的理解和想象,形成了众多的语类文献,同一故事可以形成不同的文本,它们既有历史的本干,又有文学的枝叶,可以说是历史的故事化。吴越故事沿着这条道路走下去,就演变成汉代的《吴越春秋》,文学性越来越强,距离史实越来越远,我们可以称之为'历史的故事化'。从故事化倾向来看,我们可以大致排出一个次序来,《左传》《越公其事》《吴语》《越语上》《越语下》,越往后故事性越强。这些故事经过史学家的筛选排查,有些作为史料写入史书,我们可以称之为'故事的历史

---

① 杨伯峻:《春秋左传注》(修订版),中华书局,2016年,第831页。
② 李守奎:《〈越公其事〉与句践灭吴的历史事实及故事流传》,《文物》2017年第6期。
③ 周生春著:《吴越春秋辑校汇考》,上海古籍出版社,1997年,第125页。

化.'"①正是在历史故事化和故事历史化的反复发生的过程中,吴越史事完成了历史事件的文学演绎。春秋战国时期,诸侯纷争,灭国之事常有,不惟吴越,句践灭吴只是这一时期寻常的诸侯战争,然而这段历史被广泛传颂,多是借托《越绝书》《吴越春秋》中精彩的故事演绎。

三、结　　语

行文至此,我们对吴越相争史事的书写特征、史料来源和叙事流变有了一个大致的梳理:从书写特征上看,各本文献都是在统一的叙事框架下,对个中细节进行附会,以表达对历史的理解,故而出现一事异记和人物形象多样的现象,这是时人对历史事件不同看法的体现。从史料来源与文本生成上看,吴越史事的文本来源都是与吴越有关的"语",这些"语"既包括君臣对话的记录,也包括一些流传于社会的口述传闻,作者根据自己对历史的理解和经验教训的总结选取不同的材料编纂成文。从叙事流变上看,吴越史事经历了一个"层累"形成的过程,历史故事化与故事历史化反复发生,新的故事情节不断注入其中,从《国语》《越公其事》到《越绝书》《吴越春秋》,吴越史事从历史叙述走向文学演绎。

---

① 李守奎:《〈越公其事〉与句践灭吴的历史事实及故事流传》,《文物》2017年第6期。

萧山老虎洞遗址出土玉石加工工具及相关问题的初步认识[*]

曹　峻　杨金东　崔太金

（上海大学历史系　杭州市文物考古研究所　杭州市萧山区博物馆）

杭州萧山老虎洞遗址于2013年发掘，清理和出土了包括良渚、商周及历史时期等不同阶段的遗迹与遗物。其中良渚时期的内涵主要由时代特征鲜明的陶器与石器等遗物构成[①]。在这些遗物中，我们注意到有一些形制独特的石器，可能是作为玉石制作和加工的专门工具，且构成一套工具组合，反映较完整的玉石器制作流程。本文通过对这些加工工具的辨析，考察它们的功能和作用，并在此基础上对良渚文化时期老虎洞遗址的性质及史前太湖地区玉石手工业生产特点等相关问题进行初步认识。

一、玉石器加工工具辨识

老虎洞遗址所出良渚时期石器中，初步判断与玉石器制作相关的有近20件，包括玉料2、石英质钻芯1、加工工具16件，占所有出土石器约五分之一。其中玉料形体较小，呈不规则形状，DQ5－25：1为灰白色表面有蜡状光泽，残长2.6、宽1.1厘米；采：3为晶莹质感，略透明，长10.4、宽5.1、厚3.6厘米；石英质钻芯1件为矮圆柱状，边缘中部有对钻错位形成的台阶痕，高0.7、直径2厘米，可能为玦或钺的钻芯（图一）。此外还有16件用于玉石制作与加工的工具，是本文讨论的重点。

参照已知作坊遗址出土加工工具的形态和功能，这16件石器可大体分为两组，分属坯体成形和产品修整这两个前后相继的环节。

---

[*] 本文为国家社会科学基金项目"太湖地区史前社会进程及文明形态研究"（项目号：18BKG008）阶段性成果。
[①] 杭州市文物考古研究所、萧山博物馆、上海大学历史系：《浙江萧山区老虎洞遗址发掘简报》，《东南文化》2021年第5期。

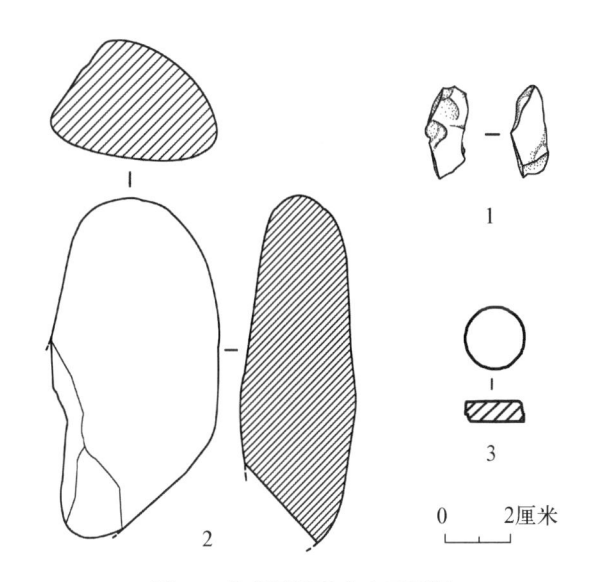

图一 老虎洞遗址出土玉石料
1. 玉石料（DQ5-25:1） 2. 玉石料（采:3） 3. 钻芯（T11②:1）

1. 前期坯体成形环节所用工具

有用于剥离石料、打制粗坯的石锤和石砧，以及分离坯体和进行坯体修整的切割工具3种。

（1）石锤

3件。器身长圆厚重，两端圆钝。一般一端较窄尖、另一端较弧圆，使用时方便手握上端以宽刃垂直向下砸击目标石器，刃部有砸击疤痕留存。如T2①:7，略呈上窄下宽的长条形，通体厚重圆弧，长14、下端宽6.1厘米（图二，1）。T12①:2，器身略扁平，上端尖圆，下部圆钝，下缘部及柄端似有红色涂抹物，长10.9、宽6.5、厚3.5厘米（图二，2）。T13③:3，长条舌形，器身一侧厚、一侧窄，截面略呈圆角三角形；下端缘较宽，圆钝。残长10.9、宽5.2、厚2.4厘米（图二，3）。

这几件石锤还有一个共同特点，就是器身一面或两面较为平直，适合摆放地面；同时除了刃部有砸击痕之外，器身多处也有浅凹坑或剥离面。这些现象表明，这类石锤除了作为施力主体之外，也常常平坦放置作为受力方的石砧使用。可见石锤和石砧的功能常常可以互换，并不完全固定。

（2）石砧

1件。除了上述同时具有石砧功能的石锤之外，老虎洞遗址还有一件石器可能仅作为石砧使用，编号T3②:1。略呈长条形，一端残缺，残长6.4、宽4.2、厚2.5厘米（图二，

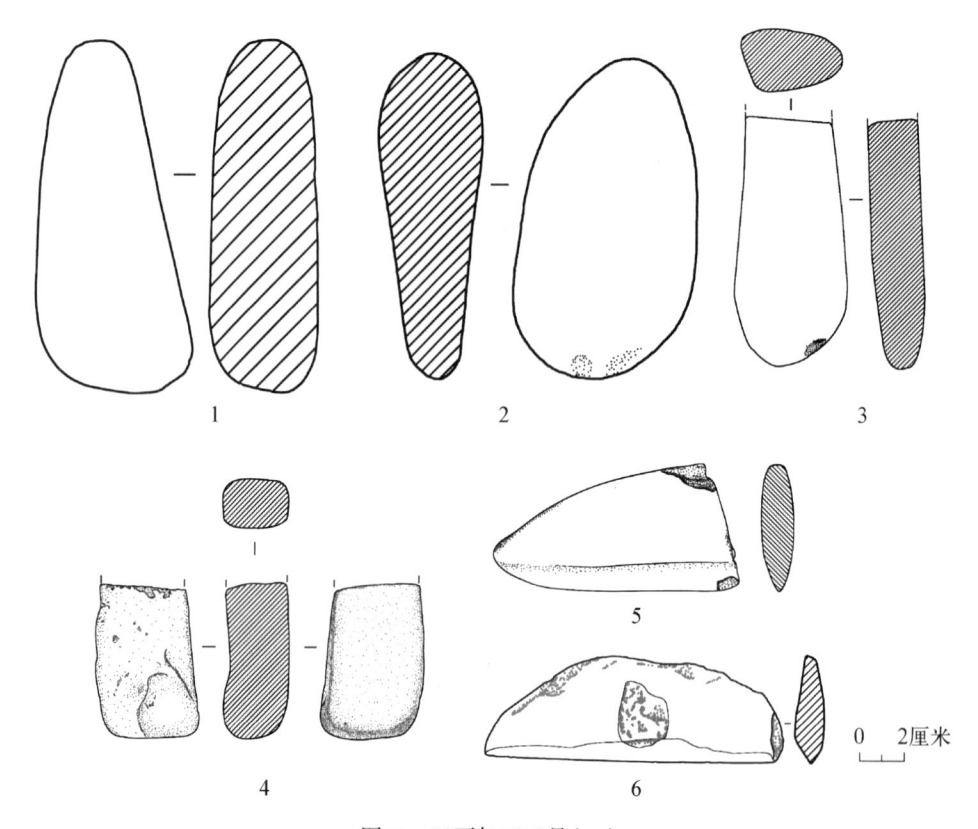

图二　玉石加工工具(一)
1. 石锤(T2①：7)　2. 石锤(T12①：2)　3. 石锤(T13③：3)　4. 石砧(T3②：1)
5. 片切割工具(T3③：49)　6. 片切割工具(T4③：2)

4)。器身一面呈深黑色,器表起伏不平,有多处磕疤;与之相反的另一面非常平整未见打击痕迹,且大概因为长期与地面接触摩擦,导致质地和色泽发生明显变化而呈粗糙的灰白色。因此这件石器可能仅作为石砧使用,或者大多数时间作为石砧。

(3) 片切割工具

2件。均属于"长条形弧背刀"。如T3③：49呈长条形,前端略尖,背部弯弧,刃部为两面略弧、平直尖利(图二,5)。T4③：2,半月形,背部弯弧,刃部有阶线,亦平直尖利(图二,6)。

已有研究表明,太湖地区史前玉器的切割使用片切割和线切割两种方式。其中片切割痕的线条"刚劲挺直",不同于线切割的多道弧形曲线,因此使用的应为硬性片状物[1]。丁沙地的发掘者进一步根据遗址出土带片切割痕迹的玉料和同出石器,辨识出两种形态的片切割工具,即双面刃略弧的扁平片切割工具和刃部剖面呈三角形的三角切割工具[2]。

---

[1]　牟永抗:《良渚玉器三题》,《文物》1989年第5期。
[2]　南京博物院考古研究所:《江苏句容丁沙地遗址第二次发掘简报》,《文物》2001年第5期。

而老虎洞遗址这两件"石刀"正可与丁沙地遗址所出两种片切割工具相比较。如T3③∶49平直刃两面略弧、器身扁平,与丁沙地扁平片切割工具T0103④b∶2g和T0103④b∶1g相似;T4③∶2刃部剖面两刃边夹角约45度,与丁沙地三角切割工具TG1④a∶4-2类同。这类长条形的石刀符合丁沙地遗址材料显示片切割工具的特征,应该也是用于分离坯体或者进行坯体修整环节所使用的片切割工具。

2. 后期产品修整环节所用工具

属于后期产品修整的石器主要是各种打磨或研磨钻孔的工具,种类丰富、形制独特,体现出明确的加工工具性质(图三)。

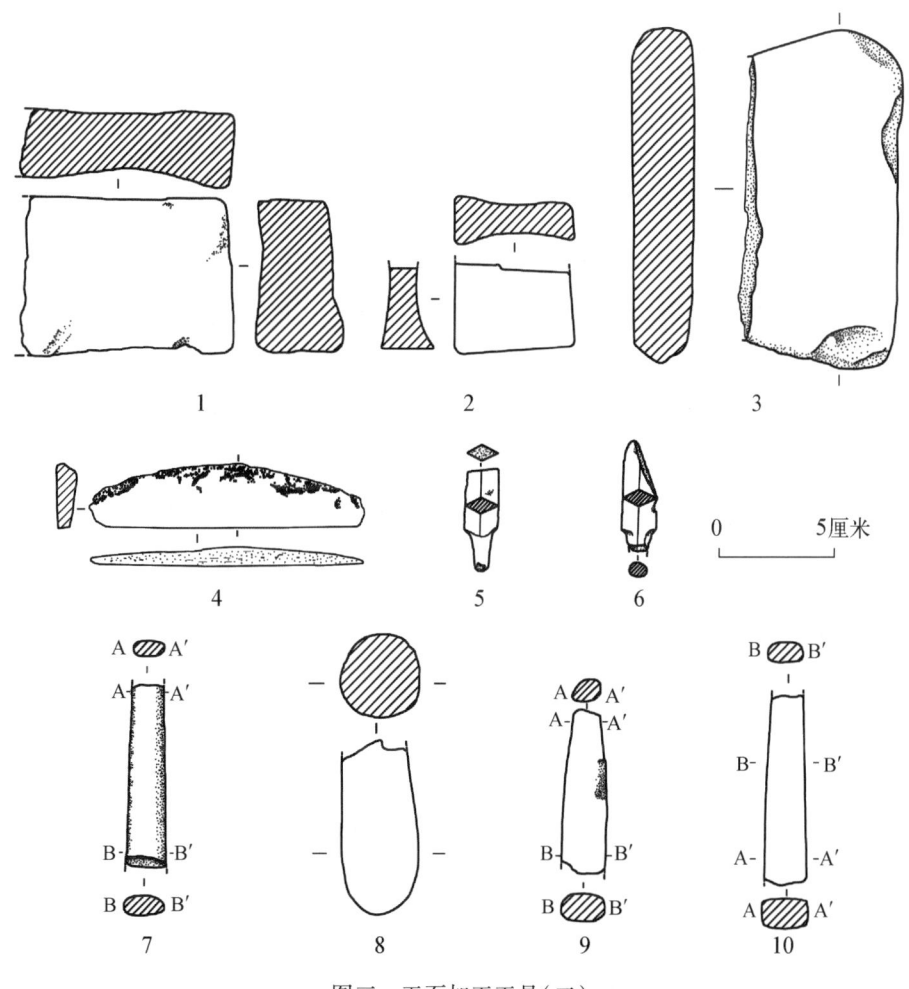

图三 玉石加工工具(二)

1. 砺石(T3③∶35) 2. 砺石(H6∶2) 3. 砺石(H10∶2) 4. 改形石刀(T3③∶27)
5. 改形石镞(T5③∶1) 6. 改形石镞(T11②∶2) 7. 磨棒(T3③∶34)
8. 磨棒(T10③∶8) 9. 磨钻(T8②∶1) 10. 磨钻(T8③∶7)

(1) 砺石

3件。均为残件，但型式和性质较为明确，为长方形，一侧或两侧有摩擦形成的凹面。如T3③：35，呈长方体，正面有使用所形成磨凹面，残长10.6、宽7.7、厚3.3厘米（图三，1）；H6：2，边缘平整，器身两面均有内凹磨损面，残长3.7、宽5.7、厚2.4厘米（图三，2）；H10：2，仅残余一近似长方形，边缘平整，两面光滑。残长7.7、宽13.3、厚2.5厘米（图三，3）。这类器物是太湖地区包括良渚文化在内的史前时期常见的石器磨制工具，其功能不仅用于诸如玦、管、珠等小件玉石器的打磨，应该也同时作为生产工具如锛、凿、斧等石器的磨修加工。这类砺石在使用中是作为受力方，即手持目标石器在砺石表面进行打磨。

(2) 改形石刀

1件。老虎洞遗址出土一件非常独特的石刀，编号T3③：27。从平面形状来看并没有显示特别的不同，其背部弯弧，刃部平直，长14.3、高3.3、厚1厘米，是太湖地区史前遗址常见的"半月形"或"弧背"石刀。但是，这件石刀的刃口并非一般形态下的尖弧或圆钝，而是非常平钝，在位于器身中部处平直宽度最大可达0.6厘米，两侧则逐渐变窄、变薄（图三，4）。

若是作为正常使用的切割工具，石刀的刃口应在使用中略为圆钝时就会重新加工保持其锋利状态，而不至于磨损到如此平钝的地步才被抛弃。因此这件石刀的独特形态，表明其一定具有不同于一般石刀的性质和功能。丁沙地遗址有一类与之相似的工具，称为"窄平面打磨工具"，如T0102④a：14b和T0103④b：6c，其共同特点就是打磨面为长条形窄边，宽度在1厘米左右。老虎洞这件石刀同样具有长条平滑窄边，所以也应该为一种打磨工具。很明显，这种打磨工具是从切割用的石刀改变而来。

这类由于使用对象、方式和功能都发生变化，从而使得形态也相应发生改变的石刀，我们暂称之为"改形石刀"。改形石刀保留了弧拱的背部以方便手抓握持，使用时以平直刃口在目标器表进行横向反复摩擦加工，而非石刀功能下的纵向切割操作。这样可以进行大面积的器表打磨，有效提高工作效率。如此判断，这类石器可能是专用于钺、璧这类具有大面积平整器表的打磨，也可以用作方锥形器、管状器之属长条形表面的器类，甚至可能用来打磨玉琮的方柱部位表面，以为下一步花纹雕刻做准备。总之，这种由石刀改形而成的平面打磨工具，可能是玉石器特殊磨制工艺的表现。

(3) 改形石镞

2件。与改形石刀相似，老虎洞遗址还出土2件"改形石镞"。这类石镞为常见的柳叶形，镞身起中脊、两翼斜直、铤扁圆。其器身前部非常特别，如T5③：1，无前锋，"断茬"处齐整光滑（图三，5）；T11②：2，镞身一侧上部斜向缺失，"断面"亦平整光滑（图三，6）。

这两件器身前部制作成平齐状态的石镞，很容易使人联想到上古时期的"平头镞"。将石镞前锋加工打磨圆钝所形成的"平头镞"，是史前与商周时期遗址常见的器具。一般认为这类圆头或扁头的石、骨器具是上古时期以皮毛为目的的渔猎工具，是为了猎取完整的没有血污的羽毛和鸟兽甚至鱼类的皮革而制作使用①。进入商周时期，铜质平头镞更广泛出现在中原及周边的遗址中，被认为与弋射活飞鸟有关②。但观察老虎洞遗址所出器，与上述"平头镞"又有很大的差别。老虎洞石镞均为带双翼、截面呈菱形的扁平镞，而非"平头镞"的截面圆形或椭圆形的圆柱形、或亚腰形，而且后者往往无翼。再者虽然老虎洞T5③：1前端平齐，狩猎时大概可以达到不破坏皮毛的目的，但另一件T11②：2则是从前锋向一侧边翼缺失，形成斜向尖锐前端，射杀时一定会破坏、而非保护猎物的皮毛。因此这两件形制独特的石镞恐怕不能简单以"平头镞"的功能和性质加以类比认识。

早在世纪之交对塘山遗址金村段制玉作坊进行的试掘与发掘中，发掘者就指出遗物中有一类切磋用石，器形扁薄或细长，"其中有较多数量的石镞改制而成"，磨磋面特别光滑，"推测是加工玉器时切割或抛光时反复磨蹭的结果"③。有研究者注意到，先秦玉器作坊遗址往往出土石、骨、铜甚至铁质的镞，可能作为打磨工具使用，目的是满足对特殊部位打磨的需要，或者是对镞残破后的再利用④。反观老虎洞遗址出土的这两件特殊形制的石镞，与塘山由石镞改制的切磋用石器具有近乎一致的特征，如器身扁薄小巧、前端平直或斜向缺失、磨磋面十分光滑。显然，其前端不论是横向平直的"断茬"还是斜向的"截面"，均为使用时手指捏握镞体后部、以前锋尖端或者侧刃、垂直于目标器表或以一定倾角进行反复磨磋而产生损耗之后的形态。如此，与"改形石刀"相似，这类石镞也因为功能的改变、使用对象和方式的变化，使得其形态也发生了改变。因此我们也将这类石镞称为"改形石镞"，其性质应为玉石器制作时的打磨工具。但与改形石刀用于打磨较大面积器表不同的是，改形石镞的使用对象大概是一些小型器如玦、管、环、珠等的表面，或者是较大体量玉石器的小面积部位，诸如琮的射部等。

（4）磨棒

2件。除了打磨平面器表之外，老虎洞遗址还出土一类石器可能与打磨弧形器表有关。T3③：34，细长条形，两端均残断，横截面呈扁椭圆形，残长8.2厘米，上断口宽1.9、厚0.8，下断口宽1.4、厚0.6厘米（图三，7）；T10③：8，长圆形，上端残断、下端部圆钝，残

---

① 陈星灿：《上古以皮毛为目的的渔猎工具》，《中国文物报》1998年2月25日。
② 袁艳玲：《楚地出土平头镞初探》，《江汉考古》2008年第3期。
③ 王明达等：《塘山遗址发现良渚文化制玉作坊》，《中国文物报》2002年9月20日第1版。
④ 姜亚飞：《先秦时期制玉作坊遗存及相关问题研究》，山东大学硕士学位论文，2016年，第57页。

高7.2厘米,径3.5厘米(图三,8)。

这两件石器的共同特点是均为长圆棒形,器表均光滑细致。类似工具在丁沙地遗址也有出土,因其打磨面器表呈凸弧形而被称为"凸弧面打磨工具",推测用于琮、镯等玉器内孔的打磨①。这类弧面工具应是以其凸弧面打磨目标器形的凹弧面。

(5) 磨钻

2件。老虎洞遗址还有2件"磨棒",同样也为细长柱形,但形制稍为特殊。T8②:1,残长7.7、器身宽2、厚1.4厘米。在距顶端约1厘米处明显磨出上下两段的分界。上段直径略小约1.25厘米,且上小下大略呈圆锥形;下段直径略大最厚处约2厘米,粗细变化不明显,横截面呈扁椭圆形(图三,9)。T8③:7,两端残损,器身略宽于柄部,横截面一端略呈扁圆形,另一端呈圆角长方形,残高9.3、宽2、厚1.2厘米(图三,10)。这类磨棒的形制与上述弧面打磨工具相比,形态上主要是前端略为窄细,或者前后两部分截面形状不同,可能体现了不同的性质和功能。对其认识我们可以从桐庐方家洲、周原齐家等先秦时期玉石器作坊遗址出土的同类器形得到启发。

桐庐方家洲遗址是一处马家浜文化晚期至崧泽文化早中期以玦为主要产品的玉石器制造场②。该遗址出土一类形体近圆柱形的石器,以其一端或两端有带旋转摩擦痕的乳突状或尖锥状、亚腰状结构特征最为显著。邓聪先生曾以澳门黑沙出土物为研究对象,判断这类石器为"辘轳轴承器"③。但方向明先生根据其具体形制特点认其为与后期修治玦孔内壁有关的"研磨器"④。西周时期周原齐家作坊遗址也出土相类似工具,主要有圆柱体和圆锥体两种形态,其中后者的钻身与钻尖之间有明显分界线,两端钻尖和器身均有同心圆类旋转摩擦痕。而研究者所做的实验研究,使得这类石器实为石玦生产过程中钻研扩孔的"钻头"或"研磨器"的观点具有很强的说服力⑤。

如果考虑到对目标石器进行扩孔研磨,那么老虎洞遗址的这类磨棒很可能就是类似方家洲与齐家作坊出土的"钻头"类研磨器。这两件石器使用砂性岩制作而成,器身截面呈扁圆形或扁方形,外表经过打磨,适合手持;器身最大径2厘米、"钻尖"部分长约1厘米、径约1.25厘米,都与方家洲"研磨器"和齐家"钻头"的尺寸大致相仿(图四)。因此老

---

① 南京博物院考古研究所:《江苏句容丁沙地遗址第二次发掘简报》,《文物》2001年第5期。
② 浙江省文物考古研究所等:《桐庐方家洲新石器时代玉石器制造场遗址发掘的主要收获》,浙江省文物考古研究所编:《浙北崧泽文化考古报告集(1996~2014)》,文物出版社,2014年。
③ 邓聪:《史前玉管钻辘轳机械的探讨》,《中国社会科学院古代文明研究中心通讯》2003年1月第3期。
④ 方向明:《轴承还是研孔——澳门黑沙和桐庐方家洲发现的启示》,《南方文物》2013年第4期。
⑤ 孙周勇:《西周玦块作坊生产遗存的分析与研究》,《三代考古》(三),科学出版社,2009年;孙周勇《西周石玦的生产形态:关于原料、技术与生产组织的探讨》,《考古与文物》2009年第3期;李永强:《轴承与环砥石争议再辨析》,《南方文物》2019年第6期。

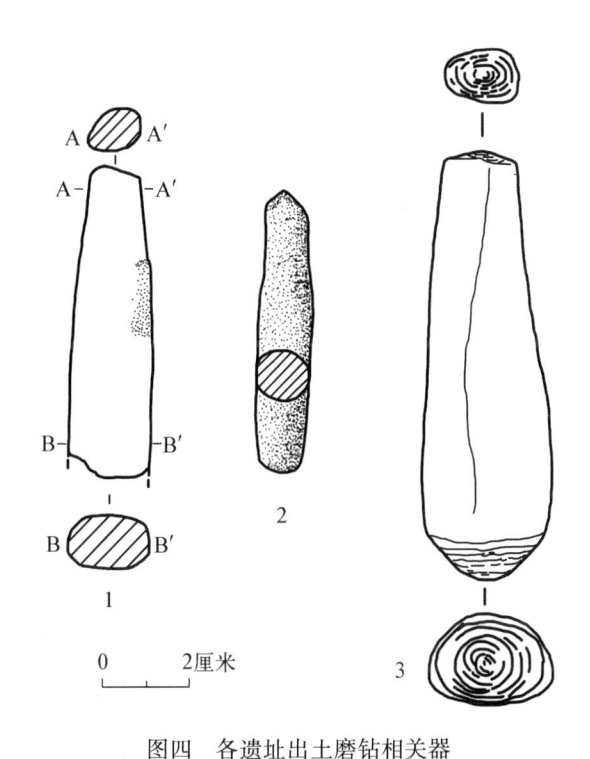

图四 各遗址出土磨钻相关器
1. 老虎洞磨钻（T8②∶1） 2. 周原齐家钻头（H21∶58） 3. 方家洲研磨器（H53∶2）

虎洞遗址这件磨棒也是用于器物扩孔、研磨的器具。因其既有磨制又有钻孔功能，我们暂称之为"磨钻"。从T8②∶1"钻尖"部位不见摩擦痕迹来看，可能这件磨钻尚未开始使用。

二、良渚时期老虎洞遗址的性质

上述一套包含锤、砧、切割、砺石、改形石刀、改形石镞、磨棒、磨钻等能够基本体现制作加工流程的工具组合，表明良渚时期老虎洞遗址与玉石器的制作和加工有关。而老虎洞遗址是否可因此确认为作坊性质，则需进一步讨论。

对于玉石器加工作坊的认定，学者提出要具备若干条件，包括与制玉有关的场所空间、遗迹设施、加工工具、成品半成品等[1]。但也有研究者指出，实际发掘中同时满足这些条件的制玉作坊遗址很难被发现，尤其是场所和遗迹由于各种原因很难得到保存，一些已经确认为作坊的遗址也未见制玉遗迹[2]。因此对于作坊遗址，大多数情况下还是根据与制作有关的产品、半成品、废料、余料及工具等遗物来判断。据此，目前太湖地区史前期与

---

[1] 邓聪：《东亚古代玉作坊研究的一点认识》，《2003海峡两岸艺术史学与考古学方法研讨会论文集》，台南艺术大学艺术史学系、艺术史与艺术评论研究所，2005年，第139—151页。
[2] 姜亚飞：《先秦时期制玉作坊遗存及相关问题研究》，山东大学硕士学位论文，2016年，第5页。

玉石器制作有关的遗址可以初步分为两大类，即作坊类遗址和线索类遗址。

作坊类遗址指的是相关玉石制作的遗物出土数量大、种类丰富，或者从坯料、工具等遗物可以看出玉石器制作加工的完整流程，有些遗址还有比较明确的制作遗迹留存。这类遗址有方家洲[1]、安乐[2]、磨盘墩[3]、丁沙地[4]、塘山（金村段）[5]、中初鸣[6]、钟家村[7]等。其中方家洲和安乐遗址均为马家浜至崧泽文化内涵，前者位于钱塘江中游，清理出大量和玉石器制造相关的遗迹遗物，包括红烧土遗迹、石堆、灰坑、墓葬、房址，以及大量的原料、半成品和残件、磨石、石砧、石锤、研磨器等逾2万件；后者也发现崧泽文化时期的数件玉璜坯、玉玦坯和大量石器半成品和坯料，发掘者认为是"自给自足制作石英类石玦的场所"，也有研究者认为该遗址应存在一处"以石器制作为主，兼加工石英材质的玉玦等玉器的作坊"[8]。磨盘墩和丁沙地遗址各位于宁镇地区的东西两端，前者主体年代约当崧泽文化中晚期至良渚文化早期，出土5 532件石制品，其中绝大多数为黑色燧石质的石钻、尖状器、雕刻器和刮削器，尤以石钻为特色，应是一处石器制作场；后者则出土玉器（料）78件以及雕刻、切割、打磨等工具300余件，也是加工玉石器的作坊，年代约当良渚文化晚期。塘山、中初鸣与钟家村均位于良渚古城及附近地区，其中塘山遗址金村段在2002年的发掘中发现3处石砌遗迹，以及包括磨石、磨磋和雕刻在内的400余件石质制玉工具和带制作痕迹的玉料和残件100余枚。中初鸣和钟家村都是正在发掘中的遗址，近年亦连续出土了大量与玉石器制作有关的遗迹和遗物。尤其中初鸣是由若干遗址点组成的良渚文化晚期大规模作坊群，仅保安桥和王家里两个地点就出土玉器半成品、成品、残件、玉料2 000多件，以及刻划、磨石、钻具等50多件。这些遗址的共同特点是出土与制作有关的成品、半成品以及工具等遗物，其数量大、形制多样、种类丰富，且一般来说产品比较集中，可能是某种产品的专门生产场所。如磨盘墩专门生产燧石钻、方家洲生产玦类玉器、中初鸣生产锥形器和玉管等。因此，这类遗址的玉石器加工作坊的性质是比较明确的。

---

[1] 浙江省文物考古研究所等：《桐庐方家洲新石器时代玉石器制造场遗址发掘的主要收获》，浙江省文物考古研究所编：《浙北崧泽文化考古报告集(1996~2014)》，文物出版社，2014年。

[2] 浙江省文物考古研究所等：《安吉安乐遗址第二次发掘简报》《安吉安乐遗址第三、四次发掘的阶段性收获》，浙江省文物考古研究所编：《浙北崧泽文化考古报告集(1996~2014)》，文物出版社，2014年。

[3] 南京博物院等：《江苏丹徒磨盘墩遗址发掘报告》，《史前研究》1985年第2期。

[4] 南京博物院考古研究所：《江苏句容丁沙地遗址第二次发掘简报》，《文物》2001年第5期。

[5] 王明达等：《塘山遗址发现良渚文化制玉作坊》，《中国文物报》2002年9月第一版；浙江省文物考古研究所：《良渚遗址群》，文物出版社，2005年，第118页。

[6] 朱叶菲：《2018中国十大考古新发现入围项目：德清中初鸣良渚文化制玉作坊遗址群（完整版）》，"浙江考古"公众号，2019年4月2日；朱叶菲：《德清中初鸣良渚文化制玉作坊遗址群2019年度考古勘探和发掘收获》，"浙江考古"公众号，2020年1月8日；浙江省文物考古研究所等：《浙江德清县中初鸣良渚文化制玉作坊遗址群的发掘》，《考古》2021年第6期。

[7] 浙江省文物考古研究所：《良渚古城城内考古发掘及城外勘探取得重要收获》，《中国文物报》2016年12月16日第8版；浙江省文物考古研究所：《良渚古城综合研究报告》，文物出版社，2019年，第181—189页。

[8] 姜亚飞：《先秦时期制玉作坊遗存及相关问题研究》，山东大学硕士学位论文，2016年，第25页。

除了明确的作坊类遗址之外,还有一类遗址也出土和玉石器制作有关的遗物。这些遗址数量较多,代表性的有崧泽时期太湖北部的东山村遗址,其在 M90 墓主人头部附近发现富铁石锥、砺石和石英砂,发掘者推测是一套制玉工具[①];太湖东南的南河浜遗址在祭台西北部的 G2 之中出土一件盛满石英质砂粒的完整夹砂陶缸,从砂的硬度和出土状态分析,发掘者认为这些砂可能跟加工玉器有关[②]。良渚时期,太湖东部和东南部也有这类遗址的存在,如草鞋山 M198 出土一长 3、宽 2 厘米的玉料,但已风化成粉末[③];福泉山良渚文化墓葬里出土有 1 件半成品琮和 2 件钻芯[④];马桥遗址出有片切割痕玉料 1 件[⑤];桐乡新地里遗址发现玉料 6 件、钻芯 2 件[⑥]。再往南在良渚遗址群,相关遗址点就更为多见,如文家山发现石钻芯 22 件[⑦]、余杭上口山出土片切割痕玉料 1 件[⑧];庙前遗址曾发现锛、凿半成品和雕刻器、磨石各 1 件[⑨];茅庵里良渚文化地层也发现少量砺石和小型方柱形磨条[⑩]。这些遗址或墓葬的共同特点是所出与玉石制作有关的遗物数量相对较少,除了少数几个地点出土遗物可以达到十几、二十几件之外,绝大多数遗址只出土零星玉料或加工工具,甚至只是相关遗物的线索。这样的出土遗物和数量完全不能和作坊类遗址体现规模生产的遗物和数量相比,而只能说明曾经有制作行为在此发生;同时各种工具的类型也零落不完整、不成套,不能构成完整的操作链。可见这类遗址应该与"作坊"类遗址区别开来。但同时,相关遗物的出土又显示其存在制作玉石器的线索,与一般无任何相关线索的遗址又有所不同。有鉴于此,我们把这类遗址称为"线索类"遗址。

老虎洞遗址和上述两类遗址相比,既有共性又有差异。

和作坊类遗址相比,老虎洞除了出土玉石料与钻芯之外,同样还具有一套完整的玉石器制作与加工工具组合,从打制坯料、切割成形、琢钻孔洞到磨制抛光,所需不同环节的工具均有发现,尤其是打磨环节,既有用于大、小不同面积器表的,也有用于弧面、平面等不同形态器表的,种类丰富、形式多样,体现玉石器制作向精细化、专门化方向发展的趋势。但同时,老虎洞遗址缺少体现规模制作的大量坯料、成品、半成品,乃至碎屑、残片等遗物,似乎又表明其玉石器制作加工行为的小型化,与规模化生产的作坊遗址尚有一定差距。

---

① 南京博物院等:《东山村——新石器时代遗址发掘报告》,文物出版社,2016 年,第 494 页。
② 浙江省文物考古研究所:《南河浜:崧泽文化遗址发掘报告》,文物出版社,2005 年,第 18、19 页。
③ 南京博物院:《苏州草鞋山良渚文化墓葬》,徐湖平主编:《东方文明之光——良渚文化发现 60 周年纪念文集》,海南国际新闻出版社中心,1996 年。
④ 上海市文物管理委员会:《福泉山:新石器时代遗址发掘报告》,文物出版社,2000 年,第 79、96 页。
⑤ 上海市文物管理委员会:《马桥 1993—1997 年发掘报告》,上海书画出版社,2002 年,第 55 页。
⑥ 浙江省文物考古研究所:《新地里》,文物出版社,2006 年,第 537 页。
⑦ 浙江省文物考古研究所:《文家山》,文物出版社,2011 年,第 107 页。
⑧ 浙江省文物考古研究所:《浙江余杭上口山遗址发掘简报》,《文物》2002 年第 10 期。
⑨ 浙江省文物考古研究所:《庙前》,文物出版社,2005 年,第 39、298 页。
⑩ 浙江省文物考古研究所:《庙前》,文物出版社,2006 年,第 354 页。

然而同线索类遗址相比,老虎洞遗址也是既有相似也有不同之处。相似之处在于出土遗物数量均不大,不论是玉石余料半成品,还是制作工具的数量,均达不到上百件,更遑论作坊遗址动辄成千上万的出土数量。但不同之处也非常明显,突出表现在老虎洞遗址出土与玉石制作相关遗物种类的完善性上。已知这些线索类遗址所出土遗物,或仅有工具而无坯料,如东山村、茅庵里遗址;或仅有坯料而无工具,如余杭上口山、马桥遗址,出土工具仅有砺石,不见专门玉石制作的其他工具。而福泉山等遗址虽既有玉石坯料又有砺石、石镞、钻头等工具出土,但这些工具除砺石之外数量极少,类型单调,与老虎洞遗址所出工具不能比拟。因此遗物中既有玉石余料又有完善、丰富加工工具的情况,使得老虎洞遗址同一般常见的线索类遗址也有很大的不同。它所反映的已不是零星、偶尔发生的制作行为,而是包括完整制作流程的具有一定专业化性质的玉石器制作"生产线"。

因此,老虎洞遗址的性质似乎介于作坊类与线索类遗址之间。如果考虑到除了史前文化遗存之外,该遗址还有大量的东周时期遗存,且地层中遍布大规模商周时期柱洞群、表明此地在良渚之后曾建造大型建筑群落的实际情况,可以认为老虎洞遗址未见大规模生产废料,可能与后世的破坏和保存情况有关。如此,不排除良渚时期老虎洞遗址可能是作为玉石器作坊存在,或至少是具有一定作坊性质的遗址。这类遗址,可暂时称之为"近作坊类遗址"。

而对于老虎洞遗址的产品类型,如果进一步比较老虎洞遗址与作坊类遗址工具组合形态的话,则会发现,前者所出加工工具在打磨方面特别发达,而缺少诸如丁沙地、磨盘墩遗址所出的大量雕刻类工具。根据这一特点,结合遗址出土石英质钺钻芯,可进一步推测老虎洞遗址生产玉石器的产品有两种可能。其一是需要大面积打磨而不需繁复纹饰雕刻的钺、璧等玉石器;其二则可能是专门生产玉琮的半成品,将器表打磨成符合条件之后再运送至别的专门化作坊进行纹饰的雕刻和最终加工。根据老虎洞遗址出土遗物的情况,前一种产品的可能性更大些。

三、太湖地区史前玉石手工业特点初探

老虎洞遗址玉石加工工具的出土及其近作坊类遗址性质的辨认,丰富了太湖地区与玉石制作有关的遗址材料。综合前文所涉的"作坊类"与"线索类"遗址,我们发现这些遗址在地理空间分布上表现出明显的特点,为我们探讨太湖地区史前玉石手工业特点提供了信息[1]。

---

[1] 鉴于老虎洞遗址的性质,下文暂将其归入"作坊类遗址"进行分析。

首先,作坊类遗址均位于山地边缘,特别是山地向平原的过渡地带(图五)。如图所示,作坊类遗址主要集中在太湖以北的宁镇山区和太湖以南的天目山、钱塘江流域。这些遗址除了方家洲位于钱塘江中游的大山之中,其余7处遗址基本都位于太湖西部或北部山脉向平原、谷地延伸地带。如磨盘墩、丁沙地位于宁镇山脉与长江谷地交接的坡脚岗地;安乐遗址在天目山一支向太湖延伸的北侧盆地;此支余脉的南侧即大遮山脚下的中初鸣、塘山、钟家村诸遗址;而老虎洞遗址也正位于浙北龙门山向东北部平原延伸的湘湖地区。作坊遗址的这一地理分布特点,显然与两方面因素有关。一方面,玉石作坊同山脉地带紧相联系,可以方便地获取玉石矿料,减少开采和运输的成本与损耗;另一方面,这类遗址又离不开文化繁荣的平原地带,表明玉石生产仍需要依托人口密集之地,这里的众多人口不仅是玉石生产的技术、劳力支撑,同时也应是玉石产品的主要消费区域。可以说,矿料资源的获取、生产成本的制约等因素,共同造成了作坊类遗址位于山地与平原交接地带这一显著的地理分布特点。这里尤其需要注意的是,方家洲、老虎洞遗址的发现提示我们,除了过去学界所关注的玉石来源的太湖西部宜溧山地、西南部天目山地之外,钱塘江流域的山区也是不能忽视的一个矿料来源地。

图五 玉石制作相关遗址分布图

1. 方家洲 2. 安乐 3. 磨盘墩 4. 丁沙地 5. 中初鸣 6. 塘山 7. 钟家村
8. 老虎洞 9. 东山村 10. 南河浜 11. 草鞋山 12. 福泉山 13. 马桥
14. 新地里 15. 上口山 16. 文家山 17. 卞家山 18. 庙前 19. 茅庵里

其次，与作坊类遗址不同，线索类遗址的分布则不限于近山地带，在北部、东部平原地区多有分布（图五）。如除了南部山脚地带文家山、卞家山、庙前、茅庵里、上口山等地点，在太湖北部、东部平原区也出现了诸如东山村、草鞋山、福泉山、马桥、南河浜、新地里等遗址。这些遗址情况比较复杂，虽然与制作相关的遗迹遗物都不算很多，但遗物既有出土于地层、也有出土于墓葬的；遗物数量既有仅零星的，也有较多达十数件的。这些出土单位不同、出土数量多寡不一的现象，可能与线索类遗址各自的不同性质和功能有关。其中所体现的有些可能是仅有零星制作或者局部加工玉石器的行为；有些可能是小规模制作玉石器；而一些出土于墓葬的极零星的坯料，其来源复杂，未必表示有制玉石行为的发生。因此这些遗址应该还可以根据具体情况进一步细分。但不管怎样，线索类遗址可笼统视作仅有小规模制作、加工玉石器活动存在的证据。这类制作活动不需要太过专门化的技术和大规模的资源即可实现，显然与作坊类大规模生产的专门化有所不同。所以线索类遗址在整个太湖地区的分布，说明这种小规模的玉石制作或者加工活动，是一种相对广泛、日常的行为，普遍存在于环太湖流域的不同分区。

再次，从直接反映玉石生产体系的作坊类遗址来看，会发现它们在太湖地区西半部自北而南呈集群分布，大体上可以划分为三个分区。北部Ⅰ区为宁镇山脉的磨盘墩和丁沙地遗址；中部Ⅱ区为天目山余脉向太湖延伸区域的安乐、中初鸣、塘山、钟家村；南部Ⅲ区为位于钱塘江中下游的方家洲与老虎洞遗址。其中Ⅱ区和Ⅲ区因同位于太湖南部且相距较近，也可以合为一个大区，与太湖北部的宁镇区隔湖相望。如果分时段加以考察，则崧泽时期北部磨盘墩遗址、南部安乐与方家洲遗址最先出现在三个分区，表明各分区在崧泽阶段就已经存在各自的玉石手工业（图六）。进入良渚时期，手工业作坊普遍呈现繁荣的发展态势，Ⅰ区在磨盘墩之外新出现丁沙地遗址，Ⅱ区在大遮山脚下出现中初鸣、塘山、钟家村等3处，Ⅲ区有钱塘江南岸的老虎洞遗址。进一步观察，发现这些集群分布的遗址点分别与各自区域的文化中心相关。如太湖北部的磨盘墩与丁沙地距高城墩、寺墩等中心遗址比较近，其共出陶器等文化遗物虽受到太湖南岸的显著影响，但本地区文化特征也很明显，体现的应是太湖北部相对独立的生产体系。与此同时太湖南部出现众多遗址，其集群分布的特点尤其显著，中初鸣、塘山、钟家村均聚集在良渚古城内部或不远的周边，显然与良渚古城有密切关系；而老虎洞遗址虽位于钱塘江南岸，但其距离良渚古城仅35公里，且出土陶器和玉石器很具良渚文化典型性，很可能也被纳入以良渚古城为中心的生产体系中（图七）。

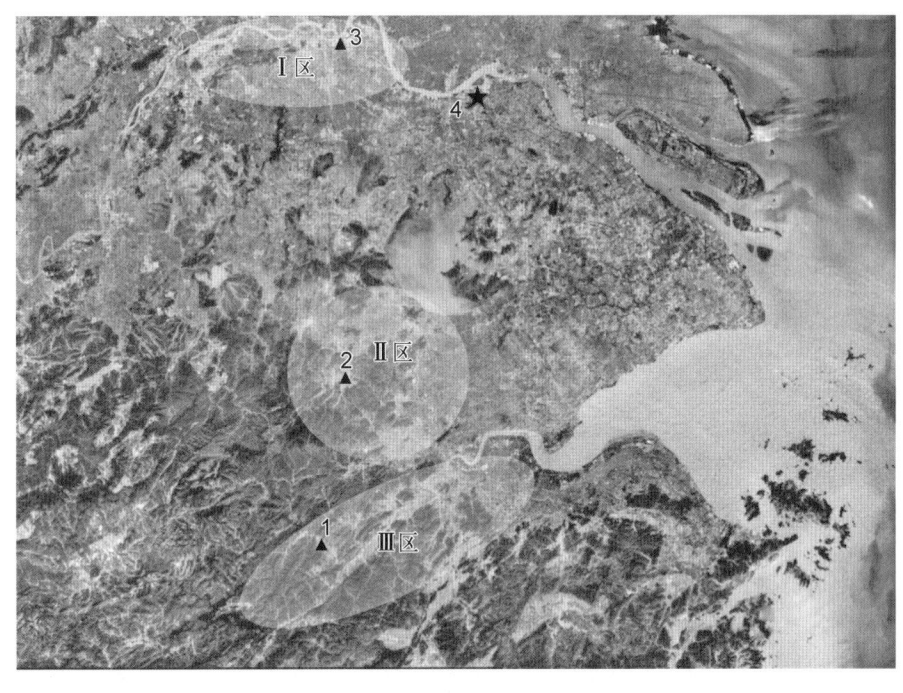

图六　崧泽时期作坊类遗址分布图
1.方家洲　2.安乐　3.磨盘墩　4.东山村

图七　良渚时期作坊类遗址分布图
1.磨盘墩　2.丁沙地　3.中初鸣　4.塘山　5.钟家村　6.老虎洞　7.高城墩　8.寺墩　9.良渚古城

四、结　　语

　　通过对各类石器工具功能和性质的辨识，我们发现老虎洞遗址用于玉石加工的石器虽然数量不是很多，但其器形丰富、种类齐全。用于前期坯体打制所需的有锤、砧、切割工具等，后期打磨钻孔的有砺石、改形石刀、改形石镞、弧面打磨棒、磨钻等，基本涵盖完整生产流程所需的各类器形。尤其是后期用于打磨的工具，既有为坯体修整而加工的打磨工具，也有用于平面、弧面器表加工的，亦包含用于钻孔、研磨的工具，分工细致、功能明确。可以认为这是一套较为完备的玉石器制作工具组合。

　　良渚时期老虎洞遗址未见大规模玉石器成品、半成品或生产余料、废料，也没有明确的遗迹设施，还不能完全称为作坊遗址；但其出土反映生产流程的玉石器制作加工工具，又和仅有零星相关遗物等玉石制作线索的遗址有所不同。因此老虎洞遗址的性质应介于作坊类和线索类遗址之间，或可称为"近作坊类遗址"。同时考虑到组合中用于打磨环节的工具尤其丰富和细致，而雕刻环节的工具相对缺失，推测老虎洞遗址的产品可能是仅需要打磨而非雕刻纹饰的玉石器。

　　包括老虎洞遗址在内的与玉石制作有关的作坊类和线索类遗址的时空分布特点表明，史前期太湖地区玉石手工业具有显著特点，即专业化、大规模的作坊因其生产受矿料资源、劳力资源等因素制约而普遍位于山地边缘与平原交接地带；而小规模的、不成体系的玉石制作加工行为则不受矿料资源等因素限制，在太湖周边地区广泛存在。从崧泽到良渚时期，太湖地区玉石手工业表现出大规模发展的态势，并很可能在良渚时期形成了分别围绕北部和南部文化中心地带的、相对独立的两个生产分区和体系。

　　附记：本文要感谢浙江省文物考古研究所的陈明辉先生。他在整理期间来到现场，首先注意到其中一些石器具有加工工具的性质，并指出老虎洞遗址与玉石加工作坊之间可能的关联。正是经由他的提示，我们才认识到老虎洞遗址的重要性，也才有了本文的思考与写作。

环太湖地区与中原地区的考古学文化交流（BC 2000~BC 1000）

秦超超

（山东省文物考古研究院）

中原地区在龙山时期之后经过短暂的新砦期进入以二里头—二里岗—殷墟文化为主要序列的中原文化，这个时期我国中东部地区由史前的"多元邦国"发展为"一体王朝"，并形成以二里头文化为先导的广域王权国家[1]。同时期的环太湖地区，自史前良渚文化衰落后经过钱山漾文化和广富林文化的过渡，发展为具有地域特色的马桥文化。根据类型学研究，马桥文化大约相当于中原地区二里头文化至殷墟文化早期，结合碳十四测年及与马桥文化前后相接的广富林文化和后马桥文化，其年代大约为距今3 800年至3 200年[2]。马桥文化早期相当于二里头文化时期，中期相当于二里岗文化时期，晚期相当于殷墟文化早期，其晚期遗存发现相当少。马桥文化之前的广富林文化大体年代为距今4 000年左右，与中原龙山文化晚期相当。对于马桥文化之后的遗存，本文为保持与马桥文化的前后连贯，暂采用宋建所命名的"后马桥文化"[3]，其年代相当于商代晚期至西周早期，所以本文所讨论的时代下限商周之际应该相当于后马桥文化的前期。

一、研究回顾

广富林遗址发掘之初，发掘者认为广富林遗存在当地找不到文化渊源，与长江北岸的南荡遗存有诸多相似之处，并进而将源头追溯至豫东地区的王油坊类型文化[4]。之后，发

---

[1] 许宏：《最早的中国》，科学出版社，2009年，第7页。
[2] 宋建：《论马桥文化的时空结构》，宿白：《苏秉琦与当代中国考古学》，科学出版社，2001年，第365页；宋建：《马桥文化的编年研究》，高崇文、安田喜宪：《长江流域青铜文化研究》，科学出版社，2002年，第305页；郭梦雨：《环杭州湾地区新石器时代考古学文化研究》，吉林大学2018年博士论文（指导教师：赵宾福），第350页。
[3] 宋建：《马桥文化的去向》；中国考古学会编：《中国考古学会第九次年会论文集》，文物出版社，1997年，第239页。
[4] 上海博物馆考古研究部：《上海松江区广富林遗址1999~2000年发掘简报》，《考古》2002年第10期。

掘领队宋建撰文从器物类型和纹饰等方面进行详细分析,认为广富林文化应与分布在豫东、鲁西和皖北地区的中原龙山文化王油坊类型有着密切关系[1]。发掘者陈杰也依据广富林文化因素中与王油坊类型的亲疏关系,以及环太湖和周边地区相关文化的交流将广富林文化因素分为五组,分别为:来自王油坊类型的因素;与王油坊类型相似却有所改造的因素;来自南方的印纹陶文化因素;环太湖地区传统的因素;广富林文化所特有的因素[2]。曹峻通过对广富林文化的详细分析,并根据钱山漾遗址该时期材料的统计,认为广富林文化依然以环太湖地区的本地文化因素为主体,并吸收了一些外来文化因素[3]。

关于环太湖地区夏商时期考古学文化与中原文化之间的关系,在命名马桥文化之初,宋建便已经认识到马桥文化中所存在的二里头文化的因素[4]。此后宋建进一步论证了马桥文化与良渚文化、肩头弄文化、中原地区夏商文化、岳石文化的关系[5],以及二里头文化中存在的马桥文化因素[6]。曹峻通过对比马桥文化和中原地区二里头文化、二里岗文化的器物,认为马桥文化处于中原王朝的控制之外,二者仅保持比较松散的联系[7]。

关于后马桥文化,宋建认为马桥文化所吸收的外来文化因素在后马桥文化中基本消失,后马桥文化主要包含殷墟时期至西周早期在马桥文化的基础上新发展出来的因素,并受到一些湖熟文化的影响[8]。曹峻沿用了黄宣佩、孙维昌将后马桥文化称为亭林类型的提法,将该类型文化分为四大文化因素,包括对马桥文化因素的继承,来自商代湖熟文化和西周吴文化的影响,自身新发展出来的文化因素以及来自赣鄱地区吴城文化的影响[9]。

通过对之前学者研究的梳理,可知龙山晚期至商周之际环太湖地区与中原地区的考古学文化交流,广富林文化时期主要为龙山文化的南下,马桥文化早期与二里头文化彼此有一定的交流。马桥文化中晚期和后马桥文化时期,则与中原地区的二里岗文化和殷墟文化交流较少。所以,下文将通过具体比较各个时期环太湖地区与中原地区之间的文化

---

[1] 宋建:《王油坊类型与广富林遗存》,河南省文物考古研究所编:《华夏文明的形成与发展》,大象出版社,2003年,第183页。
[2] 陈杰:《广富林文化初论》,《南方文物》2006年第4期。
[3] 曹峻:《广富林文化的本土与外来因素》,山东大学文化遗产研究院编:《东方考古》(第12集),科学出版社,2015年,第28页。
[4] 宋建:《"马桥文化"试析》,江苏省考古学会编:《江苏省哲学社会科学联合会1981年年会论文选(考古学分册)》,1982年,第21页。
[5] 上海市文物管理委员会编著:《马桥1993—1997年发掘报告》,上海书画出版社,2002年,第375页。
[6] 宋建:《二里头文化中的南方因素》,杜金鹏、许宏主编:《二里头遗址与二里头文化研究》,科学出版社,2006年,第374页。
[7] 曹峻:《试论马桥文化与中原夏商文化的关系》,《中原文物》2006年第2期。
[8] 宋建:《马桥文化的去向》,中国考古学会编:《中国考古学会第九次年会论文集》,文物出版社,1997年,第239页。
[9] 黄宣佩、孙维昌:《上海地区几何印纹陶遗存的分期》,文物编辑委员会编:《文物集刊》(3),文物出版社,1981年,第275页;曹峻:《亭林类型初论》,中国考古学会编:《中国考古学会第十四次年会论文集》,文物出版社,2012年,第220页。

交流,讨论不同时期两地之间交流的内容、动因、模式以及与中原地区的关系。

二、环太湖地区与中原地区间的文化交流

如上文所述,诸位学者的研究表明各时期环太湖地区与中原地区均存在些许交流,从目前已知的研究中可知各时期的交流内容、路线及方式也均略有不同。其中,可能涉及文化传播、人群迁徙、远距离上层交流、贸易或贡赋等交流方式。文化传播通常被用于"描述物质特征从一个文化向另一个文化的传递,在此过程中接受该特征的文化可能会因此发生改变,传播同时还用作解释,解释文化与文明的扩散"[1]。与文化传播同样被经常提及的还有"人群迁徙",柴尔德经常被视为这一观点的最初倡导者[2]。"上层远距离交流"则可视为一种特殊的人群迁徙,这一概念将视角集中于少数社会的上层人群和一些特殊的物品。对于社会上层人群而言,远距离的旅行可以掌握本地民众难以获取的知识和物品,另外这样远距离旅行的经历也有利于塑造自己作为群体中领袖形象的存在[3]。这种交流反映在器物层面上,则是距离越远,器物越是当地普通民众不易获取的,其价值越高,而这种稀缺物品的交流以及物品所反映的技术或理念也有效反映从事这种交流的人群相对社会地位较高[4]。此外,国外还广泛采用贸易论来阐释考古遗物的交换流通,而贸易网络的建立往往需要一种对原料、加工生产、运输等一系列流程的管理机制[5]。鉴于我国古代经济并不发达的传统,我国学者更多将进入历史王朝时期一些器物的流通归于我们所熟知的贡赋体系下。

(一) 各时期文化交流内容的比较

1. 广富林文化与龙山文化的交流

如上文所述,宋建、陈杰、曹峻等学者已经就以广富林[6]和钱山漾遗址[7]为代表的广富

---

[1] [英]科林·伦福儒、保罗·巴恩主编,陈胜前译:《考古学:关键概念》,中国人民大学出版社,2012年,第77页。
[2] [英]戈登·柴尔德著,陈淳、陈洪波译:《欧洲文明的曙光》,上海三联书店,2008年,第192页。
[3] Helms, M. W., *Ancient Panama: Chiefs in Search of Power*, Austin and London, University of Texas Press, 1979.
[4] Peebles, C. S., "Moundville from 1000 to 1500 AD as seen from 1840 to 1985 AD", *Chiefdoms in the Americas*, New York, Lanham, 1987.
[5] 陈淳:《文明与早期国家探源:中外理论、方法与研究之比较》,上海书店出版社,2007年,第132页。
[6] 上海博物馆考古研究部:《上海松江区广富林遗址1999~2000年发掘简报》,《考古》2002年第10期;上海博物馆考古研究部:《上海松江区广富林遗址2001~2005年发掘简报》,《考古》2008年第8期;上海博物馆考古研究部:《上海松江区广富林遗址2008年发掘简报》,上海博物馆编:《广富林:考古发掘与学术研究论集》,上海古籍出版社,2014年,第64页。
[7] 浙江省文物考古研究所、湖州市博物馆编著:《钱山漾——第三、四次发掘报告》,文物出版社,2014年。

林文化与以王油坊①、清凉山②、鹿台岗③、平粮台④等遗址为代表的王油坊类型在器物类型学上的共同文化因素做了深入研究。总体而言,主要反映在陶器中鼓腹鼎、深腹鼎、细高柄浅盘豆、深腹瓮、直口流鬶、单把杯、平底盆、钵等日常生活用器(图一)。这类器物不仅见于处于相距较远的两支考古学文化类型,还也多见于处于中间地带江淮地区的禹会村遗址⑤、南荡遗址⑥和周邶墩遗址⑦。此外,在长江沿岸的牛头岗遗址⑧新石器晚期遗存发现类似的鼓腹鼎和直口流鬶,在花山遗址⑨早期遗存中的罐形鼎和高把豆与本文所讨论的鼓腹鼎及细高柄豆相似。通过相关器物的比较可知,广富林文化时期,环太湖地区主要接受了来自北方龙山文化王油坊类型的影响。与此同时,广富林文化对龙山文化产生的影响则较小。虽然在禹会村这处文化因素复杂的遗址也出现了诸如袋足鬶和刻划水波纹等来自太湖地区的文化因素。然而,这些因素似乎也不是来自表现较为弱小的广富林文化,而是源于稍早的钱山漾文化或良渚文化⑩。

2. 马桥文化与二里头和二里岗文化的交流

至马桥文化时期,马桥文化与中原地区以二里头遗址⑪和郑州商城⑫为代表的二里头文化和二里岗文化之间的交流主要体现在铜器和一些陶器上。其中,铜器是太湖地区此前并未出现的器物。马桥文化早期出土的铜器仅见于马桥遗址。而至马桥文化中晚期,铜器数量和器形有所增加,在闵行马桥、湖州昆山、昆山绰墩、江阴佘城均有铜器出土,器形主要为斤、刀、镞、戈、矛等生产工具或兵器。相较马桥文化出土铜器的匮乏,同时期的二里头文化和二里岗文化已经发展为相当发达的青铜文明,不仅生产青铜兵器和生产工

---

① 中国社会科学院考古研究所河南二队、河南商丘地区文物管理委员会:《河南永城王油坊遗址发掘报告》,《考古》编辑部编:《考古学集刊》第 5 集,中国社会科学出版社,1987 年,第 79 页。
② 北京大学考古学系、商丘地区文管会:《河南夏邑清凉山遗址发掘报告》;《考古学研究》(4),科学出版社,2000 年,第 443 页。
③ 郑州大学文博学院、开封市文物工作队编:《豫东杞县发掘报告》,科学出版社,2000 年,第 12 页。
④ 河南省文物考古研究院、北京大学考古文博学院等:《河南淮阳平粮台遗址 2018 年度发掘简报》,《华夏考古》2019 年第 4 期。
⑤ 中国社会科学院考古研究所、安徽省蚌埠市博物馆:《蚌埠禹会村》,科学出版社,2013 年。
⑥ 南京博物院考古研究所、扬州博物馆、兴化博物馆:《江苏兴化戴家舍南荡遗址》,《文物》1995 年第 4 期。
⑦ 南京博物院考古研究所、扬州博物馆、高邮文管会:《江苏高邮周邶墩遗址发掘报告》,《考古学报》1997 年第 4 期。
⑧ 王光明:《南京牛头岗遗址的发掘》,国家文物局主编:《2003 中国重要考古发现》,文物出版社,2004 年,第 44 页。
⑨ 江苏花山遗址联合考古队:《江阴花山夏商文化遗址》,《东南文化》2001 年第 9 期。
⑩ 丁品:《从钱山漾文化和禹会村类型的关系看龙山前期环太湖地区和皖北淮河中游地区的文化互动》,《浙江省文物考古研究所学刊》第 11 辑,文物出版社 2019 年,第 361 页。
⑪ 中国社会科学院考古研究所编著:《偃师二里头:1959 年~1978 年考古发掘报告》,中国大百科全书出版社,1999 年;中国社会科学院考古研究所编著:《二里头:1999—2006》,文物出版社,2014 年。
⑫ 河南省考古研究所编著:《郑州商城——1953~1985 年考古发掘报告》,文物出版社,2001 年。

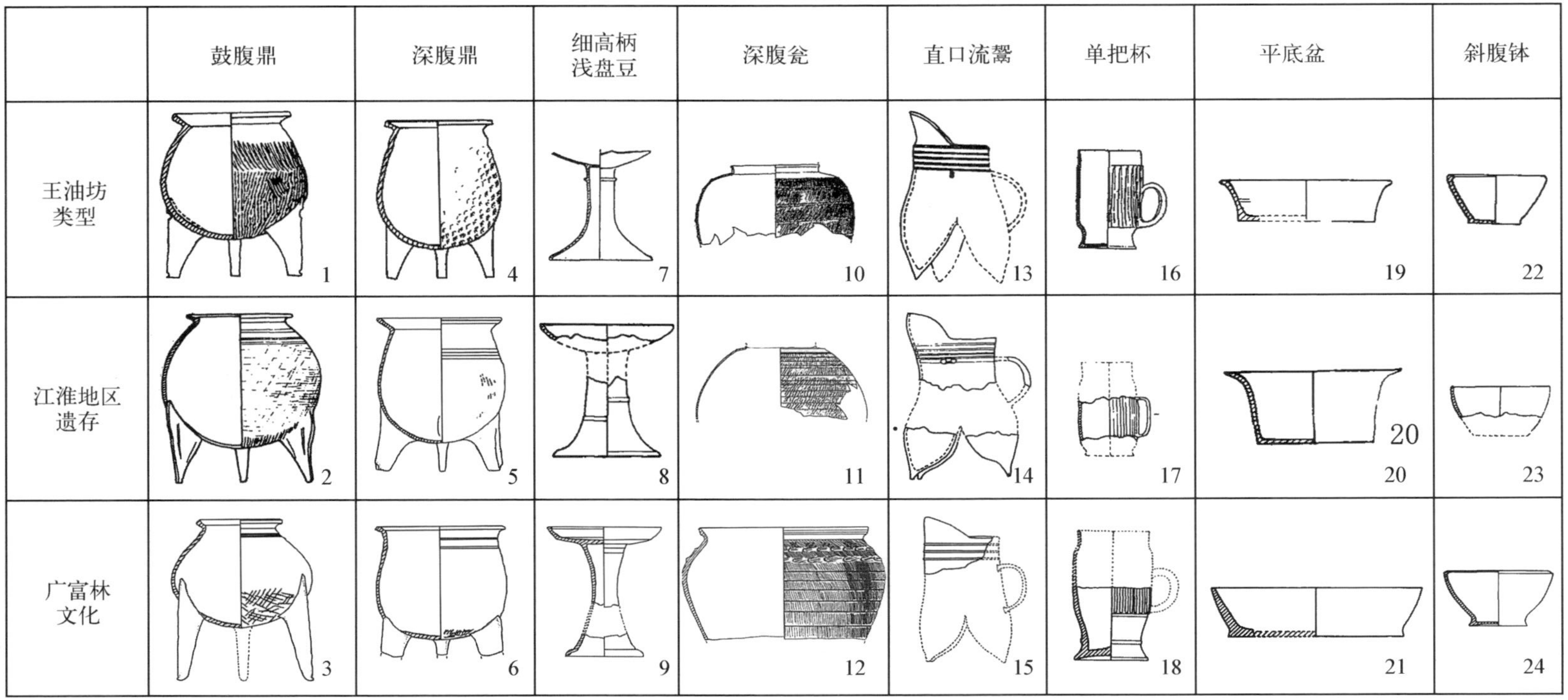

图一 广富林文化与王油坊类型以及江淮地区相关器物对比图

1.清凉山(T2⑦:55) 2.周邶墩(H6:4) 3.广富林(H6:2) 4.禹会村(JSK6:2) 5.禹会村(JSK6:2) 6.广富林(TD9:6) 7.平粮台(H35:14) 8.南荡(T1②:17) 9.周邶墩(H115:1) 10.王油坊(H34:12) 11.禹会村(JSG②:31) 12.广富林(TD9:6) 13.清凉山(G3:1) 14.周邶墩(H6:6) 15.广富林(H43:2) 16.王油坊(H38:18) 17.南荡(T7②:35) 18.广富林(T0546⑧:37) 19.段岗(89ⅡH18:15) 20.南荡(F1:7) 21.广富林(T0545⑧:11) 22.鹿台岗(G6:8) 23.南荡(T1②:16) 24.广富林(ⅠT1435⑤:6)

具,而且出现制作相对复杂的青铜容器,并且已发现多处青铜作坊。因此,马桥文化所发现的个别青铜器,可能是在与中原交流过程中由中原地区传播而来。

除了个别铜器外,马桥文化受到中原文化的影响更多地表现在陶器方面(图二)。马桥文化受到二里头文化影响的器物已经不再是一般的日常生活用器,盉、觚、刻槽盆则可能是与酒相关的器物,簋和三足盘则相较本地使用的钵、碗、盆可能要稍微高档些。其中,盉是二里头文化的典型器物,但在马桥文化发现较少却与二里头遗址二、三期同类器物较为相似。觚在二里头文化也相当盛行,马桥文化早期的觚延续了二里头文化觚的特征,并在后期发展逐渐变高变细。同时,在马桥文化中有一种被发掘者称为觯的器物,其整体形制与觚相似,而中间多出的凸棱则有可能吸收了岳石文化相关器物风格的结果。

相较之下,马桥文化对二里头文化的影响相对有限。其中,最值得关注的是在马桥文化十分盛行,在其他地区却十分少见的鸭形壶。在二里头遗址一期墓葬中发现一件被称为鸭形鼎的器物。该鸭形鼎与马桥文化的鸭形壶极其相似,为矮领、鸭形腹、乳钉足、背部带状单耳;颈腹间饰划纹一周,下加剔刺纹,腹壁一侧饰划纹、一侧饰篦纹,似羽毛状;耳饰人字纹和铆钉①。虽然学界一般认为该类器物起源于马桥文化,并传播到二里头遗址②。此外,二里头文化和马桥文化一些器物上均有压印和戳印的装饰手法,而且刻制和印制富有变化的云雷纹组合也广泛修饰于一些器物的侧面,这种装饰方式通常被认为是二里头文化受马桥文化的影响③。

与马桥文化早期和二里头文化相对较为密切的交流相比,马桥文化中后期与势力范围更大的二里岗文化的交流似乎较为有限。马桥文化中后期所见到的来自中原地区的文化因素多为在早期吸收的二里头文化的基础上发展而来。而二里岗文化的典型器物袋足鬲和甗仅有个别器物见于溧阳神墩④、江阴花山⑤和湖州昆山遗址⑥(图三),而这已是目前所见商时期极为盛行的袋足鬲向东南地区传播的最远处。

绳纹鬲是二里岗文化最常见的器物,昆山遗址采集较为完整的陶鬲为夹砂黑陶,折沿、方唇、颈部较长下饰弦纹,腹部略鼓饰绳纹,下为尖袋足。该器物与位于皖南的师姑墩遗址中期出土的陶鬲较为相似⑦,同类器物也见于二里岗上层二期文化以及吴城文化的

---

① 中国社会科学院考古研究所:《偃师二里头:1959 年~1978 年考古发掘报告》,中国大百科全书出版社,1999年,第 71 页。
② 陈钰:《试论马桥文化鸭形壶的来源与传播》,《南方文物》2011 年第 4 期。
③ 宋建:《二里头文化中的南方因素》,杜金鹏、许宏主编:《二里头遗址与二里头文化研究》,科学出版社,2006年,第 374 页。
④ 南京博物院、常州博物馆、溧阳市文化广电体育局编著:《溧阳神墩》,文物出版社,2016 年,第 419 页。
⑤ 江苏花山遗址联合考古队:《江阴花山夏商文化遗址》,《东南文化》2001 年第 9 期。
⑥ 浙江省文物考古研究所、湖州市博物馆:《昆山》,文物出版社,2006 年,第 403 页。
⑦ 安徽省文物考古研究所:《安徽铜陵县师姑墩遗址发掘简报》,《考古》2013 年第 6 期。

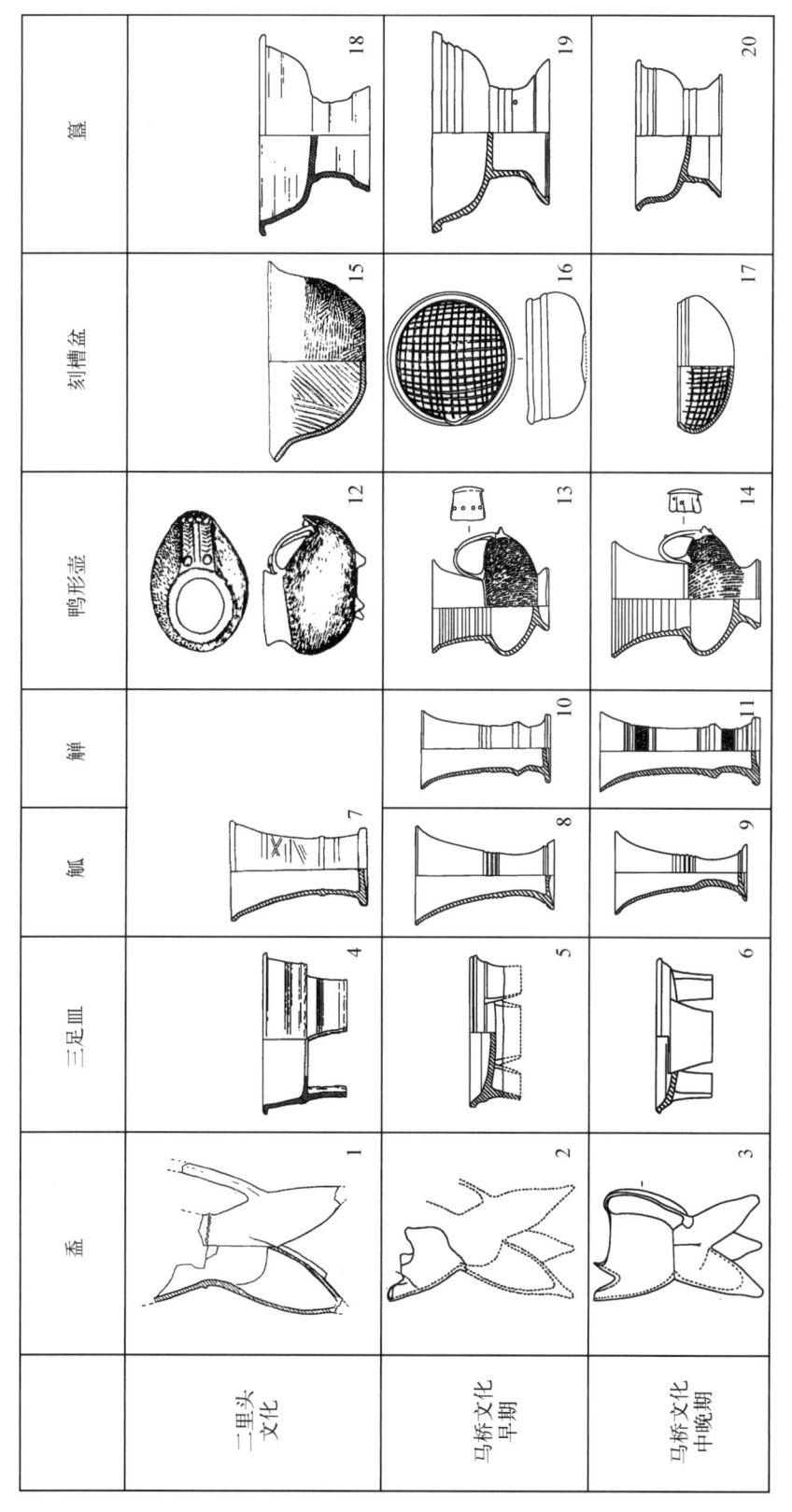

环太湖地区与中原地区的考古学文化交流(BC 2000~BC 1000)

图二 马桥文化与二里头文化陶器对比图

1. 二里头(2002ⅤM3:30) 2. 马桥(ⅡT919③E:18) 3. 钱山漾(H107:9) 4. 二里头(2006ⅤH457:6) 5. 马桥(ⅡT1032③D:21) 6. 钱山漾(H24:2) 7. 二里头(Ⅱ·ⅤH132:12) 8. 马桥(ⅡT720③E:8) 9. 马桥(ⅡT1031③B2:6) 10. 马桥(ⅡT719③F:13) 11. 马桥(ⅡT721③B:12) 12. 二里头(ⅣM26:1) 13. 马桥(ⅡT719③F:11) 14. 马桥(ⅠT1108③B:1) 15. 二里头(ⅣH60:63) 16. 马桥(ⅠT1108③C:11) 17. 马桥(ⅡT623③D:13) 18. 二里头(2003ⅤM8:2) 19. 马桥(ⅡT918③E:14) 20. 马桥(ⅠT1109③B:14)

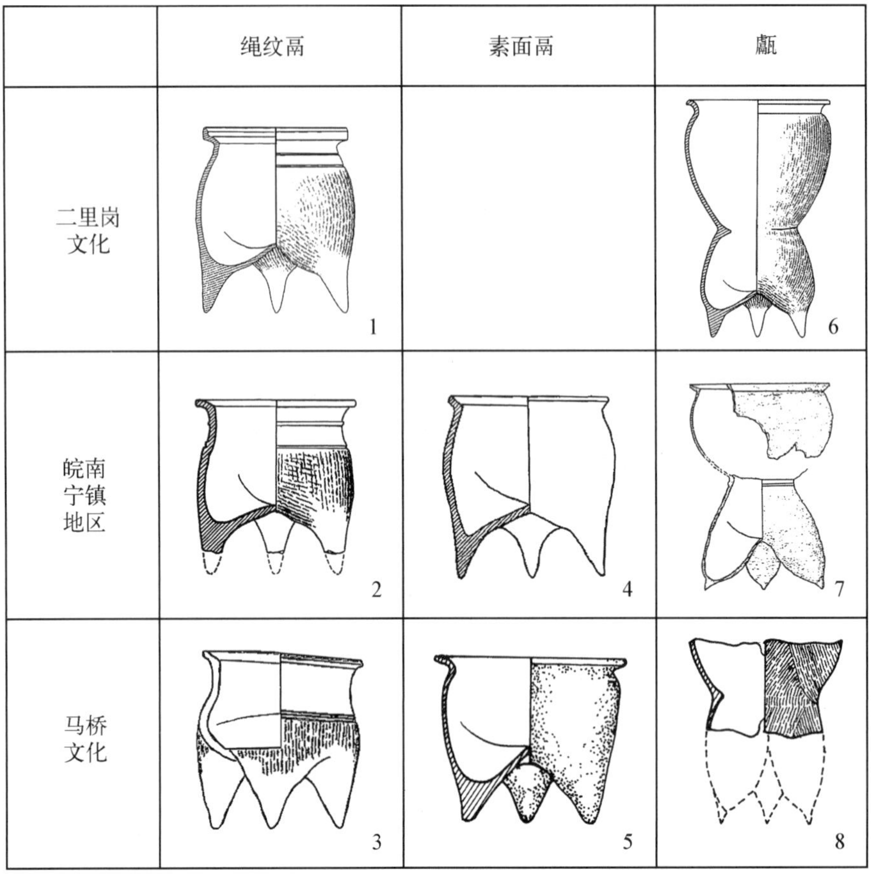

	绳纹鬲	素面鬲	甗
二里岗文化	1		6
皖南宁镇地区	2	4	7
马桥文化	3	5	8

图三 马桥文化与湖熟文化、二里岗文化相关器物对比图
1. 郑州商城(C8T10②:41) 2. 师姑墩(T37⑨:10) 3. 昆山(HPC:24) 4. 北阴阳营(H48:60)
5. 花山(H7:3) 6. 郑州商城(C9.Ⅰ H118:24) 7. 团山(H13:25) 8. 花山(G2:b103)

一二期之中①。此外,位于昆山遗址和师姑墩遗址中间处于胥河流域的溧阳神墩遗址商时期遗存中也见有少数鬲足。同时,师姑墩发掘者也提到在师姑墩早中期均有与马桥文化相关的因素②,而潜山薛家岗遗址所出土的鸟形器则被认为与马桥文化的鸭形壶相关。这均表明马桥文化与皖南地区二里岗文化的交流。

发现于江阴佘城的绳纹鬲仅剩口沿及一部分腹部,发掘者认为该鬲与丹徒赵家窑团山遗址年代为商代早中期的 H13 所出绳纹鬲较为相似③。但是,昆山和花山遗址出现的绳纹鬲是夹砂黑陶,而非二里岗文化和湖熟文化常见的夹砂灰陶,所以可能是这种器物风

---

① 河南省考古研究所编著:《郑州商城——1953~1985 年考古发掘报告》,文物出版社,2001 年,第 857 页;江西省文物考古研究所、樟树市博物馆编著:《吴城——1973~2002 年考古发掘报告》,科学出版社,2005 年,第 290 页。
② 安徽省文物考古研究所等编:《铜陵师姑墩——夏商周遗址考古发掘与研究》,文物出版社,2020 年,第 657 页。
③ 团山考古队:《江苏丹徒赵家窑团山遗址》,《东南文化》1989 年第 1 期。

格传入马桥文化区并融合当地黑陶的工艺。素面鬲在二里岗文化中非常少见,应是湖熟文化在吸收商文化的基础上发展而来①。花山遗址的素面陶为夹砂红陶,侈口,口沿外翻,圆唇,弧腹,分裆袋足,与北阴阳营遗址第三层所出土的素面鬲大致相同②。此外,马桥文化传统的甗多鼎甑结合,而花山遗址的甗虽然残破,但可以看出是鬲甑结合。仅存的腰部可看出呈束腰状,饰细绳纹,有的腰间有附加堆纹,类似的甗在丹徒团山和北阴阳营遗址也有发现,但均为素面。因此,袋足鬲、甗这类因素可视为中原二里岗文化的因素通过湖熟文化逐渐影响至太湖地区,但也仅限于个别遗址,并未对马桥文化更深一步的影响。

3. 后马桥文化与殷墟文化的交流

后马桥文化时期的环太湖地区并未见到较多来自中原地区的殷墟文化的文化因素。后马桥文化以陶器为代表的文化因素中,除了对当地文化因素的继续发展外,对外来文化的吸收主要来源于湖熟文化,如个别鼎和甗上有羊角形的把手以及一些器物上所饰的梯格纹均是湖熟文化的传统。后马桥文化与中原地区殷商文化的交流主要反映在一些特殊器物上(图四)。以南山窑③为代表的夏商时期的原始瓷窑址群原始瓷以豆、罐、碗为主。其中,原始瓷豆在商代晚期德清地区的原始瓷窑址群中占据主流地位,在邻近的宁镇地区的丹徒团

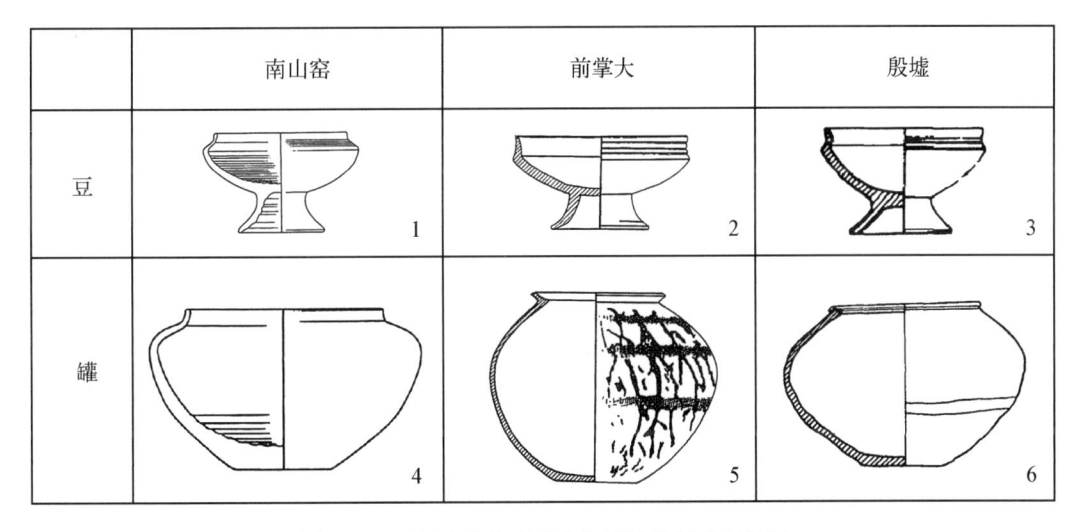

	南山窑	前掌大	殷墟
豆	1	2	3
罐	4	5	6

图四 后马桥文化与殷墟文化原始瓷器物对比图
1.(ⅠT402③:2) 2.(M119:47) 3.(84XTH94:3) 4.(ⅠT402⑧:8) 5.(BM3:7) 6.(F11:46)

---

① 高蒙河:《东南沿海地区的素面陶鬲》,杨晶主编:《中国陶鬲谱系研究》,故宫出版社,2014年,第441页。
② 南京博物院编著:《北阴阳营》,文物出版社,1993年,第149页。
③ 浙江省文物考古研究所、湖州市博物馆、德清县博物馆编著:《东苕溪流域夏商时期原始瓷窑址》,文物出版社,2015年。

山等遗址有所发现,在海岱地区的滕州前掌大墓地①、青州苏埠屯商代晚期大墓②和安阳殷墟③也均有发现。这类原始瓷豆均为直口、折腹、腹下急收、喇叭形圈足,口沿下有数道弦纹。同时,南山窑四、五期的原始瓷罐也与前掌大墓地和殷墟小屯的居址中发现的罐比较相似,均为小口短沿,溜肩,鼓腹,施青色釉。此外,至该时期德清地区原始瓷窑址群中新增的尊、簋等器物是此前马桥文化时期所未有的,也并非当地日常所使用的器物,可能是受中原文化的影响。这两种器物在前掌大墓地发现有类似的完整器,但在安阳殷墟则暂未发现。

除了原始瓷,商晚期太湖地区不仅出土有青铜工具和兵器,还有几件青铜礼乐器深受学界关注。其中在浙江安吉三官乡周家湾村一土墩发现一批铜器,其中有鼎1件、爵1件、觚2件、案足4件,学界对这批铜器的年代有所争议,但简报作者和部分学者认为这批铜器年代为商代晚期④。其中,出土的2件青铜觚的形制在殷墟较为常见,如郭家庄东南M26出土的青铜觚,青铜鼎与安阳殷墟郭家庄M50出土的分裆鼎的形制也较为相似⑤。另外,在杭州余杭区石濑村徐家畈、雉城长兴中学、长兴县草楼村均发现一件形制相似的青铜铙⑥,经井中伟考证为商代晚期器物⑦。青铜铙虽然是商周时期南方地区较为流行的青铜乐器,但始终不是环太湖地区的文化传统,可能是商晚期南方青铜文化与北方殷商文化的交流过程中传播到太湖地区的。与长兴草楼村铜铙共同出土的还有一铜簋,类似的器物还见于商周之际的温州瓯海杨府山土墩墓⑧,该簋与安阳殷墟三期的无耳鼓腹簋以及鼓寝盘形制较为相似⑨,而内部所饰的龟纹则与陕西出土的两件商代中晚期的青铜盘内的龟纹较为相似,均在龟背上有圆涡纹⑩。

所以,后马桥文化与中原殷商文化的交流,一方面可能是因宁镇地区湖熟文化的作用而间接受到影响,另一方面更多地反映在以原始瓷和青铜器为代表的特殊器物上。该时期相较马桥文化中后期与二里岗文化交流较少的情况,可能一方面因为殷商文化在商晚

---

① 中国社会科学院考古研究所:《滕州前掌大墓地》,文物出版社,2005年,第198页。
② 谢治秀、由少平、郑同修主编:《中国出土瓷器全集·山东卷》,科学出版社,2008年,第1页。
③ 中国社会科学院考古研究所编著:《殷墟的发现与研究》,科学出版社,1994年,第228页。
④ 浙江安吉县博物馆:《浙江安吉出土商代铜器》,《文物》1986年第2期;林巳奈夫:《关于长江中下游青铜器的若干问题》,马承源:《吴越地区青铜器研究论文集》,两木出版社,1997年,第107页;马今洪:《试论浙江安吉三官乡土墩墓出土青铜器》,马承源:《吴越地区青铜器研究论文集》,两木出版社,1997年,第71页;高至喜:《论中国南方出土的商代青铜器》,同作者:《商周青铜器与楚文化研究》,岳麓书社,1999年,第1页;俞珊瑛:《浙江出土青铜器研究》,《东方博物》第36辑,浙江大学出版社,2010年,第27页。
⑤ 中国社会科学院考古研究所编著:《殷墟新出土青铜器》,云南人民出版社,2008年,第78、354页。
⑥ 浙江省文物管理委员会:《浙江长兴县出土的两件铜器》,《文物》1960年第7期,第48页;王士伦:《记浙江发现的铜铙、釉陶钟和越王石矛》,《考古》1965年第5期;长兴县文化馆:《浙江长兴县的两件青铜器》,《文物》1973年第1期。
⑦ 井中伟:《我国南方出土商周铜铙的类型学研究》,《文物春秋》2002年第1期。
⑧ 浙江省文物考古研究所等:《浙江瓯海杨府山西周土墩墓发掘简报》,《文物》2007年第11期;彭适凡、孙一鸣:《浙江温州市瓯海杨府山土墩墓的年代及相关问题》,《考古》2011年第9期。
⑨ 中国社会科学院考古研究所编著:《殷墟青铜器》,文物出版社,1985年,图一四、一七五,第139、276页。
⑩ 陕西省考古研究所编著:《陕西出土商周青铜器(一)》,文物出版社,1979年,图版六三、六八,第66、72页。

期开始向东方海岱地区的经营,如此对宁镇及环太湖地区会产生影响,另一方面商晚期东苕溪流域的原始瓷窑址群已经成为一处较为发达的原始瓷生产中心,其生产的器物很有可能作为交换物品甚至贡品被运送至北方的殷商王朝。

(二)各时期交流路线的比较

基于如上文所述诸位学者对于器物类型学的研究,已经大致勾勒出各个时期中原地区与环太湖地区之间交流的路线。其中,关于广富林文化时期龙山文化南下的路线,徐峰曾大致描绘为,自豫东皖北的龙山文化王油坊类型南下至淮河流域的禹会村遗址,此后分为两条路线,第一条直接向东南至南京的牛头岗遗址,并融入之后的点将台下层文化;第二条顺淮河至里下河平原的南荡遗址和周邶墩遗址,并南下经过花山遗址至松江广富林遗址[1],本文所论述的龙山文化南下路线主要为第二条(图五)。正如徐峰所强调的,在龙山文化南下的过程中,江淮地区这个过渡地带发挥着重要的"廊道性"的作用。

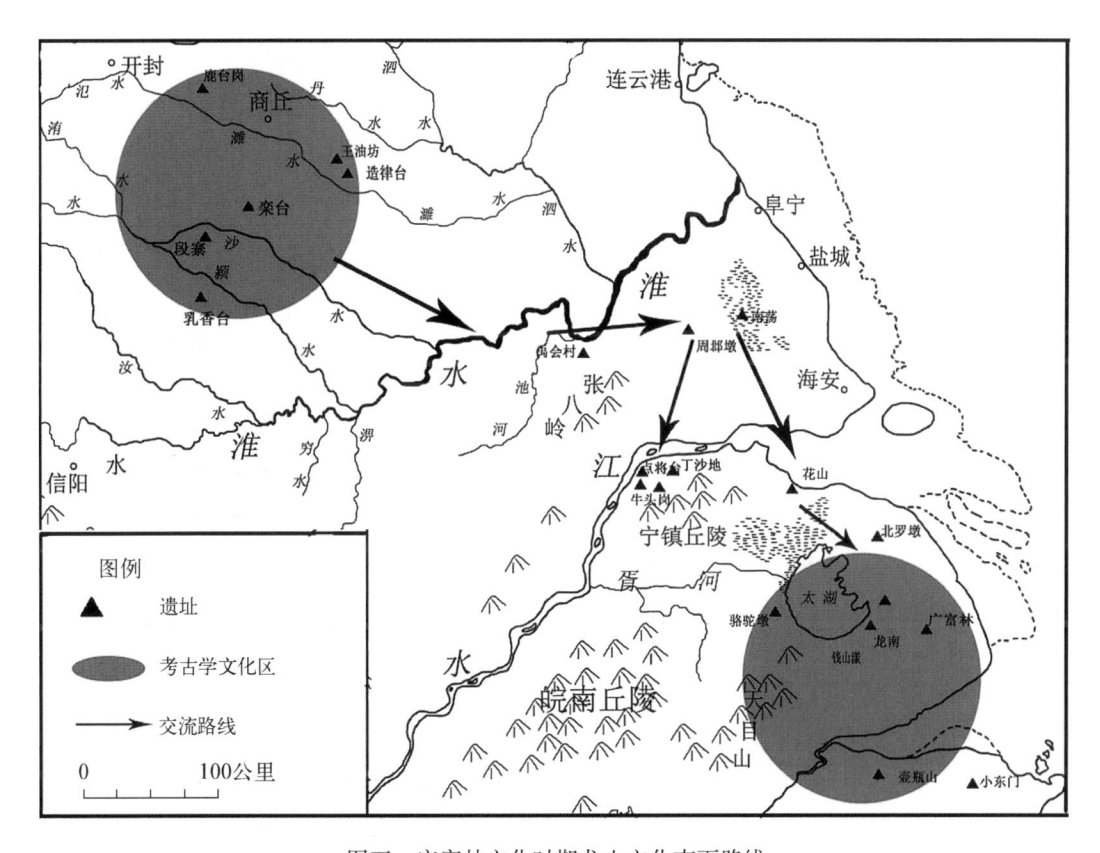

图五 广富林文化时期龙山文化南下路线

---

[1] 徐峰:《王油坊类型龙山文化南徙路线重建——兼论江淮地区的"廊道"性》,《中原文物》2012年第2期。

关于马桥文化时期与二里头文化交流的路线,向桃初在论述二里头文化向南方传播的过程中,指出二里头文化由豫南的杨庄类型经淮河流域的斗鸡台文化和宁镇地区的点将台下层文化后,最后至环太湖地区的路线①。与二里头文化南下路线相似,马桥文化的鸭形壶、云雷纹等因素北上大致也走这条路线(图六)。

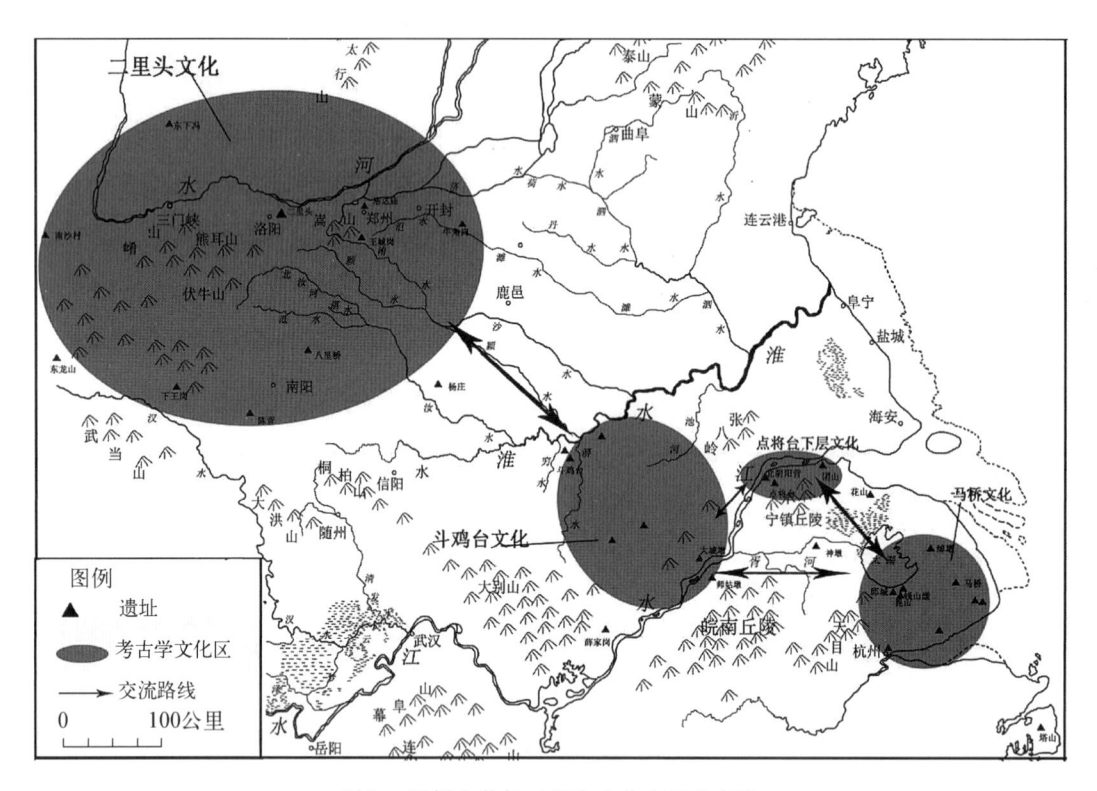

图六 马桥文化与二里头文化之间的交流

至二里岗时期,商文化的势力范围在东南方向已经到了皖南地区的长江沿岸,形成了大城墩类型。此时,一方面可沿用二里头文化时期的路线,自皖南地区经宁镇地区的湖熟文化再至苏南地区,佘城遗址所见到的绳纹鬲和绳纹甗这类文化因素应沿这条路线传播。此外,在宁镇丘陵和皖南丘陵之间的胥河流域是自古沟通浙北与皖南的重要通道。所以,还可能还有一条自皖南沿胥河流域向太湖南岸地区的交流通道。神墩遗址所出现的鬲足、昆山遗址出现的鬲和斝式鬲及一件云雷纹钺、戈类的铜器可能是经由这条通道传播至太湖地区。鉴于师姑墩发掘者提到属于斗鸡台文化时期的师姑墩早期遗存已经存在有若干马桥文化的因素②,所以这条线路可能在二里头文化时期便已经存在。

---

① 向桃初:《二里头文化向南方的传播》,《考古》2011年第10期。
② 安徽省文物考古研究所等编著:《铜陵师姑墩——夏商周遗址考古发掘与研究》,文物出版社,2020年,第658页。

后马桥文化与殷墟文化交流的路线,秦超超和曹峻在推测南方原始瓷向北方运输的路线时,认为殷墟时期环太湖地区向商王朝运输的路线大致是自东苕溪流域经宁镇地区,经过江淮地区由鲁南苏北的前掌大类型中转后运输至安阳殷墟①(图七)。这条原始瓷的运输路线也大致为后马桥文化时期环太湖地区与中原商王朝的交流路线。

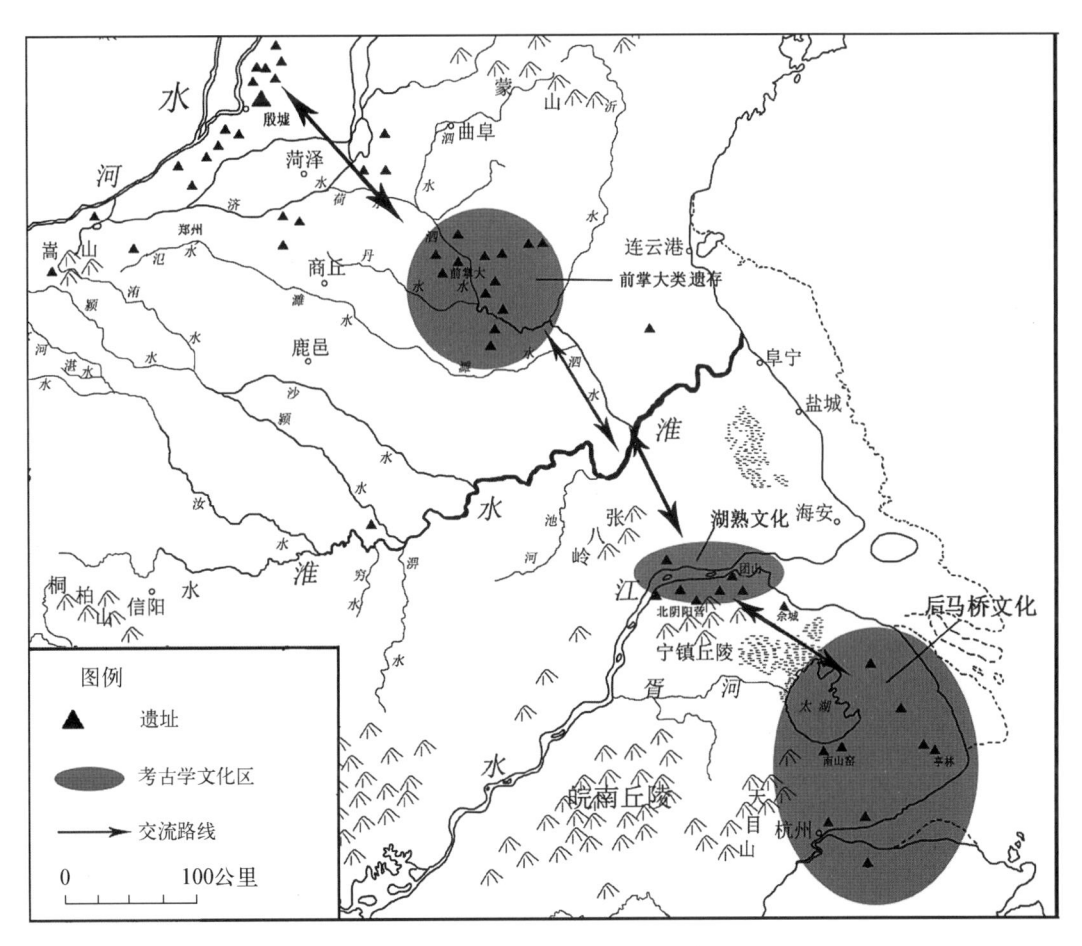

图七 后马桥文化与殷墟文化的交流

通过对比三个时期环太湖地区与中原地区的交流路径可知,中原文化基本是交流路径的主要开拓者和主导方。交流路径的北方源头从豫东皖北的王油坊类型到随着被认为是中原夏商王朝都城的二里头遗址、郑州商城和安阳殷墟的先后变换而迁移,反映环太湖地区与中原地区的交流从史前文化交流,到逐渐融入王朝域外贡赋体系的过程。而在我们建构起交流路径的时候,位于中间地带的江淮地区和宁镇地区往往起着至关重要的作用,一些诸如禹会村遗址、三官庙遗址、前掌大遗址这样出土重要器物的关键点往往提供

---

① 秦超超、曹峻:《试论夏商时期原始瓷的运输路线》,《南方文物》2016年第2期。

重要证据,并在南北交流中起到关键作用。另外,在上古时期,一方面由于马车、牛车等陆路交通工具未被普遍运用,遇水乘舟无疑是远距离迁徙或运输最为方便且高效的交通工具,另一方面,在诸多陆路交通道路未被开发的情况下,天然的河流及沿岸也是最为方便安全的天然道路。因此,在南北交流中位于中间的诸多水系如汝水、颍水、淮河、济水以及长江、黄河均起着关键作用。而位于文化交流南端的环太湖地区则从被动地接受到有限的互动交流,再到本地土著文化的输出的过程,也反映环太湖地区在良渚文化衰落之后逐渐走向再次复兴。

(三) 各时期文化交流模式的比较

结合上文对两个地区间文化交流内容的比较,再结合各时期文化交流的时代大背景,可对各时期文化交流方式及动因进行推测。距今 4 000 年左右的广富林文化时期是我国中东部地区考古学文化发生剧烈动荡的时期[1],从而南北方的考古学文化之间也产生了一定的交流。目前学术界也多倾向于认为该时期王油坊类型有一股南下的因素,从而影响了淮河流域的禹会村、南荡和周邶墩遗址,之后继而向南方影响至长江沿岸的牛头岗遗址和花山遗址,并最终至环太湖地区的广富林和钱山漾等遗址[2]。所以,张敏、赵东升等学者也将王油坊类型的南下与"虞舜南巡狩"相联系[3]。如上文所总结,广富林文化对王油坊类型所吸收的文化因素均为各类普通的生活用器,且在江淮地区和长江沿岸几处遗址内涵较为单薄的遗址也有类似器物发现。虽然,陶器的相似性仅仅反映当地居民制陶技术和风格,但是目前如此远距离单向性的陶器流通似乎也不仅仅是文化间制陶技术风格的交流。所以,目前王油坊类型人群南下似乎是对王油坊类型陶器群先后出现在江淮地区和环太湖地区这种现象较好的解释。当然,人群的迁徙还需要诸如体质人类学等研究的支持。

马桥文化时期与二里头文化的交流则与广富林文化时期有所不同。二里头文化时期的中原地区已经是一个与周边地区存在广泛交流的广域王权国家。向桃初从陶器类型学的角度勾勒出一条二里头文化经过斗鸡台文化和点将台下层文化最终至马桥文化,向东南方向的文化传播路线[4]。此外,二里头遗址所出现的鸭形壶和云雷纹均较为罕见,而马桥文化中所出现的铜器、酒器和食器也均较当地一般器物要高档。所以,笔者推测也有可

---

[1] 王巍:《公元前 2000 年前后我国大范围文化变化原因探讨》,《考古》2004 年第 1 期;张弛:《龙山—二里头——中国史前文化格局的改变与青铜时代全球化的形成》,《文物》2017 年第 6 期。
[2] 徐峰:《王油坊类型龙山文化南徙路线重建——兼论江淮地区的"廊道"性》,《中原文物》2012 年第 2 期。
[3] 张敏:《虞舜南巡狩与勾吴的发端》,《南京大学学报(哲学·人文·社会科学)》1999 年第 3 期;赵东升:《虞舜南巡狩与太湖东南部平原》,《南方文物》2007 年第 4 期。
[4] 向桃初:《二里头文化向南方的传播》,《考古》2011 年第 10 期。

能马桥文化有上层居民曾到达过二里头遗址,从而建构起两种文化间一些特殊器物的交流。另外,目前也有一些线索反映可能还存在二里头贵族南下的情况。马桥文化与二里头文化的交流主要始于二里头文化二、三期。在这个时期二里头遗址内部也发生了一定的变动,二里头遗址一举由一期的100万平方米发展成为超过300万平方米,且有宫城区、贵族作坊区、贵族祭祀区的大型王都遗址,并且发生了第一次礼制改革①。这种都邑聚落内部的变化,也促使中原地区的二里头文化也在这个时期出现了向东南方向的扩张趋势②,特别是安徽肥西三官庙出土相当于二里头文化四期的精美青铜器的出现③,使得学界推测有二里头贵族南下的可能。

马桥文化中晚期,虽然中原地区的二里岗文化极为强势,其势力范围远较二里头文化广大,向南可达长江沿岸。然而,二里岗文化相关的典型器物,仅袋足的陶鬲和瓿出现在距皖南地区二里岗文化大城墩类型较近的个别遗址,这应该是一种器物制作技术和风格的文化传播。因此,该时期这种相对匮乏的交流与二里头文化和马桥文化早期的交流相比,更凸显后者应该不仅仅是器物技术和风格的文化传播,其背后应该有某种人群关系的推动。

后马桥文化与殷墟文化的交流主要反映在原始瓷这类较为少见的器物,笔者更倾向于用贸易或贡赋的模式予以解释。商代晚期,随着殷商文化向海岱地区的扩张,位于鲁南的前掌大遗址可能扮演着重要角色,成为商王朝控制或获取南方铜矿等资源的重要据点④。位于环太湖地区的后马桥文化应该处于商王朝的统治之外,所以可能是前掌大或类似据点的居民与南方的原始瓷生产地通过贸易交换的形式获得原始瓷,并进而进贡给殷墟的商王。特别是南山窑所生产的尊和簋在当地较为少见,也并非当地及沿线地区的日常生活用器,可能存在一种为中原王朝订制的可能。另外,如《禹贡》等史籍所反映,夏商时期位于长江下游的扬州地区存在与北方王朝的贡赋关系。那么环太湖地区的居民将所贡赋的物品以表面相对光亮的原始瓷制作的尊、簋、豆、罐等器物所盛放,并通过与殷商文化关系更为密切的前掌大或类似据点的居民进贡至商王朝,也不失为一种解释。

综上所述,公元前2000年至前1000年这段时期,中原地区从动荡的龙山时代晚期发展至拥有发达青铜文明的殷商王朝。环太湖地区也从良渚文化之后呈现衰落之势的广富

---

① 赵海涛:《二里头都邑聚落形态新识》,《考古》2020年第8期;许宏:《二里头都邑的两次礼制变革》,《南方文物》2020年第2期。
② 贺俊:《二里头文化区的聚落与社会》,中国社会科学院大学博士学位论文(指导教师:许宏),2020年,第298—307页。
③ 秦让平:《安徽肥西三官庙遗址二里头时期遗存》,国家文物局:《2019中国重要考古发现》,文物出版社,2020年,第48页。
④ 刘绪:《商文化在东方的拓展》,同作者:《夏商周考古探研》,科学出版社,2014年,第184页。

林文化发展至后马桥文化时期拥有发达原始瓷制造业的土著青铜文化。相应地两个地区之间的交流也从广富林文化时期来自北方地区的人群迁徙,到马桥文化时期更可能的上层居民的远距离交流或贵族南下迁徙,到后马桥文化时期的贡赋关系。这个过程也反映环太湖地区与中原地区间的交流从被动地接受文化输入到有限的交流再到可能成为中原贡赋体系的边缘一环。

三、结　　语

公元前2000年至前1000年,中原地区与环太湖地区的考古学文化先后有三次较为明显的文化交流趋势。其中,在公元前2000年左右,豫东皖北地区的龙山文化王油坊类型有一次经过江淮地区至环太湖地区的远程文化南下,目前推测可能是人群的迁徙。之后,二里头文化也有经淮河流域南下的历程,至太湖地区其影响已经相当薄弱,目前多倾向于是一种文化传播的结果,但其中似乎也有远距离上层交流或二里头贵族南下的可能。再之后的后马桥文化与殷墟文化的交流,则可能是由中间前掌大一类遗存主导的一种地方向中原王朝的贡赋关系。在这几次交流过程中,虽然交流的动因、模式及线路由中原文化主导,然而环太湖地区向中原地区输出的文化也有逐渐主动且增多的趋向。

两地文化在这一千年的交流的过程中,环太湖地区出现了青铜器和类似于中原青铜礼器的陶器,可能已经接受了一定的中原地区的礼制文化,并在马桥文化和后马桥文化时期有一种基于中间地带联系的交流关系。同时,在两地文化交流的过程中,环太湖地区的考古学文化并未因为中原文化南下而改变其当地文化的传统,与中原文化的交流也较为松散,应该尚未成为中原王朝政治上的附属。而且在这一千年的时间中,环太湖地区本地文化也得到了显著发展,在马桥文化时期再次出现了城址,出现东南地区特色的土墩墓,出现了具有一定规模的原始瓷生产中心,成为一支具有地方特色的青铜时代文化。

附记：本文在写作过程中得到中国社会科学院考古研究所许宏、唐锦琼,上海大学曹峻等老师的指点,在此一并致谢。

吴越地区出土錞于整理与研究

张　帅　张闻捷

（厦门大学历史与文化遗产学院考古学系）

绪　　论

錞于是流行于中国东周秦汉时期的一种乐器，其主要为青铜材质，也有仿铜的陶瓷质錞于。东周以来，典籍中便有较多对錞于的记载，如《周礼·鼓人》称："鼓人掌教六鼓四金之音声，以节声乐，以和军旅……以金錞和鼓"①；《国语·吴语》则言："王乃秉枹，亲就鸣钟鼓、丁宁、錞于、振铎"②等。此外，出土文献中也有錞于的踪迹，例如"上博简"中的《陈公治兵》篇称"车为主焉，或持八鼓五称，钲铙以左，錞于以右"③，都表明錞于在东周社会中曾扮演着重要的角色。

1949年以来，得益于考古工作的广泛开展，全国各地出土了大量錞于，覆盖陕西、四川、湖南、贵州、湖北、重庆、广东、安徽、江苏、山东、甘肃等地，并逐渐引起了学界的关注④。仅就吴越地区而言，前人有关錞于的研究多集中讨论其族属、文化交流与传播、器物组合等方面，从族属来看，傅举有⑤、熊传新⑥均认为錞于与越人关系密切，甚至是越人的创造，但从新出的梁带村M27錞于⑦来看，錞于更可能是中原地区的创造。就文化交流与传播而言，刘建国、万全文各自探讨了錞于传入吴越地区的路线，他们都赞同徐中舒先生的东夷起源说⑧，其

---

* 本文为国家社科基金艺术学重大项目《礼乐文化传承创新的当代音乐实践与理论研究》（23ZD09）的阶段性成果。
① 阮元校刻：《十三经注疏》卷十二《周礼·鼓人》，中华书局，2009年影印本，第1552页。
② 徐元诰撰，王树民、沈长云点校：《国语集解》，中华书局，2002年，第550页。
③ 马承源主编：《上海博物馆藏战国楚竹书（九）》，上海古籍出版社，2012年，第181页。
④ 如徐中舒：《四川涪陵小田溪出土的虎钮錞于》，《文物》1974年第5期；熊传新：《湖南出土的古代錞于综述》，《考古与文物》1981年第4期；李衍垣：《錞于述略》，《文物》1984年第8期；林奇、邓辉：《錞于刍议》，《江汉考古》1987年第4期等，数量众多，兹不赘述。
⑤ 傅举有：《古代越族的乐器——錞于》，《民族研究》1983年第5期，第77页。
⑥ 熊传新：《我国古代錞于概论》，《中国考古学会第二次年会论文集（1980）》，文物出版社，1982年。
⑦ 陕西省考古研究院、渭南市文物保护考古研究所、韩城市文物旅游局：《陕西韩城梁带村遗址M27发掘简报》，《考古与文物》2007年第6期。
⑧ 徐中舒、唐嘉弘：《錞于与铜鼓》，《社会科学研究》1980年第5期。

中刘建国强调了錞于是东夷文化与吴越文化交流的产物①,而万全文则认为錞于是因徐人的媒介作用得以传入吴越地区②。如上所言,錞于虽自东夷地区传入吴越地区的可能性较大,但其原产地却可能并非东夷地区。就錞于的器物组合来看,许多学者提到了吴越地区錞于多见3件錞于与1件钲相伴的情况,如费玲伢,她还提到:"越系统的乐器中又出现了中原礼制,如錞于、铎都有一件造型独特的有别于其他同类的乐器,可能为仿中原礼制的'特悬'"。③也有学者根据3件錞于造型相类,大小有别的情况,认为存在编錞,例如万全文④、刘健婷⑤。马今洪则根据鸿山越墓、丹徒北山顶墓等墓葬的材料,总结了錞于、钲、鼓的组合⑥。付琳在系统梳理百越地区随葬乐器的基础上,对百越乐制进行了讨论,其中也涉及吴越地区錞于及组合,并将之纳入到句吴、于越两个系统中,是近年来具有代表性的研究。⑦ 当然,吴越地区的錞于除了常见3件一组随葬的情况,2件、1件随葬的情况也有。至于编錞的可能性,陆斐蕾在其文中已提出质疑,⑧囿于篇幅,此不赘述。

从整体发展脉络来看,錞于在北方地区诞生,在吴越地区发生重大变化,最终在南方地区造极一时。錞于在吴越地区的发展演化可以说是其重要环节,錞于在这里,既保持了北方地区錞于的部分特色,又结合吴越地区的文化传统,形成了独特风格。因此,对吴越地区錞于的整理与研究,既可以进一步认识本地文化传统,也有利于弄清錞于的演化过程,深化对錞于的认识。

吴越地区出土錞于年代跨度大,流行时间长,既有春秋晚期的,亦有汉代的,既有青铜錞于,又有陶瓷錞于,且吴越地区錞于大部分有明确出土信息,这为我们研究錞于葬制与其背后代表的礼制文化提供了便利。本文在尽可能收集吴越地区錞于实物资料和文献资料的基础上,对其进行整理研究,除类型学研究外,对錞于的传播、功能与葬錞制度亦有探讨,并借助与北方、南方地区錞于对比,分析吴越地区錞于的独特之处。

需要强调的是,本文中"吴越地区出土錞于"主要指东周秦汉时期吴、越地区所见具有明确出土信息的錞于,主要涉及江苏、浙江等地,而其他吴越地区或无錞于出土,或缺乏明确出土情景,一般不纳入其中。此外,咸阳塔儿坡錞于、广东连平錞于、寿县蔡侯墓錞于虽非出自上述地区,但其形制与吴越地区出土錞于相类,因而一并纳入分析中。陆斐蕾通过对全国资

---

① 刘建国:《论錞于文化与东夷、百越的关系》,彭适凡主编:《百越民族研究》,江西教育出版社,1990年。
② 万全文:《巴人与錞于》,《文物天地》1997年第5期。
③ 费玲伢:《越国乐器研究》,《南方文物》2009年第2期。
④ 万全文:《巴人与錞于》,《文物天地》1997年第5期。
⑤ 刘健婷:《钟类乐器论略———以镈、錞于、镯、钲、铙为中心》,《江西师范大学学报》2004年第3期。
⑥ 马今洪:《钲、錞于与鼓》,《上海博物馆集刊》第12期,上海书画出版社,2012年。
⑦ 付琳:《百越"乐制"初探》,中国百越民族史研究会等编:《百越研究(第四辑)——中国百越民族史研究会第十六次年会论文集》,厦门大学出版社,2015年。
⑧ 陆斐蕾:《錞于及其文化区系研究》,中国艺术研究院硕士学位论文,指导教师:王子初,2007年。

料的整理,提出了"中原系"、"吴越系"、"巴蜀系"錞于,是过去最全面的划分方案,但因其将梁带村錞于年代断定有误,也导致她对中原系錞于的划分存在问题①。基于全国錞于材料与前人的认识,我们将錞于的文化系统主要分为三大块,一为北方地区系统(北方系),包括中原文化系统(中原系)与海岱文化系统(海岱系)两个亚系;二为吴越地区系统(吴越系),包括吴文化系统(吴系)与越文化系统(越系);三为南方地区系统(南方系),包括巴蜀文化系统(巴蜀系)与楚文化系统(楚系)两个亚系。为方便行文,以下多用简称。

一、吴越地区錞于概述

从目前的搜集整理来看,吴越地区有较明确出土信息的錞于共41件②,此外,一些地区所见的錞于与吴越地区錞于相类或受其影响,为方便后文叙述,在此一同介绍。

(一) 江 苏 省

江苏省目前已知出土錞于28件(图一),包括谏壁王家山錞于(3件,以下简称王家山錞于)③、丹徒北山顶錞于(3件,以下简称北山顶錞于)④、大云山江都王墓双头环钮錞于

图一 江苏省出土錞于举例
1. 王家山錞于 2. 北山顶錞于 3. 鸟虫书錞于 4. 双头环钮錞于
(1. 采自镇江博物馆官网;2. 采自《中国音乐文物大系》总编辑部:《中国音乐文物大系·上海卷、江苏卷》,大象出版社,1996年。第221页,图1·8·2;3. 采自曹锦炎、李则斌:《江苏盱眙西汉江都王墓出土越国鸟虫书錞于》,《文物》2016年第11期;4. 采自南京博物院、盱眙县文化广电和旅游局:《大云山——西汉江都王陵1号墓发掘报告》,文物出版社,2020年,彩版六九·1)

---

① 陆斐蕾:《錞于及其文化区系研究》,中国艺术研究院硕士学位论文,指导教师:王子初,2007年,第46页。
② 统计时间截止于2021年2月。
③ 镇江博物馆:《江苏镇江谏壁王家山东周墓》,《文物》1987年第12期。
④ 江苏省丹徒考古队:《江苏丹徒北山顶春秋墓发掘报告》,《东南文化》1988年第Z1期。

(2件,以下简称双头环钮錞于)及传世越国鸟虫书錞于(1件,以下简称鸟虫书錞于)①,以上均为青铜制錞于。此外鸿山越墓大量出土陶瓷制錞于,包括万家坟錞于(2件)、老虎墩錞于(7件)、邱承墩錞于(10件)。② 江苏省出土錞于造型多样,既有形制精美可能为实用器的青铜錞于,也有器形颇小或陶瓷质的明器錞于;年代跨度也大,从春秋到汉代,基本涵盖了錞于的流行阶段。

(二) 浙 江 省

浙江省目前已知出土錞于13件(图二),包括海盐黄家山錞于(2件,以下简称黄家山錞于)③、长兴鼻子山錞于(3件,以下简称鼻子山錞于)④、德清亭子桥錞于(5件,以下简称亭子桥錞于)⑤、温岭塘山M1錞于(3件,以下简称塘山M1錞于)⑥。浙江出土錞于皆为陶瓷质,年代多在战国时期,且出土于越国墓葬中,而温岭塘山M1錞于出自西汉东瓯国贵族墓葬,从其情况来看显然受到越文化錞于的影响。相比江苏省的情况,浙江省除墓葬中出土錞于外,在窑址中也有出土,如德清亭子桥錞于。

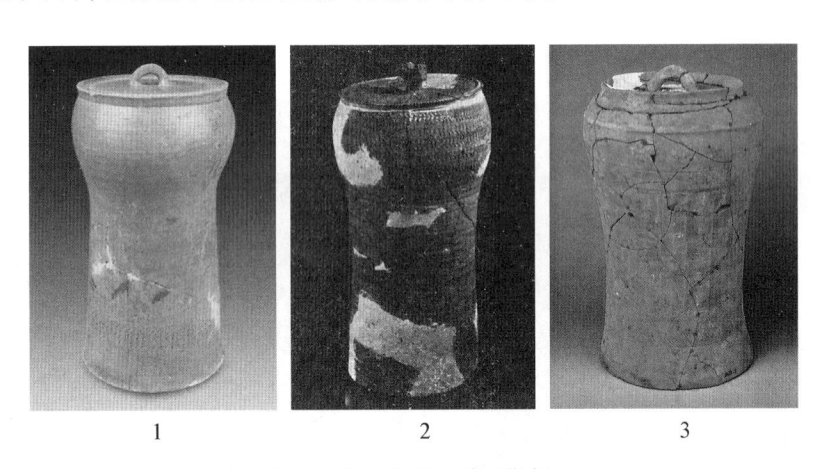

图二 浙江省出土錞于举例
1. 鼻子山錞于 2. 黄家山錞于 3. 塘山M1錞于
(1. 采自浙江省文物考古研究所、长兴县博物馆:《浙江长兴鼻子山越国贵族墓》,《文物》2007年第1期,图三一;2. 采自浙江省文物考古研究所、海盐县博物馆:《浙江海盐出土原始瓷乐器》,《文物》1985年第8期,图一七;3. 采自浙江省文物考古研究所、温岭市文化广电新闻出版局:《浙江温岭市塘山西汉东瓯贵族墓》,《考古》2007年第11期,图版三·4)

---

① 南京博物院、盱眙县文化广电和旅游局:《大云山——西汉江都王陵1号墓发掘报告》,文物出版社,2020年。
② 南京博物院、江苏省考古研究所、无锡市锡山区文物管理委员会:《鸿山越墓发掘报告》,文物出版社,2007年。
③ 浙江省文物考古研究所、海盐县博物馆:《浙江海盐出土原始瓷乐器》,《文物》1985年第8期。
④ 浙江省文物考古研究所、长兴县博物馆:《浙江长兴鼻子山越国贵族墓》,《文物》2007年第1期。
⑤ 浙江省文物考古研究所、德清县博物馆:《德清亭子桥:战国原始瓷窑址发掘报告》,文物出版社,2011年。
⑥ 浙江省文物考古研究所、温岭市文化广电新闻出版局:《浙江温岭市塘山西汉东瓯贵族墓》,《考古》2007年第11期。

（三）其他地区

广东连平县①、咸阳塔儿坡墓地②、寿县蔡侯墓③亦各出有1件錞于，故宫博物院还藏有一件传世直纹錞于④，虽然非出自吴越地区，但其造型、纹饰可见有吴越地区錞于的元素（图三），可能与吴越地区有所关联。因此本文将它们一并纳入研究的范围。

图三　其他地区相关錞于
1. 广东连平錞于　2. 寿县蔡侯墓錞于　3. 故宫直纹錞于　4. 塔儿坡錞于
（1. 采自《中国音乐文物大系》总编辑部：《中国音乐文物大系Ⅱ·广东卷》，大象出版社，2010年，第80页，图1·6·1；2. 自摄于安徽省博物馆，2019年7月19日；3. 采自《中国音乐文物大系》总编辑部：《中国音乐文物大系·北京卷》，大象出版社，1999年，第95页，图1·10·2；4. 采自《中国音乐文物大系》总编辑部：《中国音乐文物大系·陕西卷、天津卷》，大象出版社，1999年，图1·8·4）

此外，熊传新⑤、芮国耀⑥等先生均提及上海博物馆藏有一件传世原始瓷錞于。梅原末治1936年记载过一件他在波士顿美术博物馆见到的原始瓷錞于⑦，但两者具体出土信息不详，查阅相关博物馆官网亦未得见，故本文暂不涉及。

二、吴越地区錞于的形态研究

（一）类型学分析

通过对目前材料的分析，我们认为可以将吴越地区的錞于分为A、B二型，其中A型

---

① 朱非素：《连平县忠信公社发现錞于和甬钟》，《文博通讯》1978年第3期。
② 王丕忠：《咸阳塔儿坡出土秦代铜錞于》，《考古与文物》1981年第4期。
③ 安徽省文物管理委员会、安徽省博物馆：《寿县蔡侯墓出土遗物》，科学出版社，1956年。
④ 《中国音乐文物大系》总编辑部：《中国音乐文物大系·北京卷》，大象出版社，1999年，第95页。
⑤ 熊传新：《我国古代錞于概论》（油印本），湖南省博物馆，1980年9月，第3页。
⑥ 浙江省文物考古研究所、海盐县博物馆：《浙江海盐出土原始瓷乐器》，《文物》1985年第8期。
⑦ 梅原末治：《支那考古学论考》，弘文堂出版社，1938年，第392—399页。

总体上受北方地区錞于的影响较大，B型则更体现出吴越地区錞于的独特造型，详细情况如下：

A型 无盘，圜首，整体前倾（图四）。

标本 谏壁王家山錞于（46号），虎钮，侧视錞于，器体上部向前倾斜，具有不等称的特征。腹部有一三角形孔。顶面纹饰分三圈，内圈为云纹，外两圈为三角云纹。正面肩腹间突出处饰一浅浮雕人面纹。下腹部与人面纹相对处有一方框，框内有四组变体云纹。以人面纹和方框为中线，两侧各有三例凸起的螺旋纹，间以三角云纹，其下饰鸟纹和变体云纹。通高56.5、肩长径32、口长径24.5 cm。① 春秋晚期。

属于此型的还有王家山墓同出的另外两件錞于（47号、采2号）。

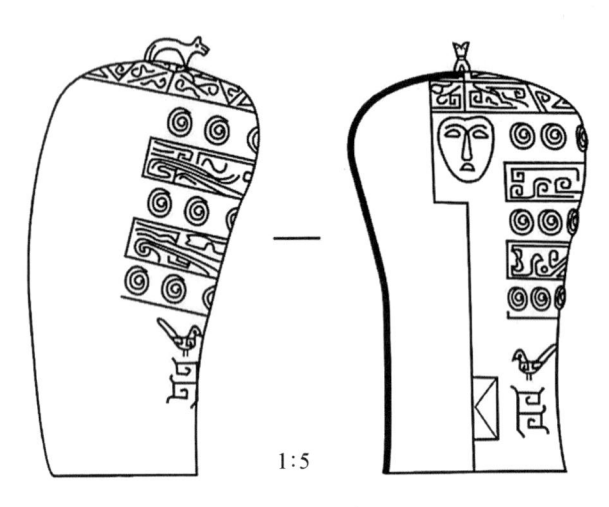

图四 A型錞于

（采自《中国音乐文物大系》总编辑部：《中国音乐文物大系·上海卷、江苏卷》，大象出版社，1996年。第220页，图1·8·1c）

B型 有盘，顶盘基本为浅盘。束腰，肩部、腰部、口部变化较明显。又可分为3个亚型（图五）。

Ba型 虎钮或动物形环钮，腰腹部分界不明显，成直筒状。口部外敞，又可分为两式：

Ⅰ式 腰腹部较平直，略成束腰，肩上部明显收束。肩径略大于口径。

标本一 北山顶錞于（M：23），虎钮身饰曲折纹，腿上卷毛作旋涡状，长尾上卷。浅盘，直壁。器身作椭圆筩形，鼓肩，肩上部收束明显，平口，肩大口小，肩部有一周变体云雷纹，口上部有三道凸起的绳索纹，下边两道，上边一道，中饰云雷纹，腹部两侧各有一由八

---

① 镇江博物馆：《江苏镇江谏壁王家山东周墓》，《文物》1987年第12期。

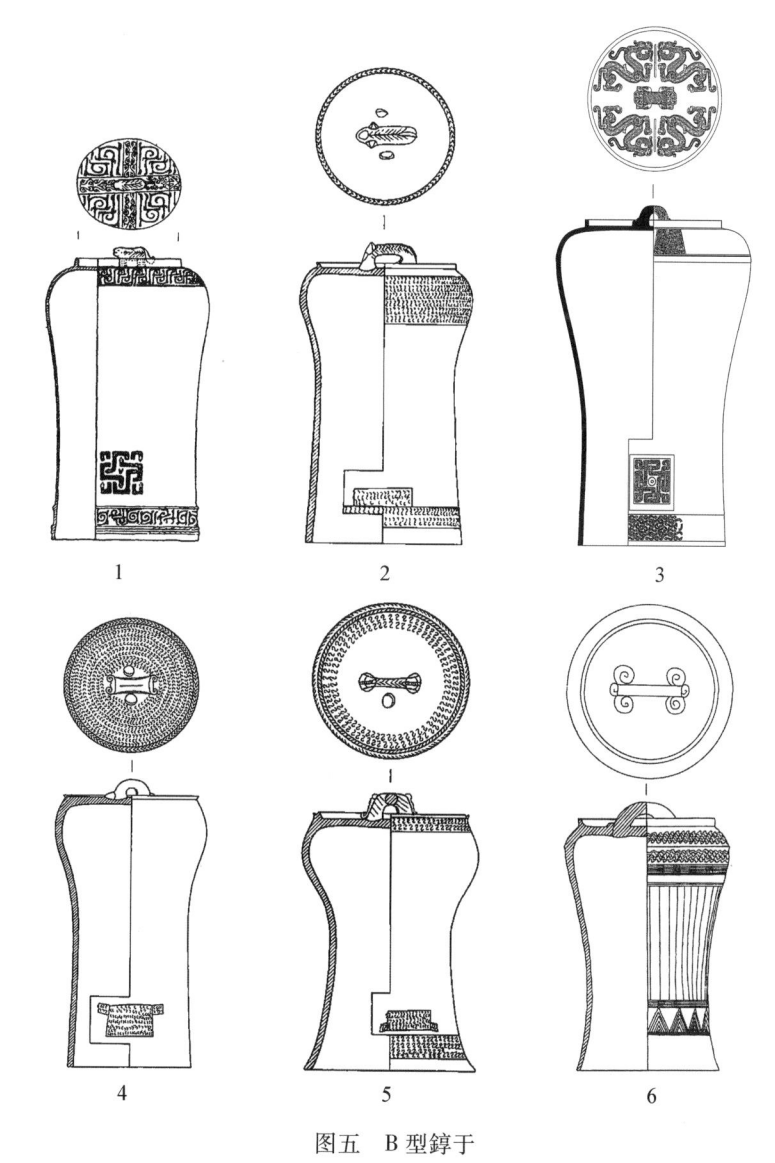

图五　B型錞于
1. 北山顶錞于 M：23　2. 邱承墩錞于 DVIIM1：1092　3. 鸟虫书錞于 M1K1⑥：395
4. 老虎墩錞于 DIC：84　5. 邱承墩錞于 DVIIM1：1094　6. 塘山 M1 錞于 4 号
(1. Ba 型 I 式　2. Ba 型 II 式　3、4. Bb 型　5. Bc 型 I 式　6. Bc 型 II 式　自制,比例不一)

条凸起的小龙组成的图形。盘内由十字形蝶纹带分成四份,内饰变体云雷纹。通高 46、盘径 15.3—17.9、肩径 21.2—25.9、口径 15.4—22.8 cm,重 6565 g①。春秋晚期。

标本二　邱承墩錞于(DVIIM1：1046),简化虎钮,无明显头、尾,呈环钮状,但有纹饰。斜直壁,盘内有两孔②,无纹饰。鼓肩,肩部外凸,收束较 I 式更明显,束腰也较之更明

---
① 江苏省丹徒考古队:《江苏丹徒北山顶春秋墓发掘报告》,《东南文化》1988 年第 Z1 期。
② 按:大量原始瓷錞于顶盘均有一孔或两孔,多规则分布在钮的两侧。结合錞于平口的造型与伴出器物的情况,推测此类孔洞为烧造时遗留,是否如此,值得进一步关注。

显,但腰腹部整体显得较平缓,不易区分,平口。两肩至口部各有一条扉棱①。肩部和于上一周饰戳印的"C"形纹,腹部刻划出长方形,内填戳印的"C"形纹,于上部刻划一周,内填戳印的"C"形纹。通高35.5、钮高3.2、盘径12.8、口径17.5 cm。②约属战国早期。

属于此式的还有另外两件北山顶錞于(M：21、M：22)。

Ⅱ式　肩部更明显,腰腹部略成直筒状,唯口部外敞。肩径略大于口径。

标本　邱承墩錞于(DⅦM1∶1092),虎钮有两耳,上有纹饰,在虎钮两旁有对称两孔,鼓肩,肩部弧度较平缓,直腹,平口,口部略敞,盘缘饰刻划纹,肩部和口上一周饰戳印的"C"形纹,腹部刻划长方形或出郭长方形,内填戳印的"C"形纹。通高37.6、钮高2.8、盘径17.1、口径19 cm。③　约属战国早期。

同属此式的还有邱承墩錞于(DⅦM1∶1097)和黄家山錞于(26号)。

Bb型　环钮或动物形环钮,肩部明显,口部微敞,腰部及以下呈明显直筒状。肩径略大于口径,口径略大于腰径。此亚型青铜制錞于多为窄盘,而陶瓷制錞于多为阔盘,当与制作方式与材质相关,暂不细分。

标本一　老虎墩錞于(DIC∶84),钮两端贴"S"形堆饰,钮两侧各有一个孔洞,鼓肩,肩部弧度较平缓,直腹,平口,盘缘饰刻划"人"字纹,盘内满饰数道"C"形纹带,并有两个圆镂孔,腹部刻画出郭方形框,内饰戳印的"C"形纹。通高45、钮高2.9、盘径21、口径19.2 cm。④约属战国早期。

标本二　邱承墩錞于(DⅦM1∶1059),盘内有一孔,鼓肩,肩部收束较明显,直腹,平口,口部微敞,盘沿饰斜刻花纹,肩部和口上一周饰戳印的"S"形纹,腹部刻划出郭长方形,内填戳印的"S"形纹。通高39.8、钮高3.5、盘径16、口径14.8 cm。⑤　约属战国早期。

标本三　大云山鸟虫书錞于(M1K1⑥∶395),顶盘较小,鼓肩,肩上部明显内收,平口,口部微撇。器身两侧有两道明显的脊线。盘内浅浮雕满饰对称四龙,曲身成"S"形,昂首吐信,扬鬃卷尾,龙爪前举后踞,身饰重环纹。钮位于圆盘中央,为对称双首龙形。龙首及前双爪卧于盘上,龙身隆起为钮,整体呈半圆环状。肩部两道宽弦纹组成纹饰带,饰勾连龙纹,由18组抑印模纹组成。腹部双面饰长方形纹饰,中间饰双圈表示璧,四周为交连四蛇环绕。口部以双宽弦纹组成纹饰带,饰连续变形蟠虺纹由26组纹样抑印而成。通

---

① 按:一些陶瓷制錞于两侧都有扉棱,这些陶瓷制錞于的扉棱可能是模仿青铜錞于(如王家山錞于)为之。
② 南京博物院等:《鸿山越墓发掘报告》,文物出版社,2007年,第268页。
③ 南京博物院等:《鸿山越墓发掘报告》,文物出版社,2007年,第268—269页。
④ 南京博物院等:《鸿山越墓发掘报告》,文物出版社,2007年,第129页。
⑤ 南京博物院等:《鸿山越墓发掘报告》,文物出版社,2007年,第269页。

高 67.51、盘径 28.32、肩径 40.42、口径 28.8—30.6、钮高 4.08、长 8.97、宽 4.41，器壁厚 1 cm。① 约属战国中期。

同属此型的还有老虎墩錞于（DIC：85、DIC：86）、鼻子山錞于（M1Q：21）。从残器造型来看，德清亭子桥出土的两件錞于（T201⑤：7、T202⑤：10）亦可能为此型。

Bc 型　束腰明显，腰腹部分界明显，口部外撇。腰部最细处逐渐下移。又可分为 2 式：

Ⅰ 式　环钮，肩部微鼓，腰部最细处在器身中部及以上。

标本一　邱承墩錞于（DVIIM1：1079），钮两端有"S"形堆饰，钮侧有一孔，盘沿饰斜刻划纹，盘内饰一周戳印的"S"形纹，盘内有一孔，肩部微鼓，弧度较平缓，腹斜直，平口，口上一周饰戳印的"C"形纹，腹部刻划出郭长方形，内填戳印的"C"形纹。通高 30.8、钮高 2.4、盘径 14.4、口径 14.8 cm。②

标本二　邱承墩錞于（DVIIM1：1094），环钮两端出尾，钮侧有一孔洞，直腹，腰腹部长度相近，平口，盘缘饰刻划纹，盘内饰两周戳印的"S"形纹。肩部和口上一周饰戳印的"C"形纹，腹部刻划长方形或出郭长方形，内填戳印的"C"形纹。通高 36、钮高 3.2、盘径 20.1、口径 22 cm。③

邱承墩錞于（DVIIM1：1078、1087、1096、1089）、鼻子山錞于（M1Q：22、M1Q：20）、万家坟錞于（DVIM1：228）也属此式。上述錞于约属战国早期。

Ⅱ 式　环钮，盘口略外侈，束腰下移明显，腰部最细处在中下部。

标本一　塘山 M1 錞于（M1Q：4），肩部有凸脊，肩径超过口径，肩脊以上饰一组刻划水波纹，肩脊以下依次饰一组刻划水波纹和两组刻划弦纹，腹部在两组刻划弦纹之间饰多重线组成的刻划三角形纹。通高 38、钮高 3.3、盘径 18.5、口径 21 cm。④

标本二　大云山双头环钮錞于（M1K1⑥：629），环钮两端各有一虎头探出，类似 Ⅱ 式邱承墩錞于（DVIIM1：1094）两端出尾和与之同墓相出的越国传世錞于双头龙形环钮的造型理念，盘底外周部内凹。平口。体量较小，当为明器。M1K1⑥：629 通高 11.78、口长径 8.15 cm⑤。

塘山 M1 同出另 2 件錞于（2 号、3 号）、大云山汉墓同出一件双头环钮錞于，亦属此

---

① 曹锦炎、李则斌：《江苏盱眙西汉江都王墓出土越国鸟虫书錞于》，《文物》2016 年第 11 期。
② 南京博物院等：《鸿山越墓发掘报告》，文物出版社，2007 年，第 269 页。
③ 南京博物院等：《鸿山越墓发掘报告》，文物出版社，2007 年，第 269 页。
④ 浙江省文物考古研究所、温岭市文化广电新闻出版局：《浙江温岭市塘山西汉东瓯贵族墓》，《考古》2007 年第 11 期，第 13 页。
⑤ 南京博物院、盱眙县文化广电和旅游局：《大云山——西汉江都王陵 1 号墓发掘报告》，文物出版社，2020 年，第 94 页。

式。以上均属西汉初期。

参照上面的划分,寿县蔡侯墓錞于、广东连平錞于与故宫直纹錞于亦属于 Bb 型,而塔儿坡錞于虽然造型独特,呈现少有的肩小口大的造型,但其整体造型与 Bc 型相似,参考其较晚的年代,因而推测是 Bc 型的变体。

(二) 纹 饰 特 征

吴越地区錞于的纹饰特征,主要在两方面,一是纹样,二是布局。除少数錞于有大面积布局乃至通体纹饰且纹饰独特的情况(如王家山錞于、塘山 M1 錞于)外,大部分錞于的纹饰集中在肩部、腹部、口部。值得注意的是,青铜錞于和陶瓷錞于的纹样不同,青铜錞于的纹饰明显根据复杂,存在龙纹、蛇纹、三角纹等等,其中三角纹多出现在肩部与口部,龙纹、蛇纹等则各部位均有分布。吴越地区青铜錞于多见动物形纹饰,此外,人面纹也是最早在吴越地区錞于上出现,联系到动物形钮,大量动物形象的出现似乎不是简单的装饰,这一点,后面在探讨錞于功能时还会提及,此处不再赘述。青铜錞于也有铸刻文字以作装饰的,如鸟虫书錞于,而陶瓷錞于则可能因为制作工艺的不同及明器属性,其纹饰多呈现为 C 形、S 形纹等,未见有文字。

对比可见,广东连平錞于、塔儿坡錞于、故宫直纹錞于的纹饰、布局与吴越地区錞于有相近之处。这进一步说明了它们可能与吴越地区的錞于系统相关联。这一点,李纯一先生亦曾提及[①]。

(三) 分 期

从上面的分类来看,吴越地区錞于最早在春秋晚期已经出现,在战国时期大量产生并发生演变,目前所见集中出现在战国时期,到了西汉初期仍有见到。因此,可以将吴越地区錞于的发展分为 3 期,第一期为春秋晚期,为吴越地区錞于的诞生时期;第二期为战国时期,为吴越地区錞于的演化发展时期;第三期为西汉时期,为吴越地区錞于的复兴时期。其中,A 型錞于主要流行在第一期,Ba 型錞于主要流行在第一、二期,Bb 型錞于主要流行在第二期,Bc 型錞于主要流行在第二、三期。

(四) 小 结

总体来看,目前吴越地区錞于最早出现在春秋晚期。受北方地区錞于环钮、圜首无

---

① 李纯一:《中国上古出土乐器综论》,文物出版社,1996 年,第 342 页。

盘、素面、腰部微束的特点影响，又融入自身文化特色，主要表现在动物形钮的创造、纹饰的繁复，尤其是在肩部、口部、腹部敲击点设置纹饰等特征上。战国以来，浅盘、简化动物形环钮与桥钮又在吴越地区出现，北方地区錞于束腰敞口的特征既在吴越地区继续存在，又演化出新的直筒形錞于的造型。值得注意的是，目前所见吴越地区最早的錞于，一开始便出现了虎钮、浅盘、纹饰繁复等特征，器物演化一般都有一定过程，从一开始便出现这些特征，似乎太过迅猛。因此，我们认为錞于传至吴越地区应该更早一些。

从微观来看，吴越地区青铜錞于的纹饰与陶瓷錞于的纹饰存在不同之处，青铜錞于和陶瓷錞于内部纹饰也有差别，这当与制作工艺与文化属性有关。而广东连平錞于和寿县蔡侯墓錞于从造型、纹饰上来看，与吴越地区錞于相近，从类型学的角度可划入吴越地区錞于的系统中。

三、吴越地区錞于的文化传统与传播

吴越系錞于主要分为吴系和越系两个小的文化系统，对它们的判断，主要依据材质、纹饰、造型及所在墓葬的情况。

从目前的材料来看，吴系錞于出现较早，且多为青铜制造，尚未见陶瓷錞于，包括王家山錞于、北山顶錞于，它们均为春秋晚期的青铜錞于，又常以大小相次，器形相近的3件随葬墓中。

越系錞于东周时期多为陶瓷材质，在数量上常以多件（以三件为主）随葬墓中，且年代集中在战国时期，如鸿山越墓、长兴鼻子山越墓、海盐黄家山越墓等，目前尚未见到青铜錞于随葬于东周越国墓葬中。

西汉早期，越系錞于为当地继续沿用。温岭塘山M1为西汉东瓯国贵族墓葬，该墓随葬3件陶质錞于，从材质与数量来看，与早期越国墓葬相近。大云山M1虽随葬3件青铜錞于，但整体特征颇具越系錞于的特征。其中2件为双头环钮錞于，体量极小，通高仅11.8 cm，可能是专门制作的明器。类似的青铜明器錞于还见于成都无线电厂战国墓。[①]除青铜明器錞于外，大云山M1还出土有1件青铜鸟虫书錞于，从纹饰、文字来看，为战国时期越国的器物。曹锦炎先生提到："这基本可以确定这件錞于为越王"丌北古"（即越王无彊）时期或稍后所作之器。这一点也可以从錞于上纹饰的流行时代得到印证，錞于的龙

---

① 成都市博物馆：《成都出土一批战国青铜器》，《文物》1990年第11期。当然该墓与大云山M1时代、地域间隔较大，其中随葬的青铜明器錞于是否有联系尚待观察。

纹和蛇纹风格,也可以确定其时代在战国中晚期。"①因此这件錞于当是越国传世器物,后为江都王收藏,并又制作两件明器錞于拼凑为3件一同埋入墓中。因此,塘山 M1 錞于与大云山 M1 錞于从材质、风格、随葬数量等来看,均可划入越系錞于的范畴。而鸟虫书錞于的出现,更暗示越系錞于可能存在明器錞于与实用錞于两条脉络。至于连平錞于与故宫直纹錞于,虽然缺乏较明确的出土信息,但从前面的类型学分析来看,将这两件器物划归越系錞于是可行的。而塔儿坡錞于造型与越系錞于相近,但仍有不同,例如其龙钮灵动,上小下大,结合其出土在秦宫殿遗址附近,我们认为其更可能是受到吴越系錞于影响的产物。

寿县蔡侯墓錞于值得单独讨论。蔡侯墓仅随葬 1 件錞于。从时间来看,蔡侯墓为春秋晚期的蔡侯墓葬,錞于的年代也当在此前后。蔡昭侯时期蔡国与吴国关系密切,"冬,与吴王阖闾遂破楚入郢……楚昭王伐蔡,蔡恐,告急于吴。吴为蔡远,约迁以自近,易以相救"②。其次,蔡侯墓中除了出土该件錞于,还同出有"吴王光鉴",该鉴铭文说明这是吴王嫁女的媵器③,更进一步证实吴蔡之间密切的关系。此外,蔡侯墓錞于与越国鸟虫书錞于的造型相近,再对比楚系錞于,显然蔡侯墓錞于与之差距较大,既无楚系錞于常见的涡纹、卷云纹等④,也在形制上存在差别。因此,从造型角度考虑,本文将蔡侯墓錞于划入吴越系,但从埋葬制度而言,蔡侯墓錞于仍与吴越系錞于有所差别,这一点后文还将讨论。

由此可见,吴越地区的錞于可划分为吴系和越系,其中吴系主要出现在春秋晚期,时间较早。而王家山墓、北山顶墓的位置,也属于吴国当时的势力范围。由此推断,吴文化区当是本区域内錞于最早传入的地区,之后才影响到越文化区。由此出现的越系錞于则主要流行于在战国时期,并对本地区錞于形态演变产生持续影响。

这是吴越系錞于自身的文化传统与特色,就交流传播而言,吴越系錞于上承北方系錞于,继承了其束腰、环钮等特点,但又发展出独特纹饰、动物形钮等特点,对南方地区錞于产生了重要影响。以钮形为例,吴越地区的北山顶錞于与王家山錞于,是春秋时期兽钮錞于的最早实证。到了战国阶段,受吴越系錞于影响,大量虎钮錞于在南方地区出现,后来又发展出双虎钮、马钮等造型(图六),如建始二台子双虎钮錞于(6号)⑤、湖南省博马钮

---

① 曹锦炎、李则斌:《江苏盱眙西汉江都王墓出土越国鸟虫书錞于》,《文物》2016 年第 11 期。
② 《史记》卷三十五《管蔡世家》。
③ 安徽省文物管理委员会、安徽省博物馆:《寿县蔡侯墓出土遗物》,科学出版社,1956 年。
④ 按:高至喜先生较早对楚系錞于纹饰作出了总结梳理,参见高至喜:《楚式錞于初论》,《湖南省博物馆馆刊》第 3 期,岳麓书社,2006 年,第 192 页。
⑤ 《中国音乐文物大系》总编辑部:《中国音乐文物大系··湖北卷》,大象出版社,1999 年,第 93 页。

图六　南方地区錞于
1. 建始二台子錞于　2. 湖南省博马钮錞于
(1. 采自《中国音乐文物大系》总编辑部:《中国音乐文物大系·湖北卷》,大象出版社,1999年,第93页,图1·8·10a;2. 采自《中国音乐文物大系》总编辑部:《中国音乐文物大系Ⅱ·湖南卷》,大象出版社,2006年,第172页,图1·8·16a)

錞于(39240)[①]。南方地区的兽钮更加生动活泼,相比之下,目前所见吴越系錞于的兽钮虽较为朴素,但其开创之功不可忽视。

四、錞于功能研究

对錞于功能的探讨,陆斐蕾已有较好的总结,具体而言,錞于功能不超过战陈与礼乐两个方面。[②] 以下,我们希望借助吴越地錞于的埋藏情景,对本地錞于的功能进行具体的探讨,同时也借助非吴越地区錞于的资料以佐证。

（一）战　　陈

《周礼》称:"鼓人掌教六鼓四金之音声,以节声乐,以和军旅……以金錞和鼓。"[③]《国语》称:"战以錞于、丁宁,儆其民也。"[④]"王乃秉枹,亲就鸣钟鼓、丁宁、錞于、振铎。"[⑤]汉《淮南子》载:"两军相当,鼓錞相望。"[⑥]《周礼》、《国语》等文献都对錞于在战争中的使用情况进行了描述,显然,文献记载中錞于是与鼓等军乐器组合使用的,这些组合能间接从

[①]《中国音乐文物大系》总编辑部:《中国音乐文物大系Ⅱ·湖南卷》,大象出版社,2006年,第172页。
[②] 陆斐蕾:《錞于及其文化区系研究》,中国艺术研究院硕士学位论文,指导教师:王子初,2007年,第30—33页。
[③] 阮元校刻:《十三经注疏》卷十二《周礼·鼓人》,中华书局,2009年影印本,第1552页。
[④] 徐元诰撰,王树民、沈长云点校:《国语集解》,中华书局,2002年,第379页。
[⑤] 徐元诰撰,王树民、沈长云点校:《国语集解》,中华书局,2002年,第550页。
[⑥] 刘文典撰,冯逸、乔华点校:《淮南鸿烈集解》,中华书局,1989年,第495页。

錞于的墓葬摆放位置与伴出器物中得到印证。尤其是《国语》中吴王指挥作战的乐器组合,虽然我们并未在吴墓中发现完整的实物组合,但在曾经属于吴国势力范围内发现的鸿山越墓却发现了对应的实物组合。在鸿山越墓最高等级的邱承墩大墓中,我们发现了鼓、錞于、钲、振铎同出,且数量上存在相配的情况,此外,万家坟、老虎墩墓也都出现了錞于与钲、鼓同出的情况,除了鸿山越墓,还有北山顶墓中鼓、钲、錞于同出,长兴鼻子山墓錞于与钲等同出。这种组合,不仅在吴越地区如此,在北方地区、南方地区同样有所体现。例如梁带村錞于出土时与建鼓、钲相伴,"椁室东北部放置青铜乐器编钟、錞于、钲和漆木建鼓";①马今洪先生曾根据鸿山越墓、北山顶墓和梁带村 M27 这些墓葬的情况,提出錞于往往与钲、鼓合用,并对这样组合的传播与演奏方法等进行了研究②,具有重要的意义。从以上錞于的伴出器物来看,錞于往往与上述军乐器同出,结合文献记载,可见錞于在各地都可能常用于战陈。

除了传世文献与实物资料,出土文献也为我们提供了证据。《上海博物馆藏战国楚竹书》中有一篇《陈公治兵》,描述楚王命陈公整顿士卒的情景,里面明确提到"车为主焉,或持八鼓五称,钲铙以左,錞于以右,金铎以跪,木铎以起",进一步说明錞于与钲、铙、铎、鼓等组合使用以指挥作战的用途。郭宝均在《山彪镇与琉璃阁》中虽然错误地认为一些器物上有錞于的图样,③但其结合文献材料认为,"錞于、钲就是金,那时军旅习惯,闻鼓则进,鸣金则退,这两种东西,必须置在指挥人的身傍,才便于观察军情变化以进退军旅"④,这一点是值得肯定的。《周礼》所称"鼓人掌教六鼓四金之音声……以金錞和鼓",其中的"鼓人",孙诒让解释为"师帅、旅帅"⑤。结合前面《国语》《上博简》材料,我们认为:錞于一般属于军事统帅或拥有军队的王侯,是其在作战时的指挥用器,在作战时錞于并非单独使用,而是与钲、铙、铎、鼓等配合,作为"金"的一部分,起到"击鼓进军,鸣金收兵"的指挥效果,具有较强的规范性。錞于的战陈功能,也从侧面反映出东周秦汉之际战争频繁,列国纷争的局面以及这一时期军事制度的发展演变。

可见,錞于在北方地区诞生之初便具有较强的军事色彩,而后传播至吴越、南方地区,这种战陈功能被进一步开发。

---

① 陕西省考古研究院、渭南市文物保护考古研究所、韩城市文物旅游局:《陕西韩城梁带村遗址 M27 发掘简报》,第 5 页。
② 马今洪:《钲、錞于与鼓》,《上海博物馆馆刊》第 12 期,上海书画出版社,2012 年。
③ 郭宝钧:《山彪镇与琉璃阁》,科学出版社,1959 年,第 23 页。按:陆斐蕾在文中已有指出,参见陆斐蕾:《錞于及其文化区系研究》,中国艺术研究院硕士学位论文,指导教师:王子初,2007 年,第 37 页。
④ 郭宝钧:《山彪镇与琉璃阁》,科学出版社,1959 年,第 23 页。
⑤ 孙诒让撰,王文锦、陈玉霞点校:《周礼正义》,中华书局,1987 年,第 2303 页。

（二）礼　　乐

錞于的礼乐功能表现在燕享与祭祀两个方面。

虽然在吴墓中，錞于往往只与兵器和军乐器存放在相近的位置，但在越墓中，錞于除了与其他金鼓类乐器相配，也多与编钟、编磬等旋律性演奏乐器同置。例如鸿山越墓中，邱承墩錞于是与其他乐器一同存放在墓道的壁龛中的；鼻子山錞于也是与其他乐器如编钟、编磬一起存放在乐器坑内的；塘山M1錞于也是与编钟编磬等一同存于墓外的陪葬坑内。类似的情况在吴越地区以外也常见，例如洛庄汉墓錞于与编钟、编磬、琴瑟等乐器同出于一乐器随葬坑，其中錞于与铃、钲共存于一木架上，"自南向北分别悬挂着錞于、钲和铃各1件"[1]。从此随葬坑内众多的乐器及錞于独特的组合来看，洛庄汉墓錞于当有以军乐器作礼乐演奏的随葬用意。此外，我们能从青铜器铭文上找到一些印证。郭沫若曾对宿县芦古城子錞于伴出的无者俞钲铭文进行释读，并据铭文"其万年用享用孝，用祈眉寿，子子孙孙永宝用之"指出"钲与錞于不仅用于军旅，亦可用于祭祀燕享"[2]。钲的铭文或许只能作一辅证，錞于自身铭文则显得更为有力。上海博物馆拣选的庚午錞于，其上可见铭文有"吉日庚午……中翰且扬，元鸣孔皇，用享以孝，子子孙孙永宝鼓之"[3]。马承源认为"錞于亦为宗庙的享孝时的宴乐器"[4]。陈佩芬也指出"錞于有器形甚大的，更不宜于作战行军中使用"[5]。此外，《隋书》亦记载，"至大业中，炀帝制宴飨设鼓吹，依梁为十二案。案别有錞于、钲、铎、军乐鼓吹等一部"[6]。说明将錞于等军乐器组合用于燕享祭祀的场合，在汉以后依然存在。

錞于的祭祀功能还体现在其形制与纹饰的组合上。王家山錞于是目前所知最早同时出现人面纹与虎钮的錞于。在该錞中，人面纹位于虎钮下方，与虎钮对齐，虎嘴正对着人脸，这种虎钮与人面纹组合的纹饰在巴蜀系錞于中同样可见（图七、八）。那么这种组合纹饰其义何在呢？李嘉等曾统计湖南、湖北、四川地区的錞于，发现人面纹往往与虎钮錞于结合，并利用张光直先生的萨满理论[7]，认为这种组合正是虎钮錞于作为人神沟通媒介的礼器的体现[8]。实际上，錞于除了虎钮、龙钮等装饰，还有鸟（例如洛庄汉墓錞于上的

---

[1] 济南市考古研究所等：《山东章丘市洛庄汉墓陪葬坑的清理》，《考古》2004年第8期。
[2] 郭沫若：《曾子斿鼎、无者俞钲及其它》，《文物》1964年第9期。
[3] 《中国音乐文物大系》总编辑部：《中国音乐文物大系·上海卷、江苏卷》，大象出版社，1996年，第117页；陈佩芬：《中国青铜器辞典》，上海辞书出版社，2013年，第54页。按：两文所举铭文各有缺失，现综合二者列举。
[4] 马承源：《中国青铜器》，上海古籍出版社，2003年，第289页。
[5] 陈佩芬：《中国青铜器辞典》，上海辞书出版社，2013年，第54页。
[6] 《隋书》卷十五《音乐志》。
[7] 张光直：《美术、神话与祭祀》，生活·读书·新知三联书店，2013年，第57页。
[8] 李嘉、田雨：《艺术社会学视角下的巴式虎钮錞于初探》，《美术大观》2018年第6期。

鹰）、鱼等动物纹样。从分布来看，这些动物纹样较多分布在南方地区与吴越地区的錞于上。囿于篇幅，本文对錞于上的动物纹样与人面纹不再深入讨论。但可以看到，錞于有着重要的礼乐祭祀之用。

综上可知，錞于兼具战陈与礼乐功能，至于这二者产生时间是否有先后，目前还无从得知。

图七　万县甘宁錞于盘内纹饰
（自摄于云南省博物馆，2019 年 6 月 2 日）

图八　永定青天界錞于盘内纹饰
（采自《中国音乐文物大系》总编辑部：《中国音乐文物大系 Ⅱ·湖南卷》，大象出版社，2006 年，第 163 页，图 1·8·7b）

五、吴越系錞于的伴出器物与葬錞制度

对比北方系、南方系錞于，吴越系錞于的伴出器物与埋葬制度既有与它们相同的地方，也有许多不同的特点。例如北方系錞于主要与钲、鼓等伴出，吴越系錞于的情况与之类似[①]，但吴越系錞于还有其他伴出器物且存在等级差异，墓葬中随葬的錞于材质也有不同，以下将对它们进行具体分析。

（一）吴系錞于

出土吴系錞于的墓葬目前仅见丹徒北山顶墓和谏壁王家山墓，对吴系錞于出土情况的分析，目前只能从这两座墓葬入手。从埋葬数量来看，两墓均随葬造型相类、大小相次的 3 件錞于；从器物材质来看，两墓錞于均为青铜錞于。从造型来看，两墓錞于造型差距较大，尤其是王家山錞于，其纹饰和前倾的造型在錞于中十分少见。吴系錞于的材料较少

---

① 马今洪：《钲、錞于与鼓》，《上海博物馆集刊》第 12 期，上海书画出版社，2012 年。

但颇具个性,对其特征的总结有待更多材料的补充。

从出土位置和伴出器物而言,北山顶墓錞于被放置在墓道底部偏西的位置,西侧一旁还有鼎、缶等物,东侧则有兵器、鸠杖与编钟、编磬等,墓内则有一些陶鼎足等器物,可能是盗掘后的残留。三件錞于中,两件錞于在靠南的位置,另一件錞于在靠北的位置。靠北这件錞于,其腔内放置有一件钲,而旁边有漆皮和鼓环,靠南的两件錞于,在其东侧有鼓桴头。从这样的位置摆放来看,结合报告称"中间横置一件錞于和1件悬鼓,錞于钮朝北,悬鼓已朽烂,仅存青铜悬鼓环与一片红色漆皮"①,我们认为在几件錞于东侧的漆皮、鼓环、鼓桴头可能是同一件鼓的残存。报告将錞于、钲、鼓判断为军乐器显然是合理的。从墓道中发现的錞于等器物与《国语·吴语》"王乃秉枹,亲就鸣钟鼓,钲,錞于,振铎"②的记载也基本相符。但值得注意的是,早期文献中均未对錞于的实际使用数量有过记载,究竟是一件錞于配一件钲、一件鼓,还是多件錞于配一件钲、一件鼓,我们还未可知。从分布来说,报告所言中部的錞于,似乎更与南侧錞于相近,所见的鼓究竟是与北部这件錞于相配,还是与中部这件錞于相配,又或者说与三件錞于成套相配,都还未知,而王家山錞于出自该墓的二层台近南壁处,几件錞于堆放在一起,摆放在同一位置的还有钲③、盉、匜、鉴、虎子形器等器物,在二层台中部则见有集中摆放的兵器,墓底方坑则放置大量硬陶瓮。结合两墓的情况,可见吴系錞于往往与其他青铜器集中放置在墓葬某处,可能是墓道,也可能是二层台。

此外,就錞于的组合器物来看,往往有钲、鼓、编钟、编磬与兵器,我们认为吴系錞于的组合是3件造型相类,大小有别的錞于配1件钲,而鼓、编钟与编磬的伴出则并不一定。

就墓葬等级而言,吴系錞于随葬等级与北方地区相近,均为高等级贵族墓葬。报告推测北山顶墓墓主为吴王,而王家山墓墓主为军事贵族,北山顶墓尽管被盗,仍出土有鸠杖,这种器物往往是极高等级的贵族才能随葬,与錞于配套的还有鼓、编磬等器物,但王家山墓则未见鼓、编钟、编磬,过去我们在对北方地区錞于的统计中发现,绝大部分出土錞于的北方地区墓葬,都随葬有编钟、编磬,如梁带村 M27④、纪王崮 M1⑤、刘家店子 M1⑥ 等。这种情况,在出土吴系錞于的墓中则似乎有所波动,吴系墓葬中随葬錞于,或许更强调其军乐器的属性或者墓主的军事色彩。但总体而言,錞于仍然是高等级贵族才能使用的器物。

---

① 江苏省丹徒考古队:《江苏丹徒北山顶春秋墓发掘报告》,《东南文化》1988 年第 Z1 期。
② 徐元诰撰,王树民、沈长云点校:《国语集解》,中华书局,2002 年,第 550 页。
③ 原报告称作句鑃,但从造型来看当是钲。这一点许多学者已经指出,可参见方建军:《论东周秦汉铜钲》,《中国音乐学》1993 年第 1 期;朱国伟:《钲与句鑃辨析》,《天津音乐学院学报》2011 年第 1 期;马国伟:《句鑃与铙、铎、钲》,《天津音乐学院学报》2015 年第 3 期。
④ 陕西省考古研究院、渭南市文物保护考古研究所、韩城市文物旅游局:《陕西韩城梁带村遗址 M27 发掘简报》,《考古与文物》2007 年第 6 期。
⑤ 山东省文物考古研究所、临沂市文物考古队、沂水县博物馆:《山东沂水县纪王崮春秋墓》,《考古》2013 年第 7 期。
⑥ 山东省文物考古研究所、沂水县文物管理站:《山东沂水刘家店子春秋墓发掘简报》,《文物》1984 年第 9 期。

（二）越系錞于

出土越系錞于的墓葬较多,时间范围也较广,主要涉及的墓葬包括长兴鼻子山墓、温岭塘山 M1、大云山汉墓及鸿山越墓中的邱承墩、老虎墩和万家坟等。鸿山三墓出土大量錞于,既保存较好,也有明显的等级差别,报告已对这三座墓划分了等级[1],由高到低依次为邱承墩、老虎墩、万家坟,这为我们提供了相当的助益。为使行文方便,以下即以邱承墩、老虎墩和万家坟三墓为切入口,并在需要时借助其他墓葬,探讨越系錞于的随葬制度。

越系錞于不再像吴系錞于那般固定随葬 3 件成组的錞于,而是出现 3 件成组、2 件成组、2 件拼凑 1 件组合成 3 件乃至多套 3 件组并存的情况。2 件成组或许是向海岱地区学习,我们看到前引纪王崮与刘家店子两墓均随葬两件造型相同的錞于,这与早期中原地区梁带村 M27 仅随葬 1 件錞于的情况不同。而 3 件成组的情况可能受到吴文化的影响。尽管如此,由 2 件相同造型錞于与 1 件不同造型錞于拼凑成组的做法,却是越系錞于的特色。

首先来看信息较为明确且等级较低的万家坟,该墓出土錞于及其组合均为硬陶材质,其中錞于 2 件,造型相同,大小有别。两件錞于伴出的金鼓乐器还有钲 1 件、鼓座 1 件。编悬乐器则包括编钟、编磬与编句鑃。报告将该墓的等级定在越墓的第四等级墓葬。[2] 类似的组合还出现在海盐黄家山墓,该墓亦出有 2 件錞于,大小有别,并伴出有成组编句鑃、编钟、编磬。海盐黄家山墓虽未发现钲、鼓等(可能与受扰动有关),整体组合却与万家坟相近,当属同等级。

更高等级的墓葬则为老虎墩墓[3],该墓出土錞于 7 件,其中瓷錞于 3 件,硬陶錞于 3 件(另有 1 件未修复)。3 件瓷錞于造型相近,但纹饰有别,其中两件(DIC∶86/85)纹饰相近,均饰有直纹(瓦棱纹),而另一件(DIC∶84)则呈素面;硬陶錞于 3 件,造型相同,大小相次,当为一组。在伴出器物上,可见有钲 2 件及成组编句鑃、编钟、编磬。结合鼻子山墓 1+2 件青瓷錞于配 1 件钲[4]的情况,我们认为 2 件钲当分别与两套各 3 件组的錞于相配。

最后是邱承墩墓[5],该墓所见錞于及其组合均为原始瓷质。其中出土錞于 10 件,是目

---

[1] 南京博物院、江苏省考古研究所、无锡市锡山区文物管理委员会:《鸿山越墓发掘报告》,文物出版社,2007年,第 331—332 页。
[2] 南京博物院、江苏省考古研究所、无锡市锡山区文物管理委员会:《鸿山越墓发掘报告》,文物出版社,2007年,第 334 页。
[3] 南京博物院、江苏省考古研究所、无锡市锡山区文物管理委员会:《鸿山越墓发掘报告》,文物出版社,2007年,第 115—169 页。
[4] 浙江省文物考古研究所、长兴县博物馆:《浙江长兴鼻子山越国贵族墓》,《文物》2007 年第 1 期。
[5] 南京博物院、江苏省考古研究所、无锡市锡山区文物管理委员会:《鸿山越墓发掘报告》,文物出版社,2007年,第 170—317 页。

前国内一次出土錞于最多的墓葬。在伴出器物上，金鼓乐器有钲3件、鼓座4件、铎4件，编悬乐器有成编句鑃、编钟、编磬。原报告将10件錞于按照1+3+3+3的方式与3件钲相配（图九），但在具体组合上似乎还值得商榷。因此，本文希望重新对邱承墩墓中的錞于组合进行划分。

图九　原报告中的錞于组合划分
（采自南京博物院、江苏省考古研究所、无锡市锡山区文物管理委员会：《鸿山越墓发掘报告》，文物出版社，2007年，第274页，图二二四）

首先，报告将邱承墩墓其中一件有扉棱的錞于（DVIIM1∶1046）单独划出，而将其他9件錞于划分为三组，根据图九所示，由上到下分为第一组（DVIIM1∶1087、1078、1079）、第二组（DVIIM1∶1092、1097、1094）、第三组（DVIIM1∶1059、1089、1096）。我们认为，第二组的最后一件（DVIIM1∶1094）与第三组的第一件錞于（DVIIM1∶1059）的划分值得商榷。从图中可见，第二组的最后一件（DVIIM1∶1094）与第三组后两件形制、纹饰更为相近。因此，我们认为鸿山越墓应有两套形制相同，大小相次的錞于，即第一组（DVIIM1∶1087、1078、1079）与另一组（DVIIM1∶1094、1089、1096），如此，则还剩下原第二组两件形制相同的錞于（DVIIM1∶1092、1097）、扉棱錞于（DVIIM1∶1046）与錞于（DVIIM1∶1059）。根据前面的类型学划分，扉棱錞于（DVIIM1∶1046）属于 Ba 型 I 式，而錞于（DVIIM1∶1092、1097）属于 Ba 型 II 式，这三者形制相近，参考老虎墩墓 1+2 组合亦是三件形制相近錞于拼凑而成，我们认为錞于（DVIIM1∶1092、1097、1046）更可能为一组 1+2 的拼凑组合。至此我们将邱承墩錞于划分为 3 组 3 件的錞于与 1 件单独的錞于，其中前三组錞于恰好每组与钲 1、鼓 1、铎 1 相配，再搭配同墓出土的其他乐钟，正是《国语·吴语》记载中"王乃秉枹，亲就鸣钟鼓，钲，錞于，振铎"①的器物组合，也符合《周礼》中的"鼓金之制"②。但需要注意的是，抛开这三组组合，邱承墩墓还剩下錞于、鼓、铎各 1 件，唯独缺乏钲，这种情况既可能与墓葬受到扰动，原有器物数量更多有关，也可能因为錞于仅为单件，不足以构成 3 件一组的组合，因此仅选取鼓、铎与之相配。我们认为后者的可能性更大。但不管怎样，邱承墩墓至少存在 4 套金鼓组合（图十），足见其等级较高。

由此可见，越系錞于组合或者说金鼓组合，有着明显的等级差别，也与此前所划分的墓葬等级相契合（表一）。第四等级贵族墓往往随葬两件錞于，并伴出钲、鼓等器物；第三等级贵族墓则出现随葬 3 件錞于，并伴出钲、鼓等器物的情况，但这一等级内部也有差异，级别较低者仅随葬 3 件（1+2）瓷质錞于，级别略高者或可随葬 2 套 3 件成组的錞于，在材质上一组为瓷质（1+2），一组为陶质（3 件相次）。第二等级贵族墓则出现多套 3 件錞于，并出现低等级墓葬中未见的铎。越国墓葬随葬 1 件、2 件錞于的随葬组合，可能受到了北方地区墓葬的影响，我们看到北方地区墓葬早期随葬有 1 件（如梁带村 M27）或 2 件形制大小相近（纪王崮 M1、刘家店子春秋墓）的錞于。此外，越国墓葬与吴国墓葬在随葬时均有明显的"尚三"倾向，一些级别不够的贵族，也往往采用 1+2 拼凑为 3 件的方式，甚至使用陶质錞于这种材质较差的錞于去配凑多套 3 件组錞于③。

---

① 徐元诰撰：《国语集解》，第 550 页。按：文献中吴王使用的器物组合与越墓出土器物组合相同，更说明吴越之间密切的交流与本地族群在用錞制度上的共性。
② 阮元校刻：《十三经注疏》卷十二《周礼·鼓人》，北京：中华书局，2009 年影印本，第 1552 页。
③ 按：基于此，我们也认为陶质与瓷质的差异不仅体现了财富上的差异，也是錞于在等级上的差异，瓷质可能高于陶质錞于。

图十　邱承墩墓中的金鼓组合示意图(自制,比例不一)

表一　吴越地区墓葬出土錞于情况简表(自制)

墓葬名称	年　代	国属	墓葬等级	錞于数量	伴　出　乐　器
王家山墓	春秋晚期	吴	卿大夫级	3	钲1
北山顶墓	春秋晚期	吴	公侯级	3	钲1、悬鼓环1;编钟、编磬一组
邱承墩墓	战国早期	越	二	1、1+2、3、3	钲3、鼓座4、铎4;句鑃、编钟、编磬多组
老虎墩墓	战国早期	越	三	1+2(青瓷);3(硬陶)	钲2;句鑃、编钟、编磬多组

续 表

墓葬名称	年 代	国属	墓葬等级	镈于数量	伴 出 乐 器
鼻子山墓	战国早期	越	三	1+2	钲1；句鑃、成组编钟、编磬
万家坟墓	战国早期	越	四	2	钲1、鼓座1；句鑃、编钟、编磬多组
黄家山墓	战国早期	越	四	2	句鑃、编钟、编磬多组
塘山 M1	西汉早期	东瓯	高等级贵族	3	句鑃（数量不明）、编钟、编磬一组
大云山 M1	西汉早期	江都	诸侯王级	1+2	钲2；编钟4组、编磬一组

到了西汉时期，本地葬镈组合继续得以沿袭。在大云山汉墓[①]和塘山 M1[②] 两墓墓主均为高等级贵族，并随葬了3件成组镈于，其中大云山汉墓镈于为1+2的拼凑形式，并使用了2件造型相同的陶质明器小镈于与1件越国传世青铜镈于；而塘山 M1 则随葬3件形制相同，大小相次的陶质镈于。这暗示战国时期越系镈于的随葬特点在本地延续至汉代。

由此可见，越系镈于的器物组合虽然在一定程度上吸收了吴系镈于造型相类，大小有别且3件一套的特色，但又加入了自身文化特色。低等级贵族往往随葬2件一套的镈于，如万家坟墓，镈于材质较差，以硬陶为主，较高等级贵族则往往随葬多套镈于，材质上青瓷、硬陶相结合，等级更高者也可以随葬全套青瓷镈于，在镈于数量上则表现为以造型相类的3件成套入葬和造型相类的2件配1件有区别镈于凑成一套的情况，在器物组合上，镈于则往往与鼓、钲、振铎相配，随葬时与等级成正相关，但并不绝对。

至于蔡侯墓镈于，虽然该镈于在造型上是吴越系镈于的特征，但在随葬制度上，其1镈、1钲的组合，我们认为偏属中原系统，这是需要说明的。

（三）小　　结

综上可见，吴系与越系镈于在伴出器物与随葬制度上既有相同点，也有区别。相同点上，从出土位置来看，吴越地区镈于多出自墓道周围或者专门的器物坑中，极少出现在墓室周围；从数量和组合来看，常见3件一组的情况，除了较低级别的墓葬随葬2件造型一致，大小有别的镈于外，大部分墓葬仍选择3件一组的镈于随葬，且墓葬等级越高，随葬组数越多，材质往往也越好，伴出的其他组合器物，往往也越多。组合器物以钲、鼓等为主，且融入了本地特色，较高级别的墓葬配上了振铎，这是在北方地区未见的情况。不同点上，吴系镈于随葬墓中均为青铜材质，而越系镈于随葬墓中基本为陶瓷材质，汉代才出现

[①] 南京博物院、盱眙县文化广电和旅游局：《大云山——西汉江都王陵1号墓发掘报告》，文物出版社，2020年。
[②] 浙江省文物考古研究所、温岭市文化广电新闻出版局：《浙江温岭市塘山西汉东瓯贵族墓》，《考古》2007年第11期。

将青铜材质錞于随葬入墓的情况。吴系錞于均以青铜制作,或许与其学习中原文化有关,而越系錞于分为实用錞于与明器錞于两条脉络,体现其本身文化传统的个性。在器物属性上,吴系錞于似乎更加突出錞于的军事属性,而越系錞于则更强调乐器属性;在器物数量上,越系錞于出现了较为灵活的组合情况,而吴系錞于则相对稳定,或许与目前所见随葬錞于的吴墓较少以及吴系錞于年代早于越系錞于有关。尽管这些认识还需更多材料的佐证,但是仍然可以看到,吴越地区的器用制度在学习借鉴北方地区器用制度的同时,又融入自身特色,为日后錞于在南方地区的发展提供了重要的养分。

总　　结

通过对吴越地区出土錞于的研究,我们看到:

(一) 吴越地区錞于有着与北方、南方地区不同的特点。在材质上,吴越地区出现了陶瓷制的錞于;在型式上,除继承北方地区錞于以环钮、圜首、束腰为主的特点外,又开创了直筒型与动物形钮錞于,且出现繁复的纹饰;在传播上,吴越地区作为流行区域之一,有着重要的跳板作用,为之后南方地区灿烂的錞于发展演变提供了助力;在文化系统上,吴越地区錞于可归为由吴系与越系共同组成的吴越系錞于;在功能上,吴越地区錞于继承了战陈与礼乐两类功能,同时在墓葬中,吴系錞于中可能更加强调军事和祭祀属性,而越系錞于则更加强调乐器功能;在葬錞制度上,吴越地区更加崇尚多錞制,且多以3件造型相类,大小有别的錞于为一套,北方地区常见的特錞制却较为少见。同时越系墓葬出现了随葬陶瓷明器錞于的特征,随葬錞于的数量、材质也与墓葬等级呈正相关。伴出器物上,除了北方地区常见的鼓、钲外,又出现振铎相配。这种器用传统一直影响到汉代。吴越地区作为錞于传播的重要区域,在吸收学习北方地区錞于文化传统的同时,融入自身文化特色,为后来南方地区錞于的发展演变注入了活力,并且其自身的演变发展也保持了相当长时间,表现出独特的魅力与生命力。

(二) 錞于诞生于两周之际,其独特的造型与功能,使它得以广泛传播到多个地区,也在传播过程中不断发展并流传后世。吴越系錞于早期的发展与创新,是吴越文化在东周时期的缩影,蔡侯墓錞于在造型上是吴越地区錞于的特点,在葬錞制度上却保持着北方地区錞于的传统,是北方地区与吴越地区文化的交融。连平錞于的出现,说明了百越民族地区广泛的交流,塔儿坡錞于、大云山汉墓錞于、塘山M1錞于则体现了大一统时代各地区间更加密切的交流和人员流动。以物证史,透物见人,吴越錞于的演变发展,印证了东周秦汉时期的社会兴替与贵族时尚。

浙江出土汉六朝熏炉初步研究

杨金东

熏炉是汉六朝浙江墓葬中的常见随葬物。本文搜集并梳理该时期浙江墓葬中的出土材料,对熏炉的定名、类型与时代、地域特征等方面做一探讨,以期对浙江汉六朝时期熏炉的认识有所深化。

一、关于熏炉的定名

何谓熏炉?"熏"指烟、气等接触物体,《急就篇》颜师古注:"熏者,烧取其烟以为香也。"[1]《说文解字》中部:"薰,火烟上出也。"[2]出土文物中有部分器物自带器物名称的铭文,这类器物应以其出土时的自铭名称来命名。长沙马王堆一号汉墓的墓主是西汉长沙国丞相轪侯利苍的妻子避[3],该墓出土陶熏炉两件。出土时,其中1件炉盘内满盛燃烧后残存的茅香炭状根茎,另外1件炉盘内盛有茅香、高良姜、辛夷和藁本等香草,且墓葬出土的竹简上书写"熏庐二皆画"等字,与墓中出土的两件彩绘陶熏炉相合。陕西茂陵一号无名冢从葬坑K1∶003竹节熏炉炉盖口外侧刻铭文一周35字:"内者未央尚外,金黄涂竹节熏炉一具,并重十斤二十两,四年内官造,五年十月输,第初三。"底座圈足外侧刻铭文二周三十三字:"内者未央尚卧,金黄涂竹节熏炉一具,并重十一斤,四年寺工造,五年十月输,第初四。"[4]长沙汤家岭西汉墓出土两件熏炉,其中1件腹部刻有隶书铭文"张端君错庐一",另1件熏炉盘口沿上发现墨书隶字"张端君熏炉一"[5]。上述3件器物说明此种器物在汉代的名称是"熏炉"。

---

[1] (汉)史游撰、(唐)颜师古注:《急就篇》,中华书局,1985年。
[2] (汉)许慎撰:《说文解字》,中华书局,1976年。
[3] 魏宜辉、张传官、萧毅:《马王堆一号汉墓所谓"妾辛追"印辨正》,《文史》2019年第4辑。湖南省博物馆、中国科学院考古研究所:《长沙马王堆一号汉墓》,文物出版社,1973年。
[4] 咸阳地区文管会、茂陵博物馆:《陕西茂陵一号无名冢一号从葬坑的发掘》,《文物》1982年第9期。
[5] 湖南博物馆:《长沙汤家岭西汉墓清理报告》,《考古》1966年第4期。

综合文献记载情况和出土文物自铭信息,这种由镂孔炉盖、炉身、柱柄和承盘几部分组成的器物应统称为熏炉①,其主要功能是通过燃烧带芳香功效的草本植物或树脂类、动物类香料以便使香料中的香气挥发,达到美化环境、驱灭蚊虫、医疗保健等效果。需要说明的是,熏炉中有一类流行甚广的器物类型——博山炉,博山炉的称呼不见于汉代文献和实物资料,六朝时期开始出现,如梁昭明太子《铜博山香炉赋》,《西京杂记》中记载有九层博山炉等。

二、浙江出土熏炉的类型与时代

目前,公开发表资料中的浙江出土汉六朝时期熏炉共40件,均出土于墓葬之中。按照熏炉质地可以分为原始瓷质、瓷质和铜质三类,不见陶质熏炉②。汉代的熏炉以原始瓷为主,六朝时期以瓷质为主,铜熏炉较为罕见。浙江出土熏炉多数有共出器物或者其所在墓葬有明确纪年资料,因此,各类型熏炉的时代主要根据共出器物或墓葬纪年本身来判定。

(一)原始瓷熏炉的类型与时代

共24件,按照其自身形态可以分为豆形和鼎釜形二类。

1. 豆形熏炉

共11件,根据其底部承盘的有无分为2个类型。

A型,无承盘型。共10件,根据其顶部捉手的不同可分为2个亚型:

Aa型,鸟形捉手。共8件,可分为2式:

Ⅰ式4件。熏体呈深腹豆形状,子口,近直腹,内底宽平,倒置浅杯式高圈足。上置拱形盖,盖面有圆形和三角形镂孔各一周,用作烟孔。钮较高,作两层圆形宝塔状,中空,各层均有圆形镂孔。上层塔面贴饰有3只小鸟,下层塔面贴饰有4只小鸟,塔尖昂立1只大鸟。熏腹外壁饰水波纹,盖面饰"A"形鸟足状纹。熏体基本无釉露青灰色胎,盖面和钮施淡青色釉,有光亮感。浙江余姚老虎山一号墩出土2件,D1M14:46,口径13、底径8.4、通高24厘米(图一,1);D1M14:47,口径13、底径8、通高23.2厘米③。杭州余杭七里亭

---

① 需要注意的是并非所有熏炉都具有镂孔炉盖、炉身、柱柄和承盘等组成构件,有些熏炉的组成构件可能会有一些简化处理。
② 浙江各级博物馆内多见收藏或展览的铜熏炉和陶熏炉,可惜均未见公开报道信息,出土情况不明,因此本文无法对其进行讨论。
③ 浙江省文物考古研究所:《余姚老虎山一号墩发掘》,浙江省文物考古研究所:《沪杭甬高速公路考古报告》,文物出版社,2002年。

M25：8 出土 1 件，口径 10.1、足径 7.2、通高 15.9 厘米①（图一，2）。杭州余杭百亩地 M20：7 出土 1 件，腹径 12、底径 7.2、高 15.2 厘米②（图一，3）。这 4 件熏炉均有共出器物，器物组合的总体时代特征比较明确，此式熏炉的时代为战国末期至西汉初期。

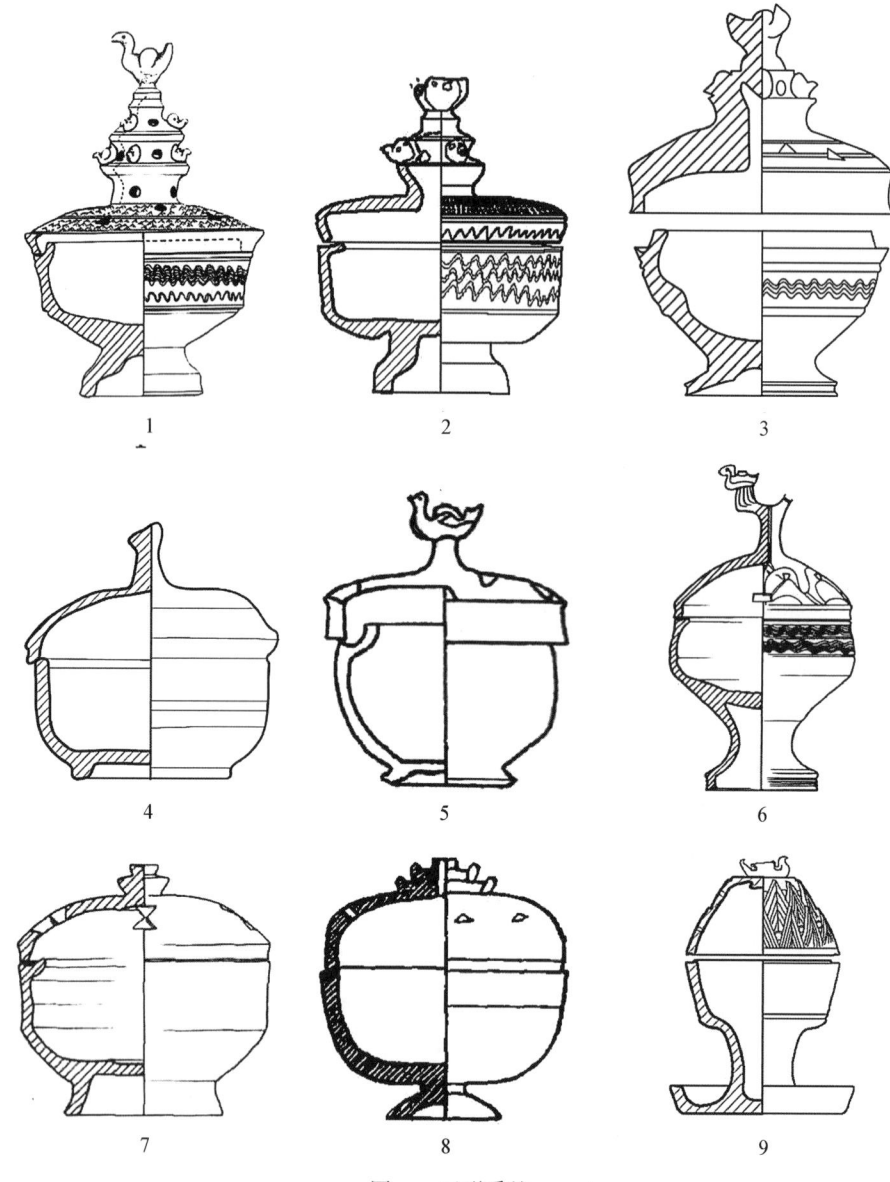

图一　豆形熏炉

1. 余姚老虎山 D1M14：46　2. 余杭七里亭 M25：8　3. 余杭百亩地 M20：7
4. 龙游东华山 M11：33　5. 湖州杨家埠 D28M15：10　6. 安吉上马山 M1：17
7. 安吉上马山 M6：26　8. 安吉上马山 M4：1　9. 奉化菊花地 M14：11

---

① 杭州市文物考古研究所、余杭博物馆：《杭州余杭汉六朝墓》，文物出版社，2018 年。
② 杭州市文物考古研究所、余杭博物馆：《杭州余杭汉六朝墓》，文物出版社，2018 年。

Ⅱ式4件。直口，侈唇，直腹下弧，圈足。覆钵形盖，盖钮饰一小鸟。浙江龙游县东华山汉墓M11∶33出土1件，通高9.2、口径9.3、底径6厘米（图一，4）；M10∶20出土1件，通高14、熏高7.1、口径11、腹径11.4、足径6.2厘米①。浙江安吉县上马山第49号墩汉墓M1∶17出土1件，盖径13.8、器身口径12、足径9、高25.4厘米②（图一，6）。湖州市杨家埠二十八号墩汉墓D28M15∶10出土1件，通高12、盖高7.2、直径12、盒高7.6、口径8、底径6.4厘米③（图一，5）。这4件熏炉均有共出器物，器物组合的总体时代特征比较明确，此式熏炉的时代为西汉中期。

Ab型，圆形捉手。

共2件。浙江安吉县上马山第49号墩汉墓M6∶26出土1件，盖弧形隆起，塔式钮，盖面有四个亚腰形孔。器身为子口内敛，圆弧，上腹直，下腹折收，平底，圈足；盖面饰凹弦纹，有青黄釉，釉层多脱落；盖径14、器身口径10.2、足径8.5、高13.5厘米④（图一，7）。浙江安吉县上马山西汉墓M4∶1出土1件，形似盒，有圈足；盖隆起分两层，上为中空重轮，重轮间及与盖面相接处各置3颗鸟头状泥珠，盖面有5个三角形镂孔；通高10.3、腹径10.2厘米⑤（图一，8）。这2件熏炉均有共出器物，器物组合的总体时代特征比较明确，为西汉中期。

B型，承盘型。

共2件。浙江奉化南岙石菊花地墓群M14∶11出土1件，盖呈圆锥山形，子母口，顶端浮雕一鸟，盖表以两层等腰三角形构成山形，表面刻画细线纹，三角形间镂孔；座为子母口，斜直腹，弧形柄，盘形底；柄中空，与器身联成一体；通高17.2、底座直径11.4厘米⑥（图一，9）。杭州大观山果园汉墓M11∶14出土1件，缺盖，盏作盘口形，承柱粗短而内束，托盘为侈口，斜腹，平底；口沿处饰弦纹和水波纹；高10.2、口径10.8、底径7.3厘米⑦。这2件熏炉均有共出器物，器物组合的总体时代特征比较明确，为西汉晚期。

2. 鼎釜形熏炉

共13件。根据熏炉各个组成部分的差异，可将其分成三足鼎型和釜型两种类型。

---

① 朱土生：《浙江龙游县东华山汉墓》，《考古》1993年第4期；衢州博物馆：《衢州汉墓研究》，文物出版社，2015年。
② 浙江省文物考古研究所、安吉县博物馆：《浙江安吉县上马山第49号墩汉墓》，《考古》2014年第1期。
③ 浙江省文物考古研究所：《湖州市杨家埠二十八号墩汉墓》，浙江省文物考古研究所编：《浙江汉六朝墓报告集》，科学出版社，2012年。
④ 浙江省文物考古研究所、安吉县博物馆：《浙江安吉县上马山第49号墩汉墓》，《考古》2014年第1期。
⑤ 安吉县博物馆：《浙江安吉县上马山西汉墓的发掘》，《考古》1996年第7期。
⑥ 宁波市文物考古研究所：《浙江奉化南岙石菊花地墓群发掘简报》，《南方文物》2011年第4期。
⑦ 浙江省文物考古研究所：《杭州大观山果园汉墓发掘简报》，浙江省文物考古研究所编：《浙江汉六朝墓报告集》，科学出版社，2012年。

A 型,三足鼎型。共 6 件,可分为 3 式。

Ⅰ 式 2 件。盖与器身合为一体,盖顶开口为直口,灰胎,蹄足为手制,其余部位为轮制,盖身施釉,釉面玻化程度较好。弧腹、平底上附三只兽蹄足。余杭七里亭汉墓 M19∶5 出土 1 件,口径 4.9、腹径 22.6、底径 13.7、高 16.3 厘米。M19∶11 出土 1 件,口径 5.9、腹径 24.7、底径 15.7、高 15.5 厘米①(图二,1)。这 2 件熏炉均有共出器物,器物组合的总体时代特征比较明确,为西汉早期。

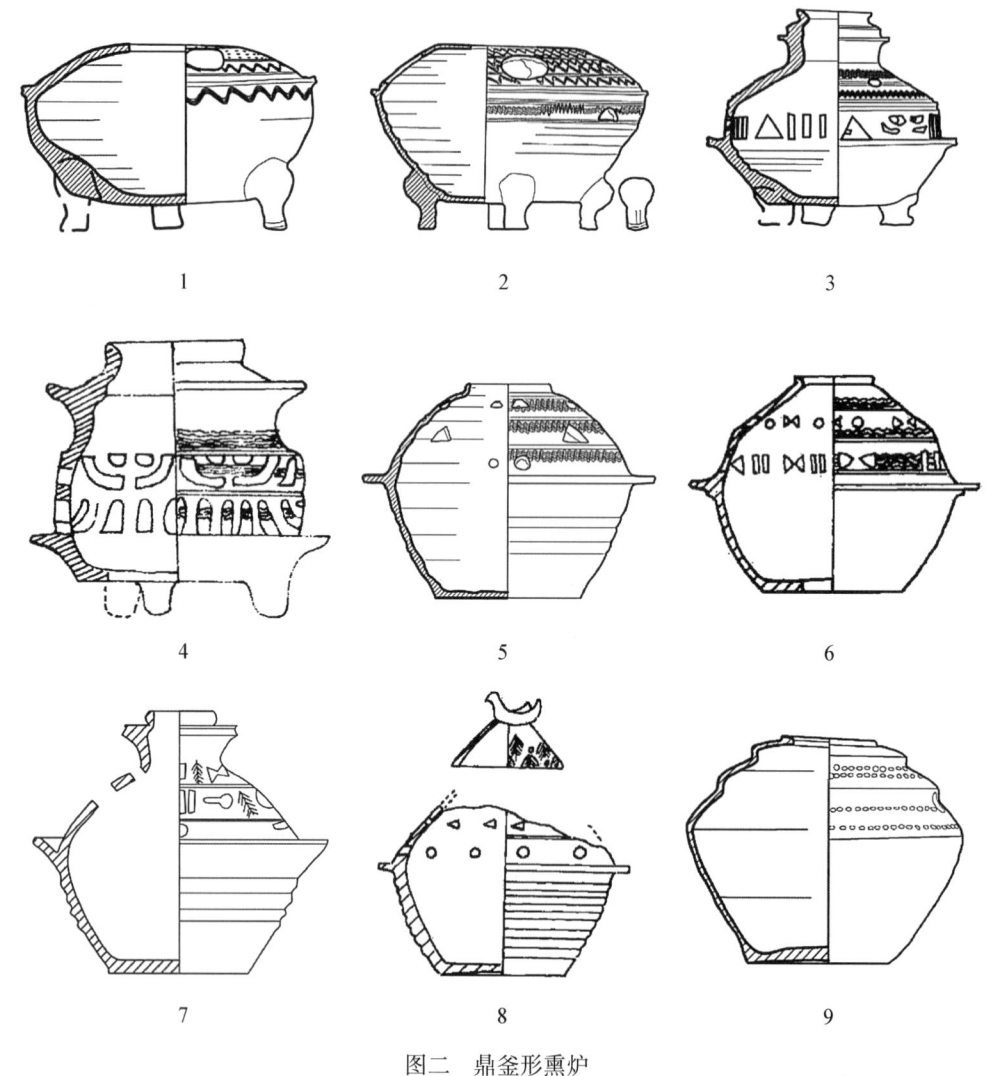

图二　鼎釜形熏炉
1. 余杭七里亭 M19∶11　2. 余杭七里亭 M27∶17　3. 余杭七里亭 M18∶8
4. 余杭姜介山 M1∶9　5. 余杭义桥 M10∶13　6. 杭州大观山 M7∶12
7. 杭州百亩地 M1∶5　8. 余杭大观山 M11∶18　9. 余杭义桥 M60∶22

---

① 杭州市文物考古研究所、余杭博物馆:《杭州余杭汉六朝墓》,文物出版社,2018 年。

Ⅱ式2件。盖与器身合为一体。覆钵形盖,盖顶平。器身宽平沿、弧腹、平底,底上附四只蹄足。盖上共饰五组弦纹。盖顶饰三组细弦纹,弦纹间饰以两组戳印半环形指甲纹;盖身饰两组细弦纹,弦纹间饰三组水波纹。盖顶中心为一个大的圆形镂孔,盖身环绕四个圆形镂孔。器身上腹部饰两组弦纹,弦纹间为一组水波纹。灰胎,蹄足为手制,其余部位轮制而成,盖满施青釉,脱釉严重。余杭七里亭汉墓M27:17出土1件,口径6.1、沿直径26.5、底径13.6、通高16.4厘米[1](图二,2)。余杭百亩地汉墓M3:1出土1件,直径25.5、高18.5厘米[2]。这2件熏炉均有共出器物,器物组合的总体时代特征比较明确,为西汉中期。

Ⅲ式2件。盖与器身合为一体,盖顶开口为侈口,器身宽平沿,斜弧腹,平底,下附3个兽蹄足。盖身饰两组弦纹,上部弦纹被3个圆孔打断。每组弦纹之上饰水波纹。盖身下部为几何状形镂孔。外壁在盖身上施青釉,内壁在底部施青釉,脱釉严重。灰胎,轮制,内壁有轮制痕迹;足部为手制。外壁腹下部和足部有火烧痕迹。余杭七里亭汉墓M18:8出土1件,口径6.7、腹径20、底径13.6、高18.5厘米[3](图二,3)。浙江余杭姜介山汉墓M1:9出土1件,口径8.4、底径12.7、高15.8厘米[4](图二,4)。这2件熏炉均有共出器物,器物组合的总体时代特征比较明确,此式熏炉的时代为西汉晚期。

B型,釜型。

共7件,可分为3个亚型。

Ba型,5件。可分为二式。

Ⅰ式4件。盖与器身合为一体,盖顶开口微敛,器身宽平沿,弧腹,平底。盖身饰3道水波纹,两道弦纹,上有3组镂孔,上部两组各为6个三角形镂孔,第三组为6个圆形镂孔;平沿上饰水波纹,下腹饰四道弦纹。灰褐色胎。余杭义桥汉墓M10:13出土1件,口径8.3、腹径29.2、底径14.9、高20.6厘米[5](图二,5)。M47:6出土1件,口径7.4、最大腹径27.6、底径12.7、高20.5厘米。余杭百亩地汉墓M18:3出土1件,腹径25.1、底径11.5、高19.7厘米[6]。杭州大观山果园汉墓M7:12出土1件,高17.8、口径6.6、腹径24.2、底径11.8厘米[7](图二,6)。这4件熏炉均有共出器物,器物组合的总体时代特征比

---

[1] 杭州市文物考古研究所、余杭博物馆:《杭州余杭汉六朝墓》,文物出版社,2018年。
[2] 杭州市文物考古研究所、余杭博物馆:《杭州余杭汉六朝墓》,文物出版社,2018年。
[3] 杭州市文物考古研究所、余杭博物馆:《杭州余杭汉六朝墓》,文物出版社,2018年。
[4] 费国平:《浙江余杭姜介山汉墓发掘简报》,《东南文化》1991年第5期。
[5] 杭州市文物考古研究所、余杭博物馆:《余杭义桥汉墓》,文物出版社,2010年。
[6] 杭州市文物考古研究所、余杭博物馆:《杭州余杭汉六朝墓》,文物出版社,2018年。
[7] 浙江省文物考古研究所:《杭州大观山果园汉墓发掘简报》,浙江省文物考古研究所编:《浙江汉六朝墓报告集》,科学出版社,2012年。

较明确，为西汉晚期。

Ⅱ式1件。余杭百亩地汉墓M1：5出土，下半部炉腔呈一宽沿盆形，上部炉盖呈覆钵状，相互连接成一个整体；上部施青绿釉，下部呈紫红色，沿双唇，略上翘，沿边饰水波纹。炉盖上面开有3周气孔，孔的形状有圆形、三角形、长方形、弧形，气孔间刻有叶脉纹。熏炉平底，腹斜收，上饰弦棱纹。盖顶正中呈一内高外低端双唇罐形。内孔径3.8、外唇径6.5厘米，中部沿径17.8、底径8.5、高15.2厘米①（图二，7）。这件熏炉有共出器物，总体时代特征比较明确，为新莽至东汉早期。

Bb型1件。杭州大观山果园汉墓M11：18出土，盖呈斗笠形，顶心蹲伏一只鸟。盖面饰山峰形叶脉纹，并有圆形熏孔。熏肩以上残缺，腹部有一道宽沿，平底。残高17、腹径26、底径12.8厘米②（图二，8）。这件熏炉有共出器物，总体时代特征比较明确，为西汉晚期。

Bc型1件。余杭义桥汉墓M60：22出土，平沿，侈口，斜分上中下3层呈曲折状，上腹圆鼓，下腹斜内收，平底微内凹，中下层肩交界处开3个均匀分布的圆孔。肩部各饰两组戳印涡纹，下腹现旋纹痕。泥质陶，黄褐色胎。口径6.8、腹径24.7、底径12.2、高19厘米③（图二，9）。这件熏炉有共出器物，总体时代特征为西汉晚期。

（二）瓷熏炉的类型与时代

共16件，可分为承盘形、罐形和三足形3类。

1. 承盘形熏炉

共3件，可分为2式。

Ⅰ式1件。杭州晋兴宁二年墓熏炉，炉身呈球形，下部置一盏形的底托，施黑褐色釉④（图三，1）。这件熏炉所在的墓葬发现纪年铭文砖，时代为西晋。

Ⅱ式2件。浙江诸暨牌头六朝墓M2：2出土1件，小直口微敞，球腹，连体平底托盘。熏体上部为4个小圆镂孔，下部为4个大如意状镂孔。托盘平沿，斜直腹，平底。通体施釉，釉色青中泛黄，脱釉严重。熏体口沿、镂孔边缘和托盘口沿均施有褐色点彩，熏体肩部有3组弦纹。口径1.5、底径12、通高15.5厘米⑤（图三，2）。杭州萧山老虎洞遗址M1：4出土1件，由炉体和盛盘两部分组成，炉体的柄与盛盘连为一体。炉体为圆唇、直口、鼓

---

① 杭州市文物考古研究所、余杭博物馆：《杭州余杭汉六朝墓》，文物出版社，2018年。
② 浙江省文物考古研究所：《杭州大观山果园汉墓发掘简报》，浙江省文物考古研究所编：《浙江汉六朝墓报告集》，科学出版社，2012年。
③ 杭州市文物考古所、余杭博物馆：《余杭义桥汉六朝墓》，文物出版社，2010年。
④ 浙江省文物管理委员会：《杭州晋兴宁二年墓发掘简报》，《考古》1961年第7期。
⑤ 浙江省文物考古研究所、诸暨市博物馆：《浙江诸暨牌头六朝墓的发掘》，《东南文化》2006年第3期。

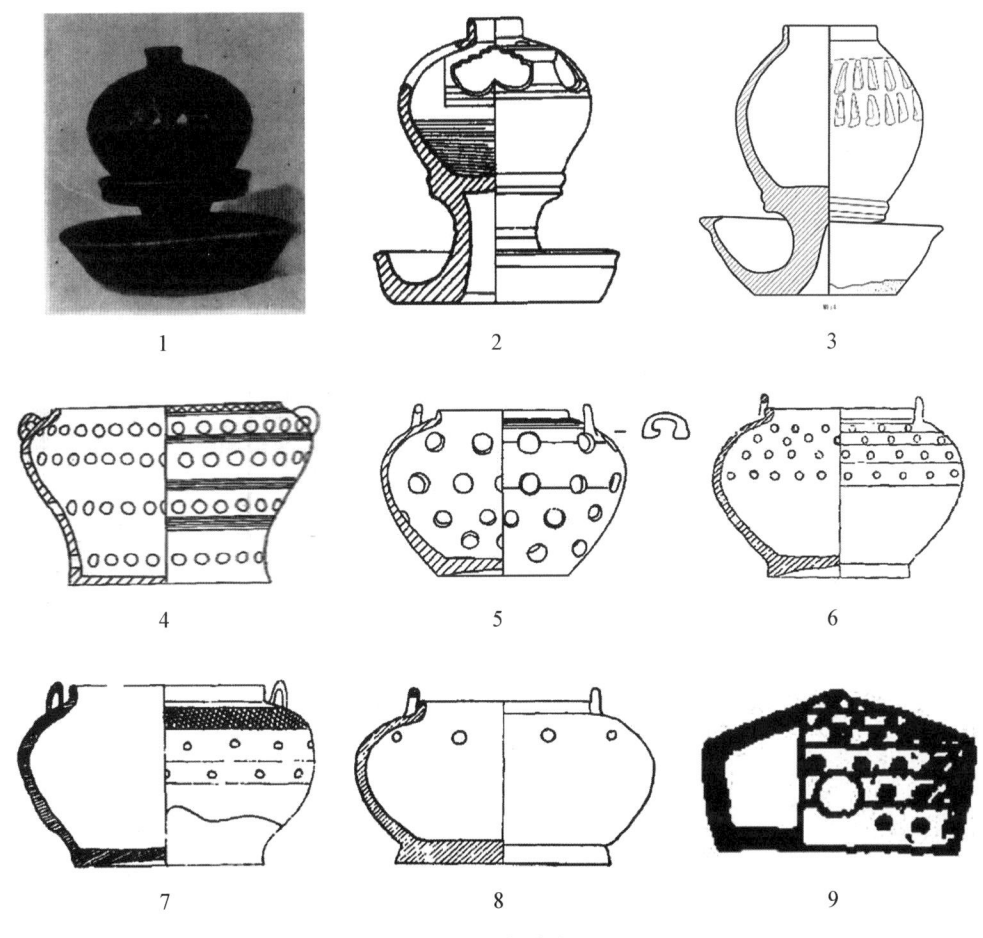

图三 瓷熏炉

1. 杭州晋兴宁二年墓 2. 诸暨牌头 M2∶2 3. 萧山老虎洞 M1∶4
4. 绍兴马鞍 M319∶9 5. 鄞州老虎岩 M5∶9 6. 嵊县大塘岭 M101∶9
7. 绍兴官山岙西晋墓 8. 嵊县六朝墓 9. 安吉天子岗晋墓

腹、喇叭状柄,上腹部饰两周三角形镂孔。盛盘为宽平沿、弧腹、平底,底心中空与炉柄相通。灰胎,胎体夹杂细砂。通体施酱釉不及外底,釉层明显、釉面光滑、有开片现象,局部聚釉。口径 6.35、底径 9.6、通高 17.5 厘米①(图三,3)。这 2 件熏炉所在的墓葬发现纪年铭文砖,时代为南朝。

2. 罐形熏炉

共 11 件,可分为 2 型。

A 型,双耳型。共 10 件,可分为 4 式。

---

① 复旦大学文物与博物馆学系、杭州市文物考古研究所、杭州市萧山区博物馆:《浙江杭州萧山老虎洞遗址东吴、南朝墓发掘简报》,《文物》2021 年第 7 期。

Ⅰ式2件。绍兴马鞍汉墓M319∶9出土1件,敛口,圆弧肩上安双耳,腹壁向下斜收,平底内凹。自口沿下至近底处整齐地排列有7排熏孔。口沿处划1道弦纹;耳面刻划叶脉纹。高19、口径16、腹径27.3、底径17.2厘米(图三,4)。M320∶13出土1件,直口,肩部略鼓,上安双耳,下腹壁内弧至近底处略外撇,平底。自肩至底有四组排列整齐而较为密集的熏孔,其间以弦纹相隔。口沿处饰水波纹,耳面刻划叶脉纹。高16、口径19、腹径25.7、底径16.2厘米①。这2件熏炉均有共出器物,器物组合的总体时代特征比较明确,此式熏炉的时代为东汉中期。

Ⅱ式3件。宁波鄞州老虎岩三国墓M5∶9出土1件,直口,鼓腹,下部残。口沿下附立耳。腹部刻划弦纹,通体镂空。施灰褐色釉,胎体发黄。口径12.7、腹径24.4、残高8.7厘米②(图三,5)。浙江嵊县大塘岭东吴墓M101∶9出土1件,圆唇,矮口沿,沿边直立两圆系,鼓腹,肩及腹部有4—5道弦纹。腹部分3道镂有35个圆孔,平底,施釉不及底。高15.6、口径12.4、腹径22.2、底径12.2厘米(图三,6)。M104∶10出土1件,圆唇,矮口沿,沿边直立两圆系,鼓腹,肩及腹部有4—5道弦纹。腹部分4道镂有71个小孔,假圈足,平底内凹。高14.3、口径13.4、腹径22.4、底径12.6厘米③。这3件熏炉均有共出器物,器物组合的总体时代特征比较明确,而且大塘岭墓葬发现纪年铭文砖,时代为东吴。

Ⅲ式5件。宁波慈溪西晋墓出土熏炉,直口,短颈,鼓腹,假圈足,肩部附有双耳,腹上部有2排相错开的圆孔。内外均施满青釉,胎质灰白。口径12.5、腹径19.8、底径13.3、高13.8厘米④。浙江绍兴官山岙西晋墓出土熏炉直口,圆肩,鼓腹,假圈足,肩置对称半环式竖耳,腹部有圆形镂孔两周。间饰方格网纹、弦纹。青黄色釉不及底,胎色灰白。口径9.6、底径9.6、高8.6厘米⑤(图三,7)。浙江奉化白杜南岙林场晋墓M126∶1出土熏炉,青瓷。口微侈,圆唇,口沿处附对称立耳,扁鼓腹,饼形足,平底微凹。肩部饰凹弦纹两道,其间镂圆孔1周,孔径0.8厘米。腹部饰1圈凹弦纹。施青绿色釉。口径10、腹径14.4、底径10、高8.5厘米⑥。浙江嵊县六朝墓出土熏炉,罐形,圆唇,鼓腹,假圈足,口沿置2圆系,肩部分布11个小孔。高6.3、口径6.4、腹径口12、底径8.6厘米⑦(图三,8)。浙江绍兴凤

---

① 浙江省文物考古研究所:《绍兴马鞍汉墓发掘简报》,浙江省文物考古研究所编:《浙江汉六朝墓报告集》,科学出版社,2012年。
② 宁波市文物考古研究所、鄞州区文物管理委员会:《宁波鄞州老虎岩三国至唐代墓葬发掘报告》,《东南文化》2011年第2期。
③ 嵊县文管会:《浙江嵊县大塘岭东吴墓》,《考古》1991年第3期。
④ 林华东:《宁波慈溪发现西晋纪年墓》,《文物》1980年第10期。
⑤ 梁志明:《浙江绍兴官山岙西晋墓》,《文物》1991年第6期。
⑥ 浙江省文物考古研究所:《奉化白杜南岙林场汉六朝墓》,浙江省文物考古研究所编:《浙江汉六朝墓报告集》,科学出版社,2012年。
⑦ 嵊县文管会:《浙江嵊县六朝墓》,《考古》1988年第9期。

凰山西晋墓出土熏炉,直口,回肩,鼓腹,平底内回,有双耳,肩饰斜方格纹1周,下有圆形镂孔3周。外施青釉。口径10、底径9.8、高8.6厘米①。这5件熏炉均有共出器物,总体时代特征比较明确,为西晋。

B型,笼型。共1件。

浙江安吉天子岗晋墓M3:12出土,形似盒,较小。周身镂孔,正面有一圆形的燃香料的熏门,青绿色釉。通高4.9、直径8.3、底径7.7厘米②(图三,9)。这件熏炉有共出器物,时代特征比较明确,为西晋。

3. 三足形熏炉

共2件,可分为2式。

Ⅰ式1件。浙江嵊县西晋墓M31:2出土,托盘和炉身相连,炉身呈球形,上半部镂孔3层,顶口出管状小口,口上有鸟形钮盖,炉底附3兽蹄足。托盘敞口平沿,也附3足,足跟饰兽面纹。施青釉。通高18.1厘米③。墓葬发现纪年铭文砖,时代为西晋。

Ⅱ式1件。浙江嵊县六朝墓熏炉,可分为熏炉和三足承盘两部分。熏炉略呈球状,中空,顶有一圆形小孔,器壁镂孔,透雕成枫叶状共四层。下半腹开一凸字形炉门。平底,附三蹄形足,烧结在承盘上。承盘为平沿,浅腹,平底,下附三蹄形足。通高15.6、熏炉高12.4、腹径10.9、盘高4.5、口径16.4厘米④。从这件熏炉共出器物组合和时代特征来看,当在东晋时期。

(三) 铜熏炉的类型与时代

仅1件,无承盘竹节柄熏炉。浙江省金华马铺岭汉墓出土,由炉盖、炉身、底座3部分组成。炉盖呈圆锥体,盖面作重山形,上刻芭蕉叶图案⑤。共出器物组合的时代特征显示此式熏炉的时代为东汉早期。

三、浙江出土熏炉的地域特征

通过与其他地区出土材料的比较,我们可以认识到浙江出土熏炉所具有的独特的地域特征。

---

① 沈作霖:《浙江绍兴凤凰山西晋永嘉七年墓》,《文物》1991年第6期。
② 安吉县博物馆:《浙江安吉天子岗汉晋墓》,《文物》1995年第6期。
③ 嵊县文物管理委员会:《浙江嵊县清理一座西晋残墓》,《文物》1987年第4期。
④ 嵊县文管会:《浙江嵊县六朝墓》,《考古》1988年第9期。
⑤ 金华地区文管会:《浙江省金华马铺岭汉墓》,《考古》1982年第3期。

（一）浙江出土熏炉与其他地区出土熏炉的比较

1. 与江东其他地区出土熏炉比较

江东地区是指长江下游的江南地区。春秋战国时期,这一地区是吴越文化的分布区,范围包括安徽南部、江西东部、浙江、江苏南部和上海,其中浙江地区是这一分布区的核心区域。从出土熏炉资料情况看,皖南地区马鞍山一带出土3件瓷熏炉,巢湖、芜湖、广德一带出土7件铜熏炉,芜湖发现1件陶熏炉,未见原始瓷熏炉。苏南南京、镇江、宜兴、苏州地区出土六朝时期瓷熏炉40件,南京、镇江地区出土六朝时期陶熏炉20件,南京、镇江、常州出土汉六朝时期铜熏炉5件,常州发现原始瓷熏炉1件。上海福泉山西汉墓发现1件原始瓷熏炉,江西丰城发现1件瓷熏炉①。由此可知,江东地区出土汉六朝时期熏炉以原始瓷质和瓷质为主,汉代的熏炉以原始瓷质为主,六朝时期以瓷质为主。汉代,原始瓷熏炉主要出现在浙江地区;六朝时期,作为当时政治经济文化中心的南京及周边地区出土瓷熏炉数量较多,浙江地区出土数量次之。

2. 与岭南地区出土熏炉比较

岭南地区是我国南方五岭以南地区的概称,汉六朝时期的岭南地区以汉初南越国的统治范围为界限,主要包括广东、广西、海南、云南东部和福建西南部部分地区。岭南地区出土瓷熏炉极少,仅广州市下塘狮带岗晋墓发现1件。岭南地区出土66件陶质熏炉,多为硬陶,以花瓣形熏炉为主,其次为盖豆形熏炉,使用时间从西汉初期延续东汉晚期。出土铜熏炉43件,数量多,质量好,以盖豆形和博山形为主,亦见方形熏炉,使用时间从西汉初期延续南朝时期,以两汉时期为主。出土原始瓷熏炉93件,数量巨大,以花瓣形和盖豆形为主,使用时间从西汉初期延续东汉晚期②。岭南地区出土的瓷质熏炉极少,而铜熏炉和原始瓷熏炉及陶熏炉则数量极多,尤其是两汉时期,熏炉类型丰富多样,质量极高,且该地区还发现独具地方特色的原始瓷和陶质花瓣形熏炉(图四)。显然,汉六朝时期尤其是汉代,岭南地区使用熏炉的现象较为普遍。

3. 与长江中游地区出土熏炉比较

长江中游地区是指湖南、湖北和江西西部地区,与江东地区相接。湖北秭归、巴东、枝

---

① 杨金东:《汉六朝熏炉研究》,浙江大学出版社,待出版。
② 杨金东:《汉六朝熏炉研究》,浙江大学出版社,待出版。

图四 岭南地区出土熏炉

1. 广西贵县罗泊湾汉墓　2. 广州汉墓 2029∶7　3. 广西合浦母猪岭汉墓
4. 越南王墓 B61　5. 番禺屏山 SM6∶68　6. 广州汉墓 3017∶6
7. 广州黄花岗 M3∶59　8. 广州汉墓 1136∶5　9. 广州华侨新村 2∶18

江等地发现 4 件东晋时期瓷熏炉。湖北秭归、荆门、随州等地和湖南长沙、里耶、永州等地发现汉六朝时期陶熏炉 211 件，以博山形和盖豆形为主，使用时间从战国晚期延续至西晋时期，西汉早中期熏炉数量较多，使用范围广泛。两湖地区出土汉六朝时期铜熏炉 31 件，类型丰富多样，有盖豆形、博山形、鼎形、行炉形等，使用时间从西汉初期延续至三国时期，以西汉时期为主。湖北襄樊、襄阳等地和湖南长沙、耒阳等地出土汉六朝时期釉陶熏炉

20件,使用时间集中在东汉至三国时期①(图五)。显然,汉六朝时期,长江中游地区熏炉的使用也十分普遍,且熏炉使用时间较早,早在战国晚期就开始使用,与江东地区相比,该地区发现的陶熏炉和釉陶熏炉数量多,铜熏炉数量也较多,少见瓷熏炉。

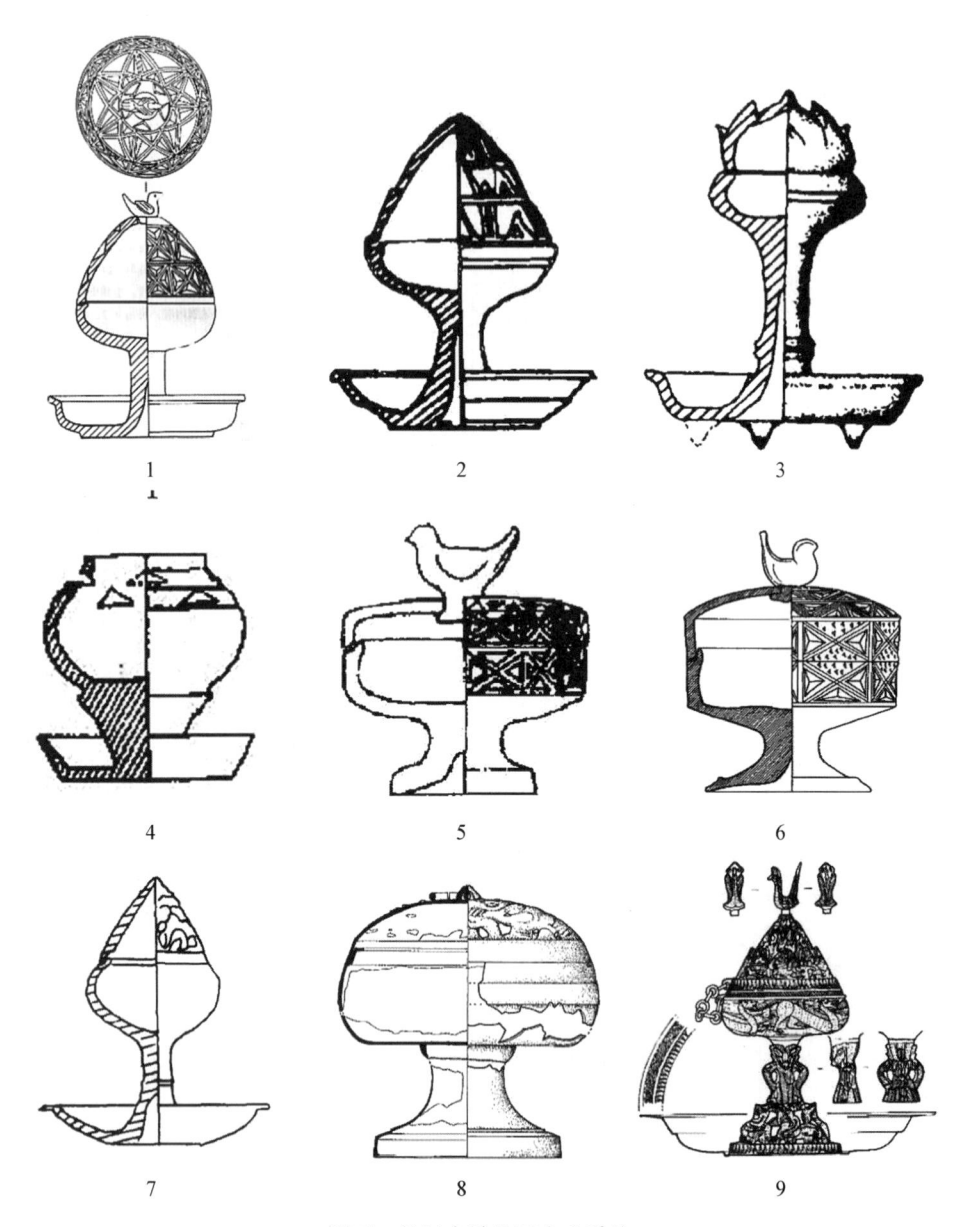

图五 长江中游地区出土熏炉

1. 襄阳王坡 M163:23 2. 襄樊高庄 M9:14 3. 襄樊杜甫巷 M2:37
4. 枝江姚家港晋墓 5. 洪江市张古坳 M3:2 6. 长沙马王堆北167
7. 湖南怀化西汉墓 8. 长沙凤盘岭汉墓 9. 永州市鹞子岭 M2:80

---

① 杨金东:《汉六朝熏炉研究》,浙江大学出版社,待出版。

4. 与中原地区出土熏炉比较

中原地区是指以河南为中心的黄河中下游地区,包括河南全省以及山东、河北、山西、陕西、安徽、江苏等省的部分区域①。中原地区出土瓷熏炉极少,仅于洛阳、安阳发现西晋、北齐瓷熏炉各1件。出土陶熏炉较多,约57件,有盖豆形、博山形和重叠形等类型,使用时间从西汉前期延续至西晋时期,以两汉时期为主。出土铜熏炉26件,有盖豆形、博山形、鼎形和仿生形等类型,使用时间从西汉早期延续至西晋时期。出土釉陶熏炉40件,有博山形、鼎形和重叠形等类型,使用时间从西汉中期延续至东汉晚期,以东汉中晚期为主②(图六)。与浙江地区出土熏炉情况对比发现,中原地区发现的瓷质熏炉极少,不见原始瓷熏炉,而低温釉陶熏炉则较多,陶熏炉的数量多,类型也丰富多样,铜熏炉的使用也比较多。

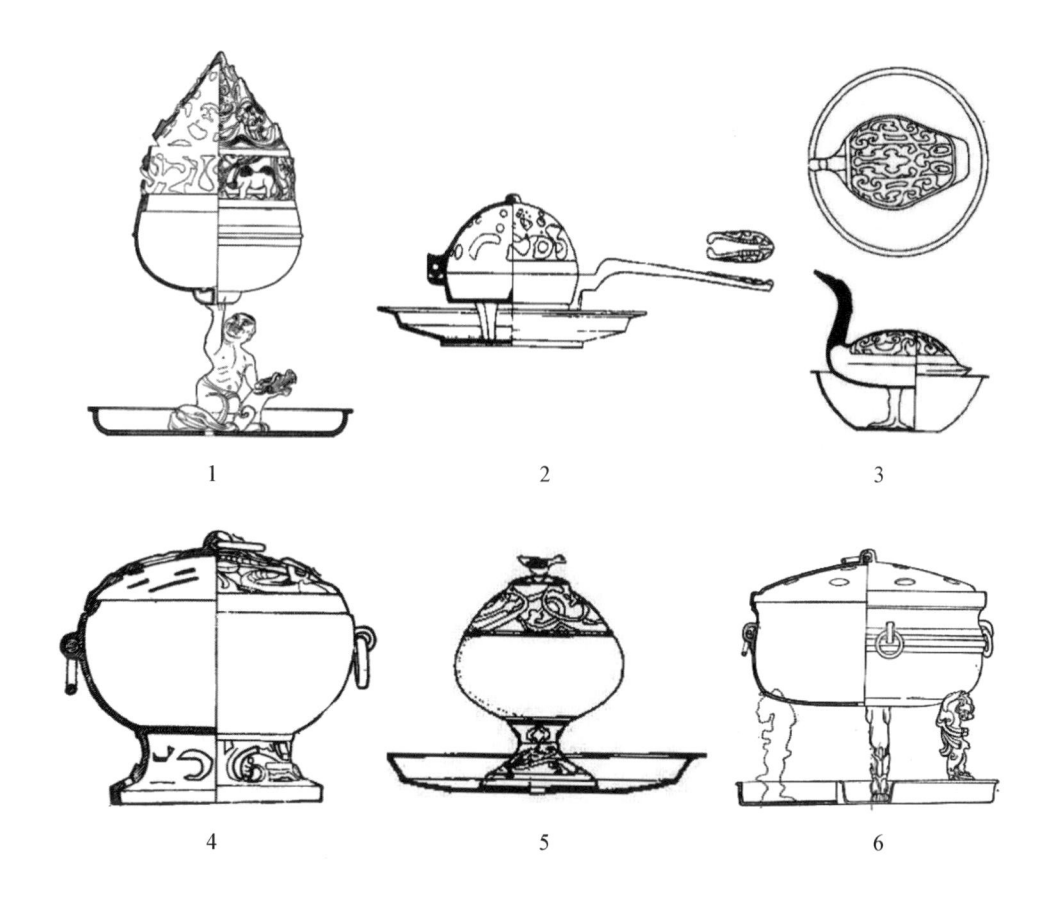

---

① 为行文方便,本段资料仅取狭义中原为例,即河南出土熏炉资料。
② 杨金东:《汉六朝熏炉研究》,浙江大学出版社,待出版。

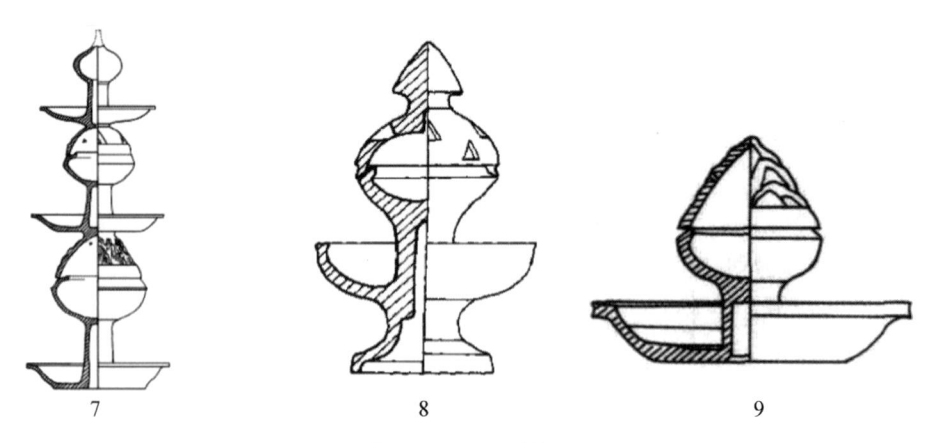

图六 中原地区出土熏炉

1. 满城汉墓 2：3004　2. 巩义市新华小区二号墓　3. 朔县汉墓 M1：19
4. 陕县汉墓 2011：10　5. 朔县汉墓 M14：7　6. 满城汉墓 1：4097
7. 宝丰廖旗营 M9：35　8. 安阳郭家湾汉墓　9. 焦作店后村汉墓

（二）浙江出土熏炉的地域特征

根据上一节浙江出土熏炉与其他地区出土熏炉的初步比较，我们发现，浙江出土熏炉具有如下一些地域特征。

1. 熏炉出现时代早、沿用时间长

根据本文关于熏炉的定义，我们发现形似深腹豆、器身镂孔、盖顶饰鸟形捉手的泥质灰陶熏炉，在战国晚期楚墓中即已出现①，而浙江地区战国末期的墓葬中发现的原始瓷熏炉②与楚墓中发现的盖豆形熏炉整体形制较为相似，出现时间略晚于楚墓中的早期熏炉。值得注意的是，浙江出土的早期原始瓷熏炉器形非常完整，制作工艺特征十分娴熟，体现的是熏炉的成熟形态，并非熏炉形成初期的原始形态，所以我们推测可能会有年代更早的熏炉等待被发现和辨识。因此，浙江地区可以视为与楚地相同的熏炉起源地之一。

熏炉是一种有独特功用的实用器物类型，从目前发现的情况分析，浙江地区的熏炉均为实用器，未见模型明器出土。虽然出土熏炉的总体数量并不多，但延续时间很长，自战国末期一直延续至南朝时期，几乎未曾间断。六朝时期的青瓷和黑釉瓷熏炉承盘形熏炉

---

① 高至喜：《楚文物图典》，湖北教育出版社，2000 年，第 281 页。
② 浙江省文物考古研究所：《余姚老虎山一号墩发掘》，浙江省文物考古研究所：《沪杭甬高速公路考古报告》，文物出版社，2002 年。安徽省文物考古研究所、潜山县文物管理所：《安徽潜山彭岭战国西汉墓》，《考古学报》2006 年第 2 期。

均为瓷器中的精品。至唐代,瓷熏炉发展至顶峰,晚唐水邱氏墓出土的越窑精品青瓷褐彩云纹熏炉堪称这一时期的代表①。

2. 熏炉质地较为单一

浙江地区流行原始瓷和瓷熏炉,出土的熏炉中极少见到中原地区、长江中游地区和岭南地区常见的铜熏炉,不见岭南地区流行的花瓣形原始瓷和硬陶熏炉,不见中原地区流行的陶熏炉,更不见长江中游地区和中原地区常见的低温釉陶熏炉。

浙江地区流行原始瓷和瓷熏炉,这一现象应该与浙江青瓷文化的兴盛密切相关。浙江地区是中国青瓷之乡,早在夏商时期,东苕溪流域就开始生产原始瓷器,西周时期和战国早期,原始瓷生产工艺曾先后出现高峰期。西汉早中期,原始瓷生产又达到一个新的高峰。东汉中晚期,上虞曹娥江流域开始生产成熟青瓷。上文统计得知,浙江出土熏炉的质地多为原始瓷质或瓷质,从本质上说二者质地应是相同的,因为原始瓷和成熟青瓷的胎质原料是类似的,制作技术工艺也是一脉相承。青瓷文化的繁盛为浙江地区流行原始瓷和瓷熏炉提供了技术支撑。

整体来看,铜熏炉多出土于王侯一级的墓葬或地方统治者等地主阶级的墓葬,其使用者一般是身份地位较高的人。两汉时期,浙江地区仍为开发较迟缓地区,文献中未见有诸侯王分封至浙江的记载。《史记·货殖列传》载:"楚越之地,地广人希,饭稻羹鱼,或火耕而水耨,果隋蠃蛤,不待贾而足,地势饶食,无饥馑之患,以故呰窳偷生,无积聚而多贫。是故江、淮以南,无冻饿之人,亦无千金之家。"②公元前201年,汉高祖平定江南。汉武帝元狩四年(前119年),为开发江南,将黄河下游大量贫民迁移到陇西、会稽等郡。西汉末年,为避战乱,北方部分官僚地主纷纷逃往南方,这使得东汉时期浙江人口明显增多。因此,两汉时期浙江地区少见铜熏炉的出土也就不足为怪了。

岭南地区出土的硬陶或原始瓷熏炉多为极具地方特色的花瓣形熏炉,具有岭南地区独特的文化特色,其他地区不见。低温釉陶熏炉一般与仓灶井、杯案盘和楼阁等模型明器一起出土,具有模型明器性质;陶质熏炉以博山炉为主,流行于西汉晚期及以后,属于中原地区的文化特色。因此,浙江地区未见上述形制的熏炉就可以理解了。

3. 出土地域性极强的熏炉类型

原始瓷鼎釜形熏炉质量极佳,类型丰富多样,但是其出土地点较为集中,主要出土于

---

① 浙江省文物考古研究所等:《晚唐钱宽夫妇墓》,文物出版社,2012年。
② 《史记》卷一百二十九《货殖列传》。

太湖南岸一带,以余杭、德清、安吉为主的东苕溪中上游地区是其核心分布区①。此类熏炉西汉早期开始出现并一直沿用至东汉早期,西汉中晚期较为流行。该类熏炉一般与原始瓷鼎、盒、壶共出,其器形本身具有自己的发展演变逻辑。原始瓷鼎釜形熏炉普遍器形硕大,内部空间亦较大,与其他地区流行的博山形熏炉完全不同,我们推测这可能与浙江地区使用的熏香原料有关,其内盛放的可能还是香草类的香料而非树脂类香料或动物类香料。这一地区是先秦越文化的核心分布区之一,到了汉代,这一地区仍然保留着强烈的越文化因素,比如原始瓷器的流行、印纹硬陶罍的流行等,而原始瓷熏炉也是其中一个典型代表,他们的存在体现了在汉文化大一统过程中本地越文化因素的强大韧劲。而且,到了唐宋时期,瓷熏炉的造型再一次开始流行鼎形熏炉,这可以视为本地传统文化的孑遗。

四、结　　语

　　熏炉最早出现在南方楚越大地,这一现象应该与当地的地理环境及其文化渊源密切相关。楚越地处长江中下游及以南流域,此地河湖遍布,湿气较重,今天此地仍有梅雨季节。潮湿的环境亦是蚊虫滋生的好环境,人们为了祛除蚊虫,就不自觉地利用身边的器物进行驱虫,久而久之就将陶豆与可燃烧的蕙草等物相结合,且为了使蕙草的燃烧时间更久,他们在探索中改进了豆的形态,在上面加盖,盖上镂孔以便出烟,于是便有了熏炉的最早形态。另外,通过点燃香薰的方法,让居室芬芳,使心境和谐自然,从而升华心灵,放松调理身体,起到减压净化的作用。伴随着秦及汉初的大一统进程,熏炉这种器物向全国扩散。熏炉在传到两广地区后与外来的高级香料结合,这种结合使得熏炉的器形发生重大转变,此后,博山式熏炉成为熏炉中的主体,并扩散至全国各地。

　　由上文分析得知,浙江地区出现熏炉的时间较早,可以早至战国末期,且目前考古发现最早的熏炉呈现的是一种成熟形态的器物造型,可能有更原始形态的熏炉等待我们发现和辨识,此地可以视为与楚地一样的熏炉起源地之一。浙江出土汉六朝时期熏炉体现出一种强烈的本地文化特色,比如其数量最大宗的是原始瓷质和瓷质,其他类型的数量较少,尤其是铜熏炉和陶熏炉几乎不见,再比如具有本地特征的原始瓷鼎釜形熏炉质量极佳,类型丰富多样,出土地点较为集中于太湖南岸一带。此类熏炉普遍器形硕大,内部空间亦较大,与其他地区流行的博山形熏炉完全不同,我们推测这可能与浙江地区使用的熏

---

① 2017年杭州市文物考古研究所在杭州余杭凤凰山发掘了90余座墓葬,其中大部分为汉六朝时期的墓葬,汉墓中集中出土一批原始瓷熏炉,多为鼎釜形熏炉,惜资料尚未公开发表,此处无法具体研究。

香原料有关,其内盛放的可能还是香草类的香料而非树脂类或动物类香料。原始瓷熏炉是本地传统越文化典型代表之一,其存在体现出在汉文化大一统过程中本地越文化因素的强大韧劲。而且,到了唐宋时期,成熟青瓷熏炉仍然流行鼎形熏炉,可见本地传统文化的影响力之深远。

从考古发现探讨灵渠的开凿及秦汉时期桂北与中原的交流融合

周有光

(桂林市文物保护与考古研究中心研究馆员)

桂林市位于广西北部、东北部,辖1市10县6城区。因地理位置关系,人们常称其所在区域为桂北。灵渠位于桂林市兴安县,始建于秦始皇三十三年(公元前214年),是秦监御史禄主持开凿的人工运河,与陕西的郑国渠、四川的都江堰并称秦三大水利工程。灵渠是世界上最早的人工运河之一,也是世界上最早使用船闸的运河,是世界水利建筑史上的先导和典范。灵渠沟通湘江、漓江两大河流,连接长江、珠江两大水系,集交通、运输、灌溉、防洪于一体,在历史上占有重要的位置。灵渠的开凿,不仅为秦始皇统一中国起到了关键的作用,而且成为两千多年来从中原进入岭南重要的水上交通要道之一,为两地经济、文化的融合与发展发挥了十分重要的作用。本文即从灵渠的开凿、郡县的设置、城址的修筑以及墓葬习俗、经济生活等方面,探讨秦汉时期桂北与中原的交流融合问题。

一、灵渠开凿

秦始皇统一中原后,随即开始南征岭南的战争。"又使尉屠睢将楼船之士南攻百越,使监禄凿渠运粮,深入越,越人遁逃。旷日持久,粮食绝乏,越人击之,秦兵大败。秦乃以尉佗将卒以戍越"[1],"乃使尉屠睢发卒五十万,为五军,一军塞镡城之岭,一军守九疑之塞,一军处番禺之都,一军守南野之界,一军结余干之水。三年不解甲驰弩,使监禄无以转饷,又以卒凿渠而通粮道,以与越人战"[2]。两千多年前,秦始皇为了统一岭南,令尉屠睢为大将军,领兵五十万,分军五路,南征百越,其中的镡城、九疑两军的进攻路线就在今桂北的越城岭和萌渚岭。由于遭到越人顽强的抵抗,加之秦军不适应山地作战,交通不便,

---

[1] 《史记》卷一百一十二《平津侯主父列传》。
[2] 刘安等:《淮南子·人间训》,中华书局,2012年,第1303页。

粮草不能及时供应,致使秦军久攻不下。为解决粮草和兵员运输问题,秦始皇令史禄开凿运渠。

灵渠为什么选择在兴安县境内开凿呢?这与兴安特殊的地理位置有关。兴安地处广西之北,五岭以南。五岭是指江西、广东、湖南、广西四省交界之处的南岭山脉,自东向西依次是大庾岭、骑田岭、萌渚岭、都庞岭和越城岭。兴安县恰好处于五岭之中的都庞岭和越城岭两大山脉之间,地形为东南和西北高,中间低。东南纵贯都庞岭山脉的海阳山,发源了属于长江水系、湖南人的母亲河湘江。西北耸立着越城岭山脉,其主峰猫儿山海拔2 141.5米,是华南第一高峰,发源了属于珠江水系、桂林人的母亲河漓江;两大山脉中间的狭长地带为中国地理上著名的"湘桂走廊",其间分布着丘陵及河谷平原,自古以来就是楚越两地往来之咽喉要道。由于兴安海拔较高,形成"湘江北去、漓水南流"的独特现象,特殊的地理条件成为秦人选址在兴安开凿灵渠的重要原因。

兴安县严关乡仙桥村的狮子山与凤凰山之间,有一古关隘名严关,东南不远处灵渠蜿蜒流过。经严关的湘桂走廊是古代桂北与中原之间唯一的陆路通道。严关的始建年代,历史上有两种说法:宋人周去非《岭外代答》说建于秦始皇戍五岭之时(公元前219—前214年),而清人顾祖禹的《读史方舆纪要》则说系汉归义侯越严于汉武帝元鼎五年(公元前112年)出零陵、下漓水、平南越国时所建。严关自古为兵家必争之地。宋景炎元年(1276年),元将阿里海牙谋取广西,马暨兵三千守严关,元军久攻不下,不得不偏师龙虎关入平乐转攻桂林。明末瞿式耜、张同敞抗击清兵,在严关进行过激烈战斗。清初,南明大将李定国在严关大败清军,一鼓作气攻下桂林,迫使清定南王孔有德自焚。

湘江和漓江虽然都在兴安县境内发源,但是二者之间仍然相距20余公里,如何将它们连接起来,是开凿运渠的关键所在。湘江附近有一条漓江的小支流,叫始安水,与湘江之间的直线距离仅1 600多米,但是其间横亘着一列土岭,叫临源岭(或称越城峤、始安峤),是湘江漓水之间的分水岭。如果把这列土岭挖穿,就可以连通湘漓二水。然而,却不能在这直线距离最近处修渠,因为这里湘江河岸的海拔是206.66米,始安水的海拔却有211米,始安水高出湘江4.34米,如果开凿一条渠道,由于落差太大,本来水量不多的始安水就会全部倾入湘江,而且从湘江南来的船只根本无法进入始安水。由此往湘江上游,在湘江与始安水相距4.2公里、湘江水位高于始安水高程1.1米的地方,有一个由湘江上游支流海洋河形成的一个静水区——溇潭(现在叫分水塘),这里江面开阔,水流平缓,非常适合拦河筑坝,并可容纳多艘船只来往交会。在这里修筑拦河大坝,将湘江水位抬高,再开挖一条人工渠道,将湘江之水引入始安水,再将始安水疏浚拓宽,就可以往漓江通航。经过深入地调查研究,史禄巧妙地将运渠的选址确定在兴安这个地方。经过数年奋战,运渠终于建成,这就是今天的灵渠。

灵渠全长36.4公里,整个工程由大小天平、铧嘴、泄水天平、秦堤、南北渠、陡门等部分组成,设计科学,建造精巧。大、小天平是一道人字形的拦河坝,横贯于湘江之中,用以提高水位,引水入漓,并可将多余的水量排入湘江故道,回流湘江。而铧嘴则是位于天平顶端的分水设施,前锐后钝,形似犁铧,使湘水通过铧嘴分流,三分由南渠注入漓江,七分由北渠复归湘江。北渠接大天平,沟通湘江,长3.25公里;南渠接小天平,沟通漓江,长33.15公里。秦堤是灵渠的拦水护堤,长3.15公里。泄水天平共有3处,用以排泄洪水,保护渠道安全。陡门共有36处,可以开闭,并以此调节水位,使船只顺利通行。灵渠位于中国南方的五岭地区,沟通了岭北的湘江和岭南的漓江,从而把长江水系和珠江水系联系起来,它不仅是世界上首例山区越岭运河,也是人类历史中最早使用人工运渠连接两个不同水系的实践之一。在航道设计上,灵渠广泛采用弯道代闸的原理,使用长距离的弯道来降低流速,使得人工运渠在高差较大的山区成为可能。在当时秦帝国与南方百越民族征战直至统一岭南的过程中,灵渠作为一条重要的军需和士卒运输通道,对于战事的胜利起到了关键性的作用,大大促进了中国的统一进程,帮助奠定了中国统一多民族国家的南方疆域版图,同时也确保了岭南地区在其后两千年的时间里,政治、经济和文化上的稳定与繁荣。

二、郡县设置

"(始皇)三十三年,发诸尝逋亡人、赘婿、贾人,略取陆梁地,为桂林、象郡、南海,以适遣戍。"[①]秦始皇统一岭南后,在岭南地区大力推行郡县制,设置了桂林、南海、象郡。广西主要属桂林郡,桂林以及桂北南部、西部的灵川、临桂、阳朔、荔浦、平乐、恭城、永福、龙胜等大部地区属桂林郡地,东北部的全州、灌阳、资源属长沙郡地,兴安则为桂林郡与长沙郡交界地域。秦末,中原大乱,南海郡尉任嚣病危,召龙川县令赵佗接任南海郡尉。赵佗封锁关隘,绝秦新道,出兵兼并桂林、象郡,于公元前203年建立南越国,自立为南越武王。公元前196年,赵佗接受汉朝册封,被封为南粤王。后因吕后专权,对南越实行"别异蛮夷"的政策,遂自称"南越武帝",与吕后抗衡。汉文帝继位后,汉越和解。赵佗在位67年,"和辑百越",促进了汉越民族的融合,被后人誉为"开发岭南第一功臣"。汉初赵佗南越国囊括岭南三郡,但在郡县设置上沿袭秦制,没有太大变化。汉武帝平南越后,继续在

---

① 《史记》卷六《秦始皇本纪》。

岭南实行郡县制,在原三郡的基础上,重新设置了南海、苍梧、郁林、合浦、交趾、九真、日南、儋耳、朱崖九郡。属今广西区域内的有苍梧、郁林郡以及零陵、合浦、牂牁郡的一部分,共置合浦、洮阳、始安、零陵、广信、临贺、富川、布山等20余县。汉武帝平定南越后,为加强对岭南越族地区的统治,分长沙国南部桂阳郡的一部分和原南越国西北的部分地区在五岭南北交界处新置零陵郡,实行跨岭而治。零陵郡领零陵、营道、始安、夫夷、营浦、都梁、冷道、泉陵、洮阳、钟武等十县,郡治在零陵县。桂北地区由于地理位置重要,是封建中央王朝与岭南地区联系的咽喉之地,所以是秦汉统治者重点控制的区域,因而在这一较小的地域内设置了零陵、始安、泉陵、洮阳、观阳、荔浦等县,占当时广西设县总数的近三分之一。汉武帝元鼎六年(公元前111年)分荆州桂阳郡地置零陵郡、始安县,桂林为县治所在地,属荆州零陵郡地。临桂、阳朔、灵川、兴安、龙胜县地在当时均属荆州零陵郡始安县地。汉武帝元鼎六年在今全州县地、资源县地及全州、兴安交界地域置洮阳、零陵县,属荆州零陵郡地。汉文帝前元十二年(公元前168年)在今灌阳县地置观阳县,以观水为名,属荆州零陵郡地。汉武帝元鼎六年在今荔浦县地置荔浦县,属交州苍梧郡地。汉代今永福县地属荆州零陵郡始安县地与交州郁林郡潭中县地。今平乐县地属交州苍梧郡荔浦与富川二县辖地。今恭城县地属交州苍梧郡富川县地。

秦代,秦始皇开凿灵渠,统一中国,将岭南纳入版图。秦汉时期,在全国各地推行郡县制,桂北地区由于地理位置的重要性,成为秦汉统治者重点控制的区域,在此设立郡县,实施有效管辖。随着郡县的设置,军士、官员、商人的大量南迁,桂北也因此成为岭南地区率先在政治、经济、文化等方面与中原融合发展的区域。

三、城池修筑

城市是一个地区的政治、经济、文化中心,更确切地说,它是中央王朝为加强、巩固对地方的统治而设置的政治、军事据点。秦汉王朝为巩固自己的政权,加强对地方的统治,在全国各地修城筑寨,派遣官吏军士驻守。公元前201年,汉高祖刘邦就"令天下县邑城",即各地县级以上的住地都要修筑城池,发展到东汉时便"凡县皆有城"了,以至于《后汉书》中对各郡所辖的县级行政单位皆以城相称。经考古调查发现,广西地区目前确知的秦汉古城址有兴安的秦城遗址、城子山古城址,全州的洮阳城址、建安城址,灌阳的观阳城址,贺州的临贺、封阳城址,宾阳的领方古城址,武宣勒马古城址等[1]。从这些古城址分布

---

[1] 李珍、覃玉东:《广西汉代城址初探》,《广西博物馆文集》第2辑,广西人民出版社,2005年。

的地域看,大部分集中于灵渠周边的桂北地区,依山傍水,位置独特。据考古调查、发掘所知,城墙都用泥土板筑法夯筑而成,高大宽厚;城转角处和城墙上加筑有楼橹建筑和马面等防御设施;城内大部分采用高台建筑;使用的板瓦、筒瓦、瓦当、铺地方砖等建筑材料与中原地区秦汉时期的城址是相同的。关于这些城址的性质,从历史记载和考古发现来看,主要应为郡县治所和军事城堡,尤以郡县治所为主。目前发现的比较重要的有以下几处。

兴安秦城遗址,位于兴安县溶江镇大溶江与灵渠交汇的三角洲上,现存古代城址四处,面积共约46万平方米。经广西文物保护与考古研究所调查、勘探,确证属于秦汉时期城址的有两处,即七里圩村南的"王城"和通济村与太和堡村之间的通济城。1990—1996年,广西壮族自治区文物工作队对秦城遗址中的七里圩城(亦即王城)进行了多次勘探和发掘,发掘面积331平方米。出土大量破碎的板瓦、筒瓦、瓦当、水管、地砖等建筑材料,还出土了少量的陶器、铜器、铁器残件。其中陶器有罐、壶、钵、盆、瓮、器盖、灯、网坠、纺轮。铜器有车马器、弩机残件及镞、镦。铁器有斧、刀、锄、凿、矛、镞。同时发现王城四角有完整的角楼设施遗迹,北垣和东垣各有向外突出的马面台基,并探明城内部分建筑的基址以及城外的护城壕[1]。对于秦城遗址的时代和性质,有几种不同的看法:一是秦始皇攻打岭南时修筑的秦城,二是秦桂林郡治,三是汉初南越国赵佗修筑的越城,四是汉始安县治。史籍中有关秦城的文献资料较多,看法也多有不同。宋人周去非《岭外代答》中记载:"湘水之南,灵渠之口,大融江小融江之间,有遗堞存焉,名曰秦城。实始皇发谪戍五岭之地。"

兴安城子山古城遗址,位于兴安县界首镇城东村委地界,东临湘江,南靠城子山村。城址为长方形,面积约6.6万平方米,城墙残高1.5—3米,厚5—10米,墙体用黄土夯筑而成。城址四角墙体稍宽厚,城西、北墙有缺口,可能为城门的开口,西墙外尚可见12米宽的护城壕遗迹。遗址内建筑瓦片和陶器残片随处可见,多为汉代遗物,1986年村民在遗址区域内耕地时挖出五铢钱约2.5公斤。另外,在城址南面2公里处发现了汉窑遗址和汉至南朝墓群。在湘江东岸还发现了毛屋拉、毛家庄、合家三处汉墓群。在城址附近的界首古墓群区域内曾采集到有"零陵"铭文的墓砖一块。《旧唐书·地理志》记载:"湘源(今全州县),汉零陵县地,属故城在今县南七十八里。"有学者根据城子山遗址的位置,结合文献记载和考古发现,推断城子山古城遗址即为汉代零陵郡县治所。

全州洮阳城遗址,位于全州县永岁乡大塘梅潭村地界,坐落在湘江西岸的山岭上。城

---

[1] 广西壮族自治区文物工作队等:《广西兴安县秦城遗址七里圩王城城址的勘探与发掘》,《考古》1998年第11期。

址平面呈多边形,面积约6万平方米。城中有六边形台地,东、西两翼略低,城墙依山就势用泥土夯筑而成,墙残高2—3米,厚5—10米。遗址东、西两面各有一城门,凡转角处均高出周围城墙体,似为角楼建筑遗迹。城内地面残留大量板瓦、筒瓦残片以及席纹、篮纹、方格纹和米字纹组合的陶器残片,为汉代遗物,城东北面的山岭上有汉代墓葬,遗址年代为汉代。洮阳是广西最早设置的县之一,战国时期洮阳已是楚国南境的城邑关戍所在,汉初设洮阳县,属长沙国,汉武帝平南越后,洮阳为零陵郡下的一个县。1973年在湖南长沙马王堆三号汉墓出土的西汉初期长沙国南部地形图上标注有"桃阳"县,位置正好在今全州县北、湘江西岸洮阳城址这个地方,与《水经注》《读史方舆纪要》等史籍所载汉洮阳县的位置相一致。说明洮阳城址即为汉代洮阳县故城遗址。

全州建安司遗址,位于全州县凤凰乡和平村委建安司村北面,湘江东岸,1966年普查时发现,为汉代古城遗址。城的平面呈方形,面积约1.9万平方米,四周城墙用泥土夯筑而成,残高为2—4米,厚5—10米。城四角有较明显的角楼建筑痕迹,南、北墙各有一缺口,似为原城门处。城内地势平坦,地表面和城墙断面处可采集到绳纹筒瓦片,细方格纹陶片及云雷纹残瓦当、汉砖等汉代遗物,城外四周有宽约10米的护城壕遗迹。建安古城的规模较小,作为县治的可能性不大,更不可能为郡治所在地,其性质可能是一处军事城堡。

灌阳古城岗古城遗址,位于灌阳县新街乡湘溪村雀儿山,因其上有古城遗址而得名古城岗。城址距地面40余米,东侧距灌江约300米。城址呈方形,面积3.9万平方米,城墙为夯筑,填土中发现大量新石器时代的磨制石器及陶片等遗物。四周城墙残高2—10米,东、南、西、北墙各置一门,东西城墙各有两个瞭望台。北面墙外面有护城壕,西北面约100米处有汉晋至唐宋时期的墓葬,东北面有战国墓。据灌阳县志记载和湖南长沙马王堆三号汉墓出土的西汉地图上标注的观阳县的位置,结合城址出土的遗物、遗迹情况,表明今古城岗古城遗址即西汉初年的观阳故城遗址。

桂北的城池建设肇始于秦汉时期,秦始皇开凿灵渠统一岭南,将中原地区先进的建筑技术传入桂北,城池建筑也开始在桂北进而在整个广西地区出现。汉武帝平定南越国后,随着郡县制在岭南地区的进一步推广,城池建设在桂北及广西各地蓬勃发展。由于这些秦汉城址的筑城技法来源于中原地区,因此在很多方面与中原地区的秦汉城址有相同之处,如城墙采用板筑法,城内房屋以高台建筑为主,建筑构件采用形制与中原地区相近的板瓦、筒瓦、瓦当和铺地砖等。城市是一个地区的政治、经济和文化中心,古代城址蕴藏着丰富的历史文化信息。对桂北秦汉城址的发掘与研究,是探索秦汉时期桂北与中原融合发展的重要途径。

四、墓 葬 习 俗

　　城市是人口聚集地区,生老死葬是人生的自然规律,城市的周边往往形成有墓葬集中分布区,成为古代城址的一个重要组成部分。秦汉时期普遍盛行厚葬之风,因此古城址周围往往保留数量众多的墓葬。桂北是秦汉时期中原与岭南的结合部,由于地理位置重要,此地是中央王朝重点控制的区域,设置了众多的郡县,修筑了众多的城池,人口快速增长,城池周边形成了数量众多的墓葬群。经文物普查,地处桂北的桂林市及各县(除龙胜县外)均有秦汉墓葬分布,沿湘江、漓江、桂江的湘桂走廊是秦汉墓葬集中分布区,而灵渠周边更是重点分布区。桂林市已公布为各级文物保护单位的古墓群达41处,其中秦汉墓葬群就有37处,包括桂林雁山竹园汉墓群、灵川马山古墓群、兴安石马坪古墓群、全州凤凰嘴古墓群、灌阳古城岗古墓群、平乐张家古墓群、荔浦马岭古墓群等。灵渠北边不远处的城子山古城址,长时间作为零陵郡治、县治所在地,其周围存在大量的古代墓葬。经考古调查,墓群分布范围北到全州县绍水镇的沿河村,南至兴安县湘漓乡的洲上村,西到全州咸水乡双藻田,东至全州凤凰乡石子桥村,在此范围内有界首、毛屋拉、渔江、双河、洲上、双藻田、龙尾巴岭、沿河、凤凰嘴、大梅子坳、十份山等十多处古墓群。灵渠南边不远处的秦城遗址,作为桂北秦汉时期的重要城址,其周边也分布着范围庞大、数量众多的石马坪古墓群。从考古发现来看,这些墓葬既有桂北地区的地域特色,也有明显的中原因素。秦汉时期视死如生,大兴厚葬之风,从墓葬习俗中可以看到桂北与中原的影响与融合。

　　桂林雁山竹园汉墓群,分布在桂林市雁山区竹园村后岭的东北面,面积约1500平方米,有古墓共7座。1962年,文物部门对其中一座墓葬进行了清理,出土了陶双耳罐、陶长颈罐、陶博山炉、铁剑、铁剪刀、铁环首刀、铁三脚架、铜洗、铜扣、"长宜子孙"铜镜、石黛砚、银镯以及水晶和琥珀的装饰品。墓中出土的"货泉"钱币,是西汉末年王莽时期的铸币,带铭文的"长宜子孙"铜镜与河南洛阳东汉墓出土的铜镜基本相同,印纹陶器也是东汉墓中的典型器物,墓群的年代为汉代。

　　灵川马山古墓群,位于灵川县大圩镇上力脚村马山东麓七星坡,北距桂林约14千米,南面距漓江不远。2001年桂林市文物部门对其进行了抢救性发掘。墓葬共7座,呈北斗七星形分布,其中6座墓设腰坑,4座墓设二层台,2座墓有河卵石铺底。出土器物57件,有陶器、铁器、铜器、玉器等。随葬品组合多为铜兵器、铁生产工具、陶生活用具,有铜兵器的墓不出陶纺轮,有陶纺轮的墓不出铜兵器。铁质生产工具有锸、锄、斧、刀、剑等。墓群年代为战国至汉代①。

兴安石马坪古墓群,位于兴安县溶江镇莲塘村一带,东临灵渠,西靠大溶江,南至太和堡,北至白竹铺南山槽,面积约400万平方米,共有古墓葬400余座。1983—1984年广西壮族自治区文物工作队发掘古墓25座,出土器物有铜器、铁器、金器、玻璃器、玛瑙、陶瓷器,其中有刀、剑等兵器。出土的部分墓砖上印有几何图案花纹或纪年铭文"永平十六年作"。墓群年代为汉至宋代。

全州凤凰嘴古墓群,位于全州县凤凰乡左家坪的山岭脚下,湘江南岸,面积约120万平方米,有古墓551座。经对部分墓葬进行抢救性发掘,出土环首铁刀、铜锁、陶釜、陶瓮、陶罐、铜钱等随葬物品一批。墓葬时代为东汉。

灌阳古城岗古墓群,位于灌阳县新街乡马家坪村后的山岭上,北距古城岗200米,面积约7.5万平方米。为配合农田基本建设,清理墓葬2座,出土随葬品有铜鐎斗,铁斧、铁削,陶器有纺轮、罐、壶、瓿、杯、鼎、碗、盅等。墓群年代为汉代。

平乐张家古墓群,位于平乐县张家镇东南面的荒头岭、大穴岭、莲花岭、银山岭一带,面积约400万平方米,有古墓葬260余座。1974年广西壮族自治区文物工作队发掘清理墓葬165座。这些墓葬有的墓底有腰坑,有的设有二层台,个别墓葬出现壁龛。出土文物总数达1 044件。陶器主要有瓮、釜、罐、瓿、壶、盆、盒、杯、纺轮等,还有一些陶制的屋、灶、井、仓等模型明器。铜器中多为兵器,有剑、矛、戈、镞等。铁器主要是生产工具,器类有锄、斧、锛、凿、刮刀。此外还出现了铜铁合制品、玉玦、半两钱、五铢钱等。墓群的年代为汉至两晋②。

荔浦马岭古墓群,分布于荔浦县马岭镇永明、凤凰、新寨村委地界,面积约300万平方米,有古墓葬100余座。1973年,广西壮族自治区博物馆考古队发掘其中10座。出土物以陶器为主,器形有缸、釜、壶、鼎、簋、灯、井、猪圈、仓、奁、纺轮,还有少量铜器、铁器以及五铢钱、玛瑙串珠等。墓葬年代为汉至南北朝。

由于秦统治岭南的时间较短,要识别这个时期的墓葬难度较大,确切的秦代墓葬到目前为止在整个广西都还没有发现,但有些迹象表明在平乐、兴安发现的一些战国至西汉前期墓葬中有的可能就是秦墓。平乐银山岭古墓群的墓葬形制及出土遗物反映的文化面貌总体特征与岭北地区战国到秦时期楚地文化相似,也包含有秦文化因素,如出土"江"铭戈、"屠陵"铭矛等。平乐银山岭战国墓中,有一座4号墓,是长方形土坑木椁墓,周围环以

---

① 广西壮族自治区文物工作队、桂林市文物工作队、灵川县文物管理所:《灵川马山古墓群清理简报》,《广西考古文集》,文物出版社,2004年。
② 广西壮族自治区文物工作队:《平乐银山岭汉墓》,《考古学报》1978年第4期。

二层台，墓底有方形腰坑，随葬品有铜剑2件、铜矛1件、铜戈1件（附铜镦）、铜钵1件、铁斧1件、陶杯3件。剑有二式，一件是典型的越式扁茎短剑，另一件仅存剑首、剑格，剑首圆筒柄，有对穿孔，剑格上保存有缠绑痕迹，表面都鎏金，看来是楚式剑。铜戈长胡三穿，内平直，援上扬，援、胡、内均具有利刃，其形制与河南新郑郑韩故城Ⅲ式戈和广州罗冈秦墓戈十分相似，是典型的战国晚期铜戈。内上两面都有刻铭，笔画形态与安徽寿县朱家集出土的楚器铭文相似。正面刻二字，一为"江"字，一为"鱼"字。此件铜戈应是秦统一岭南战事以后埋入地下的，该墓可能是秦时墓。在同一墓地还采集到一件铜矛，通身宽而扁平，脊两侧各有一道血槽，扁圆銎，与秦都咸阳和临潼秦始皇兵马俑坑出土的秦国铜矛十分相似。在装木柄的筩上并列镂刻"屠陵"二字，又是典型的秦篆，此件铜矛应是秦代物。屠陵是秦代黔中郡的一个县。这件铜矛应是驻扎在屠陵的秦军开到岭南战场时使用的兵器，也应是墓中的随葬品，这座墓的时代当也是秦代。兴安石马坪、灌阳古城岗也都发现了秦代墓葬。这些岭南秦墓有如下几个特征：墓葬形制保留战国晚期越人墓风格，长方形竖穴土坑，不设墓道，有的墓底铺石，中部有腰坑；随葬品中的青铜器有楚文化或秦文化色彩，如兵器中的长胡三穿援上扬援胡内都具利刃的戈、通身宽扁脊侧有血槽的矛，生活用品中的桥形小钮窄边铜镜、蒜头口扁壶、秦"半两"钱；陶器有楚文化和本地浓厚的传统文化色彩，如绳纹圜底罐、三足兽耳瓿、附耳圜底蹄足鼎、长颈圜底壶、米字纹瓮、三足盒、三足罐①。灵川马山古墓群的墓葬形制为狭长形竖穴土坑，与湖南、湖北早期楚墓相似。墓底设腰坑，应为中原殷周墓的遗俗。腰坑内放置陶器的葬俗，在湖南长沙、湘乡等地早期战国墓中就有发现，在两广地区则流行于战国至汉。在随葬品方面，流行铜兵器、铁生产工具、陶生活用具组合，与湖南楚墓基本一致。从墓葬习俗来看，桂北地区受中原影响明显。

西汉前期，桂北墓葬的主要形制是竖穴土坑墓和土坑木椁墓。有的墓底挖腰坑，腰坑内放置陶器1件，与战国晚期当地西瓯人墓葬相同。竖穴土坑墓随葬品很少，器物地方色彩很浓。土坑木椁墓随葬品较多，随葬品器物组合除了一套地方色彩很浓的器物外，有的还随葬仿中原地区的陶礼器鼎、盒、壶、钫。西汉后期主要流行带斜坡墓道的土坑木椁墓，在随葬品的配置上，陶制传统礼器鼎、盒、壶、罐比较普遍，有显著地方色彩的三足盒、三足罐逐渐减少甚至日渐消失，被新出现的簋、鐎壶、提桶、四联罐等所取代。滑石器开始盛行起来，钱币有铜五铢钱，铜镜流行昭明镜、日光镜和博局纹镜，象征地主阶级地位财富的整套建筑模型明器屋、仓、井、灶等普遍出现，整个葬俗已基本上同中原地区趋于一致。

---

① 蒋廷瑜：《试论岭南地区秦代墓》，桂林市文物局编：《桂林文博研究文集》，广西师范大学出版社，2014年。

东汉前期,砖室墓开始出现。随葬品繁多,象征地主庄园生活的田园宅院、俑人车马、畜禽用器经常成套出现,祭祀用的鼎、盒、壶、奁、熏炉以及标志财富的房屋、楼阁、仓、井、灶仍大量流行,匏壶、提桶、联罐逐渐淘汰。干栏式陶屋已少见,流行曲尺式陶屋和三合院式陶屋。随葬铜镜以规矩镜、四神镜、鸟兽镜为主,同时流行"长宜子孙""君宜高官"等吉祥语铭文镜,铜钱大多是王莽钱和五铢钱。东汉后期,随葬品最具时代特色的是三合院式陶屋、壁垒森严的陶城堡、前宽后窄的三角嘴式陶灶、腹部一道凸边的陶鼎和陶鐎壶,釉陶器数量增多。铜镜以蝙蝠柿蒂纹钮座镜、四兽纹镜、高浮雕龙纹镜和"位至三公"镜为多,铜钱以东汉五铢为大宗。

五、经 济 生 活

秦始皇统一全国后设立郡县制,为进入汉代以后的桂北、广西以至岭南地区经济的快速发展创造了有利的条件。汉代农业的发展,首先表现在生产工具的改进和耕作技术的改造上。秦汉时期,铁器的生产规模、生产技术以及铁器的品种和数量,都比前期有了明显的进步和发展。广西在汉代已广泛使用铁器,据文献记载,当时的铁农具已有锸、锄、犁、耙、镰等。考古发现表明,汉代桂北的农业生产工具已脱离木石阶段,广泛使用铁质农具,同时还从中原地区引进先进的农业耕作技术。西汉初期,由于铁器珍贵,岭南的铁质农具有不少需要从中原输入,吕后把控制铁农具的输出作为同南越国斗争的手段,下令关闭"金铁田器马牛羊"关市,迫使南越王赵佗三次上书谢罪[①]。锸是汉代使用最普遍的农具之一,翻土、挖掘、开渠都要用它。桂北的平乐银山岭汉墓中出土大量铁器,其中仅铁锸就有14件。兴安石马坪汉墓、灵川马山古墓群也有铁锸出土。锄也是当时的主要农具,其作用和锸差不多,主要用于翻土和中耕。铁锄在全州、兴安、灵川、平乐的汉墓中都有出土。平乐、灵川的汉墓中还出土用于砍伐的铁斧和铁刀。平乐汉墓出土用于收割的铁镰作新月形,和中原地区的形状相同,或为中原输入,或为采用中原的制作技术。

铁农具的广泛使用,使砍伐森林、开垦荒地、兴修水利、深耕细作都获得长足的发展。秦始皇开凿灵渠,沟通长江和珠江水系,不仅解决了统一战争中军需粮草的运输问题,而且为后世留下了一处水利灌溉工程,对两岸的开发建设起到了极大的推动作用,有力地推动了桂北与中原经济文化的交流和发展。东汉马援南征,在岭南"治城郭,穿渠灌溉,以利其民"[②],大力整修灵渠,经营水利灌溉事业,促进了桂北及岭南农业的发展。

---

① 《汉书》卷九十五《西南夷两粤朝鲜传》。
② 《后汉书》卷二十四《马援列传》。

汉代桂北普遍种植水稻,大量陶屋模型内都附有劳作俑,有的执杵舂米,有的端簸箕簸米。平乐银山岭汉墓出土的一座方形庭院重楼模型中,在一侧厢房内有一个长方形木臼,并排三个臼眼,一人双手紧握木杵向其中一个臼眼舂击,应该就是舂米的形象。在另一座曲尺形陶屋中,也有一人手持木杵舂臼的舂米形象。银山岭汉墓还出土一件四合式庑殿顶陶楼,前屋和左右两厢为平房,悬山瓦顶,后间为二层四脊顶楼房。前屋正面开一门,门两侧墙壁,上层设直棂窗,中层设菱花窗,下层为素面墙。屋内有一匹马。左厢房外墙封闭。右厢房是碓房,房内有一人持杵舂臼。天井露顶,有一马夫。后楼底层后面开一门,楼上右面和后面各开一窗,各有一人扶着窗台伸头向外张望,窗前露台各有两位戴冠人相向揖拜。这件陶楼,形象地再现了当时桂北地区房屋建筑的造型特点,也生动地展示了当时人们的经济生活场景。桂北汉墓中还出土粮仓模型明器,说明当时粮食比较富足,人们把富余的粮食储存起来,留待以后食用。平乐银山岭出土一件陶仓,悬山瓦顶,前面开一门,无窗,左、右、后三面都封死,门的两侧各有两个圆洞,可能是封堵仓门时安置横杠用的。汉代桂北除了种植水稻,还种植薏米。平乐银山岭汉墓出土的一件陶簋内盛满了薏米。薏米是薏苡的种仁,是一种禾本科一年生或多年生草本植物的果实,富含淀粉糖分,可以和大米一起煮成粥饭,也可磨成面食,是盛夏清凉消暑的好食品。薏苡的种仁和根还可以入药,能治疗多种疾病。东汉伏波将军马援率兵南征交趾,遇到岭南山区瘴气熏蒸,不少将士染上疠疫,马援靠着服用薏米,险渡难关。除了种植外,桂北汉代农业还有畜禽养殖,包括猪、羊、犬、鸡、鸭、鹅等。桂北很多汉墓都出土陶屋、陶猪圈、陶鸡圈等模型明器,这也成了当时人们拥有财富多寡的一个重要标志[①]。

自秦汉开始,中央王朝在岭南地区大力推行郡县制,开始在部分原来生产力水平相对较高的地方建立郡县,修筑城池,郡县治所大多成为军政合一的城市。由于地理原因,桂北较广西其他地区更早更多地接受了中原的先进文化和先进技术。桂北是秦汉王朝与岭南地区联系沟通的咽喉之地,由于灵渠的开凿,湘江、漓江、桂江所构成的湘桂走廊,成为中原与岭南往来的交通要道,通过这条通道,可直达广州或合浦出海口,连接海上丝绸之路。《史记·南越列传》记载,汉武帝元鼎五年(公元前112年),汉武帝派"归义越侯二人为戈船、下厉将军,出零陵,或下漓水,或抵苍梧"。由于地理位置非常重要,桂北在秦汉时期是中央王朝重点控制的区域。秦汉时期,度量衡的统一,交通的开发,商业贸易得到了较快的发展。南迁汉人中商人的迁入,客观上刺激了岭南的商业贸易,中原的"金铁田器"和马畜等生产资料源源不断输入岭南,岭南的珠玑、玳瑁、犀角、象齿和荔枝、龙眼等土

[①] 蒋廷瑜:《广西考古通论》,广西科学技术出版社,2012年。

特产品又经商人转运至中原各地。由于灵渠的开凿,在秦一统岭南地区后,经过汉代的巩固与发展,中原地区的政治制度逐步融入岭南地区,类似中原地区的农业、手工业在岭南得到迅速发展,灵渠在这一阶段起到了重要的作用,桂北所在的漓江流域与中原文明接轨,成为岭南地区接受中原文化最早、经济社会发展最快的区域之一。

中古时期越地的水利建设
——以两浙为例

宋 烜 宋绎如

（浙江省社会科学院历史研究所 天津美术学院）

隋唐五代及两宋时期是越地[①]水利建设的发展时期。早在先秦时期，越地的水利技术就有相当的积累，经过六朝时期在东南的经营，到了隋唐时期，东南地区的经济地位迅速攀升，水利技术活动也随之展开。由于这里气候温润，雨量充沛，农作物在一年四季皆可生长，相较于北方的寒冷、干旱气候，东南地区显然更适宜于农作物的生长、产出。加上六朝以来的区域政治经济中心在该地区的确立，以及相对而言较少受到战乱影响，东南的人口也逐渐增多，农业、水利技术的进一步开发，使得其经济权重逐渐增加。隋唐以降，全国的经济中心逐渐向东南一带转移，尤其到了唐代中后期，东南财赋成为了朝廷的主要供给之所，朝廷的军政支出主要仰给东南，韩愈曾指出："当今赋出于天下，江南居十九。"[②]曾任德宗朝宰相的权德舆也说："江淮田一善熟，则旁资数道。故天下大计，仰于东南。"[③]由于经济的发展，也带动了农田水利建设的发展。记载中这时期兴建的水利工程数量骤然增多，是之前水利工程数量的数倍，反映了两浙水利建设第一个高潮的到来。这时期在府治、县治的所在地及其周围，都有相应的水利项目出现，显示当时水利建设已经相当普及。而其中，隋、唐、五代三个时期中，记载中建于五代的水利工程数量很少，据雍正《浙江通志·水利志》，这时期新建的水利工程中，属于隋代的有一项，唐代四十六项，五代吴越的仅有三项，这虽然并不是完全的统计，但也至少部分反映了当时水利开发建设水平，以及政府对水利建设的重视程度。比较意外的是，钱氏据有两浙约七十年，但关于其兴修水利的事例相对而言却偏少，这是一个值得引起重视且并不被关注的现象。

---

① 此处越地主要指的是两浙区域。
② （唐）韩愈《东雅堂昌黎集注》卷19《书序·送陆歙州傪序》，上海古籍出版社，1993年。
③ 《新唐书》卷165《列传第九十·权德舆》。

一、隋唐时期的两浙水利建设

这时期的水利工程中,当以隋代的兴建大运河最为著名。隋朝开建的大运河,实际上是在历代修建的基础上加以拓展、完成的。当时以洛阳为中心,南连通会稽①,北到涿郡(今北京),全长2 700公里,跨越东南沿海和华北大平原,沟通黄河、淮河、长江、钱塘江、海河等五大水系,是古代中国内陆航运的大动脉,也是世界上开凿最早、规模最大的运河。大运河的江南段,"即江南河也"②,原来称为百尺渎、山阴故水道、陵水道,分别建于春秋吴、越及秦始皇时期。到了炀帝隋大业六年,"将东巡会稽,乃发民开江南河"③,当时的运河为了通行龙舟,河面开阔,两岸设施齐备,"(大业)六年……十二月,敕开江南河。自京口至余杭郡八百余里,水面阔十余丈。又拟通龙舟,驿宫、草顿并足,欲东巡会稽"④。由此也成为江南、会稽通往中原的主要运输通道,"后代因而修之,以为转输之道"⑤。南宋时,建都临安,运河也成为越地沟通中原的主要渠道,因此而倍加重视:"宋孝宗淳熙八年,浚行在至镇江运河,时都临安,尤以漕渠为先务也"⑥,当时的运河,"自临安北郭务至镇江江口闸,六百四十一里"⑦。明清时期的运河有多条途径,其中,由武林门出发,经德清、崇德、桐乡、嘉兴到吴江,在明清时期是主要通道,"由杭州府之武林驿,又北历湖州府德清县东三十里,凡百二十里而达嘉兴府崇德县。又东北历桐乡县北八里,凡八十里而经府城西,绕城而北又六十里,而接南直苏州府吴江县之运河,此两浙之运道也"⑧。

除了大运河的兴建,唐代时水利建设活动也更加频繁。由于人口增加,城市数量增多,对城市水利的要求也在不断提高,许多地方官针对府县所在地的天然湖陂进行整治改造,对湖塘进行开挖疏浚,以提高城市的防涝抗旱能力,同时也为城市提供水源、为农田提供灌溉所需,"以饮以溉,利民博矣"⑨。史书记载说:"明越之境皆有陂湖,大抵湖高于田,田又高于江海。旱则放湖水溉田,涝则决田水入海,故无水旱之灾。"⑩浙东的地形大多类

---

① (宋)司马光《资治通鉴》记载,大业六年十二月,炀帝"敕穿江南河,自京口至余杭八百余里,广十余丈,使可通龙舟,并置驿宫、草顿,欲东巡会稽"。可见大运河的南端本来应该在会稽。关于大运河南端问题,本文作者之一宋烜另有专文论述,详见《江南运河之两浙古运河——兼谈大运河南端问题》,《绍兴文理学院学报》2015年第6期。
② (清)顾祖禹《读史方舆纪要》卷89《浙江一》,中华书局,2005年。
③ (清)顾祖禹《读史方舆纪要》卷89《浙江一》,中华书局,2005年。
④ (唐)杜宝《大业杂记》,《两京新记辑校·大业杂记辑校》,三秦出版社,2006年。
⑤ (清)顾祖禹《读史方舆纪要》卷89《浙江一》,中华书局,2005年。
⑥ (清)顾祖禹《读史方舆纪要》卷89《浙江一》,中华书局,2005年。
⑦ 《宋史》卷97《河渠志第五十·河渠七·东南诸水下》。
⑧ (清)顾祖禹《读史方舆纪要》卷89《浙江一》,中华书局,2005年。
⑨ (宋)梅应发、刘锡《开庆四明续志》卷3《水利》,《宋元四明六志》,宁波出版社,2011年。
⑩ 《宋史》卷173《食货志·第一百二十六·食货上·农田》。

似,故这时期的许多府县都有陂湖兴建,包括杭州西湖、富阳阳陂湖、余杭北湖、归安县菱湖、长兴县西湖、明州东钱湖广德湖小江湖、慈溪县慈湖花屿湖杜白二湖、建德县西湖、寿昌县西湖、永嘉县会昌湖等在内的一批城市湖泊在唐代时得到大力疏浚,其中如杭州西湖,古称钱湖、明圣湖,虽然在六朝已有记载,如北魏郦道元《水经注》:"县南江侧有明圣湖,父老传言,湖有金牛,古见之,神化不测,湖取名焉。"但有规模的整治疏浚大约是从唐朝开始。唐长庆年间白居易来任杭州刺史,开始浚治西湖,增加了西湖的蓄水量,使得沿湖、沿河农田得以灌溉,濒湖周围千顷农田"无凶年"。白居易《钱唐湖石记》说:"钱唐湖,一名上湖,周回三十里,北有石函,南有笕。凡放水溉田,每减一寸,可溉十五余顷;每一复时,可溉五十余顷。大抵此州春多雨、夏秋多旱,若堤防如法,蓄泄及时,即濒湖千余顷田,无凶年矣。"除了灌溉沿湖农田,疏浚后的西湖还能发挥更大的作用,远至运河沿岸的农田也能因此获益:"自钱塘至盐官界,应溉夹官河田须放湖水入河,从河入田,淮盐铁使旧法,又须先量河水浅深待溉田,毕却还原水尺寸,往往旱甚则湖水不充,今年修筑湖堤,高加数尺,水亦随加,即不啻足矣。"①西湖水除了农田灌溉,还作为城市日常用水,"杭近海,患水泉咸苦,唐刺史李泌始导西湖,作六井,民以足用"②。可见西湖水源同时作为城市水网的储水库,供给市内诸河,平衡城市用水,"杭城全借西湖之水达城内之河,上通江干,下通湖市";苏轼也说:"唐李泌始引湖水作六井,然后民足于水。井邑日富,百万生聚,待此而食。"③实际上许多府、县城的湖陂都有类似作用,如富阳阳陂湖,建于贞观十二年,"溉田万顷,惠利在民"④。位于宁波东侧的东钱湖,唐天宝二年县令陆南金"开广之",因原来在鄞县之西,故也称西湖,又名万金湖,"以其为利重也"。周围八十里,受七十二溪之流,四岸有堰凡七,即钱堰、大堰、莫支堰、高湫堰、栗木堰、平湖堰、梅湖堰等,"水入则蓄,雨不时则启闸而放之","鄞、定海七乡之田资其灌溉"⑤。

这时期,堰闸堤坝建设也已经达到较高水平。位于宁波西南的它山堰,是一座颇具特色的水利工程。横跨鄞江,有阻咸蓄淡、引水灌溉的功能。它山堰建于唐太和七年,由当时的鄞县县令王元暐兴建,"迭石为堰于两山间",由于之前多采用竹筱垒石砌筑堰堤,故非常容易损坏。唐代开始用条石砌筑,"阔四十二丈,级三十有六,冶铁灌之",条石之间用铁水锚固,使堰堤的牢固程度明显加强,整体性获得提升。它山堰东面近海,除了引水灌溉,还有阻咸蓄淡的功能:"初,鄞江水与海潮接,咸不可食,田不可溉。"⑥自从建了它山

---

① (唐)白居易《白氏长庆集》卷68《碑志序记表赞论衡书》。
② 《宋史》卷96《河渠志第四十九·河渠六·东南诸水上》。
③ 《宋史》卷97《河渠志第五十·河渠七·东南诸水下》。
④ 雍正《浙江通志》卷149《名宦四》,中华书局,2001年。
⑤ (宋)方万里、罗浚《宝庆四明志》卷12《叙水》,《宋元四明六志》,宁波出版社,2011年。
⑥ (明)李贤等《明一统志》卷46《宁波府》,《大明一统志》,巴蜀书社,2018年。

堰，堵截咸潮，使得上游来水既可以灌溉农田，又可以引入城市："渠与江截为二，渠流入城市缭乡村，以灌七乡田数千顷。"①

二、两宋时期的两浙水利建设

两宋时期是继唐代以后又一个水利建设高峰。从文献记载来看，北宋时期的水利建设较之前代更有长足的进步，水利建设数量多、质量高。从相关方志反映的情况看，这时期的水利活动相较于前代不仅仅局限在府治、县治的所在地，水利建设已经普及到乡镇一级。无论是水利技术水平，还是水利建设普及程度，两宋时期的越地水利建设都已经达到了新的高度。

首先，水利建设在这时期得到明显普及。尤其是在相对发达的区域，水利网络的覆盖已经非常全面。海盐县乡底堰，北宋嘉祐元年由县令李维几兴建，由数十个小型堰闸组成，"乡底堰三十余所"，"以灌十乡农田"②。这种由数十个小型堰闸组成的水利网络统筹建设，用以覆盖并不太大的农田范围，在此前还是不多见到。而在浙东的山区，由于田亩多位于山间坡地，故水利设施更趋向于小型化，非常地因地制宜，如于潜县"容塘、徐博家前塘、皂角塘、祐塘、温塘、徐太家前塘、浪后塘、墓后塘、余三家塘、徐五十一家前塘……承接白塔源等处水，流接荫田一百八十五亩"③；又如"戴四捺、石牛水捺、小坑水捺、吴家捺、何长坞捺、小坑捺、桥头捺、卉岭村捺、徐家捺、徐家前捺、高圻捺、大石捺、湖老坞捺、桥下捺、坞口水捺、村前水捺、支候村捺、桥头捺、炭灶坞捺、柳瓜口坑捺、东山捺、广陵岸捺、乌山下捺、低溪水捺、喏口捺、板如岭捺、高桥捺、塘头捺……已上二十八捺承接千秋岭山坑水，上流下接，荫田七百六亩"④。近十处、二十处小型堤塘组成梯级水塘，用以灌溉小面积的山间农田，这种现象已经在当时很普遍。一些堰堤的兴建，只为灌溉数十亩农田，如富阳"涌泉堰，溉田五十余亩"；"凤溪堰，溉田四十余亩；梓堰，溉田二百余亩；大公堰，溉田三十余亩；后步堰，溉田二十余亩"⑤，等等。一个堰堤，大者溉田上百亩，小的仅溉田二十余亩，显示两宋时期水利建设趋向于更加地因地制宜，水利工程的细微化以及普及程度已经非常高。

其次，城市水利建设得到进一步提升。这时期，城市水利的建设相较于隋唐时期而言

---

① 雍正《浙江通志》卷56《水利五·宁波府》，中华书局，2001年。
② （元）单庆修《至元嘉禾志》卷5《堰闸·海盐县》，上海古籍出版社，2010年。
③ （宋）潜说友《咸淳临安志》卷35《志二十·山川十四》。宋元方志丛刊，中华书局，1990年。
④ （宋）潜说友《咸淳临安志》卷35《志二十·山川十四》。宋元方志丛刊，中华书局，1990年。
⑤ （宋）潜说友《咸淳临安志》卷39《志二十四·山川十八》。宋元方志丛刊，中华书局，1990年。

更进一步,也日益纳入整体规划当中。杭州的市内运河,大约兴建于唐。但北宋时已经成熟定型,这些市内运河由于受潮水带来的泥沙等影响,经常会淤积,需要不时地疏浚,宋元丰三年"赐米三万石,开苏、杭州运河浅淀"①。苏东坡任杭州知府时,曾兴建堰闸用来治理淤塞问题,并利用西湖水冲刷运河:"运河在城中者,日受潮水沙泥浑浊,一汛一淤;比屋之民委弃草壤,因循填塞。元祐四年知杭州,苏轼浚茆山、盐桥二河,分受江潮及西湖水。造堰闸,以时启闭,民甚便之。"②苏轼在杭州另一项著名的工作就是疏浚西湖,并把淤泥堆积"葑草为堤",形成著名的苏堤:"取葑田积之湖中,为长堤,以通南北,则葑田去而行者便矣……堤成,南北径十三里,植芙蓉杨柳于其上,望之如画图,杭人名曰苏公堤。"③当时疏浚的市河,往往既有行舟的功能,又可兼及农田灌溉,如奉化州的新河,"立堰埭三处,潴水灌田数十万亩。又通舟楫,以便商贾往来"④。

其三,地方官普遍重视水利建设。宋室南渡,政治经济中心建在了杭州,东南区域也由之得到进一步开发,农田水利建设进一步得到普及,当时的地方官员多在任职的府县范围内,大力推广农田水利,开展一系列的水利建设。南宋开庆、宝祐年间任职明州的吴潜,即在明州一带兴建了多处水利设施:"大使丞相(指吴潜)兴水利者遍乎四境。"⑤鄞州江塘、开庆碶等一批水利设施都是吴潜任职时及之后兴建、倡议修建。如江塘"在(鄞县)鄞塘乡二十八都,宋郡守吴潜增筑";"北渡堰,在(鄞县)县西南三十五里,宋守吴潜所创",开庆碶"旧名雀巢,在鄞县手界乡"⑥,"宋开庆元年判府吴潜重建";"练木碶,在(鄞县)县南三十五里,宋宝祐间郡守吴潜建";保丰碶"开庆元年判郡吴潜于其右创为五柱四门";管山河,在慈溪县东南五里,"宋宝祐五年丞相吴潜以钱市民田,垦河五里,长七百丈有奇,阔三丈六尺,深一丈六尺,水由是达于茅针碶,鄞、慈、定皆利焉"⑦;黄泥埭碶"宝祐五年判府吴潜委县丞罗公镇竟其事";"宋宝祐间,丞相吴潜于郡城平桥南立水则,书平字于石,视字之出没为启闭注泄之准"⑧;等等。志书中记载吴潜在明州范围兴建、修建的水利项目有近十处,既有河道疏浚,也有碶闸修建,而且这些水利设施往往项目不大,但以其"丞相""郡守"之职,亲力为之,"兴水利者遍乎四境",可见当时对水利建设从朝廷至地方都相当重视。嘉兴太守赵善悉,在其任上整治了一系列的河道堰闸,疏浚了海盐县海盐塘

---

① (宋)李焘《续资治通鉴长编》卷360《神宗》,中华书局,2004年。
② 《宋史》卷96《河渠志第四十九·河渠六·东南诸水上》。
③ (清)徐乾学《资治通鉴后编》卷89《宋纪八十九》。
④ 雍正《浙江通志》卷56《水利五·宁波府》"新河",中华书局,2001年。
⑤ (宋)梅应发、刘锡《开庆四明续志》卷3《水利》"开庆碶"。"大使丞相"即指吴潜。《宋元四明六志》,宁波出版社,2011年。
⑥ (宋)梅应发、刘锡:《开庆四明续志》卷3《水利》"开庆碶"。《宋元四明六志》,宁波出版社,2011年。
⑦ 成化《宁波郡志》卷2《河防志》,宁波历史文献丛书第二辑《明代宁波府志》,宁波出版社,2014年。
⑧ (宋)梅应发、刘锡《开庆四明续志》卷3《水利》。《宋元四明六志》,宁波出版社,2011年。

河、招宝塘河、乌垞塘河、陶泾塘河等嘉兴境内的主要航道。其在北宋时修建的乡底堰三十余所的基础上,又多加兴建,"增筑乡底堰八十一所",使得原有的水利规模更大,设施更加细化。据粗略统计,南宋时浙江境内兴建的水利设施数量较之前代而言是最多的,很多县都有十数个水利的初建项目,这在之前是从来没有的现象,其中不乏大型的水利项目。这一方面说明两宋时期社会生产力的发展,同时也显示这一时期对水利的重视也达到了一个新的高度。当时学者认为:"夫稼,民之命也;水,稼之命也。"①南宋时期思想家陈亮也说"衣则成人,水则成田"②,体现了南宋时期对农田水利建设所具有的普遍性的重视。而反映在水利建设上,就是水利项目的更加普及。

其四,民间出资兴修水利开始大量出现。两宋时期由于水利建设的普及,民间、乡间集合乡人力量,开展水利建设事例不断涌现。实际上在宋代以前,记载中的大部分水利建设,多依靠朝廷、官府而为,很少有民间为主进行水利建设的。浙江的记载中较早以民间之力兴建水利的,当推汉代时的华信建海塘。据说华信因为家族比较富有,所以主持兴建海塘。刘道真《钱唐记》说:"防海塘,去邑一里,郡议曹华信家富,立此塘,以防海水。"③《钱唐记》并记录了当时修建海塘时的传奇过程:"始,开募有能致一斛土者,即与钱一千;旬月之间,来者云集;塘未成而不复取,于是载土石者皆弃而去,塘以之成。故改名钱塘焉。"④不过,当时的所谓海塘,可能仅仅是位于西湖(当时或称为钱湖)东侧的浅滩处,所筑的堤塘规模可能不大。据史料记载,明确注明建于唐代之前的两浙水利项目共有超过百项,明确记载由民间主持或出资修建的不足五项,除了前述提到的华信建海塘以外,尚有以下几处:

  健阳塘:在健跳所城外,唐僧怀玉筑堤五百丈余。⑤
  花屿湖:花屿湖在慈溪县东南十里,旧有小塘潴水,唐贞元十年刺史任侗劝民修筑。⑥
  长安堰:在武义县西二里湖山潭,由三堰组成,上堰、中堰、曹堰,唐光化元年乡民任留建,溉田万余亩。宋庆元四年邑人高世修、叶之茂重修。⑦

花屿湖由民间出资出力,官府"劝筑";其他两处都是不假官府资助,由民间兴筑。这种主

---

① (明)黄淮、杨士奇编《历代名臣奏议》卷253《水利》"青田县主簿陈耆卿上疏",上海古籍出版社,2012年。
② (宋)陈亮:《龙川集》卷4《问答》。见《陈亮集》,中华书局,1974年。
③ (宋)李昉《太平御览》卷472《人事部》,中华书局,2000年。(唐)李吉甫《元和郡志》认为华信是汉代人:"华信,汉时为郡议曹",见《元和郡县志》卷26《江南道·钱塘县》,中华书局,1983年。
④ (北魏)郦道元:《水经注》卷40《浙江水》引《钱唐记》,中华书局,2009年。
⑤ 雍正《浙江通志》卷59《水利七·台州府》,中华书局,2001年。
⑥ (清)穆彰阿《清一统志》卷240《宁波府》,上海古籍出版社,2008年。
⑦ 雍正《浙江通志》卷59《水利八·金华府》,中华书局,2001年。

要由民间自助兴建水利工程的情况大概由唐代开始出现,但数量不多,大约占当时水利兴建项目总数的百分之五①。

由民间主持兴修水利现象的大量出现,大约在北宋时期。从记载来看,北宋时以民间士绅出资修建水利项目的情况开始增多,如位于温州的黄塘八埭,建于北宋宣和年间,属于"阻咸蓄淡"的沿海水利工程,作用是阻隔咸潮、储存山区下来的清洁水源。该项目覆盖周围"二十余里",工程量不小,但却不假官府资助,自主修建:"里人叶尉达创斗门闸板,岁久腐,咸潮冲淤二十余里,田无灌溉,乡人病之,乃为埭。"②黄岩县民杜思齐在南宋开禧年间开凿新河,同样以一己之力,据万历《黄岩县志》说:"新河:在县北五里……宋开禧二年里人杜思齐率众凿。"③奉化县的刘大河碶,又名王家碶,在奉化县北三十三都,北宋"熙宁间邑人王氏创建,建炎三年王元章复请于官修之"④。位于杭州永和乡的永和塘,当仁和、海宁二县之间,"宋绍定己丑邑士范武捐财,以助修筑塘"⑤。慈溪县的砖桥闸、颜家闸、黄沙闸三闸,都由宋隐士潘昌捐资建造⑥。有的是官员捐出个人积蓄,助修水利。如慈溪县的黄泥埭碶,由南宋时浙东提举季镛"捐二千缗,助民为之"⑦。由于水利工程一般都不是小项目,需要一定的财力与物力,且受益方也多为范围内的民众,故此前的水利工程多为官方修建,较少有民间或个人出资。从宋代开始,水利的修建更加普及,由于从朝廷到地方,都开始重视水利的作用,意识到水利对农业生产的重要性,《宋会要·食货》说"灌溉之利,农事大本"⑧,认为"修利堤防,国家之岁事"⑨,在当时,"水利被视为国家大事。因此,宋代也是兴修水利有较大成就的朝代。国家统筹规划水利事务,一方面修复整治旧有河流渠道,一方面修筑新堤堰塘扩大灌溉面积"⑩。随之而来的,由民间出资或集资修建水利设施的现象也开始接踵出现,虽然这种现象在明清时期非常普遍,但在两宋尤其是北宋时期,这无疑是一个新现象。

其五,兴建水则以调控水位。这时期随着水利建设的普及,水利技术也相应提高,比较典型的就是各地普遍建起了水则。水则的作用是监测水位,调控水量,以控制各沿海、沿河碶闸的启闭。遇到洪水泛滥,涨水淹没水则标志点,即开启沿江沿海各碶闸放水,以

---

① 此数据根据雍正《浙江通志》《水利志》统计。
② 雍正《浙江通志》卷61《水利十·温州府》,中华书局,2001年。
③ 万历《黄岩县志》卷1《水利》,上海古籍书店,1963年。
④ 嘉靖《奉化县志》卷1《山川志·碶闸》。嘉靖《奉化县图志》(上下),奉化市方志办,2000年影印。
⑤ 雍正《浙江通志》卷53《水利二·杭州府》,中华书局,2001年。
⑥ 雍正《慈溪县志》卷3《山川·闸》,(台)成文出版社中国方志丛书·华中地方一九一号。
⑦ 光绪《慈溪县志》卷10《舆地五·碶》,(台)成文出版社中国方志丛书·华中地方二一二号。
⑧ 《宋史》卷95《河渠志第四十八·河渠五》。
⑨ (宋)司义祖整理《宋大诏令集》卷182,中华书局,1962年。
⑩ 叶坦:《王安石水利思想探微》,《生产力研究》1990年第4期。

避免农田被洪水淹没受灾;一旦水位回落到水则标志点下方,即关闭碶闸闸门,避免干旱缺水。在当时的发展状态下,水则系统可以说是一种比较科学的水文监测控制系统。如位于温州城内的"永嘉水则",建于北宋元祐三年,是记载中较早的实例。此外,在两宋时期,省内多地都建立了水则,以监控调节城市水位。如明州水则,又称平水则,在明州(宁波)城西南隅,"月湖之尾,去郡治数十步"。此地为诸水交汇之处,"水自它山来者由长春门而入,自林村石塘来者由望京门而入,皆会兹湖",南宋郡守吴潜于开庆元年在此设立水则,以控制、调节郡城的概闸启闭:"旁有石桥,名曰平桥。宋宝祐间丞相吴潜于郡城平桥南立水则,书'平'字于石。视字之出没为启闭注泄之准。"吴潜在《建平水则记》中说明了建立水闸的缘由:

> 四明郡阻山控海,海派于江,其势卑;达于湖,其势高。水自高而卑,复纳于海,则田无所灌注。于是限以碶闸,水溢,则启;涸,则闭。是故碶闸、四明水利之命脉。而时其启闭者,四明碶闸之精神。考其为启闭之则,曰平水尺。往往以入水三尺为平,夫地形在水之下者,不能皆平;水面在地之上者,未尝不平。余三年积劳于诸碶……遍度水势,而大书平字于上。方暴雨急涨,水没平字,戒吏卒请于郡丞,启钥;若四泽适均,水沾平字,钥如故。都鄙旱涝之宜,求其平,于此而已。故置水则于平桥下,而以平字为准。后之来者,勿替兹哉。①

实际上在吴潜建水则之前,明州已经有水则设施,据《宝庆四明志》:"大石桥碶:(鄞)县东城外一里,童、育两山之水本自此入江,岁久湮塞,亦图志之所不载。淳祐二年(1242年)郡守陈垲亲访古迹,得断石沙碛中,此地良是。遂即桥下作平水石堰,而于浦口置闸,立桥。内可以泄水,外可以捍潮。"②淳祐二年较之开庆元年(1259年)早十余年,其所建的平水则,是在"亲访古迹,得断石沙碛中"的基础上修建的,可见在此之前,水则已经存在。《明一统志》记载:"胡榘,宝庆中知庆元府,措置有方,于水利尤尽心。立水则,刊平字于石,为启闭之准,民皆德之。"③宝庆(1225—1227年)较之淳祐又更早一些。显然,吴潜由于在当时官位、名声更大,所以其修建的水则碑也名头更响。

浙江境内最早用水则调控水位的,可能不是温州的永嘉水则。《嘉泰会稽志》记载说,绍兴镜湖"湖下之水启闭……有石牌,以则之"。鉴湖的水则牌不止一处,分布在会稽、山阴两县,由所在地派专人管理,根据水位高低情况,决定闸门启闭:

---

① 雍正《浙江通志》卷56《水利五·宁波府》,中华书局,2001年。
② (宋)方万里、罗濬《宝庆四明志》卷12《鄞县志卷一》。《宋元四明六志》,宁波出版社,2011年。
③ (明)李贤等《明一统志》卷46《宁波府》。《大明一统志》,巴蜀书社,2018年。

一在五云门外小凌桥之东,令春夏水则深一尺有七寸,秋冬水则深一尺有二寸,会稽主之;一在常喜门外、跨湖桥之南,令春夏水则高三尺有五寸,秋冬水则高二尺有九寸,山阴主之……凡水如则,乃固斗门以蓄之;其或过则,然后开斗门以泄之。自永和迄我宋几千年,民蒙其利。①

《嘉泰会稽志》认为鉴湖的水则早在东汉永和年间开凿镜湖时就已经存在,到南宋时已经有近千年的历史了:"自永和迄我宋几千年。"镜湖的水则是否永和年间即已有之,还需要进一步的史料佐证。但大约在北宋宣和年间,位于浙西②的许多府县都已经设立了水则,以控制水位情况。《吴中水利全书》记载,宣和二年两浙提举常平赵霖"立浙西诸水则石碑。凡各陂湖泾浜河渠,自来蓄水灌田通舟,官为按核,打量丈尺,并地名四至,并镌之石"③。

除了浙西在宣和年间普遍设立水则石碑,如前所述,温州的永嘉水则,设立时间要更早一些:永嘉水则"在谯楼前,五福桥西北第二间石柱上,云永嘉水则。至平字诸乡合宜";水位以"平"字为准,水位超过"平"字,就需要开闸放水,如水位低于"平"字,则需要闭闸蓄水:"平字上高七寸,合开斗门;平字下低三寸,合闭斗门。"永嘉水则建造时间较早:"宋元祐三年立。"④北宋元祐初年,其大背景即是在熙宁年间王安石变法,提倡水利建设,影响所及,两浙的水利项目许多是在这时期兴建。

此外,南宋时期,楼钥在瑞安、范成大在丽水,都曾设置水则:"瑞安县穗丰石桥亦刻水则,淳熙戊申楼守钥立。"⑤范成大乾道年间"作通济堰,搜访故迹,迭石筑防,置堤阀,立水则,溉灌有序"⑥。实际上水则仅仅是观测水位的标尺牌,要发挥其有效的作用,还需要与碶闸结合,实时观察水位,调控碶闸,才能发挥最大作用。《宝庆四明志》说:

> 碶闸之设,必启闭得宜,则涝有所泄,旱有所潴,水常为吾之利。其或当启而闭,当闭而启,则害亦如之……置平水尺,朝夕度水增减,以为启闭。地形高下不等,水之深浅亦然。大概郡城河滨之水,常以三尺为平,余可类推。过平以上,则当泄。中间数夕暴雨,水骤长至四尺有奇,守夜听雨声、日视水则,时当启闸,率分遣官吏四出斟酌尺寸,为放水分数。抑或尽板一决,城中三喉昼夜使之通流。是年虽积潦,谷粟蔬

---

① (宋)施宿等《嘉泰会稽志》卷13《镜湖》。宋元方志丛刊,中华书局,1990年。
② 北宋的"浙西",约指的是杭州、秀州(嘉兴)、湖州、平江府(苏州,包括松江一带)、常州、润州(镇江)六府,参见《元丰九域志》卷5《两浙路》。
③ (明)张国维:《吴中水利全书》卷10《水治》,浙江古籍出版社,2014年。
④ 弘治《温州府志》卷5《水利》"水则"。天一阁藏明代方志选刊续编,上海书店出版社,1991年。
⑤ 弘治《温州府志》卷5《水利》"水则"。天一阁藏明代方志选刊续编,上海书店出版社,1991年。
⑥ (明)王鏊:《姑苏志》卷51《人物九·名臣》。天一阁藏明代方志选刊,上海书店,1990。

果一无所伤,岁以稔告。①

其六,海塘建设开始普及。越地的海塘建设,或可追溯到秦汉。但从唐代时开始逐渐重视,宋代则进入海塘建设的高潮。这时期,两浙范围普遍修筑海塘,以防"咸潮盘溢之患"。尤其是钱塘江两岸,海塘修筑最早、最频繁。浙东的越州、明州、台州、温州沿海,也在这时期陆续有所兴建,到了两宋时期,由于农业的发展,人口增多,对土地的需求也在增加,以前沿海一带的盐碱滩涂也成为垦荒的重要目标,于是,从越州、明州、台州到温州,这时期普遍在沿海一带建设了堤塘,兴建碶闸,以"阻咸蓄淡",由此开辟了大片近海耕地。同时疏通港汊,一方面可以阻截海潮的内侵,避免土地的盐碱化;另一方面干旱来临,还可以储存淡水不至于流失,所谓"潦至则泄,旱则潴以灌输"②。比较典型的,就是北宋元祐年间提刑罗适在台州兴修的水利,筑堤塘,造函闸,对温黄平原的农业生产起到了重要作用。据史料记载,罗适之前,黄岩温岭一带的近海平原,受海潮冲击,土地盐碱化严重,不利于稼穑,时人所谓"负山濒海,形如仰釜;雨则众流奔趋,顿成湖荡;稍旱,即诸原隔绝,辄成斥卤"③。元祐年间罗适任提点两浙刑狱,即开始对温黄平原展开了一系列的整治,兴建堰闸十一处,阻绝海潮;开浚官河九十里,并支河、小泾等数百条,以灌溉农田。通过罗适对黄太平原的一系列整治改造,使得原来的盐碱滩地,成为台州的主要粮仓。越州、明州、温州地区也先后在滨海一带兴建了一系列海塘、碶闸,使得近海平原耕地增加,农业生产迅速发展,也促进了相关地区社会经济的发展。如余姚县的"东部塘",北宋庆历年间兴建,"绵亘八乡,其袤百四十里",因为海潮冲击,导致沿海民田被淹,甚至冲坏民舍,"荡析田畴,漂溺室庐",自修建东部海塘以后,使得上千亩滩涂改造成为良田,并免除役税,教民耕种。再如温州平阳的万全塘,"世相传为海涨之地"④,从宋代开始,对海湾一带开始兴筑堤塘,到了南宋初年,堤塘进一步加强,官府派员修建新的堤塘,沿飞云江筑堤,包围大片滩涂。海塘的兴筑使内侧的滩涂变成了大片的耕地,"向为斥卤者,兹皆为沃壤"。

1. 浙西海塘建设

浙西海塘分布在杭州郡城、盐官县、海盐县等地,其中,郡城附近海塘从五代开始修建频繁;而盐官、海盐的海塘从唐初兴建,并在南宋时多加修建。钱塘江由于入海处特殊的喇叭口形状,使得潮水来势特别凶猛,往往造成岸线崩塌、土地流失,对沿岸地区的农田构

---

① (宋)方万里、罗濬:《宝庆四明志》卷42《鄞县志卷一》。《宋元四明六志》,宁波出版社,2011年。
② (元)袁桷:《清容居士集》卷25《碑》。四部备要缩印本,中华书局,1941年。
③ (明)周志伟:《请开河疏》,雍正《浙江通志》卷59《水利七·台州府》,中华书局,2001年。
④ (明)蔡芳:《平阳万全海堤记》,民国《平阳县志》卷7《建置志·水利》"万全塘",中华书局,2000年。

成严重的威胁。有时候几十里地方、整个乡镇都被潮水淹没、冲走①。故浙江(钱塘江)两岸是最早开始兴建捍海塘的地方。比较有名的记载是刘道真《钱唐记》:"防海塘,去邑一里,郡议曹华信家富,立此塘,以防海水。"②但较系统的海塘建设还是要从唐代开始。当时浙西的海塘建设主要在盐官一带,长庆年间白居易任杭州刺史,也还没有对府城周边的海塘作大规模修建。尽管当时的海患不断:

> 唐大历八年,大风潮溢,垫溺无算。咸通二年,潮水复冲击,奔逸入城。刺史崔彦曾乃开外沙、中沙、里沙三沙河以决之,曰沙河塘……光化三年,浙江又溢,坏民居③。

但由于海塘修建工程量较大,且海潮一日二次冲击,大规模兴建确实有一定难度,"人力未及施也",当时白居易曾经写文告祷于江神,以祈求神灵祐祜,但并没有在府城一带兴建海塘④。到了五代吴越时期,由于钱氏在杭州立足,对城市的拓展有了进一步的要求;又因为州治介于西湖与钱塘江之间,地形促狭,于是海塘的兴建就开始变得分外迫切,大规模的海塘建设也由此展开:"梁开平四年八月,钱武肃王始筑捍江塘在候潮通江门之外,潮水昼夜冲激,版筑不就,因命强弩数百以射潮头……遂造竹络,积巨石,植以大木。堤岸既成,久之,乃为城邑聚落,凡今之平陆,皆昔时江也。"⑤武肃王钱镠采取的"造竹络,积巨石,植以大木"是当时比较常用的筑堤技术。堤岸的筑成,也为郡城杭州拓展了相当的城市空间,以前的江边滩涂,变成了城市聚落。

两宋时期,府城一带的海塘修筑愈加频繁:

> 宋大中祥符五年,潮抵郡城,发运使李溥请立木积石以捍之,不就。乃用戚纶议,实薪土以捍潮波,七年功成,环亘可七里。天圣四年,方谨请修江岸二斗门。景祐四年,转运使张夏置捍江兵,采石修塘,立为石堤十二里,塘始无患。庆历六年,漕臣杜杞复筑钱塘堤,起官浦,至沙泾,以捍风涛。又俞献卿知杭州,凿西岩作堤,长六十里。皇祐中,漕臣田瑜叠石数万,为龙山堤……(政和七年)乞依六和寺岸,用石砌叠,从之。

---

① 《宋史》:嘉定十一年"海水泛涨,湍激横冲沙岸,每一溃裂尝数十丈,日复一日浸入卤地,芦州港浸荡为一壑",又说"数年以来,水失故道,早晚两潮,奔冲向北,遂致县南四十余里尽沦为海"(《宋史》卷97《河渠志·第五十·河渠七·東南诸水下》)。(明)张宁《重筑障海塘记》说:"宋嘉定中,潮汐冲盐官平野二十余里,史谓海失故道……成化十三年二月,海宁县潮水横溢,冲圮堤塘,逼荡城邑。转眄曳趾,顷一决数仞,祠庙庐舍器物沦陷略尽"(翟均廉《海塘录》卷22《艺文五·序》)。历史上类似事例很多。
② (宋)李昉:《太平御览》卷472《人事部》,中华书局,2000年。
③ (清)顾祖禹:《读史方舆纪要》卷90《浙江二》,中华书局,2005年。
④ (宋)潜说友:《咸淳临安志》卷31《山川十·捍海塘》。宋元方志丛刊,中华书局,1990年。
⑤ (宋)潜说友:《咸淳临安志》卷31《山川十·捍海塘》。宋元方志丛刊,中华书局,1990年。

南宋时建都临安,防海潮变得分外迫切,海塘修建也比较频繁:

> 绍兴末,以石岸倾毁,诏有司修治。乾道九年,复修筑庙子湾一带石岩。自是屡命有司修葺。淳熙元年,江堤再决。嘉熙二年复决。守臣赵与权乃于近江处所,先筑土塘,于内更筑石塘,水复其故。嘉定十年,江潮大溢,复修治之。①

盐官、海盐一带的海塘兴修较早,据《新唐书》记载,"开元元年重筑",说明其始筑年代可能要早于唐代,并在盛唐时期做了比较系统的"重筑",范围包括从杭州府的钱塘县、盐官县至吴郡的海盐县、华亭县②。据说当时的海塘"阔二丈,高一丈"③。由于钱塘江两岸的盐官、会稽一带地势低平,海潮容易涌入,对当地农田损害尤甚,两地兴建海塘更具迫切性。史料显示,当时的海塘修建主要集中在会稽、盐官一带。《新唐书·地理志》说,盐官"有捍海塘,堤长百二十四里,开元元年重筑"④,《新唐书》又说会稽"东北四十里有防海塘,自上虞江抵山阴百余里,以畜水溉田。开元十年(县)令李俊之增修,大历十年(浙东)观察使皇甫温、太和六年(县)令李左次又增修之"⑤,唐代时会稽的地位较杭州为重要,但在海塘的修筑方面,两地不分上下,盐官"堤长百二十四里",会稽的海塘"自上虞江抵山阴百余里",两者规模相当。可见在唐代时,浙江(钱塘江)两岸修筑的海塘,规模、重要性是大致相当的,与明清时期特别重视浙西海塘有所不同。

盐官海塘自唐初兴建以后,在相当时期内均未见修建记录,可能由于当时沿海一带居人不多,以致海患的影响也不被重视。《宋史》的修撰者就认为宋以前的盐官一带"旧无海患,县以盐灶颇盛,课利易登"⑥。进入南宋以后,海患增加,对海塘的修筑开始逐渐重视,尤其是嘉定十一年的一次海潮,"沙岸每一溃裂,尝数十丈,日复一日,浸入卤地,芦州港漊荡为一壑",卷走了大片的濒海田地,"县南四十余里尽沦为海"。嘉定十二年,有言官上奏朝廷,要求对之采取措施:"乞下浙西诸司,条具筑捺之策,务使捍堤坚壮,土脉充实,不为怒潮所冲。"由此引起了朝廷的重视,并在嘉定十五年命浙西提举刘垕"专任其事"。刘垕调查以后发现当时情况很严重,"(海岸)元与县治相去四十余里,数年以来水

---

① 以上据《读史方舆纪要》,并参见《咸淳临安志》卷31《山川十·捍海塘》。
② (元)单庆修:《至元嘉禾志》(上海古籍出版社,2010年)卷5:"(松江府)旧瀚海塘,在府东南……西南抵海盐界,东北抵松江,长一百五十里";(海盐县)"太平塘,旧名捍海塘,在县东二里……西南至盐官县界,东北接华亭县界"。《清一统志》卷二百十七《杭州府二》海塘:"在海宁、仁和两县境。《唐书·地理志》:盐官县有捍海塘,堤长(二)百二十四里,开元元年重筑"。《清一统志》卷二百二十《嘉兴府》:海塘"在海盐县东半里平湖县东南三十四里,东与江苏松江府金山县、西与杭州府海宁州接界,长百五十余里,唐时创筑,曰捍海塘"。《清一统志》卷五十八《松江府》:松江府"滨海旧有捍海塘,相传开元中创筑,东北自太仓州宝山县,迤西南至浙江海盐县澉浦,亘三百三十里"。
③ (宋)潜说友:《咸淳临安志》卷38《山川十七》"盐官县"。宋元方志丛刊,中华书局,1990年。
④ 《新唐书》卷41《志第三十一·地理志》。
⑤ 《新唐书》卷41《志第三十一·地理志》。
⑥ 《宋史》卷97《河渠志·第五十·河渠七·东南诸水下》。

失故道……致县南四十余里尽沦为海","元有捍海古塘……今东西两段并已沦毁,侵入县两旁又各三四里"。"万一水势冲激不已,不惟盐官一县不可复存,而向北地势卑下,所虑咸流入苏秀湖三州等处,则田亩不可种植,大为利害"。海岸崩坏,不仅盐官县城难保,更可能影响苏州嘉兴湖州三地的粮食生产。因此,刘垕制定了加固方案,重点是对海塘的修筑加固,"今将见管桩石,就古塘稍加工筑"。对离县治较远的崩塌沙岸,没有进行恢复,"陆地沦毁者,固无力可施"。而修治的范围主要是在县治周边的袁花塘、淡塘、咸塘一带,"就古塘稍加工筑,迭一里许"。这次的修筑工艺以土筑为主,并以木桩加固,"当计用桩木修筑……以捍之"。①

2. 浙东钱塘江海塘建设

浙东钱塘江海塘主要分布于越州(绍兴)地区,也涉及慈溪县海塘的一部分。从史料看,这一区域的海塘修建年代比较早,可能是省内海塘修建最早者之一,原因即是早期两浙的中心,浙西在吴郡,浙东在会稽。加之会稽东汉年间兴建的鉴湖水利系统,可能涉及沿海一带的海塘整治,以达到"阻咸蓄淡""蓄水溉田"的功效,所以海塘的建设也可能早在东汉时已经涉及,但史书在这方面缺乏记载,故《嘉泰会稽志》称海塘建造"莫原所始"②,也是比较谨慎的判断。

钱塘江海塘在浙东的分布,从萧山县至上虞,长达百五十里余。其中会稽、山阴一段建造时间最早,唐代前期即已存在;两翼的萧山、余姚、慈溪海塘,约建于两宋时期,"在萧山县东北浙江入海处者曰北海塘,西自县东北十里长山之尾,东接龛山之首,亘四十里","在山阴者曰后海塘……起自汤湾,迄黄家浦,共六千一百六十丈;在会稽者东自县东八十里上虞江口,西抵宋家溇山阴界,延亘百余里"③。会稽海塘在唐代时已经被官府所重视,开元年间,郡守李俊之开始大规模地兴建,此后唐大历年间、太和年间都曾由官府主持修建,《新唐书》说会稽"东北四十里有防海塘,自上虞江抵山阴百余里,以畜水溉田。开元十年令李俊之增修,大历十年观察使皇甫温、太和六年令李左次又增修之"④。记载中提到的"以畜水溉田",说明位于会稽的海塘,除了阻挡海潮冲击,还有积蓄淡水、灌溉农田的功用。显然,这部分的海塘与稍后修建的朱储斗门一起,组成具有"阻咸蓄淡""以水溉

---

① 以上未标注者均见《宋史》卷97《河渠志·第五十·河渠七·东南诸水下》。
② (宋)施宿等:《嘉泰会稽志》卷10《水》"堤塘"。宋元方志丛刊,中华书局1990年。
③ (清)穆彰阿:《清一统志》卷226《绍兴府》引《旧志》:海塘"在萧山县东北,浙江入海处者曰北海塘,西自县东北十里长山之尾,东接龛山之首,亘四十里……在山阴者曰后海塘,宋嘉定间郡守赵彦琰筑,起自汤湾,迄黄家浦,共六千一百六十丈;在会稽者东自县东八十里上虞江口,西抵宋家溇山阴界,延亘百余里;在上虞县西北者元大德中筑,明洪武四年易以石,长千三百丈;在余姚者宋庆历七年县令谢景初筑",上海古籍出版社,2008年。
④ 《新唐书》卷41《志第三十一·地理志》。

田"的功能,《嘉泰会稽志》记载:"朱储斗门在县东北二十里,唐贞元初观察使皇甫政凿玉山、朱储为二斗门,以蓄水。"①斗门是与海塘一体的配套工程。实际上也可能是东汉年间建造的鉴湖灌溉体系的一部分。由此判断,会稽海塘的兴建或许要远早于唐代②。

到了宋代,海塘的修筑得到进一步加强,因为"海水冒田,独为民病",所以历任地方官对之多有修缮,"或遇圮损,随即修筑"③。南宋绍兴、嘉定年间都曾做过修缮:"府城北水行四十里,有塘,曰防海。自李俊之、皇甫温、李左次躬自修之……今泯然无迹。而海水冒田,独为民病,塘之外不能寻尺。其役始以绍兴三十二年十月,成以隆兴二年十月。"④南宋嘉定年间,郡守赵彦俅请示朝廷,拨款再修:"补修共六千一百二十丈,砌以石者三之一。"并规定官员专职巡视海塘日常维护情况,"今后差注山阴尉职,添带巡修海塘,视成坏以加劝惩"。为了保证修缮经费,还专门设立庄田,其租税用以海塘修缮的费用:"所计五百七十八亩,山园水塘三百七十二亩,置庄于古博岭,藏其租,委官掌之,以备将来修筑费。"⑤

余姚县的海塘建筑时间则略晚,大约在北宋庆历年间。时值推行新政,提倡"均公田""厚农桑",海塘就是在此大背景下修建。因为位居县之东侧,故名之为"东部塘",由余姚县令谢景初主持兴建,时任鄞县县令的王安石为之作记:"自云柯而西有堤二万八千尺截然,令海水之潮汐不得冒其旁田者,知县事谢君为之也……庆历八年秋记。"⑥此后海塘损坏,有牛秘丞者再做修缮,改土塘为石堤:"后有牛秘丞者……于是岁起六千夫,役二十日,费缗钱万有五千,修之。"⑦到了南宋庆元二年,县令施宿又重加扩建,"增筑视旧倍蓰",长约一百四十里,绵延八乡,学者楼钥为之记⑧。

3. 浙东沿海海塘建设

浙东沿海海塘包括明州、台州、温州东部沿海海塘。从史料看,这一地区的海塘主要是在两宋时期开始建设。尤其是宋室南渡以后,沿海一带普遍开始建设堤塘,兴建碶闸,开辟了许多近海耕地。

---

① (宋)施宿等:《嘉泰会稽志》卷4《斗门》。宋元方志丛刊,中华书局,1990年。
② 北宋沈绅《山阴县朱储斗门记》说:"乃知后汉太守马臻初筑塘而大兴民利也,自尔沿湖水门众矣。今广陵、曹娥是皆故道,而朱储特为宏大",可见宋人认为朱储斗门等都是东汉太守马臻"大兴民利"时"故道"[(宋)孔延之:《会稽掇英总集》卷19,人民出版社,2006年]。
③ 《宝庆会稽续志》卷4《水》"堤塘"。
④ (宋)施宿:《嘉泰会稽志》卷10《水》。宋元方志丛刊,中华书局,1990年。
⑤ (宋)张淏:《宝庆会稽续志》卷4《水》"堤塘"。
⑥ (宋)王安石:《余姚海塘记》,孔延之《会稽掇英总集》卷19,人民出版社,2006年。
⑦ (宋)施宿:《嘉泰会稽志》卷10《水》"海堤"。宋元方志丛刊,中华书局,1990年。
⑧ (宋)施宿:《嘉泰会稽志》卷10《水》"海堤"。宋元方志丛刊,中华书局,1990年。

慈溪县海塘初建年代大约在北宋,位于县西北六十里,西自白洋浦,经向头山,东接定海县境,凡四十里。又有东海塘,在慈溪县东四十五里,长一百二十丈,阔三丈六尺,南北皆接定海县界。宝庆《四明续志》说:"东西海塘,自石人头山至瓜誓山九百七十四丈,自赡军库至龙尾山四百八十丈。""古有海塘闸柱,屹然中存。"自海塘建成后,原来的海湾滩涂,都成为丰产的良田:"已成畎亩者,禾黍菽麦弥望。"[1]

定海县(今镇海区)有"旧海塘""新海塘"之名:"定海旧海塘田一千九十亩……新海塘田二百四十五亩三十步。"[2]旧海塘,也即后海塘,又称海石塘,在定海县东北五里,南宋淳熙十年县令唐叔翰始建。初为土塘,淳熙十六年,仿照杭州捍海塘,"迭石甃塘",南起招宝山,西北抵东管二都沙碛,长"六百二丈"。嘉定十五年,县令施廷臣、水军统制陈文又加增建:"令施廷臣、水军统制陈文又接连增甃五百二十丈,于石塘尽处再筑土塘三百六十丈以续之。建永赖、海晏二亭于塘之左右。"[3]

台州海塘规模性的修建也主要是在宋代。宁海县有健阳塘,在健跳所城外,是一处海塘与斗门结合的堤塘设施,除了防海堤塘,中间设立陡门,以利于内河河水汛期排涝,即所谓的"中设陡门,则未尝不资蓄泄也"[4]。建造年代较早,据说始建于唐代,由僧人怀玉募缘兴建,"筑堤五百余丈"[5]。宋代以前的海塘建造很少见于文献记载,其中很大的原因,可能是这些构筑活动范围都比较小,影响不彰,以至于史书有所阙如。到了宋代以后海塘修建的记载开始增多,北宋元祐年间提刑罗适在台州兴修的水利,筑堤塘,造函闸,是这时期台州地区最重要的海塘建设工程。嘉定《赤城志》说官河"陆程九十里,广一百五十步;又别为九河各二十里支;为九百三十六泾,以丈记者七十五万分;为二百余埭,其名不可殚纪。绵亘灵山、驯雉、飞凫、繁昌、太平、仁风、三童、永宁八乡,溉田七十一万有奇。旧建闸一十有一,以时启闭"[6]。其中的常丰、清浑二闸,是当时比较重要的海塘配套工程。二闸都位于原黄岩县东隅,"常丰闸,在黄岩县东江河之间,河清江浊。宋元祐中,提刑罗适建清浑二闸,以防河水之泄、潮水之入。随潮大小,以时启闭,为舟楫往来之利"[7]。自北宋元祐年间建成以后,历代多经修缮。"淳熙间,考亭先生朱公及西蜀勾公昌泰相继为常平使者",先后做了修缮[8]。其中,浙东提举勾昌泰修缮时,曾填平二闸,但在元代大德年间

---

[1] (宋)梅应发、刘锡:《宝庆四明续志》卷5《新建诸寨》,《宋元四明六志》,宁波出版社,2011年。
[2] (宋)梅应发、刘锡:《宝庆四明续志》卷4《田租总数》,《宋元四明六志》,宁波出版社,2011年。
[3] 雍正《浙江通志》卷63《海塘·宁波府》,中华书局,2001年。
[4] 雍正《浙江通志》卷58《水利七·台州府》,中华书局,2001年。
[5] (清)穆彰阿:《清一统志》卷229《台州府》,上海古籍出版社,2008年。
[6] (宋)陈耆卿:《嘉定赤城志》卷24《山水门六》,中国文史出版社,2004年。
[7] (清)穆彰阿:《清一统志》卷229《台州府》,上海古籍出版社,2008年。
[8] (宋)彭椿年:《重修黄岩诸闸记》,雍正《浙江通志》卷59《水利七·台州府》"常丰、清浑二闸",中华书局,2001年。

知州韩国宝却恢复了二闸,"舟楫往来,随潮大小,以司启闭"。此后不久,"李谦、李大性又重修焉","以永丰之闸又复废淤,从而新之"。到了明嘉靖年间,黄岩县筑城,地形改变,二闸也逐渐被废弃:"明嘉靖壬子筑城,跨河而东,设陡门于河口,仅容水之往来,舟楫不通,二闸虽存无所用矣。"①

温州海塘主要分布于乐清、瑞安、平阳沿海,早期海塘多建于北宋,后期由于海岸线拓展,先期修建的海塘有些演变成内河塘。如平阳万全塘,在平阳县东北,"自县北至瑞安飞云渡三十五里",塘内原来为海湾,"世相传为海涨之地"。海塘原来由夯土筑成,稳定性较差。后改为土石结合,稍有进步:"宋绍兴中,里人徐几为倡,铺石其上。"②南宋时开始频繁修建:乾道二年"海溢塘坏",朝廷派员"临视,塘内徙数百步","始用刚土杂石子筑之"③,但这次工程范围不大,"未大修筑也"④。此后,由官员捐资倡议、民间集资,对堤塘做了彻底改造,"淳熙间左司议蔡必胜以石更造,费二十余万缗,因即鸣山保安院为修塘司,出纳有籍"⑤。此次修缮较绍兴年间更进一步,原来是"铺石其上",此次是"以石更造",改土筑为石砌了。当时除了左司议蔡必胜等出资"二十余万缗",还要求塘内税户都来出资出力,"乃约里居税户随其厚薄,分力办事"。还专门成立了修缮、维护堤塘的机构"修塘司",以保障堤塘的日常维护与不时修建。大约此次改造修缮基本奠定了万全塘的整体框架。后多有毁建。万全塘的建造,对于濒海平原的形成作用不可小视。以前的海湾滩地,由此逐渐成为粮仓,"向为斥卤者,兹皆为沃壤",对当地的社会经济发展具有重要作用。

三、水利管理理念渐趋成熟

唐宋时期尤其南宋时期是水利管理与技术逐渐走向成熟的时期,这时期的水利管理,以两部文件为重要标志,亦即南宋乾道五年范成大修订的《通济堰规二十条》,以及魏岘编著的《四明它山水利备览》。这两部文本比较集中地体现了这时期的水利管理的水平与理念。

范成大修订的《通济堰规二十条》,是迄今看到的两浙最早的水利规章。实际上范成大的《堰规》在当时被称为"新规",因为在北宋时"姚君县尉所规堰事"已经在实施了⑥,

---

① 雍正《浙江通志》卷59《水利七·台州府》"常丰、清浑二闸",中华书局,2001年。
② 弘治《温州府志》卷5《水利·平阳县》"万全塘"。天一阁藏明代方志选刊续编,上海书店出版社,1991年。
③ (明)蔡芳:《平阳万全海堤记》,民国《平阳县志》卷7《建置志·水利》"万全塘",中华书局,2000年。
④ 民国《平阳县志》卷7《建置志·水利》"万全塘",中华书局,2000年。
⑤ 雍正《浙江通志》卷61《水利十·温州府》,中华书局,2001年。
⑥ 见(明)洪武重刻《丽水通济堰规题碑阴》碑,现存通济堰堰首村龙庙。

只是该堰规没有流传下来。可见范成大的"新规"与原来的"堰规"应有相当的传承关系。《通济堰规》在管理机构、人员设置、概闸启闭、用水调节、堰渠修缮以及报官申请、账目管理等都有涉及。

1. 设立"堰首"以专管水利

"堰首"类似于管委会主任,负责通济堰的日常事务,"所有堰堤、斗门、石函、叶穴,仰堰首朝夕巡察,有疏漏、倒塌处,即时修治";"堰首"由当地农户推举产生,经县里同意:"集上中下三源田户,保举上中下源十五工以上,有材力公当者充";"堰首"任期二年:"二年一替";担任"堰首"后,可以免除徭役公差等:"如见充堰首当差,保正长即与权免,州县不得执差;候堰首满日,不妨差役";"堰首"如果工作不合格,允许农户举报:"堰首有过,田户告官,追究断罪改替","有疏漏、倒塌处,即时修治,如过时以致旱损,许田户陈告,罚钱三十贯,入圳公用"。

2. 设立"堰匠"负责日常巡查维护

"堰匠"即一般管理技工,通济堰共有堰匠六人,"差募六名,常切看守圳堤,或有疏漏,即时报圳首修治";如需要日常修理,"堰匠"可以向"堰首"申请工钱,进行修缮:"遇兴工,日支食钱一百二十文足";并规定"堰匠"有巡查之责,但不能以权谋私:"遇船筏往来不得取受情悻、容纵私折堰堤,如有疎漏,申官决替"。

3. 规定"甲头""堰夫""堰工"员额

"甲头"类似于领班,"所差甲头于三工以上至十四工者差充,全免本户堰工,一年一替";"堰夫"即民工,根据工作量随时招募,"遇兴工役,并仰以卯时上工、酉时放工""一日再次点工,不到即不理工数";"堰工"即出工定额,"每秧五百把敷一工,如过五百把有零者亦敷一工,下户每二十把至一百把出钱四十文足,一百把以上至二百把出钱八十文足,二百把以上敷一工"。

4. 对各工序制定操作规范

船缺,枯水时堰堤裸露,成为行船的阻碍,设置"船缺"专为往来船只过驳,"出行船处,即石堤稍低处是也",其作用类似于船闸。《堰规》对船只过堰堤明确规定:"在堰大渠口,通船往来,轮差圳匠两名看管。如遇轻船,即监稍(艄)工那(挪)过;若船重大,虽载官物,亦令出卸空船拔过,不得擅自倒折堰堤。若当灌溉之时,虽是官员船并轻船,并令自沙洲牵过,不得开圳泄漏水利。如违,将犯人申解使府,重作施行。仍仰圳首以时检举申使府,出榜约束"。

堰概,即渠道分流处的闸门。概闸在堰渠灌溉分流方面地位重要,故专门设立有"概头",具体管理各概闸:"其开拓、凤台、城塘、陈章塘、石刺概,皆系利害去处,各差概头一名,并免甲头差使。其余小概头与湖塘、堰头每年与免本户三工。"各概闸因为位置的不同,其作用大小不一,故概闸的尺度规格也不一致,《堰规》对之有下述规定:"自开拓概至城塘概,并系大概,各有阔狭丈尺。开拓概中支阔二丈八尺八寸,南支阔一丈一尺,北支阔一丈二尺八寸。凤台两概,南支阔一丈七尺五寸,北支阔一丈七尺二寸。石刺概阔一丈八尺。城塘概阔一丈八尺。陈章塘概中支阔一丈七尺七寸半,东支阔一丈八尺二分,西支阔八尺五寸半。"干旱时水源紧张,《堰规》对轮流灌溉有具体规定:"内开拓概遇亢旱时,揭中支一概以三昼夜为限,至第四日即行封印,即揭南北概荫注三昼夜讫,依前轮揭……其凤台两概不许揭起外,石刺、陈章塘等概并依仿开拓概次第揭吊。"对于因为概闸分水引起的争水纠纷等,《堰规》也有处理规定:"或大旱,恐人户纷争,许申县那官监揭。如田户辄敢聚众持杖恃强,占夺水利,仰概头申堰首或直申官,追犯人究治,断罪,号令罚钱贰拾贯,入堰公用。如概头容纵,不即申举,一例坐罪"。各负责管理概闸的"概头"也有管理罚则:"如违、误事,本年堰工不免,仍断决。"

渠堰,保证渠道的畅通是通济堰水利系统正常运行的关键。《堰规》对定时疏浚等方面都有规定:"诸处大小渠圳,如有淤塞,即派众田户分定棐座丈尺,集工开淘,各依古额。"为了防止农户侵占渠道,规定在渠道两侧不能种植树木:"其两岸并不许种植竹木,如违,依使府榜文施行。"

斗门,此处专指通济堰渠道的进水闸门,对渠道引水非常重要,《堰规》规定与"堰匠"需要日常检查管理,按时启闭:"斗门遇洪水及暴雨,即时挑闸,免致沙石入渠";"纔晴水落,即开闸放水入圳渠,轮差堰匠以时启闭",并规定对"堰匠""堰首"的罚则:"如违,致有妨害,许田户告官将圳匠断罪,如堰首不觉察,一例坐罪。"

湖塘堰,湖塘的功能在于旱季时如果溪水供应不足,湖塘中的储水可以补充水源之不足,故保证湖塘一定的容水量是其关键。《堰规》规定湖塘中不许围田种植,以及定时开淘,并把各湖塘落实到专人(湖圳首)管理:湖塘"务在潴蓄水利,或有浅狭去处,湖圳首即合报圳首及承利人户,率工开淘。不许纵人作捺为塘,及围作私田,侵占种植,妨众人水利。湖塘堰首如不觉察,即同侵占人断罪,追罚钱一十贯,入堰公用,许田户陈告。"

逆扫,所谓"逆扫",即不能违反规定私自占用、偷取水量,尤其是旱季用水紧张时,

"下源之民争升斗之水者,不啻如较锱铢"①。由此《堰规》规定不能擅自截水、取水:"诸湖塘堰边有仰天及承坑塘,不系承堰出工,即不得逆扫。堰内水利田户亦不得容纵偷递。其承堰田各有圳水,不得偷扫别圳水利,及不许用板木作捺、障水入田,有妨下源灌溉,亦仰人户陈首重断,追罚钱一十贯,入堰公用。"

开淘,堰渠的日常维护很重要,《堰规》规定需要通济堰渠道需要定期维护、定时开淘疏浚,人工由各家农户摊派,偃首在离任之前必须要对渠道开淘一次,以保障渠道输水功能的完整性:"自大堰至开拓概,虽约束以时开闭,斗门、叶穴切虑积累沙石淤塞,或渠岸倒塌、阻遏水利。今于十甲内,逐年每甲各桩留五十工,每年堰首将满,于农隙之际,申官差三源上田户、将二年所留工数,拼力开淘,取令深阔,然后交下次堰首。"

请官,遇到较大的修缮工程,需要官府来监督约束,同时也规定官员及随行人员的约束规定:"如遇大堰倒损,兴工浩大,及亢旱时,工役难办,许田户即时申县委官前来监督,请所委官常加铃束。随行人吏不得骚扰,仍不得将上田户非理凌辱,以致田户惮于请官、修治及时旱损,如违,许人户经县陈诉,依法施行。"

堰庙,对通济堰的龙王庙、龙女庙的管理也感到得很详细:"堰上龙王庙、叶穴龙女庙,并重新修造。非祭祀及修堰,不得擅开、容闲杂人作践。仰圳首锁闭看管,洒扫崇奉,爱护碑刻,并约束板榜。圳首遇替交割,或损漏,即众议依公派工钱修葺。一岁之间、四季合用祭祀,并将三分工钱支派,每季不得过一百五十工。"

5. 规定做好账目、记录

《堰规》规定由"堰司"负责记录事宜,三年一轮换,不领工钱:"于当年充甲头田户、议差能书写人一名充,三年一替,如大工役,一年一替,免充甲头一次,不支雇工钱";所记的账目等,记录在"堰簿","请公当上田户一名收掌,三年一替",并有对账规定:"遇有关割仰人户,将副本自陈并砧基,先经官推割,次执于照。请管簿上田户对行关割,至岁终具过割数目姓名送堰首改正";如擅自修改账簿,将被处罚:"都簿如无官司凭照,擅与人户关割,许经官陈告、追犯人赴官重断,罚钱三十贯文,入堰公用"。②

宁波它山堰是唐太和年间修建的水利工程,阻咸蓄淡,一方面以四明山清流溪水供应城市、灌溉农田,另一方面拦截海潮,使得农田免受"斥卤"之害,"邑令王元暐始筑堰,以捍江潮,于是溪流灌注城邑,而鄞西七乡之田皆蒙其利"③。南宋时期魏岘编著《四明它山

---

① (元至顺)《丽水县重修通济堰记》,同治《通济堰志》。
② 以上未注明者均见(南宋)范成大:《通济堰规》,同治《通济堰志》。
③ 《四库全书总目提要》卷69《史部第二十五·四明它山水利备览》,中华书局,1965年影印本。

水利备览》,也保留了许多当时它山堰的管理修缮规定:

淘沙:它山堰的主要功能之一即是阻截咸潮,与咸潮同来的大量沙子容易造成河道淤积,而山上植物稀少、水土流失也使得河道淤积更加严重。当时采取的措施,一方面是种植树木,因为植树以后"沙土为木根盘固,流下不多",否则"无林木少抑奔湍之势";另一方面,经常性地淘沙,"四季一浚",以疏浚河道,《四明它山水利备览》说:"四明占水陆之胜,万山深秀。昔时巨木高森,沿溪平地,竹木亦甚茂密,虽遇暴水湍激,沙土为木根盘固,流下不多,所淤亦少,开淘良易。近年以来,木值价高,斧斤相寻,麾山不童,而平地竹木亦为之一空。大水之时,既无林木少抑奔湍之势,又无包缆以固沙土之积,致使浮沙随流奔下,淤塞溪流,至高四五丈,绵亘二三里,两岸积沙侵占,溪港皆成陆地,其上种木有高二三丈者,繇是舟楫不通,田畴失溉,人谓古来四季一浚,今既积年不浚,宜其淤塞。"对此,魏岘采取"随宜为浚流、障水之策",所谓"浚流",即疏浚河道,"夫浚之一寸,则田获寸水之利;浚之一尺,则田获尺水之利。浚之愈深,所灌愈远,为利愈溥矣"。对于疏浚的时机选择,应选在旱季之前、农闲时节:"淘沙当于未旱之先,又当弃之空闲无用之地,何则?夫旱岁淘沙,此救一时之急耳,是时农夫,皆自翻水车以救就槁之苗,其势不可久役,稍或违时,苗已槁矣,宜于未旱之前,农隙之余,多其工役,假以日月,务令深广,庶几可久。"疏浚工作,必须保证质量,否则事倍功半:"疏浚淘沙,务求天下之事,不劳者不能逸,不暂费者不久安,若惮费畏劳,用功不深,其效亦浅","或略阔沙中之港,而不去港中之沙,止可为旱岁急救旱苗之计,经一小雨,则沙淤随塞;或去港沙而堆两岸,经一大雨,则仍前洗入港中";"如能运沙远去,江近则去于江水之中,江远则堆于空闲之地,庶几可久"。疏浚程序,先从下流开始,"开浚之时,先宜壅住上流,然后从下流为始,庶得沙干,不先为水所浸。役夫易以用力";疏浚工作需要有公心,需要公平对待:"但戒董役之人,务在公平,不得容私。"

防沙:除了定期淘沙、植树固沙,在河口镇建造闸门以控制流沙的进入也是当时经常采取的措施。"欲障平地之沙,宜于西岸去港一二里,量买地段",建造堤塘闸门,"带斜筑叠,堤以粗石,阔为基址,高七八尺,外植榉柳之属,令其根盘错据。岁久沙积,林木楸盛,其堤愈固,必成高岸,可以永久";"欲障积潦、湍流入港之沙,宜就吴家桥南港狭处立为石闸,中顿闸版五六片,略与岸平,水轻在上,沙重在下,水从版上不妨自流,沙遇闸板碍住不行。沙之所淤,不过闸外三四十丈,淘去良易"。闸门斗版的高度,以水平高度为准:"版之为限,以水为则,水涨则下,水平则去。"闸板需要随时开启,以方便舟楫往来:"启闭以时,不病舟楫。"

修堰护堰:随时维护、按时修缮,是保证堰堤未定的基础。《四明它山水利备览》说,

"嗣而葺之,以寿此堰于无穷"。书中并记录了北宋建隆、崇宁、南宋绍兴年间的历次修缮。建隆年间,"康宪钱公亿跪请于神,增筑全固"。崇宁年间"窒其岐派,培其堰堤";后又"复增卑以高,易土为石,冶铁而固之";绍兴丙寅(十六年)"补土石之罅漏,塞梁坝之隙穴,易土冶铁而固之"。堰堤的损坏,主要在于舟楫、竹筏,"贩鬻者装载过堰,竹木排筏越堰而下,猛势冲击,声震溪谷,堰身中空,不胜负重","久必大损"。因此除了有所限制,《备览》也提出"公私同一利害,愿共珍护之"。[①]

四、结　　语

隋唐五代及两宋时期是越地水利建设的发展时期。这时期兴建的水利工程数量骤然增多,是之前水利工程数量的数倍,修建质量普遍较高。进入两宋时期,随着人口的增加,政治经济中心的南移,农田水利的开发获得了更大空间,水利建设更加普及,水利设施更加细化,水利管理的理念也渐趋成熟。由此也推动两浙区域社会经济的进一步发展,也为南宋以及明清时期东南地区社会经济的繁荣奠定了坚实基础。

---

① 以上均见(南宋) 魏岘:《四明它山水利备览》卷上。《吴中水利书、四明它山水利备览、三吴水利论》,中华书局,1985。

黎族地区的自然灾害及其防御方法
——基于 20 世纪 50 年代调查资料的研究

王献军

（海南师范大学历史文化学院）

在 20 世纪 50 年代，发生了当代中国民族学人类学历史上的重大事件——"民族大调查"，也即在中国的各个民族地区展开了一系列的实地调查，海南的黎族地区也不例外。黎族地区 20 世纪 50 年代的民族大调查主要有四次：1951 年中央中南访问团二分团对黎族地区的民族调查；1954 年中南海南工作组对黎族地区的民族调查；1956 年中国少数民族语言调查第一工作队海南分队对黎族语言的调查；1956 年开始的广东调查组对海南黎族地区的社会历史调查。

这四次黎族地区的民族大调查之后，形成了一系列成果丰硕的调查资料，这些调查资料一开始是作为内部资料印刷成册，后来陆陆续续得以正式出版，主要包括：欧阳觉亚、郑贻青著《黎语调查研究》，中国社会科学出版社 1983 年版；广东省编辑组编《黎族社会历史调查》，民族出版社 1986 年第一版、2009 年第二版；中南民族学院本书编辑组编《海南岛黎族社会调查》（上、下卷），广西民族出版社 1992 年版；广东省民族研究所编《广东海南少数民族社会历史调查资料汇编》，民族出版社 2009 年版。

这些调查资料的总字数达到 200 余万字，学术价值极高，因而得到了社会各界的高度重视，调查资料的内容被广大的黎学研究专家所广泛引用，在各个方面都产生了巨大影响。在这些调查资料中，有关自然灾害的记载主要集中在《海南岛黎族社会调查》（上、下卷）中。这本书共汇集了 22 个点的调查资料，对每一个点都有全而详细的调查，包括人口情况、历史来源、经济结构、社会组织、物质文化和精神文化六个方面，对自然灾害的记载主要集中在书里的经济结构这一部分中。此外，《黎族社会历史调查》一书和《广东海南少数民族社会历史调查资料汇编》一书中的保亭县第三区毛道乡、乐东县三平区番阳乡、白沙县什运区毛贵乡、保亭县什玲乡、陵水乡兴隆小乡这 5 个点的调查资料也记载了有关自然灾害的内容。本文正是依据这些调查资料中的相关记载，对 20 世纪 50 年代黎族地区曾经发生过的各种自然灾害的种类,以及这些灾害给黎族百姓带来的危害和损失,人们采取的应对这些自然灾害的防御方法展开研究。

需要说明的是,从古代一直到近现代,汉文史籍中对黎族地区自然灾害内容的记载都是极为简略的,只是大体上简单描述了几种自然灾害的名称和危害程度而已,以至于学者们根本无法依据这些三言两语的记载对黎族地区历史上曾经发生过的自然灾害进行研究,所以迄至今日我们发现学术界竟然没有一篇对黎族地区自然灾害进行研究的论文发表。有鉴于此,笔者充分利用了目前已经出版的关于20世纪50年黎族地区的几部调查资料中的相关记载,对这一时期黎族地区曾经发生过的自然灾害进行了一个较为全面和深入的研究。

一、黎族地区自然灾害的种类

根据上述调查资料中的记载,黎族地区在20世纪50年代曾经发生过的自然灾害,主要有风灾、水灾、旱灾、鸟害、兽害和虫害这六种。

(一) 风　　灾

黎族地区的"风灾"并不是一般意义上的大风所引起的灾难,而是特指由"台风"的到来所引起的风灾。台风是指发生在北太平洋西部风力达12级或以上的热带气旋,习惯上亦泛指各强度等级的热带气旋,古称"飓风"。整个海南岛的气候属于热带海洋季风气候,台风频繁。《海南省志·地理志》统计:"由宋太平兴国七年(982年)至民国时期的967年中,有记载的严重热带气旋灾害142次,平均每6.8年一次。其中1423年、1572年、1672年、1863年、1933年、1948年等年头的热带气旋(台风)灾害较为严重,造成的损失极大。"[1]又:"据不完全统计,每年平均在本岛登陆的台风为2.6个(次),影响本岛的台风5.3个(次),每年有台风7.9个(次)。"[2]但是,登陆或影响海南岛的台风并非每月都有,而是主要"集中在7—10月这4个月内,平均每月两次,每次时间2—4天"[3]。

因为每次台风来临,都会给整个海南岛带来影响,所以尽管黎族的居住地位于海南岛的中部、南部和西部,也几乎每年都要受到来自台风的影响,只不过在不同的地区受到影响的程度不同而已。20世纪50年代黎族地区的调查研究资料显示,各个黎族地区的调

---

[1] 海南省地方志办公室:《海南省志·自然地理志》,海南出版社,2011年,第330—331页。
[2] 曾昭璇、曾宪中:《海南岛自然地理》,科学出版社,1989年,第45页。
[3] 曾昭璇、曾宪中:《海南岛自然地理》,科学出版社,1989年,第45页。

查点几乎每年都有"风灾"的发生,以至于在黎族民间普遍有将每年台风来临频繁的8、9、10三个月称作是"台风季节"①。

(二) 水　　灾

中国是个自然灾害频发的国家,水灾更是其中较为普遍的一种自然灾害,在中国南方地区尤盛,海南岛也不例外。"海南降雨量很集中,暴雨强度大,降雨时空分配不均,加上河流短小、弯曲、上游坡陡、下游平缓,河口又受海潮顶托,因此下游平原地区和沿河两岸低洼地常遭洪涝灾害。"②海南的黎族地区同样也是个多水灾的地区,大的水灾经常有,小的水灾年年有。不过海南黎族地区的水灾与大陆地区的水灾有所不同,它不是一般情况下因为下雨而导致的水灾,而主要是台风的来临所带来的倾盆大雨而导致的水灾,如白沙县第一区白沙乡儋州村的调查资料记载,该村的水灾"每年都有两次到三次之多,以阴历7—9月所发生的危害最严重,因为这时是台风季节。台风来时,大雨随着倾盆而下,往往冲毁田基,将禾苗冲倒。同时雨水过多,一时不易排泄,部分低田往往积水成灾。"③有资料显示,黎族地区台风所带来的降雨量约占年降雨量的30%—50%④。

由于黎族历史上的水灾多是台风所带来的雨水所致,20世纪50年代的调查资料中多把风灾和水灾合在一起称呼为"风(雨)灾"⑤。

(三) 旱　　灾

海南岛是个多雨的地区,降水充沛,年降水量在1 500—2 500毫升,黎族居住的地区,年均降水量也在1 500毫升以上。⑥ 而且黎族地区所属的琼中县的年降雨量更是高到2 400毫升,为全岛降雨量最多的地区之一。⑦ 所以从常理来看,黎族地区出现旱灾似乎是不可思议的。但从20世纪50年代的民族调查资料来看,实际情况却恰恰相反,黎族地区的旱灾不仅有,而且广泛存在,在所调查的几十个点中大都存在不同程度的旱灾,且发生频率极高,有的地方甚至年年都有,如东方县第三区罗田乡田头村、保亭县第四区加茂乡毛淋村;⑧也有的地方虽不是年年都有,但每隔三五年就有一次,或者每十年就会发生

---

① 中南民族学院本书编辑组:《海南岛黎族社会调查》(上卷),广西民族出版社,1992年,第111、460页。
② 海南省地方志办公室:《海南省志·自然地理志》,海南出版社,2011年,第395页。
③ 中南民族学院本书编辑组:《海南岛黎族社会调查》(下卷),广西民族出版社,1992年,第323页。
④ 王学萍:《中国黎族》,民族出版社,2004年,第26页。
⑤ 中南民族学院本书编辑组:《海南岛黎族社会调查》(下卷),广西民族出版社,1992年,第323页。
⑥ 王学萍:《中国黎族》,民族出版社,2004年,第25页。
⑦ 编写组:《海南黎族苗族自治州概况》,广东人民出版社,1986年,第5页。
⑧ 中南民族学院本书编辑组:《海南岛黎族社会调查》(下卷),广西民族出版社,1992年,第152、488页。

七八次,如乐东县第一区南筹乡南只纳村、琼中县第三区堑对乡堑对村①。当然,在这些旱灾中以小旱灾为多,大的旱灾通常是很多年才会发生一次。

那么,为什么多雨的海南岛的黎族地区会出现旱灾,而且还如此的普遍和频繁?如何解释呢?原来,虽然海南岛雨量多,但分布并不均匀,这个不均匀体现在两个方面:一是季节分布不均匀。海南岛的降雨量多集中在夏秋季,这两个季节的降雨量往往占到全年降雨量的80%以上;②而冬季和春季则降雨量偏少,以至于形成了海南岛气候上特有的"冬春连旱"现象。③ 二是地区分布不均匀。五指山脉屹立于海南岛的中部,阻挡住了来自东南的湿润季风和台风,使得海南岛的东部降水量大,西部降水量偏少。所以,有学者根据干湿情况把海南岛分为潮湿、湿润、半干旱和干旱四个地区,其中半干旱地区指的是环岛山地外围丘陵地区,干旱地区指的是海南岛的西部、西南部海岸沙地区④。而海南黎族居住的几个县恰恰就位于海南岛的山地外围丘陵地区和西部、西南部的海岸沙地区,也即专家们所说的半干旱和干旱地区。因此海南黎族地区普遍存在旱灾,频繁地发生旱灾的现象也就不难解释了。

(四) 鸟　　害

海南岛是祖国的宝岛,优越的光热水条件培育出了茂盛的热带林木,这里野果终年不绝,昆虫众多,为鸟类的觅食和栖息提供了良好的环境,因而使得海南岛成为中国鸟类种类最为集中的地区之一。据统计,中国目前已知的鸟类有1 244种,海南省就有344种,占到全国鸟类的27.6%⑤。但是在各种鸟类中,既有吃各种害虫的林中益鸟,如夜莺、啄木鸟、黄鹂、山椒鸟、百劳鸟等⑥,也有啄食粮食作物的害鸟。

在20世纪50年代的调查资料中,被提及最多的害鸟是一种黎语称之为"巴利鸟"的鸟,另外还有只有黎语发音的两种鸟,一种叫"daf",一种叫"San^{53}"⑦。更多的记载则泛称为"飞鸟",也即说不清楚这种啄食粮食作物的鸟是一种什么鸟,反正是会飞的鸟。不过,当年也有调查人员具备了一些鸟类的知识,能够分辨出许多鸟类,于是将他们认识的一些害鸟给记载了下来,它们分别是:山雀、麻雀、斑鸠、乌鸦、山鸡、鹧鸪、布谷鸟、画眉鸟。

---

① 中南民族学院本书编辑组:《海南岛黎族社会调查》(下卷),广西民族出版社,1992年,第36页;中南民族学院本书编辑组:《海南岛黎族社会调查》(上卷),广西民族出版社,1992年,第602页。
② 曾昭璇、曾宪中:《海南岛自然地理》,科学出版社,1989年,第34页。
③ 曾昭璇、曾宪中:《海南岛自然地理》,科学出版社,1989年,第38页。
④ 曾昭璇、曾宪中:《海南岛自然地理》,科学出版社,1989年,第44页。
⑤ 编纂委员会:《海南百科全书》,中国大百科全书出版社,1999年,第127页。
⑥ 曾昭璇、曾宪中:《海南岛自然地理》,科学出版社,1989年,第217—218页。
⑦ 中南民族学院本书编辑组:《海南岛黎族社会调查》(上卷),广西民族出版社,1992年,第111页。

海南的山雀是一种学名叫"Parus major Linnaeus"的大山雀,体型较小,轻巧活泼,常跳跃于灌木丛或各种果树的枝叶间。山雀为留鸟,遍布全岛,黎族地区的各个市县均有分布,其主要食物为松毛虫、瓢虫、蝗虫、浮尘子等各种昆虫和少量谷类及植物种子[①]。

麻雀,学名"Passer montanus",体型较小,头顶栗褐,因上体有显著的黑褐色纵纹,成斑朵状,故叫麻雀。麻雀为留鸟,遍布全岛各地,农耕地带,尤其稻作区数量较多。性好结群,往往数十只或更多集群。喜吃谷类,也吃昆虫。它们成群危害稻谷时,造成的损失是严重的。此外,他们还残害蔬菜的幼苗和嫩叶,在粮仓盗食时往往撒下粪便,导致食物发霉[②]。

斑鸠,海南的斑鸠有"山斑鸠"和"火斑鸠""珠颈斑鸠"等几种。在海南南部黎族地区活动的主要是珠颈斑鸠,学名"Streptopelia Chinensis"。这种斑鸠体型较小,在丘陵和平原都常见,多栖息于林区附近的杂木林、竹林,以及耕作区周围的树上。成熟的稻田、秧苗地、刚出芽的黄豆地等,都是此鸟喜爱的食场[③]。

乌鸦有多种,在海南岛南部黎族地区活动的,主要是一种"大嘴乌鸦",学名为"Corvus frugilegus Linnaeus",因嘴粗大而得名。该鸟栖息于林边的树上,或远处的乔木之上,平时在新垦的耕地或播种地、火烧迹地、田头茅舍附近,垃圾堆、屠宰场附近常可见到他们,有时三两只集成小群,有时成大群。食性杂,吃多种农作物种子、野果、昆虫,也吃蚯蚓、小蛙、蛇、鼠以及其他腐烂肉类[④]。

山鸡,又名野鸡、原鸡,学名为"Gallus gollus",体型与家鸡十分相似,但个体较小,喜爱栖息的环境是很低海拔的山地丛林和灌木丛,常常三五只结成小群活动。山鸡几乎遍布全岛,为留鸟。鸟食性杂,常吃各种野生的坚果、种子、幼嫩的竹笋、树叶、各种花瓣,还有蚯蚓、白蚁、幼蛾等,农作物成熟季节或收割之后,也常到地里吃稻谷、花生、甘薯等,甚至还吃播下的种子[⑤]。

鹧鸪,学名为"Francolinus pintadeanus",头顶黑褐,羽缘缀以黄褐色。该鸟广泛分布于全岛各地,为留鸟。该鸟不善飞,善奔走,平时一般单独或成对活动。鹧鸪营巢于树丛之下,用细枝和杂草堆成,常在耕作区周围沟渠和稻田边活动,以野果、稻谷、草籽等为主食,也吃蟋蟀、蚯蚓、蚱蜢以及多种昆虫。鹧鸪虽吃稻谷但所吃的多为遗散在地的谷粒,对于水稻和其他农作物并无显著危害,它还吃害虫,有利于农、林业[⑥]。

---

① 广东省昆虫研究所动物室、中山大学生物系:《海南岛的鸟兽》,科学出版社,1983年,第263—264页。
② 广东省昆虫研究所动物室、中山大学生物系:《海南岛的鸟兽》,科学出版社,1983年,第273页。
③ 广东省昆虫研究所动物室、中山大学生物系:《海南岛的鸟兽》,科学出版社,1983年,第120页。
④ 广东省昆虫研究所动物室、中山大学生物系:《海南岛的鸟兽》,科学出版社,1983年,第211页。
⑤ 广东省昆虫研究所动物室、中山大学生物系:《海南岛的鸟兽》,科学出版社,1983年,第72页。
⑥ 广东省昆虫研究所动物室、中山大学生物系:《海南岛的鸟兽》,科学出版社,1983年,第68页。

布谷鸟,即杜鹃。海南的杜鹃种类有 8 种,在西部和南部黎族地区活动的主要是四声杜鹃,学名为"Cuculus micropterus Gould"。该鸟栖息于山地或平原的林间,常在林间鸣叫,以甲虫、毛虫及其他昆虫为食,偶尔吃些植物种子①。

画眉鸟,学名为"Garrulax canorus"。该鸟白色眉纹显著,眼圈也白,故得名"画眉鸟"。画眉鸟遍布全岛,为留鸟。在黎族居住的五指山外围山地一带最为常见,多单独或成对,偶尔也聚集成群。该鸟食性杂,主要以各种昆虫为食,如蝗虫、蚂蚁、金龟子等,也吃果实和种子。据群众反映,此鸟害啄吃玉米等作物种子②。

以上是 20 世纪 50 年代调查资料中明确提到的几种"害鸟"以及笔者依据《海南岛的鸟兽》一书对这几种"害鸟"的一一考证。从上述考证中我们不难发现,黎族老百姓眼中的"害鸟"对农作物所带来的危害并不一样,有的大一点,有的小一点。另外,这些所谓的"害鸟",有的其实也同时吃一些害虫,所以从另一个方面说它又是有益于农作物和树木的"益鸟"。

(五) 兽 害

长期以来,海南岛的森林面积所占比例一直居于全国的前列,位于中南部的黎族地区的植被更是海南地区保存最好的,全岛主要的天然林区五指山、尖峰岭、霸王岭、吊罗山、黎母岭等林区均位于黎族地区,这些广茂繁盛的森林为野生动物的生存提供了良好的环境。因此,黎族地区不仅是一个巨大的植物王国,也是一个天然的大动物园,园中活动的野生动物众多。海南岛共有陆脊椎动物 561 种,除了 344 种鸟类之外,尚有两栖类动物 37 种,爬行类动物 104 种,兽类 76 种。③ 这些各类野生动物大都集中在海南的黎族地区。

所以我们在各类资料中发现,黎族人民的日常生产生活几乎都要和野生动物打交道,闲来无事时上山打猎,是多数地区黎族村寨男人们的不二选择。也有一些野生动物,它们会不请自来,主动跑到黎族百姓的庄稼地里去偷吃庄稼,特别是在庄稼即将成熟的季节,更是令百姓们头痛不已,黎族的百姓们把这些野生动物看作是"害兽"。据 20 世纪 50 年代的调查资料统计,经常出来祸害农作物的"害兽"主要有:山猪、猴子、黄猄、山鹿、老鼠、箭猪。

山猪,是黎族民间对这种野生动物的叫法,其正式名称应是"野猪",学名为"sus scrofa ctirodonta"。海南岛的野猪长得似家猪,但鼻吻显著长,突翘,背毛毛尖分叉,成年体重一

---

① 广东省昆虫研究所动物室、中山大学生物系:《海南岛的鸟兽》,科学出版社,1983 年,第 126 页。
② 广东省昆虫研究所动物室、中山大学生物系:《海南岛的鸟兽》,科学出版社,1983 年,第 235 页。
③ 海南百科全书编纂委员会:《海南百科全书》,中国大百科全书出版社,1999 年,第 126 页。

一般为60—70公斤,比大陆的野猪略小。野猪在海南岛分布甚广,几乎遍布全岛的丘陵山地。海南岛的野猪一般多为个体行动,较少集群,多种植物的果实根茎叶子都吃,也吃一些动物,如虾、蟹、昆虫、蚯蚓以及蚧壳之类,亦经常盗食农作物。海南岛野猪的主要食物随栖息环境不同而不同。在原始森林和深山区的野猪主要觅食果子、树根、草根、蕨类、蕉芋、竹笋之类,所以野猪很少下山吃农作物;在一般的山地和灌丛草坡地区活动的野猪,当农作物成熟季节经常到耕作区盗食,种在离村庄略远一点的农作物几乎会被残踏迨尽,颗粒无收①。

猴子,海南岛上的猴子属于猴科中的猕猴,学名为"Macaca mulatta",体型瘦小,头顶无"漩毛",肩毛较短,尾较长。猴子在海南岛分布较广,除人烟稠密区外,各种类型的丛林中都有。这些猴子喜欢集群生活,群体自几头、十几头到几十头不等。其主食植物,采食野果时不论成熟与否,一律采摘,但只食熟的,未熟果会被丢弃;也食竹笋、芭蕉花、椰子花等植物。当农作物成熟时,猴子们经常会成群结队下田偷食玉米、甘薯、花生等农作物,往往是反复糟蹋,造成相当大的危害②。

黄猄,是海南岛极为常见的一种野生动物,几乎遍及岛内各地,尤以海南黎族苗族所在的原自治州丘陵山地的林灌地带最多,黄猄在动物学界的正式名称应为"赤麂",学名是"Muntiacus muntjak nigripes"。这种野生动物体型不大,成年后也只有十几公斤重,雄兽有角,犬齿发达,它们主要活动于树林、草灌丛中,白昼隐匿,入夜活动。黄猄属草食性动物,植物的幼嫩枝叶、青果、浆果、肉质核果等都是黄猄的经常性食料。黄猄偶尔会偷食农作物,主要是甘薯、花生、豆类作物的叶苗,对农作物的危害不是很大③。

山鹿,是海南黎族民间对活动于山林中的海南水鹿(学名为"Cervus unicolor hainana")和海南坡鹿(学名为"Cervus eldi hainanus")的泛称。山鹿成年体型一般为60—80公斤,主要分布在海南岛西部和西南部的森林或草丛之中,喜欢集群行动,主要食料是青草、树叶和浆果之类。其中的坡鹿对农作物危害不大,对农作物带来较大危害的是水鹿,因为当食物缺乏时,水鹿会跑到农田中盗食农作物,水稻、玉米、花生、甘薯、蔬菜等农作物都在它们的食谱之中,尤其是爱吃孕穗前期的稻苗④。

老鼠,广泛分布于全世界各地的一种动物。其种类繁多,海南岛已知的老鼠就有包括狨鼠、笔尾树鼠、海南尾顶鼠、黄胸鼠、大足鼠和黄毛鼠在内的4属11种,其中农田中最常见的为黄毛鼠。黄毛鼠又名"田鼠",学名为"Rattus rattoides exiguus",其适应性极强,栖

---

① 广东省昆虫研究所动物室、中山大学生物系:《海南岛的鸟兽》,科学出版社,1983年,第388—389页。
② 广东省昆虫研究所动物室、中山大学生物系:《海南岛的鸟兽》,科学出版社,1983年,第314页。
③ 广东省昆虫研究所动物室、中山大学生物系:《海南岛的鸟兽》,科学出版社,1983年,第392—394页。
④ 广东省昆虫研究所动物室、中山大学生物系:《海南岛的鸟兽》,科学出版社,1983年,第396—400页。

息环境要求不严,但以作物区为主,尤以稻田区为多,故得名"田鼠"。黄毛鼠是海南岛作物区的主要鼠种,咬食水稻、甘蔗、甘薯、花生、蔬菜等,危害严重。特别是在水稻抽穗扬花季节,黄毛鼠极喜欢咬吃穗浆,破坏性极大。又常于堤岸打洞,破坏堤防,是典型的农田"害兽"①。

箭猪,正式名称为"豪猪",学名为"Hgstrix hodgsoni papac",因全身长着棘刺而得名"箭猪"。箭猪在全国主要分布于长江以南地区,在海南岛则主要分布于原黎族苗族自治州各县的山地,也即黎族苗族的聚居地。箭猪栖息于山地草坡、灌木丛中或树林之中,挖洞而居,白昼休息,夜晚外出。箭猪一般以根茎为食,如草根、树根、竹笋等,在农作物成熟季节,也经常盗食甘薯、木薯、花生、蔬菜和玉米。吃食玉米时,无玉米苞或已变老的玉米棵株,它绝不啃咬,被咬断处俨如刀削②。

(六) 虫 害

世界上凡是有农作物的地方,都免不了有这样或那样的病虫害,黎族地区也不例外。在20世纪50年代的调查资料中,几乎所有被调查的黎族村寨都反映他们那里发生过病虫害,不过大部分的调查资料中都没有提及是哪一种害虫导致的病虫害,而只是笼统地说是有病虫害;也有一个地方的调查资料中说不出害虫的名字,只是说"每年从5月起,便出现虫害,有黑、红、白等各种各样的软体小虫,开始吃秧苗,接着吃禾叶,直到阳历8月才逐渐绝迹"。③ 只有三份调查资料中明确提到了害虫的名称,一份是东方县第三区罗田乡田头村的调查资料中说,这个村的"每年农历六、七月间,往往有虫灾发生,主要有剃枝虫、蝗虫等。此外,群众反映当地还有一种'虻虫',肉眼不易看见,一旦稻田内生了'虻虫',禾苗会由青转黄变黑而后枯死,但这种情况很少"④;一份是保亭县第三区毛道乡的调查资料,它提到了这个乡的"虫害也很严重,有行军虫、花虫、黑虫、禾虫等"⑤。一份是《海南岛黎族社会调查》上的综述材料,它对当时的海南黎族苗族自治州的七个县的虫害情况进行了归纳总结,说当时的黎族苗族自治州"在稻子的病虫害方面,三年来以剃枝虫、稻苞虫、浮尘子等较为严重"。⑥

由此可见,黎族地区农作物的害虫当时能叫出名字的有:剃枝虫、稻苞虫、浮尘子、蝗虫、"虻虫"、行军虫、花虫、黑虫、禾虫。

---

① 广东省昆虫研究所动物室、中山大学生物系:《海南岛的鸟兽》,科学出版社,1983年,第377—378页。
② 广东省昆虫研究所动物室、中山大学生物系:《海南岛的鸟兽》,科学出版社,1983年,第368页。
③ 中南民族学院本书编辑组:《海南岛黎族社会调查》(下卷),广西民族出版社,1992年,第323页。
④ 中南民族学院本书编辑组:《海南岛黎族社会调查》(下卷),广西民族出版社,1992年,第152页。
⑤ 广东省编辑组:《黎族社会历史调查》,民族出版社,2009年,第16页。
⑥ 中南民族学院本书编辑组:《海南岛黎族社会调查》(上卷),广西民族出版社,1992年,第21页。

剃枝虫,海南农民俗称"天蚕""猪仔虫""行军虫",是水稻叶夜蛾、粘虫、劳氏粘虫和白脉粘虫的总称。全岛均有分布,局部地区受害较重。

稻苞虫,海南农民俗称"打苞虫""稻青虫"。全岛均有发生,尤以山区发生较重,主要为害于晚造分蘖期,易造成局部成灾。

浮尘子,海南农民称"叶跳虫"。常见种类有黑尾浮尘子、白翅浮尘子、电光浮尘子和二点浮尘子。以黑尾浮尘子发生最多,分布于全岛。尤以西部及西南部干旱地区受害较重[①]。

蝗虫,属昆虫纲,直翅目,蝗科。种类很多,全世界约有12 000种,中国有700余种,主要危害禾本科植物,是农作物的重要害虫。中国自有记载以来的大蝗灾有800余次,成为我国历史上最为严重的三大自然灾害之一。海南岛的蝗虫,目前已知有48属、79种,分别隶属于6科[②]。在海南省分布最为广泛的蝗虫种类为"东亚飞蝗",学名为"Locusta migratoria manilensis",体绿或黄色,头大,颜直垂直,前后翅发达。这种蝗虫也是海南岛西南部黎族居住地最普遍的蝗虫[③]。不过,从历史上看,东亚飞蝗大发生的地区主要是在海南岛北部、东部的汉族地区,而在海南岛西部、南部的黎族地区,由于森林覆盖率较高,东亚飞蝗为害的严重程度并不高。

而"虻虫"、花虫、黑虫、禾虫则并非该种昆虫正式的名称,应该是黎族老百姓民间的通俗叫法,难以考证。

二、各种自然灾害给黎族人民带来的危害及损失

每一种自然灾害,都会给人民带来不同程度的危害和损失,否则它就不叫自然灾害了。海南黎族地区所发生的风灾、水灾、旱灾、鸟害、兽害、虫害,也给黎族人民带来了各种各样、程度不一的危害和损失。

(一)风灾带来的危害和损失

台风,由于其强劲的风力,历史上一直是海南岛的主要自然灾害之一。查阅海南明清地方志,其中关于"灾异"的记载中,"飓风"(即台风)的内容不绝于史,所带来的危害往往触目惊心。不过台风的风力有大有小,小的台风风力不大,所带来的危害和损失也不大,有时甚至还有益,因为其所带来的充沛的雨水对于某些干旱的地区来说无异于雪中送炭;

---

① 海南省地方志办公室:《海南省志·农业志》,南海出版公司,1997年,第266页。
② 刘举鹏:《海南岛的蝗虫研究》,天则出版社,1995年,第165页。
③ 海南省地方志办公室:《海南省志·动植物志》,海南出版社,2012年,第184页。

而大的台风则不然,它风力猛烈,所过之处建筑物被摧毁,树木被吹断、农作物被吹倒,带来的危害巨大。所以,我们通常所说的台风的危害,一般都是指大台风所带来的危害。在20世纪50年代的调查资料中,记载的多是大台风所带来的危害和损失,其中最详细的就是1954年4月的一次大台风给黎族地区的百姓所带来的危害和损失。因为当时从事民族调查的人员都是在1954年下半年以后进入黎族地区的,1954年4月的大台风刚过,大家记忆犹新,给调查人员的讲述也较为详细,调查人员将其认真地记入了调查资料之中①。

据笔者统计,一共有4个地点的调查资料记载了1954年4月的这次台风给当时黎族地区的人民带来的危害和损失,它们分别是:

乐东县第二区毛农乡毛或村:"1954年4月风势较大,损失也较严重。毛或村稻田受害的约有种子5斗(约15.68亩),倒塌房屋两间,淹死两头牛,包谷损失约种子一斗(等于3亩左右)。"②

保亭县第三区通什乡福关、毛利、什勋:"1954年4月曾遇台风侵袭,三个表计毁房屋4间,谷仓6个;什勋一个表损失菠萝蜜400个。"③

白沙县第二区毛栈乡番满村:"1954年4月间,台风猛烈,番满村早造田损失3、4斗种子面积(折合8.5亩)。什够村则毁坏房屋5间,谷仓1间,死猪1头。另外四个'合亩'损失早造水田1.5斗种子面积(折合3.75亩)。"④

白沙县第三区红星乡番响村:"今年(也即1954年)4月间曾一度遇大风,除损坏水车12架(包括牙模村)和部分包谷外,据说早稻无大损失。"⑤

由上述四份资料我们大体上可以看出台风给当地的黎族人民带来的危害和损失。

此外,台风对黎族农民普遍种植的"山栏稻"这种农作物危害尤大。"山栏稻"是黎族百姓对他们所种植在烧垦过的山坡上的旱稻的称呼。黎族百姓种植山栏稻的历史极为悠久,唐代黎族地区所产的"火米",宋代黎族地区所产的"峒米",都是指的山栏稻。⑥ 山栏稻一度是黎族地区的主要粮食作物之一。如白沙县第一区南溪乡什甫、什茂、禾好村的调

---

① 《海南省志·自然地理志》记载:"1954年5月11日,第2号台风从陵水登陆,全岛230个乡受灾,死亡39人,伤284人;房屋全塌4 543间,半塌1.1万多间;损失稻谷93.8万斤,大米218.9万斤;农作物损失水稻15.35万亩,杂粮31.47万亩,经济作物8 872亩;船舶全坏122艘;家畜死亡牛182头,猪5 241头;林木损失椰树5 228株,槟榔8 831株。"(海南省地方志办公室:《海南省志·自然地理志》,海南出版社,2011年,第335页)正文中所说的台风应当就是指的这个台风,它所说的4月应是阴历,阳历当为5月——笔者注。
② 中南民族学院本书编辑组:《海南岛黎族社会调查》(上卷),广西民族出版社,1992年,第111页。
③ 中南民族学院本书编辑组:《海南岛黎族社会调查》(上卷),广西民族出版社,1992年,第197页。
④ 中南民族学院本书编辑组:《海南岛黎族社会调查》(上卷),广西民族出版社,1992年,第311页。
⑤ 中南民族学院本书编辑组:《海南岛黎族社会调查》(上卷),广西民族出版社,1992年,第460页。
⑥ 费孝通:《中国少数民族大辞典·黎族卷》,香港当代文艺出版社,2005年,第145页。

查资料显示:"这里主要种山,而风灾对山栏稻危害最严重而经常,黎胞难以预防。如1951年风灾很严重,种植在高坡上的山栏稻颗粒无收。灾害比较轻微的,如乡代表符亚福,在5斗种的山栏地里只收了稻谷60把,约1 080斤;若在普通年成,则应收115—120把,减产约一半。"①"风灾是这里最严重而且损失最大的一种灾害,每年七八月间台风季节到来,如果风势很猛,就有不少的农作物被吹倒,甚至连根拔起。假使山栏稻这时正在开花,就有全部失收的危险(一般在9月扬花,10月收割)。"②

(二) 水灾带来的危害和损失

海南的水灾多是伴随台风而来的倾盆大雨所致,而台风对海南来说是较为普遍的,因而水灾对海南来说也是较为常见的,其所带来的灾害往往是冲毁房屋、淹没农田。

不过,由于黎族居住的各个地区有的地势高,有的地势低,因而受水灾影响的程度也不一样,地势低的地区受到水灾危害比较大,地势高的地区受到的水灾危害则会小一些。如位于乐东县三平区的番阳乡,地处山间河谷地带,地势较高,排水容易,因而历年来遭受到的水灾就很少,十余年来才发生过一次大洪水。③ 因而在20世纪50年代的一份"海南岛黎族社会调查综述"材料中,对当时的海南黎族苗族自治州的水灾给予了一个全面总结:"全区水灾仍很普遍,山区因排水较易,除遇禾苗扬花抽穗时会遭致损失之外,受淹的机会是很少的;平原地带则易受山洪淹没,故情况又比山区为严重。如1954年陵水县的水旱稻恰在抽穗期被淹没了二、三天,造成了很大的损失。"④

(三) 旱灾带来的危害和损失

从20世纪50年代的调查资料来看,海南的黎族地区还普遍发生过旱灾,所以有关旱灾方面的记载远多于其他各种灾害的记载。综合这些对当时黎族地区旱灾记载的资料,我们可以得出黎族地区的旱灾所带来的危害和损失有如下三个特点:

一是地区分布不均衡。虽然各地都会有不同程度的旱灾,但以地处海南岛西南部和西部的乐东、东方两县的旱情最为严重,所遭受的危害与损失也最大。有一份调查资料显示,在当时的黎族苗族自治州7个县中,"以乐东、东方的旱灾比较严重。如1953年,乐东县因受旱灾,其中包谷60%都没有收获;1954年,自治区7县从6月至8月初又普遍受旱,其中乐东、东方受灾更严重,有部分稻田没有插秧。根据自治区粮食的统计,仅乐东一县

---

① 中南民族学院本书编辑组:《海南岛黎族社会调查》(下卷),广西民族出版社,1992年,第238页。
② 中南民族学院本书编辑组:《海南岛黎族社会调查》(下卷),广西民族出版社,1992年,第251页。
③ 广东省编辑组:《黎族社会历史调查》,民族出版社,2009年,第130页。
④ 中南民族学院本书编辑组:《海南岛黎族社会调查》(上卷),广西民族出版社,1992年,第22页。

因旱灾1954年比1953年减产18 105 500斤,东方县也因旱而减产"①。至于为什么乐东、东方二县旱灾严重,所遭受的危害和损失也最大,原因在于这两个县位于海南岛的西南部和西部,而这两个地区恰好就是海南岛从自然地理学角度上划分出的干旱地区②。

二是旱灾给农作物所带来的危害和损失比其他任何灾害都要严重、彻底。黎族地区的旱灾在有的地方是年年都有,在有的地方却是隔几年一次,但通常都是小旱灾,带来的危害和损失并不大,然而一旦遇到大的旱灾,它给当地农作物带来的危害是巨大的,给当地百姓造成的损失是非常严重的——这有多个点的调查资料可以证明:

乐东县第二区毛农乡毛或村,1954年6、7月间,"受旱比较严重,全村山栏稻因受旱过甚而失收的达到1/3。其余损失情况:包谷2斗种子,黑豆21斗1升半,花生1斗,而芝麻种子3升也全部旱死"③。

白沙县第二区毛跨乡牙开村,1954年4至7月发生旱灾,"包谷和山栏稻损失严重。据了解,全村10个'合亩'就有6个'合亩'所种的包谷全部旱死,颗粒无收,其余4个'合亩'也收成有限,不过百十斤,仅可供明年下种之用"④。

保亭县第一区番文乡什柄村,1954年7、8月间发生过一次旱灾,"也是近年来比较严重的一次。由于6、7月里没有水,晚造迟至8月底才插秧。玉蜀黍几乎全部旱死,全村今年收获量只及往年总产量的1/10(880市斤)"⑤。

乐东县三平区的番阳乡,"距今15年前是旱灾较严重的一年,当年的庄稼全部歉收,群众便结队上山采野果、蔬菜充饥。最后野果也没有了,因此,空套村饿死了人"⑥。

不过需要说明的是,旱灾给农作物所带来的严重危害和损失并非仅限于黎族地区,包括汉族地区在内的整个海南岛范围内都是如此,因为《海南省志·自然地理志》一书曾将海南境内的各种自然灾害的危害程度做过比较,指出"海南旱灾的危害程度仅次于台风灾害,每年遭受各种自然灾害的农田面积和粮食减产损失中,旱灾占一半以上"⑦。

三是旱灾给黎族百姓种植的"山栏稻"所造成的危害和损失特别大。山栏稻通常都是种植在山坡上,也即烧垦过的山地上,无法灌溉,完全依赖天上的雨水,因而一旦受旱,损失会特别严重。如白沙县第二区红星乡番响村的"山坡地也是全赖雨水,别无其它水

---

① 中南民族学院本书编辑组:《海南岛黎族社会调查》(上卷),广西民族出版社,1992年,第21页。
② 曾昭璇、曾宪中:《海南岛自然地理》,科学出版社,1989年,第44页。
③ 中南民族学院本书编辑组:《海南岛黎族社会调查》(上卷),广西民族出版社,1992年,第111页。
④ 中南民族学院本书编辑组:《海南岛黎族社会调查》(上卷),广西民族出版社,1992年,第281页。
⑤ 中南民族学院本书编辑组:《海南岛黎族社会调查》(上卷),广西民族出版社,1992年,第357页。
⑥ 广东省编辑组:《黎族社会历史调查》,民族出版社,2009年,第130页。
⑦ 海南省地方志办公室:《海南省志·自然地理志》,海南出版社,2011年,第365页。

利,因而今年大旱仅第一组便死去山栏稻的四成"①。又如琼中县第三区堑对乡堑对村,大概每 10 年内就要发生七八次旱灾,"今年的旱灾是近几年来较为严重的一次,由 5 月起到 8 月止,旱期达四个月。本村的山栏稻约有四成旱死"②。

(四)鸟害带来的危害和损失

20 世纪 50 年代的调查资料中,对鸟害的记载相对较少,可能是鸟害与其他灾害相比,它给百姓带来的危害和损失要小得多。在当时的黎族地区,每当稻谷开始抽穗即将成熟的时候,各种害鸟便会飞来啄食稻谷,给农作物带来危害和损失。如果害鸟是单个过来啄食,对农作物的危害并不大,但如果是成群结队地飞来,那对农作物带来的危害也不小,也会给黎族百姓造成一定的损失。

在黎族地区的各种害鸟当中,有一种鸟叫"巴利鸟",就喜欢成群结队地活动,因而对当地造成的危害不轻。如在白沙县第二区红星乡番响村,"每当山栏稻扬花结谷时,'巴利鸟'于清晨便开始成群结队飞来吃禾花及谷穗。此种鸟极难防范……'巴利鸟'之为害,仍然严重"③。

(五)兽害带来的危害和损失

前已述及,在 20 世纪 50 年代的黎族地区,经常出来祸害农作物的"兽害"有山猪、猴子、老鼠、山鹿、黄猄、箭猪。

不过,虽然同为"害兽",但给农作物带来危害的程度却并不相同,危害程度最大的当为山猪和猴子,几乎所有提及兽害的调查资料中,无不把山猪和猴子当作最大的"害兽",并详细列举它们对农作物所带来的危害和损失,如在乐东县第二区毛农乡一带的自然灾害中,"以兽害最为严重。其中以山猪为害最甚。1953 年毛或村被山猪吃去 10 箩谷(约 350 斤)。包谷受害最大,每年每个'合亩'多者被吃去 2/3,少者也达到 1/3。群众虽然加以猎杀和防御,但始终无法根绝。同时,山中还有成群的猴子,在稻谷、包谷、番薯和木薯等成熟时,结队到田间为害"④。又如在乐东县第一区南筹乡南只纳村,"兽灾有山猪、猴子、黄猄等。山猪出动,少则一二头,多则 10 余头,一个晚上可吃光 2 斗种面积的谷物;猴子更是成群结队出动,往有 100 只左右,对作物损害也很厉害"⑤。再如在东方县第二区

---

① 中南民族学院本书编辑组:《海南岛黎族社会调查》(上卷),广西民族出版社,1992 年,第 460 页。
② 中南民族学院本书编辑组:《海南岛黎族社会调查》(上卷),广西民族出版社,1992 年,第 602 页。
③ 中南民族学院本书编辑组:《海南岛黎族社会调查》(上卷),广西民族出版社,1992 年,第 461 页。
④ 中南民族学院本书编辑组:《海南岛黎族社会调查》(上卷),广西民族出版社,1992 年,第 110 页。
⑤ 中南民族学院本书编辑组:《海南岛黎族社会调查》(下卷),广西民族出版社,1992 年,第 36 页。

水头乡老村,"这里靠近山岭,遍布着丛林,所以野兽很多,其中对农作物危害最大的,是山猪和猴子。山猪在阴历9—10月出动,每晚要吃去大量快要成熟的稻谷和番薯等。至于猴子,在阴历8月间就开始危害尚未露头的幼穗,9—10月间更要吃已经成熟的谷子,一来便是一大群,往往有一、两百只,所以危害也很严重"①。

老鼠对农作物的危害也有几份调查资料提及,如在东方县第三区罗田乡田头村的调查资料中,提到"老鼠在谷子成熟后,到田中将禾秆咬断来吃谷粒。谷子收割回家后,又被老鼠来吃,由于老鼠数量多,对农作物的损害也很多大"②。在白沙县第一区白沙乡儋州村的调查资料中,提到"这里山多林密,所以野兽很多,主要有山猪、猴子和老鼠……而老鼠则不仅在田野里咬断杆吃谷粒,而且在谷子收割回家后,又藏在屋子里长期吃谷物。所以这些兽害本身是相当严重的"③。

山鹿对农作物的危害情况只在东方县第三区罗田乡田头村的这一份调查资料中谈及,说这里的"山鹿在禾苗尚未抽穗时便来吃禾叶,一只山鹿在一个晚上便可以吃光约半亩的禾苗"④。

至于黄猄和箭猪,调查资料中只提及了它们的名字,对于它们是如何祸害农作物的,则未提及。

(六)虫害带来的危害和损失

在20世纪50年代的调查资料中,记载有关虫害的内容并不多,可能是因为虫害这种自然灾害虽然广泛存在,但其给农作物带来的危害与其他灾害相比,要小得多。的确,在调查资料中,对虫害的描述大多是轻描淡写或一笔带过,只有在某个村寨发生过较为严重的虫害时才会多费一些笔墨。如在白沙县第二区红星乡番响村,"这里每年都有虫害,多发生于插秧除草之后的6月间,特别是今年虫害比过去严重。如王政法于今年6月初的晚造田被虫吃去稻芯损失达1斗种籽的面积,占播种面积的1/3;又王任长亦损失达1斗种籽,王政宣损失5升种籽,第二组全组稻田损失约1/5"⑤。又如在东方县第三区罗田乡田头村,"每年的农历六、七月间,往往有虫害发生,主要有剃枝虫、蝗虫等。发现田中有大量害虫时,要马上捕杀,否则到了晚上,整块田禾都会被吃光……1954年又发生了蝗灾,损害了稻田约11亩。此外,群众反映当地还有一种'虻虫',肉眼看不见,一旦稻田内生了

---

① 中南民族学院本书编辑组:《海南岛黎族社会调查》(下卷),广西民族出版社,1992年,第451页。
② 中南民族学院本书编辑组:《海南岛黎族社会调查》(下卷),广西民族出版社,1992年,第152页。
③ 中南民族学院本书编辑组:《海南岛黎族社会调查》(下卷),广西民族出版社,1992年,第323页。
④ 中南民族学院本书编辑组:《海南岛黎族社会调查》(下卷),广西民族出版社,1992年,第152页。
⑤ 中南民族学院本书编辑组:《海南岛黎族社会调查》(上卷),广西民族出版社,1992年,第461页。

'虸虫',禾苗会由青转黄变黑而枯死,但这种情况很少"①。

最后,需要说明的是,调查资料中反映,各种害虫所损害的农作物主要局限于"稻子"这种农作物上,对其他农作物的损害记载则没有见到。

三、黎族人民应对各种自然灾害的防御方法

20世纪50年代,在中国的历史上是一个承上启下的时代,一方面是国民党政权刚刚被推翻,但旧的传统的观念和认识仍然在民间广泛保留,另一方面是新生的中华人民共和国政权已经建立,现代的、科学的观念和认识开始进入黎族社会,人们从而对于自然灾害有了全新的认识。这反映在调查资料中的是:对于自然灾害,过去的黎族百姓除了防御鸟、兽还有一些办法外,对于风、水、旱、虫等灾害,则根本谈不上什么防御;而随着新中国的建立,现代的科学技术逐渐传入黎族地区,加上人民群众被很好地动员组织起来了,一些对付各种自然灾害的新的防御方法开始出现。

(一)应对风灾与水灾——从无力抵抗到可以防御

黎族地区的风灾与水灾,往往是合在一起的"风雨灾",它主要是随着台风的到来,倾盆大雨也同时降临所造成的。在过去,由于气象预报系统的缺失,人们根本无法预知台风会在什么时候到来,"虽然有部分老农凭经验看天色,可以在一天或几个小时之内预知台风或暴雨降临,但因时间短迫,已来不及防御,只得听天由命"②。台风一旦到来,狂风裹挟着暴雨,往往是连续几天,从而会造成巨大的破坏。所以,在1949年以前,黎族百姓对于风灾和水灾的认识是:这是一场无法防御的天灾,根本无力抵抗,因而谈不上有什么防御方法。因此我们在20世纪50年代的调查资料中发现的基本上都是风灾和水灾给当地老百姓造成损失的内容,至于防御方法,则没有记载。

1950年5月1日以后,中华人民共和国的各级地方政府和各个机构开始在海南岛各地建立,气象部门也随之建立,可以提前预报台风的到来了。于是我们发现,在黎族地区,人们防御台风的方法开始出现了——这可是以前从来没有过的事。如在乐东县三平区的番阳乡的调查资料中说到:"解放前群众对风灾是无力抵抗的,解放后乡政府及时传达气象部门通知的风警,使群众做好抗灾的准备,减少了风灾的损失。他们抗灾的办法,一般

---

① 中南民族学院本书编辑组:《海南岛黎族社会调查》(下卷),广西民族出版社,1992年,第152页。
② 中南民族学院本书编辑组:《海南岛黎族社会调查》(上卷),广西民族出版社,1992年,第122页。

是用绳子或藤条将房子的梁柱系紧,像在沙漠中撑帐房那样,拉伸拴在房屋四周的木桩上,以防倒塌;对农作物及时抢救或采取防御措施。"①

(二)应对旱灾——从依靠"禁忌"到多管齐下

1949年以前,绝大部分的黎族地区都没有什么水利设施,所以一遇到旱灾,除了上山采野果、野菜充饥外,几乎束手无策;如果说黎族百姓还有什么办法来抗旱的话,那就是用"禁忌"的办法阻止旱灾的到来。比如说在保亭县第四区加茂乡毛琳村,每年过旧历年未过年初四,忌搞生产,忌入别人家串门,或进别村,否则天旱,生产不丰。② 当然这种荒诞不稽的抗旱方法自然是毫无用途的,旱灾该到来时依旧会到来的。

1949年以后,随着中华人民共和国的建立,海南也回到了人民的怀抱。在海南各级地方政府的领导下,黎族人民采取了种植耐旱作物、挑水抗旱和修建水库等各种办法进行抗旱。如在乐东县第二区头塘乡头塘村,村委会组织大家开垦了新的坡地,在坡地上全年都轮种着各种耐旱作物,其中以红薯和花生为主,"每年4月种下花生和小米,8月收获后种红薯,到次年3月收红薯后又种花生,如此年年反复轮种"③。在乐东县三平区番阳乡,"1953年发生旱灾时,人民政府领导群众挑水抗旱,大力进行救济,帮助群众度荒,是年没饿死人。政府在抱隆村山下修建的水库竣工后,将减轻旱灾对人民的威胁"④。

(三)应对鸟害——传统的防御方法仍然有效

在黎族地区,飞鸟对农作物的危害主要体现在两个时候:一是在稻谷播种的时候,飞鸟会来啄食谷种;一是在稻谷即将完全成熟的时候,飞鸟会来啄食稻穗上的谷粒。

对于第一个时候,人们为了预防飞鸟啄食刚播下的谷种,会在谷种上盖一层稀泥。⑤

对于第二个时候,黎族百姓采用的办法主要是以下三种:"一种是用竹筒造成梆子,另以竹壳系一根短棍与梆子上方,使短棍与梆口接触,然后以一根长木或(竹)插于稻田中央或山栏地内,风吹竹壳摇动,则短棍不断敲打,梆子不时'啯啯……'地响,鸟闻声害怕,则不敢接近;另一种是拿枪去看守,见大鸟来则用枪打,小鸟来则大声吓唬,令其飞走。"⑥ 第三种办法是"在田中插稻草人,或者由老人和小孩在茅寮里看守,发现鸟群飞来,拉动藤

---

① 广东省编辑组:《黎族社会历史调查》,民族出版社,2009年,130页。
② 中南民族学院本书编辑组:《海南岛黎族社会调查》(下卷),广西民族出版社,1992年,第550页。
③ 中南民族学院本书编辑组:《海南岛黎族社会调查》(下卷),广西民族出版社,1992年,第39页。
④ 广东省编辑组:《黎族社会历史调查》,民族出版社,2009年,第130页。
⑤ 中南民族学院本书编辑组:《海南岛黎族社会调查》(下卷),广西民族出版社,1992年,第246页。
⑥ 中南民族学院本书编辑组:《海南岛黎族社会调查》(下卷),广西民族出版社,1992年,第252页。

绳子,以它发出的'噼啪'响声驱鸟"①。

以 20 世纪 50 年代的调查资料来看,以上这几种办法都是黎族地区多少年来一直在使用的传统的防鸟方法,简单有效。所以到了新中国成立以后,防御飞鸟祸害农作物并没有采用什么新的办法,仍然用的是这几种传统的防御方法。

(四) 应对兽害——多种防御方法相结合

黎族地区的"害兽"不少,有山猪、猴子、黄琼、山鹿、老鼠、箭猪等。这些害兽时常出来祸害农作物,特别是庄稼成熟以后而即将收割时,它们的活动更加频繁。黎族群众在长期的日常生活中,摸索出了许多种对付除老鼠之外的各种防御方法,主要有:

第一,晚上或白天上山巡逻,遇上它们就用粉枪或弓箭射击或放狗追逐;第二,在它们常出没的路口设岗,待其经过时出其不意地射击;第三,在它们经过的地方挖陷阱捕捉;第四,在它们往来的道上,放置活绳套,待其经过触动时,即被捆缚;第五,用竹木做栅篱,把农作物围好,以免遭其损害;第六,用细竹削成刺,一排排插在它们经过的地方;第七,在它们活动频繁的地方,放些烧焦了的头发,山猪闻其味即逃,或在高树上、木栅边悬上竹片,当月黑风大时,竹片会发出不同的声响声,它们闻声也逃。②

除了上述七种方法外,还有一些其他的方法:

一、看守。即每天傍晚,便拿枪到田旁预搭的棚内看守至天亮才回家。③

二、在田中做些假人吓唬野兽,使其不敢前来。④

三、用山猪炮猎山猪。一般是这样进行的,选择种有番薯的地方,用 4 个番薯,将 3 个摆成三角形,中间再放一个夹有山猪炮的番薯。待山猪吃到中间的一个番薯时,火药爆炸,山猪就被炸死而猎获。⑤

而对付老鼠,黎族百姓通常使用的是用竹子做的捕鼠器具,效果良好。⑥

(五) 应对虫害——从听天由命到开始捕杀

在中华人民共和国建立之前,黎族百姓对田里出现的害虫,是不敢捉的,因为他们认

---

① 广东省编辑组:《黎族社会历史调查》,民族出版社,2009 年,第 168 页。
② 广东省编辑组:《黎族社会历史调查》,民族出版社,2009 年,第 130 页。
③ 中南民族学院本书编辑组:《海南岛黎族社会调查》(上卷),广西民族出版社,1992 年,第 123 页。
④ 中南民族学院本书编辑组:《海南岛黎族社会调查》(下卷),广西民族出版社,1992 年,第 495 页。
⑤ 中南民族学院本书编辑组:《海南岛黎族社会调查》(上卷),广西民族出版社,1992 年,第 625 页。
⑥ 广东省编辑组:《黎族社会历史调查》,民族出版社,2009 年,第 16 页。

为这些害虫都是天神放下来的,不能捉,如果捉了,会触犯鬼怪,罹病闯祸,人畜遭殃,因而只能听之任之,听天由命。

不过这些田里的害虫虽然不能捉,但却可以"赶"。赶虫的办法有两种:一是把吃剩的鱼肚内的肠和血用竹筒藏起,让其臭烂。遇田里生虫时,便将臭烂的鱼肠冲水,用稻草扎成小帚,蘸此水洒于禾上,虫闻臭味即逃跑;二是若遇禾苗长得还不够高时生虫,则将田水灌满,用竹竿把禾苗压于水中一刻,待虫浮出水面,再赶至田的一角,然后把水排去,虫即随水冲至溪中。① 另外,也可以引诱鸟雀来吃虫子,比如在保亭县第四区加茂乡毛淋村,这里的黎族百姓会"在田的四周插上树枝,给鸟雀停留,让它易于啄食禾中虫类"②。

中华人民共和国建立之后,在当地人民政府的宣传、教育、指导和组织下,各地的黎族百姓开始捕捉害虫,如"1954 年 6 月间,福关、毛利两个表共捉虫 14 斤,什勋表捉了 1 090 条"③。与此同时,人民政府还向黎族百姓发放了六六六杀虫药,用于杀灭害虫。采取了上述捕杀害虫的措施之后,黎族百姓田地里虫害所带来的损失大大减少了。

四、调查资料对自然灾害记载中存在的问题与不足

以上三节是笔者利用 20 世纪 50 年代的民族调查资料所进行的论述,在使用这些调查资料时笔者一方面要向当年不辞辛劳赴黎族地区进行调查的工作人员表示由衷的谢意,感谢他们为后世留下了一笔宝贵的财富;另一方面笔者也为调查资料中对自然灾害记载里存在的问题与不足感到遗憾。存在的问题与不足主要体现在以下两个方面。

(一)对自然灾害记载的内容过少

前已述及,关于黎族自然灾害多方面的记载主要是在《海南岛黎族社会调查》《黎族社会历史调查》和《广东海南少数民族社会历史调查资料汇编》这三部调查资料中。《海南岛黎族社会调查》一书中对黎族自然灾害的记载是在其每一个调查点的第三部分"经济结构"的第一节"基本情况"里的第一小节"自然灾害"里,但内容并不多。每一个调查点中"自然灾害"的内容多的也只有一千余字,少的仅有三四百字,非常有限,对每一种灾害大都是点到为止,几乎没有深入的描述。更何况并不是每一个调查点中都有对自然灾

---

① 中南民族学院本书编辑组:《海南岛黎族社会调查》(上卷),广西民族出版社,1992 年,第 122 页。
② 中南民族学院本书编辑组:《海南岛黎族社会调查》(下卷),广西民族出版社,1992 年,第 495 页。
③ 中南民族学院本书编辑组:《海南岛黎族社会调查》(上卷),广西民族出版社,1992 年,第 197 页。

害的记载。笔者通过对22个调查点材料的分析,发现记载了自然灾害方面内容的仅有14个点,也就是说,还有8个点的调查材料根本没有涉及自然灾害。在《黎族社会历史调查》中一共有6个点的调查资料,其中记载有自然灾害方面内容的只有3个点,这3个点中每个点对自然灾害内容的记载都只有二三百个字,比《海南岛黎族社会调查》一书中的记载更少。而在《广东海南少数民族社会历史调查资料汇编》中包含有5个乡的黎族社会调查资料,其中只有2个乡的调查资料谈及自然灾害,其中一个乡用了200多字,另一个乡只用了34个字,更是少得可怜。

因此,这就严重影响到了我们对当时黎族地区自然灾害的分析和研究。而之所以会出现这种情况,笔者分析主要原因是当时的调查人员仅仅只是把自然灾害作为他们调查范围中一个很小的、甚至是可有可无的问题对待,重视程度不够,自然就不会投入过多的精力和时间,也不会在最后形成的调查资料中花费更多的笔墨。

(二) 是对一些自然灾害种类记载的缺失

何谓"自然灾害"? 自然灾害是指给人类生存带来危害或损害人类生活环境的自然现象,包括干旱、高温、低温、寒潮、洪涝、山洪、台风、龙卷风、冰雹、风雪、霜冻、暴雨、暴雪、冻雨、大雾、大风、结冰、霾、雾霾、地震、海啸、滑坡、泥石流、浮尘、扬沙、沙尘暴、雷电、雷暴、球状闪电、火山喷发等。中国的国家科委国家经贸委自然灾害综合研究组将自然灾害分为七大类:气象灾害、海洋灾害、洪水灾害、地质灾害、地震灾害、农作物生物灾害和森林火灾。

对比上述自然灾害的种类,我们发现,黎族地区在20世纪50年代时仅记载了风灾、水灾、旱灾、鸟害、兽害和虫害六种自然灾害,而很多种类的自然灾害并没有记载。当然,如火山喷发、暴雪、沙尘暴这样的自然灾害在黎族地区自然是没有的,用不着记载;但是的确还是有一些种类的自然灾害在历代的地方志中有记载,而在20世纪50年代的调查资料中却看不到的,例如:

1. 雷电。即由于电闪雷鸣现象而出现的行人被击死击伤的现象,这种现象在黎族地区经常出现,从古到今的地方志中常有记载,而在调查资料中没有见到。

2. 低温寒害。海南岛尽管处于热带地区,年平均气温是比较高的,但不代表月月气温都高。有资料显示,在每年的12月至次年2月之间,偶尔会出现低温阴雨或霜冻等天气,此时正值早造播种、育秧、插秧时节,往往会造成烂秧、死苗等现象①。这种自然灾害的现

---

① 白沙黎族自治县地方志编纂委员会:《白沙县志》,南海出版公司,1992年,第60页。

象在海南的黎族地区并不罕见,可是调查资料对这一自然灾害的记载是缺失的。

3. 地震。海南岛属于地震多发区,黎族地区也偶尔会发生地震。例如:"1950年,林旺、藤桥地区(均在黎族地区——笔者注)西北方向发生3.1级地震。"① 我们发现,没有哪一份调查资料里提到过地震。

此外,在调查资料中记载的虫害,完全局限于给稻子这种农作物带来危害的虫害。但是,黎族百姓种植的农作物可并非稻子这一种,还有番薯、玉米、高粱、花生之类的杂粮作物,南瓜、冬瓜、丝瓜、萝卜、豆角、白菜等蔬菜类作物,椰子、槟榔、芒果、甘蔗、荔枝、龙眼、香蕉之类的经济作物。这些作物同样会受到来自各种害虫的危害,如危害番薯的有番薯小象鼻虫、番薯茎螟、番薯暖地麦蛾等,危害玉米的有玉米螟等,危害花生的有花生蛀牙、斜纹夜蛾、花生卷叶虫等,危害蔬菜的有菜蚜、菜螟、菜蛾、粉蝶、二十八星瓢虫、豆卷叶虫等②,危害椰子的有椰心叶甲等,危害槟榔的有黑刺粉虱等,危害芒果的有芒果扁啄叶蝉、芒果切叶象甲等,危害甘蔗的有甘蔗绵蚜,甘蔗蓟马等,危害荔枝的有荔枝蝽、荔枝小灰蝶等,危害龙眼的有龟背天牛等,危害香蕉的有香蕉冠网蝽、香蕉弄蝶、香蕉交脉蚜等,③这些众多种类的害虫同样也给黎族百姓种植的农作物带来了不同程度的危害和损失——但遗憾的是,上述20世纪50年代的调查资料中完全忽略了这些。

因此,我们可以说黎族地区的自然灾害种类在20世纪50年代的调查资料中记载得并不全面,是有缺失的。之所以会出现这种情况,可能与他们当年记载自然灾害时,过于强调只记载给农作物中的稻子带来危害和损失的自然灾害种类有关。

五、结　　语

以上我们论述了20世纪50年代调查资料中记载的发生在黎族地区的多种灾害以及这些灾害带来的危害、损失和黎族人民的应对防御措施,从这些记载中我们还可以发现出如下一些特点:

(一)黎族地区20世纪50年代存在的各种自然灾害大都是千百年来周期性发生的,是难以根除的。黎族百姓长期以来形成的一些传统的应对防御方法尽管有些是有效的,但要达到从根本上去除这些自然灾害,还是做不到的。所以,我们发现,此后上述多种自然灾害,在黎族地区仍然周期性地频繁发生,以至于到了今天依然如此。

---

① 三亚市地方志编纂委员会:《三亚市志》,中华书局,2001年,第159页。
② 海南省地方史志办公室:《海南省志·农业志》,南海出版公司,1997年,第267—273页。
③ 程立生等:《热带作物昆虫学》,中国农业出版社,2006年,第2—5页。

（二）黎族地区发生的自然灾害有多种，但并不是每一种自然灾害带给人们的危害和损失程度都是相同的，而是有差异的，有的危害大些，如风灾、旱灾、兽害；有的危害轻一些，如鸟害、虫害。因而人们对于不同的自然灾害有不同的认识，也有不同的应对防御方法。

（三）20世纪50年代，正是国民党政权被推翻新中国刚刚建立的一个新旧交替时期，也是黎族社会从传统走向现代的一个承上启下的时期。这一时期，体现在应对各种自然灾害的防御方法方面就非常明显。我们发现，既有使用了不知多少年的传统方法，也有在人民政府建议和组织下采用的新方法，因而呈现出多姿多彩的状态。

古高凉俚僚人的历史担当和贡献
——以隋谯国夫人冼夫人家族历史作为为例

戴国伟

（中共茂名市电白区委办公室）

岭南俚僚文化,邃古而灿烂,乃岭南文明之鼎吕。《岭外代答》曰:"俚人,史称俚獠者是也。"[1]因此,俚人也称俚僚人,古高凉俚僚同源、共生共荣、密不可分。笔者试图以古高凉俚僚人的杰出代表冼夫人及其家族成员冯盎、高力士（冯元一）的历史作为,体现古高凉俚僚人对国家、民族的社会、文明进步的历史担当和贡献。期抛砖引玉,盼方家赐教。

一、南北朝时期冼夫人家族属古高凉俚僚人族系

冼夫人（公元522—602年）出生于南齐、梁朝更替之际的广州宋康郡地,今广东省茂名市电白区。冼夫人出生地从西汉时期直至宋代,政区名以"高凉"之称为多,因此,广东省学界关乎冼夫人地望多表述为古高凉地。今广东省粤西地区是古高凉地。

冼夫人家族"世为南越首领"[2],其南越首领可溯源到秦汉南越国时期。唐昭宗（公元889—904年）时期,曾任广州司马的刘恂（著有《岭表录异》）对冼夫人家族世为南越首领作过说明。而《太平广记》亦有更详细的载述:"冼氏高州保宁人也。身长七尺,多智谋,有三人之力,两乳长二尺余。或冒热远行,两乳搭在肩上。秦末五岭丧乱,冼氏点集军丁,固护乡里,蛮夷酋长不敢侵轶。及赵陀称王,遍霸岭表,冼氏乃赍军装物用二百担入觐。赵陀大慰悦。与之言时政及论兵法,智辩纵横,陀竟不能折。扶委其治高梁,恩威振物。邻郡赖之。今南道多冼姓,多其枝流也。"[3]

姓氏的"冼"即"冼",明代以前的史籍用"冼",明代及以后多用"冼"。唐代的"高州

---

[1] （宋）周去非:《岭外代答》卷三《外国门下》,上海远东出版社,1996年,第76页。
[2] 《隋书》卷八十列传第四十五《谯国夫人》。
[3] （宋）李昉:《太平广记》卷二百七十《妇人一·冼氏》,中华书局,1961年,第2117页。

保宁"是今广东省茂名市电白区。"高梁"即"高凉",史籍中多通用。

上述这位秦末洗氏,是洗夫人的先辈。从《隋书》《岭表录异》《太平广记》等史籍中可知道洗夫人族群推行女性世袭首领制度,首领都统称洗夫人,到隋谯国夫人洗夫人时期及后期,其族群仍实行女性世袭首领制度。

由上可看到洗夫人先辈洗氏,在秦末五岭丧乱时固护乡里,与赵陀谈时政论兵法,智辩纵横,赵陀都辩不过她,赵陀委任她管治高凉,周边的州郡都归附于她。这体现秦汉时期,在被称为"蛮夷"之地的洗夫人族群,势力强大,文明且有着高度的民本担当。可见,秦汉时期的古高凉并不"蛮夷"。

秦汉时期,岭南地区的人口是百越族系,势力强大。故赵佗割据岭南后,为获得越人支持,不得不依赖像洗夫人家族这样的本土豪酋。至汉武帝时,南越国出现了吕嘉之乱,终为武帝平息,南越国自此消失,而岭南百越族系从此亦不再以"越"称,但它们本身并没有消亡,而是或与汉人融合,或以"俚僚人"等名称继续存在发展。

南齐朝时期,古高凉地属广州,处在广州与越州的交界地区。《南齐书》载:"广州,镇南海。滨际海隅,委输交部,虽民户不多,而俚獠猥杂……越州,镇临漳郡,本合浦北界也。夷獠丛居。"①由这可清晰地看到,南北朝时期,古高凉地是俚僚人的地盘,本土原住民是俚僚人。因此可以肯定:南北朝时期,本土原住民的洗夫人家族是俚僚人,属古高凉俚僚人族系。

近年在江门、阳江、茂名和湛江等四市范围内,发现了一批年代介于汉唐之间的遗址,其与广东省内其他地方发现的同时期的遗迹、遗物有明显的区别,普遍被认为与汉唐间活跃于当地的俚僚人相关②。一般认为,俚人有三个聚居中心,即古高凉地区、西江流域和海南岛③。而核心地区则是古高凉地区,包括今天的江门、阳江、茂名和湛江四市。在这个方圆数千里的范围内,今天的茂名市是其地理中心区域,俚人著名首领洗夫人墓也位于此,因此可以说茂名是俚人聚居区的中心。

二、洗夫人的历史作为

从《隋书》中的《谯国夫人》可了解到,洗夫人是我国南梁、陈朝至隋朝时期岭南杰出的俚僚人大首领。她的家族在秦汉时期至南北朝时期已世为南越俚僚人大首领,统领着

---

① 《南齐书》卷十四《志第六》。
② 广东省文物考古研究所调查勘探资料。
③ 练铭志等:《广东民族关系史》,广东人民出版社,2014年。

南越俚僚人部落。

梁朝时，冼夫人在幼小时就世袭当了大首领。她贤明地统率本部落民众，引导他们多做好事、善事。尤其是制止了时任南梁州刺史的大哥冼挺恃强侵略掠夺邻近州县的行为，改变了南越俚僚部落互相攻击的风俗，从而改变了部落之间、部落与官府之间争战不断、"岭表苦之"的混乱局面。冼夫人以其能行军用师、筹略超群、信义卓著而德威遍布，镇服了南越俚僚人各个部落。南海沿海地区（古代包括越南沿海地区）和海南岛共千余个部落归附在她的统领下。其时，冼夫人已是统领"部落十余万家"①的贤明大首领。

时任罗州刺史的冯融，知道了冼夫人是贤明的俚僚人大首领，全力促成时任高凉太守的儿子冯宝与冼夫人的"汉俚"联姻。岭南地区在冼夫人与冯宝的"南越大首领"和"朝廷地方长官"的双重管治下，"政令有序"，改变了岭南地区梁朝以前官府"号令不行"的局面。冼夫人大力推行中原文明，教导俚僚人"使从民礼"。自此，冼夫人带领俚僚人这支东汉就一直雄踞于南越的最大的本土族系，逐渐融合于以汉族为主体的中华民族中，推动了岭南文明乃至中华文明的发展进程。

梁武帝大通二年（528年），梁朝在岭南设置高州、罗州以加强对岭南的管治，冼夫人值此时势，以岭南大首领的身份上书朝廷，提出在海南岛设置崖州，梁皇朝准予。冼夫人将自汉代脱离了中央王权586年之久的海南岛，重新收归国家管理，并在海南岛恢复郡县制，大力推行教化和发展生产，并努力开展国内外海上贸易，为唐宋以后对南海诸岛的大管辖奠定了坚实的基础，在古代南海海上丝绸之路开拓、保驾护航等方面发挥了独特作用。

梁朝时期，"侯景之乱"期间，高州（州治在今阳江白沙）刺史李迁仕响应侯景作乱。冼夫人足智多谋，联合陈霸先平了乱，维护了岭南地区的稳定，并英明地全力支持陈霸先北上参与平息"侯景之乱"，成就陈霸先干了一番影响后世的大事业。梁、陈朝更替之际，冯宝去世，岭南地区形势大乱，冼夫人以强大的力量，怀集百越，确保了岭南地区的和平稳定。

陈朝初，仍为岭南大首领的冼夫人派九岁的儿子冯仆，带领岭南诸首领到丹阳（今南京）向陈霸先皇帝表示效忠，冯仆即被任命为阳春太守。后来，广州刺史欧阳纥谋反，并以冯仆为人质，胁迫冼夫人一起作乱。冼夫人却说："我为忠贞，经今两代，不能惜汝辄负国家。"②冼夫人统领南越酋长联合陈朝将领章昭达平息了该动乱。陈朝册封冼夫人为中郎将、石龙太夫人，为刺史级别。陈朝国亡时，岭南数郡共奉冼夫人为"圣母"，以求保境

---

① 《隋书》卷八十《谯国夫人》。
② 《隋书》卷八十《谯国夫人》。

安民。

隋朝刚建立时还未能统一岭南。冼夫人审时度势、顺应历史发展潮流,统领岭南和平归顺隋王朝,推动了中国再次实现大一统。为此隋王朝册封冼夫人为宋康郡夫人。不久,番禺首领王仲宣谋反,岭南很多地方首领响应,岭南大乱。冼夫人果断发起平乱,将因私情影响战况的孙子冯暄收入牢狱,统领孙子冯盎与隋鹿愿军会合,打败了王仲宣、斩杀了陈佛智。随后,冼夫人亲自护卫朝廷特使裴矩巡抚诸州,当时苍梧首领陈坦、冈州冯岑翁、梁化邓马头、藤州李光略、罗州庞靖等都来参谒。冼夫人命令他们统管其所属部落归顺隋朝。于是,岭南地区再次得到了安定。隋高祖惊讶赞叹冼夫人的特殊贡献,封冯盎为高州刺史,特赦放出冯暄并封为罗州刺史;追赠冯宝为广州总管、谯国公,册封冼夫人为谯国夫人;将宋康邑授赐给冯仆妾冼氏;发诏书准许冼夫人继续开设幕府,称为"谯国夫人幕府",置长史以下官属,给印章,调度指挥岭南各部落及六州的兵马,若有机急,可随宜行事。

后来,因番州总管赵讷贪虐暴政,引发了岭南地区俚僚人叛乱。冼夫人收集赵讷的罪状后上书朝廷。朝廷法办了赵讷、并降旨委任冼夫人为大使招安抚慰岭南民众。冼夫人亲载诏书,巡抚岭南十余州。冼夫人所到的地方都一一归顺了朝廷,岭南大地恢复安定。为此,隋高祖赐予冼夫人临振县(今海南三亚地区,而实际上是整个海南岛)作为"汤沐邑",自主管理一千五百户。

隋朝时期,冼夫人每年都召开大会,把梁、陈、隋三朝朝廷的赐赠物品都陈列于大庭上,告诫族人说:"汝等宜尽赤心向天子。我事三代主,唯用一好心。今赐物具存,此忠孝之报也,愿汝皆思念之。"[①]"唯用一好心"源自此,其照见了冼夫人的光辉一生。由此,冼夫人为茂名、为普罗大众留下了永垂万世的"唯用一好心"精神!

冼夫人生于中国历史上最动荡的南北朝,作为俚僚人的一名女性,她集"忠、爱、志、慈、慧、诚、识、谦、谨、诫"于一身。历经梁、陈、隋三朝十帝,始终秉持"唯用一好心",顺应历史潮流和人民意愿,坚决不独立、不称王,明识远图,心无磷缁,矢志不渝地维护国家统一、民族团结、岭南安定,卓越地做到了"护国佑民",维护了珠江流域很长一段历史时期的稳定和发展,促进了岭南的民族融合和社会、文明进步。

冼夫人又称冼太夫人,除上述封建王朝的册封号外,她仙逝时被隋朝谥为"诚敬夫人",民间尊奉她为"岭南圣母""南天圣母""南海保护神"等。她的生平载于二十五史的《隋书》《北史》和《资治通鉴》等史书。

---

① 《隋书》卷八十《谯国夫人》。

民国著名学者冼玉清女士评价冼夫人是:"妇女为国立德立功之第一人,妇女开幕府建牙悬肘之第一人,妇女任使者宣谕国家德意之第一人,妇女享万民祭祀之第一人。"新中国周恩来总理赞誉她为"中国巾帼英雄第一人"。原国家领导人江泽民称赞冼夫人是"我辈及后人永远学习的楷模"。

冼夫人文化在粤、桂、琼及海上丝绸之路沿线国家极具感召力,目前海内外有冼夫人庙宇和纪念馆逾两千多座,冼夫人成为世界历史女性中拥有最多庙宇和纪念馆的人物。由冼夫人庙宇祭祀形成的茂名市"冼夫人信俗",经国务院批准列入第四批国家级非物质文化遗产代表性项目名录。国内学者称她为"中国历史上最完美的女人",西方学者称她是"东方最具人格魅力的女性"。

冼夫人的"唯用一好心"精神源自茂名,影响和改变了茂名,其适合任何人,任何民族国度,任何主义信仰,其必将走向全省、全国乃至全世界。"唯用一好心"对共建人类命运共同体具有十分重要而深远的意义。

三、冼夫人孙子冯盎的历史作为

隋仁寿元年(601年)冼夫人仙逝后,冯盎统领冯冼家族。《新唐书》记载了冯盎,介绍了他的主要经历。

隋仁寿元年,潮、成等五个州的民众反叛朝廷,冯盎奔到长安奏请平定反叛。文帝诏令左仆射杨素与冯盎共同讨论反叛的情形势态。杨素与冯盎交谈后禀报说:"想不到岭南竟有这样厉害的人!"文帝立即下诏命令冯盎征集长江、岭南的军队进行平叛。平定叛乱后,冯盎被委任为汉阳太守。后来,他跟随炀帝征伐辽东,迁升为左武卫大将军。

隋朝刚灭亡时,冯盎回到岭南,集聚民众,自任首领,统率部众达五万多人。当时,番禺、新兴的豪强高法登、冼宝彻等人受林士弘的节制调度,杀戮官吏,冯盎领兵打败了他们。冼宝彻的侄子冼智臣,又集聚军众与冯盎对抗。冯盎率兵进讨,两军刚交锋,冯盎就脱下战袍大喊:"你们认识我吗?"敌方军众扔下武器,脱下战衣露出上身向他叩拜投降,反叛者的队伍因而溃散。冯盎俘虏了冼宝彻、冼智臣等人,掌管了番禺、苍梧、朱崖等地区,自称总管。这时,有人鼓动冯盎说:"隋朝已是末世,分崩离析、时局动荡,国内大乱;唐王虽然应运而生,但他的影响、教化尚未使人信服,岭南、百越之地尚未所归属。明公攻克平定了二十个州,占地方圆数千里,名份还未确定,请加'南越王'名号。"冯盎说:"吾居越五世矣,牧伯惟我一姓,子女玉帛吾有也,人生富贵,如我希矣。常恐忝先业,尚自王哉？"。① 他是说，我家居留百越之地已经五代了，州郡长官所辖之地仅我一姓，子女玉帛我都有了，人世间的富贵，像我这样的就少有了。我常常忧虑有辱先辈创下的基业，我还要自立为王吗？

唐高祖武德五年(622年)，冯盎英明地统领他据有的岭南广大地区归顺朝廷。高祖将他原据有的地区划分为高、罗、春、白、崖、儋、林、振八个州，委任冯盎为上柱国、高州总管，封他为越国公。委任他的儿子冯智戴为春州刺史，冯智彧为东合州刺史。后冯盎改封为耿国公。

贞观初年(827年)，有人诬告冯盎反叛，冯盎被迫率军到本辖区边境抵御。太宗诏令右武卫将军蔺谟调集江、淮的士兵准备前去征讨，魏徵劝谏说："天下刚刚平定，战乱给民众带来的疾苦尚未平复，大规模战争之后，流行疫病正盛；况且王者的军队不应为了蛮荒异族轻易举动，战胜了它称不上威武，战胜不了它却是耻辱。而且冯盎不像天下未平定时那样攻占州县，又在边远的异族地区，如今国内已经安定，他还有何希冀？应当以仁德去安抚他，冯盎必定来朝见天子。"于是太宗派散骑常侍韦叔谐前往开导冯盎，冯盎便派他的儿子冯智戴入宫侍奉皇帝以示守诚不二。太宗说："魏徵一番话，胜过十万军队。"这时，蔺谟率领的军队已经出发，想以此建功，派副将回朝向太宗禀报说做好了攻打冯盎的一切准备，而太宗却下令停止了这次军事行动。

贞观五年(631年)，冯盎进京朝见太宗，太宗赏赐他非常丰厚的礼品。不久，罗窦洞地的民众反叛，太宗诏令冯盎平了叛乱。随后，太宗下诏冯智戴返回岭南省亲，赏给的财物无法计算，并赐给冯盎奴婢达万多人。

冯盎善于为政之道，深得岭南民众欢心。他死后，朝廷赠予他左骁卫大将军、荆州都督。

唐皇朝对冯盎的高度肯定，还可从以下史载中体现，《元和郡县图志》载："贞观二十三年，盎卒，子智戴又为刺史。永徽元年，敕遣太常丞薛宝积析高州所管县为恩、潘二州，分盎诸子为刺史，以抚其人。"②

冯盎的一生，始终秉承其圣祖冼夫人"唯用一好心"精神，同样做到了顺应历史潮流和人民意愿，坚决制止和平定各种叛乱，坚决不独立、不称王，明识远图，心无磷缁，矢志不渝地维护国家统一、民族团结和岭南的安定。

唐代，以冯盎为代表的冼夫人家族对岭南乃至中央皇朝的影响达到了最高峰。

---

① 《新唐书》卷一百一十《诸夷蕃将》。
② （唐）李吉甫：《元和郡县图志》卷三。

四、冼夫人来孙高力士(原名冯元一)的历史作为

则天后圣历元年(698年),冼太夫人玄孙冯君衡,因在承袭潘州刺史时被"矫诬"获罪,遭受了"毁冠裂冕""籍没其家"的处置,冯君衡之子冯元一也被前来处置该事件的岭南讨击使李千里掳入宫中,进给武则天,武则天赏其机灵,留作侍应。不久,冯元一因犯小过被挞出宫门,后拜宦官高延福为义父,遂改姓高,称为高力士,后又入宫。

高力士是冼夫人第六代孙,在唐开元盛世时,是唐玄宗的左膀右臂。《旧唐书》有这样的载述:"每四方进奏文表,必先呈力士,然后进御,小事便决之。玄宗常曰:'力士当上,我寝则稳。'故常止于宫中,稀出外宅。若附会者,想望风彩,以冀吹嘘,竭肝胆者多矣。宇文融、李林甫、李适之、盖嘉运、韦坚、杨慎矜、王鉷、杨国忠、安禄山、安思顺、高仙芝因之而取将相高位,其余职不可胜纪。肃宗在春宫,呼为二兄,诸王公主皆呼'阿翁',驸马辈呼为'爷'。"①此时的高力士位极人臣。高力士是唐代乃至整个中国封建时代最著名的大宦官,被唐皇朝册封为开府仪同三司兼内侍监、上柱国齐国公,追赠为扬州大都督。他身处中国封建社会的发展顶峰,与"开元盛世"的缔造者唐玄宗李隆基共始终,目睹和参与了大唐帝国由盛转衰的全过程,是一位非常重要的历史人物②。

《元和郡县图志》载:"永徽元年,敕遣太常丞薛宝积析高州所管县为恩、潘二州,……仍移高州理于良德县。开元元年,又移置于保宁县。"③这是说,永徽元年,朝廷把高州析分为恩、高、潘三州,把高州治所迁到良德县。唐玄宗开元元年,高州改为高凉郡,并特别把州治迁移到保宁县。

唐玄宗特别将高州治所迁移到高力士故里保宁县(冼夫人出生地及其家族的世居地),是高力士的原因。唐玄宗出于私情,对高力士的故土唐时的高州进行了上述最特殊荣誉的政制改变,合乎情理。

根据考古勘探结果,考古学者分析,冼夫人墓园唐时业已存在,北宋时期曾进行大规模扩建,总体来看,墓园等级颇高,推测墓园在唐、宋时期由于被追封和赐祭均进行过相应的建设④。

在唐代,冼夫人墓园由于被追封和赐祭而进行了大修建。毋庸置疑,这也必是高力士所为。高力士对故土进行了一系列感恩及光宗耀祖的行动。由此可见,高力士是一个具

---

① 《旧唐书》卷一百五十四《列传第一百三十四》。
② 陕西省考古研究所:《唐高力士墓发掘简报》,《考古与文物》2002年第6期。
③ (唐)李吉甫:《元和郡县图志》卷三。
④ 广东省文物考古研究所调查勘探资料。

有家乡情结的人。

"长安回首绣成堆,山顶千门次第开。一骑红尘妃子笑,无人知是荔支来。"杜牧这诗被世人咏唱了千年而不绝,这是大家都知道的,而这缘于高力士,知悉的人却少之又少了。

清代两广总督阮元《揅经室集》中的《岭南荔支词》及注解说,岭南的荔枝、龙眼在汉朝时已入列贡品。唐朝的段公路在《北户录》中专门论证了高、潘州(今茂名)的荔枝是"南方荔枝最佳者",是"奇果"①。

阮元《岭南荔支词》中的"新歌初谱荔支香,岂独杨妃带笑尝,应是殿前高力士,最将风味念家乡"②明确地说明了,唐玄宗杨贵妃能食上岭南的最优质新鲜荔枝、长安因荔枝而有的文化及精彩,都要归功于最记得住乡愁的高力士。

今茂名浮山岭下的古荔园本是唐时高力士冯冼家族的自家荔园。冯子游(冯盎犹子、高力士爷辈家人)任潘州刺史时,带领其家族在此开创了茂名的四大贡园。高力士对家乡浮山岭下的荔枝铭记着儿时的味道。因此,高力士权倾朝野时,故里的四大贡园必定为京都长安提供了大量的高品质荔枝贡品。可以想见,唐开元盛世,每当荔红果香时,高力士春风得意,备上家乡优质红荔,在长安引领荔枝文化之时尚,必一呼百应。

五、结　　语

冼夫人构建了融合、共生、共荣的岭南各民族命运共同体,更构建了已历千年而仍不断发展着的信俗精神共同体,是当今构建人类命运共同体的古代典范事例。冼夫人一生唯用一好心,"明识远图",为俚僚人树立了永不磨灭的丰碑。

以冼夫人为代表的古高凉俚僚人族系,曾经雄踞南越一千多年。然而,在今天中华五十六个民族中,已没有了俚僚之名。综观俚僚人的历史,就是一部民族融合史。俚僚人由原南越最大的本土族系,最终逐渐融合于以汉族为主体的多民族中,推动了岭南乃至中华文明的发展进程。这种开放、和合、互爱、共生的精神,正是海洋文明的核心,俚僚人犹如盐、中华民族犹如海,盐溶于大海而无形。俚僚人看似消失了,而实质尚在,在哪里？她隐藏于中华民族的基因里;她流淌在中华儿女的血脉中。这正是俚僚人"舍小成大、名无实存"的智慧,如何"消弭人类文明冲突",构建"人类命运共同体"？俚僚人这种"明识远图、舍小成大、名无实存"的智慧与精神,值得世界各民族深入研究和思考。

---

① 陆希声撰:《北户录附校勘记异物志》北户录卷第三,中华书局影印丛书集成初编本,1985年,第61页。
② (清)阮元:《揅经室一集》卷十一。

薪 火 相 传

——百越民族史研究会第十九次年会暨成立四十周年纪念研讨会在上海召开

1980年,在黄现璠、梁钊韬、陈国强等老一辈学者的努力下,百越民族史研究会在厦门成立,至今已经走过了四十个春秋。为庆祝研究会四十华诞,进一步推进百越民族史的研究,11月14日,由百越民族史研究会和上海大学主办,上海大学文学院承办的"百越民族史研究会第十九次年会暨成立四十周年纪念研讨会"在上海大学宝山校区召开。本次会议的主题为"百越民族史研究的过去、现在与未来",来自中国社会科学院考古研究所、故宫博物院、复旦大学、南京大学、厦门大学、中山大学、湖南大学、中央民族大学、郑州大学、上海大学、暨南大学、安徽大学、上海博物馆、浙江省文物考古研究所、福建博物院、湖南省文物考古研究所、江西省博物馆、四川省文物考古研究院、广西文物保护与考古研究所、海南省文物考古研究所等数十家文博单位近百名学者在线上和线下参加了本次会议。

会议开幕式由上海大学文学院院长张勇安教授主持。

张勇安教授主持

首先由上海大学段勇教授致辞。段勇教授向与会学者表达了欢迎,并回顾了上海大学及考古文博学科的发展。他强调上海大学正积极建设考古文博学科,上大师生也将积极参与百越民族史的研究,这是建设中国特色,中国风格的考古学科的重要实践。

段勇书记致辞

随后百越民族史研究会会长高蒙河教授致辞。高会长回顾了百越民族史研究会的发展历程及历年来的研究成果。他强调百越史研究会四十年的发展历程中,在百越民族史研究的方法论,百越民族的渊源和流向,百越民族与海洋文化及南岛语族的关系,百越民族与现代南方少数民族的综合研究,百越民族史与相关学科的关系问题等方面,均取得了丰硕的成果。同时,他也指出近年来百越民族史研究呈现出研究专题多样化,研究范围国

高蒙河会长致辞

际化,参与学科多元化的趋势。本次研讨会将在百越民族史近百年的研究历史和百越民族研究会四十年的发展历程的基础上,在百越文化、族属、与东南亚考古学文化的关系、科技考古、文化遗产保护等议题展开研讨。将百越民族史研究的成果服务于党和国家建设,将百越民族史研究推向新的广度和高度。

最后由百越民族研究会秘书长黄向春教授做工作汇报,系统介绍研究会日常主要运营和建设工作。

会议主题报告由江西省博物馆徐长青研究员主持,分别由四位学者作主题报告。

浙江省社会科学院历史研究所林华东研究员演讲题目为《越国早期史地探索》。近年来安吉八亩墩大墓及安吉古城的考古发现,有学者认为是越国早期都城所在。林先生

黄向春教授做工作报告

主持人:徐长青研究员

林华东研究员

根据八亩墩出土文物认为其年代为战国时期,应为越灭吴之后一处越国贵族的大墓。根据文献记载,越国都城在现代的绍兴,而具体位置则存在相当大争议,有待进一步的考古发掘与研究。随后,林先生指出太湖地区夏商时期的马桥文化应为越文化的前身,是一支来源于良渚文化晚期,经过钱山漾文化和广富林文化发展而来的土著文化。另外,马桥文化还有一部分文化因素来自武夷山文化圈(包括浙南、闽北及赣东北夏商时期的考古学文化的遗存)。最后,林先生以印山大墓为越王允常的陵墓为基点,通过浙江地区西周至春秋时期发现的土墩墓遗存,特别是"人"字形椁室的特征,认为早期越国贵族有由浙南、浙西向浙北、浙东发展的趋势。

在线上参加会议的湖南省文物考古研究所所长郭伟民研究员演讲的题目为《湘在楚越之间——考古所见东周时期湖南文化与族属》。郭所长首先梳理了湖南地区近年来自商周时期至春秋战国时期的考古发现。随后,对各个时期的考古遗存进行文化因素分析,展现湖南地区本地文化、楚文化和越文化相互影响及所占比例变化的过程。而这样的文化互动过程,在长江流域甚至可以追溯至新石器时代高庙文化的白陶和良渚文化的玉器等因素先后掀起的两次艺术浪潮。湖南地区多元的文化互动至东周时期随着楚文化的出现、发展和壮大,从而融入楚国、楚文化和楚民族。这个过程也正式将湖南纳入华夏国家的序列。在这一中国历史大变局中,湖南由南蛮夷越之地归于王化,完成了由边陲到内地的过程。

中山大学郑君雷教授演讲的题目为《东山文化船棺葬的年代学研究评述》。郑教授首先对越南地区东山文化的船棺葬的发现及目前的研究状况进行了概述。随后,他指出船棺葬的分期编年必须依托东山文化尤其是红河类型的年代框架,并建立在船棺形制、墓

郑君雷教授

葬形制及随葬器物的类型学研究的基础上。之后,他根据船棺的横截面形状、挡板外侧銎柄等情况进行类型学划分。通过对比我国南方地区船棺葬的发现,结合东山文化相关遗址及墓葬的出土物,暂时将船棺葬分为三期,早期为公元前 5 世纪至前 3 世纪,相当于战国时期;中期为公元前 2 世纪至前 1 世纪,相当于瓯骆国和西汉交趾郡时期;晚期为公元 1 至 2 世纪,相当于东汉交趾郡时期。

上海大学曹峻副教授演讲的题目为《萧山老虎洞遗址出土玉石器加工工具及相关问题的初步认识》。他们的研究显示,杭州萧山老虎洞遗址出土良渚时期相对完整的玉石加工工具组合,包括用于前期坯体分离与初步成形的锤、砧、切割工具,以及用于后期打磨钻

曹峻副教授

孔的砺石、改形石刀、石镞、弧面打磨棒等,基本涵盖完整生产流程所需的各种器形。说明老虎洞遗址是与玉石器制作相关的遗址,其性质介于"作坊类"和"线索类"遗址之间,可称为"近作坊类遗址"。包括老虎洞遗址在内的玉石器制作相关遗址的时空分布特点表明,史前太湖地区玉石手工业作坊普遍位于山地边缘与平原交接地带;而小规模的玉石制作活动则广泛存在于太湖周边地区。从崧泽到良渚时期,太湖地区玉石手工业表现出大规模发展的态势,并在良渚时期形成了分别围绕北部、东部和南部文化中心地带的,相对独立的两个生产分区和体系。

主题演讲后,与会学者与演讲者就相关学术问题进行了热烈的探讨。

(原文载于"中国考古网"公众号 2020 年 11 月 14 日)

百越民族史研究会第十九次年会暨成立四十周年纪念研讨会纪要

2020年11月14—15日,由百越民族史研究会和上海大学主办、上海大学文学院承办的"百越民族史研究会第十九次年会暨成立四十周年纪念研讨会"在上海大学校本部隆重召开。来自数十家高校及科研院所近百名专家在线上和线下参加了研讨会。其中有4位学者做大会主题报道,另有34名学者在线上和线下做分组学术报告。分组报告分别由福建博物院楼建龙研究员和中国社会科学院考古研究所刘瑞研究员担任考古组和历史组组长,每组研讨又分为三场进行。

一、主 题 报 告

会议主题报告由江西省博物馆徐长青研究员主持,分别由4位学者发言。

浙江省社会科学院历史研究所林华东研究员演讲题目为《越国早期史地探索》。他认为近年发现的安吉八亩墩大墓及安吉古城应为越灭吴之后一处越国贵族的大墓。根据文献记载,越国都城在现代的绍兴,而具体位置则存在相当大争议,有待进一步的考古发掘与研究。

在线上参加会议的湖南省文物考古研究所所长郭伟民研究员演讲的题目为《湘在楚越之间——考古所见东周时期湖南文化与族属》。郭所长梳理了湖南地区商周至春秋战国的考古发现,通过文化因素的分析揭示湖南地区多元文化互动的过程。楚文化在湖南地区的出现、发展和壮大,使得湖南由南蛮夷越之地归于王化,完成了由边陲到内地的过程。

中山大学郑君雷教授演讲的题目为《东山文化船棺葬的年代学研究评述》。郑教授根据越南东山文化中船棺的横截面形状、挡板外侧錾柄等情况进行类型学划分。通过对比我国南方地区船棺葬的发现,结合东山文化相关遗址及墓葬的出土物,暂时将船棺葬分为三期。

林华东 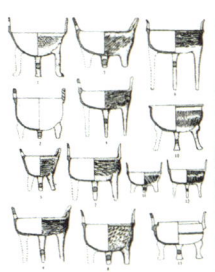　　郭伟民 　　郑君雷

曹峻

主题报告发言学者

上海大学曹峻副教授演讲的题目为《萧山老虎洞遗址出土玉石器加工工具及相关问题的初步认识》。他们的研究显示，杭州萧山老虎洞遗址出土良渚时期相对完整的玉石加工工具组合，说明老虎洞遗址是与玉石器制作相关的遗址。

二、考古组

考古组第一场由福建博物院楼建龙研究员和闽江学院杨琮教授主持，有6位学者发言。

暨南大学的郭明建教授发言题目为《良渚、福泉山与寺墩——良渚文化三个政体的观察》。他认为良渚文化时期环太湖地区应存在多个政体，其中较具有辨识性的有以良渚（莫角山）、福泉山和寺墩为中心的聚落。三者的势力范围、延续时间、奢侈品使用策略及其反映的对外交流和影响情况各不相同。

浙江省文物考古研究所闫凯凯发言的题目为《钱山漾遗址第三期遗存分析——兼论"后马桥文化"》。他对钱山漾遗址第三期遗存进行了详细的划分，认为第1—3段为典型的马桥文化遗存，第4段为"后马桥文化"遗存，年代大致相当于商代晚期，部分可能延续到商末周初。

厦门大学张闻捷教授发言题目为《安吉八亩墩越墓所见礼器制度考》。他认为安吉八亩墩越墓器物坑内随葬的鼎、鬲、盉等仿铜陶礼器是探讨越国礼制的重要资料。通过考察礼器形制,可以发现鼎主要由楚式箍口鼎、子母口鼎和越式鼎组成,这样的组合现象是中原地区和南方楚文化区在春秋中晚期阶段较为盛行的礼制现象。

中国社会科学院研究生院秦超超博士发言的题目为《环太湖地区与中原地区之间的考古学文化交流(BC2000—BC1000)》。他认为自广富林文化时期至后马桥文化时期,环太湖地区与中原地区间有三次较为明显的文化交流,且交流背景、路线、方式、内容皆不相同。在这个过程中,太湖地区本地文化的属性得到了显著的发展,从而为之后越文化的崛起奠定了基础。

湖南省文物考古研究所高成林研究员发言的题目为《从出土铜器看炭河里文化的分布范围》。他以认识宁乡高砂脊出土铜器为基础,通过对同类铜器的收集、整理,并结合相关遗址的出土材料,认为炭河里文化基本覆盖了商代晚期费家河文化的范围。其文化核心区域到了湘江中下游之交的沩水流域和涟水流域。该文化影响范围较大,湖南的湘江上游、资水流域、岭南地区都受到了不同程度的影响。此外,它还与西周时期的诸侯国如曾国、应国等有所联系。

宁波市文化遗产管理研究院雷少发言的题目为《宁波翠屏山丘陵东南麓商周时期聚落考古初论》。根据近些年在宁波翠屏山东南麓商周时期的考古发现,梳理了该地区的考古学文化发展序列及遗址的分期断代。同时结合遗址所处的环境,从聚落考古的角度对遗址进行类型划分和分析。

| 郭明建 |  闫凯凯 |  张闻捷 |
|  秦超超 | 高成林 |  雷少 |

第一组第一场发言学者

第二场由杭州市萧山区博物馆崔太金和杭州市文物考古研究所杨金东主持,有6位学者发言。

中国社会科学院考古研究所唐锦琼发言的题目为《清江盆地考古刍议》。位于赣江下游地区的清江盆地是江西考古的重镇,历来有着重要考古发现,包括拾年山、樊城堆、吴城、牛城、大洋洲墓葬和筑卫城等遗址。他认为清江盆地"十字路口"的地理态势使其成为多种文化因素的汇聚之处。

桂林市文物保护与考古研究中心周有光发言的题目为《从考古发现探讨灵渠开凿及秦汉时期桂北与中原的交流融合》。在回顾灵渠开凿历史的基础上,他通过梳理桂林所在的桂北地区秦汉时期所发现的城址和墓葬遗存,考察当地的经济生活和文化内涵,从而总结出桂北地区在秦汉时期与中原地区交流的内容。而灵渠的修筑则在加强中原人民与西南少数民族之间相互了解和友好往来中发挥着不可替代的重要作用。

闽江学院黄运明发言的题目为《早期印纹陶的发生和发展——以闽江流域为中心》。他通过回顾印纹陶发现和研究的学术史,认为闽江下游遗址是学术界探索印纹陶发生或起源的重要区域。通过对明溪南山遗址各时间段遗存的分析,认为距今5 000—4 000年是印纹陶发展的重要阶段,这不仅表现在印纹纹饰逐渐多样、拍印技术日益成熟等,还表现在其分布区域不断扩展。

唐锦琼　　　　　　周有光　　　　　　文少卿

杜盼新　　　　　　生膨菲　　　　　　黄运明

第一组第二场发言学者

此外，来自复旦大学科技考古研究院的文少卿、杜盼新和生膨菲分别从古 DNA、染色体和大植物遗存的角度对宁波大榭人的源流、福建大米的由来和浙江地区稻作农业的演化和发展做了数据扎实、技术可靠、结论可信的深入研究。

第三场由闽江学院黄运明和上海大学魏峭巍主持，有 5 位学者发言。

福建博物院楼建龙研究员发言的题目为《考古学视野下的闽越国都城说》。文献典籍背景下的闽越国"二王说""三王说"与近期的考古发现材料相互印证。一是青铜时代相关遗址的发现，推导当时的聚落中心分布；二是秦汉时期的遗址面貌，印证闽江上、下游的社会文化发展程度；三是汉以后的遗址分布，反推闽越灭国之后的人群聚集。

株洲市博物馆文国勋发言的题目为《东周时期湘赣地区越人的铁器使用》。通过对湘赣地区东周时期越文化遗存出土铁器的梳理，认为越人对铁器的使用可分为三个阶段，分别为春秋晚期、战国早期和战国中晚期。这个进程与楚文化南渐和湘赣区域楚越文化的融合息息相关，楚人铁器的广泛使用使得土著越人认识了这一先进的生产技术，并改变了原有的生产技术和生产方式，这不仅有利于湘赣地区的开发，楚越文化的融合，更加快了越人融入华夏的进程。

郑州大学尚如春发言的题目为《江汉淮地区楚墓所见越文化因素探析》。她从考古发现的楚墓材料入手，对东周时期江汉淮地区楚墓中越文化因素及其表现形式进行细致梳理，分析越文化因素在楚地出现和发展的历时性、区域性及等级性特征，继而综合考察在东周时期越文化对楚文化的影响及反作用。同时，探讨东周时期楚地与越地文化互动及相关问题。

闽江学院杨琮教授发言的题目为《闽越族群的来源以及相关问题的探讨》。他结合福建地区的考古发现与相关文献对闽越族群的由来做了说明和推断。提出了东张文化的概念，认为在距今 4 300—3 500 年间的东张文化可以代表闽越形成初期的文化形成面貌。

厦门大学付琳和张晓坤发言的题目为《早期"南越"与南越国遗存的初步分析》。他们对南越文化、早期南越遗存和南越国进行了概念界定和相关遗存考察。认为南越国遗存中除继承本地区早期南越因素外，还见到楚汉文化因素和越文化因素，充分反映出南越国自身族属特征和赵佗在位期间推行"和辑百越"的国策。

楼建龙　　　　　　　　文国勋　　　　　　　　尚如春

杨琮　　　　　　　　张晓坤

第一组第三场发言学者

三、历史文献组

第一场由海南师范大学王献军教授和浙江工商大学徐日辉教授主持,共有六位学者发言。

中国社会科学院考古研究所刘瑞研究员发言的题目为《广西北海草鞋山古城与大浪古城的时代与形制》。根据草鞋山汉城第二期出土的云纹瓦当、板瓦、筒瓦的形制及相关文献的记载,刘瑞研究员认为它是东汉合浦汉城。根据大浪古城城墙、城壕的形制以及城内聚落的出土物,认为这个城址为北人南迁后由北方人或当地人修筑的"越城"或"越王城"。

江苏大学高逸凡发言的题目为《古越语视野下的"朱方""丹徒"地名释义》。他通过语言学的方法讨论了"朱方"和"丹徒"这两个重要词汇的来源,认为分别意为"主管岸防之官"和"控扼河川之城关",其内涵与后世出现的汉语地名"镇江"一脉相通。

南京大学周运中发言的题目为《越和夐的语源及在海交史上的地位》。他从古代语言学的角度出发,认为越的本义是洼地、海洋,越人的名字源自其居住环境。朝鲜半岛北部的民族秽的读音接近倭,朝鲜半岛北部原来也有倭人。古籍记载的日本火山名字沃燋,源自沃沮,本义是海岛。疍民的名字原来写成蜑,语源是蛇,疍民崇拜蛇,疍民的别名高凉、仡佬、高丽是同源字,最早来到日本的吴人被称为久礼,源自疍民的别名。

上海大学谢雨环发言的题目为《吴越相争的史事书写与文本生成》。清华简《越公其事》塑造了与传世文献不同的人物形象,这种人物形象的异构展现了吴越史事的不同书写,以及时人对这段史事的不同理解和经验教训的不同总结。吴越史事的文本源于春秋战国时期与之相关的"语",从《国语》《越公其事》到《越绝书》和《吴越春秋》,吴越史事不断"层累"增华,完成历史事件的文学演绎。

浙江艺术职业学院齐韶花发言的题目为《再论"徐人入越"》。首先,她关注到考古资料显示春秋之后越文化中存在着来自北方的"夷"文化,同时文献资料也有关于徐人入越的史事。所以,她认为徐越关系是商代徐奄关系的延续。

苏州市文物考古研究所牛煜龙发言的题目为《楚越联盟说辨析》。他从楚国历史与先楚文化、越国历史和越族起源、楚越同源说对楚越联盟的干扰等几方面来辨析楚越联盟说。他认为楚越联盟发生在春秋时期,有其特定的时代背景。楚越既有联盟,又有之后的背盟和对立,随着诸侯国之间关系的变化,联盟间的关系也随之变化。

刘瑞	高逸凡	周运中
谢雨环	齐韶花	牛煜龙

第二组第一场发言学者

第二场由杭州市萧山区博物馆杨国梅和浙江艺术职业学院齐韶花主持,共有六位学者发言。

厦门大学蓝达居教授发言的题目为《越人巫俗之遗绪》。他详细介绍了福建建瓯地区流行的斋嬷妇女信仰习俗,并分析习俗的主要特征,将该习俗的相关元素视为闽越文化的历史遗绪和演化。以此研究个案,试图说明百越民族史的研究既是关于历史的研究,也是关于现实的研究,更是关于中国当代社会的研究。

第三军医大学的翟建才发言的题目为《古越的祖图腾文化及其对子族系影响》。古越人的龙图腾作为一种象征,在中华民族发祥和文化肇源的漫长历史中起到过重要作用。研究古越的祖先图腾及其对文明进化和子族发展的影响,包括图腾文化、文字创造、民族认同、传统根脉等方面,不仅有助于提升百越族系历史文化研究的深度和广度,更重要的是有助于我们在实现中华民族复兴的新时代,提升华夏大家庭各兄弟民族间的整体认同感和凝聚力。

上海博物馆张经纬发言的题目为《构造地质学视角下的百越文化起源新探》。他运用现代构造地理学知识,对百越得名、地理分布连续性,以及人群迁移的动力学做进一步尝试性探索,希望从原本模糊的知识体系中,分离出更清晰的地理脉络,从时间和空间两个维度对百越文化的源头和变迁进行认识。他认为百越文化来自藏南,之后从藏北逐步进入到华南地区。

中山大学黄瑜发言的题目为《在王朝"礼法"与地方"理俗"之间》。明清时期黔桂交界的"侗苗"人群来源于南方百越民族的西瓯一支,长期保留着南方越人姑舅表婚、不落夫家等传统婚俗。但是清王朝推崇儒家"宗亲"理念,在地方实施"教化"政策,强调"同姓不婚""从夫居"的礼仪规范,破除"姑舅表婚"这一地方传统婚嫁习俗,与当地村寨社会的婚姻习俗产生剧烈冲突。

西南政法大学赵婧旸发言的题目为《乡风文明建设中畲族盘瓠文化的价值及创新转化路径研究》。她在深入剖析盘瓠文化的历史脉络和社会文化意义的基础上,探索如何将其中的优秀思想观念、人文精神和道德规范意识转化为实现民族地区乡风文明建设目标的团结和认同观念、道德文化体系、规则和诚信意识以及以德治为支撑的乡村治理举措,进而探讨在宏观的乡村治理、中观的社会互动和微观的生活观念层面上可行的转化路径。

安徽大学胡平平发言的题目为《楚、越文化融合的几个问题——以湖南地区为例》。楚文化和越文化是长江流域东周时期相互融合的两支重要文化。然而,在多年研究的过程中一直存在年代学问题和楚、越墓的判定标准的问题。他以湖南地区的材料为例,强调应该从横向和纵向两个视角同时思考,从而可以更好地探讨楚越融合的问题。

蓝达居　　　　　　翟建才　　　　　　张经纬

黄瑜　　　　　　赵婧旸　　　　　　胡平平

第二组第二场发言学者

第三场由上海大学徐坚教授和厦门大学黄向春教授主持,共有5位学者发言。

闽江学院薛菁发言的题目为《闽越文化之流变——以闽都文化之海洋性为例》。闽都文化是分布在闽江下游和闽东地区的一支地域文化,其海洋性特质具体表现在对外贸易与造船技术的发达以及海外移民的历史传统上。通过梳理闽都人自春秋战国时期经西汉、三国孙吴时期、明清时期,乃至近代福建人下南洋的历史进程,从而阐明闽都文化的海洋性从古至今的演变及影响。

海南师范大学王献军发言的题目为《黎族地区的自然灾害及其防御方法》。他根据20世纪50年代海南黎族地区曾经的几次民族调查的资料,仔细研究了黎族地区当年曾经发生过的各种自然灾害,包括自然灾害的种类、给人民带来的危害、损失以及人们为了应对各种自然灾害所采取的防御方法。

上海大学孟鑫发言的题目为《越王勾践迁都琅琊事新论》。通过对勾践灭吴之后春秋晚期江淮地区诸侯国态势的分析,他认为迁都琅琊并不符合勾践灭吴后越国的国家战略,越王勾践并未迁都琅琊。越国迁都琅琊一说,是勾践经营琅琊的行动及春秋晚期琅琊特殊的地位影响下形成的认识。

广西艺术学院平锋发言的题目为《文旅融合背景下瑶族盘王节的遗产展演与文化共生》。盘王节是瑶族民众纪念其祖先盘王的传统节日。盘王节汇集了丰富的瑶族传统文化事项,其中包括各级别的非物质文化遗产代表作项目,是瑶族传统文化集中展演的神圣空间和小生境。作为当地政府和民众合力打造的民族文化旅游品牌,盘王节是当地在乡村振兴大背景下为发展地方经济和传承民族文化而进行的一种地方性实践,实现了文旅融合、仪式展演与文化共生的多重目的,展现了文化空间的仪式性与生成性,同时也成为民族传统节日传承与转化的范例。

中国僚学研究中心戴国伟发言的题目为《古高凉俚僚人的历史担当和贡献》。其以隋谯国夫人冼夫人家族历史作为研究案例,系统分析了高凉俚僚人对国家、民族的社会文明进步的历史担当和贡献。

薛菁　　　　　王献军　　　　　孟鑫

平锋　　　　　戴国伟

第二组第三场学者发言

四、总　　结

在会议的闭幕式上,福建博物院楼建龙研究员和中国社会科学院考古研究所刘瑞研究员对两组发言进行了精彩的总结和点评。本次研讨内容大致可以分为"百越民族史研究的回顾与展望""百越文化的考古新发现""百越文化史研究的新技术、新方法与新视野""百越史地新论""百越区域文明研究"等专题。研究所涉地域范围包括安徽、江苏、上海、浙江、福建、江西、广东、广西等省市以及越南等东南亚国家。研究时段向上可追溯至新石器时代中期的跨湖桥文化和马家浜文化,向下可达秦汉时期乃至当今少数民族的研究。所涉及的学科则包括考古学、历史学、民族学、人类学、地理学、语言学以及古 DNA。参与会议发言的人员则既有参加过第一届年会的老先生,也有活跃于各高校及科研院所的一线研究人员,更有正处于学习阶段的本科生、硕士和博士研究生。正如郑君雷副会长在大会闭幕式总结中所言,本次会议发言题目所涉及学科的多元化和参与人群的多样化反映出百越民族史研究会影响力的扩大和受到更多相关学科研究人员的重视,而这势必推进百越民族史更深入的研究,为我国多民族国家统一团结和社会建设做出应有的贡献。

楼建龙　　　　　　刘瑞　　　　　　郑君雷

闭幕式发言学者

(原文载于"百越民族史"公众号 2020 年 11 月 28 日)

"越风悠悠——萧山越文化文物展"
在上海大学博物馆隆重开幕

　　2020年11月14日，上海大学联合杭州市萧山区博物馆策划举办的"越风悠悠——萧山越文化文物展"在上海大学博物馆隆重开幕。

　　开幕式由上海大学历史系主任徐坚教授主持，上海大学博物馆馆长李明斌和杭州市萧山区文化和广电旅游体育局党委委员周寅先后致辞。

上海大学历史系主任徐坚教授主持开幕式

　　李明斌馆长在致辞中说"越风悠悠——萧山越文化文物展"是上海大学博物馆筹建以来举办的首场出土文物展，对于上海大学及上海大学博物馆具有特别的意义，在此特别感谢杭州市萧山区博物馆、策展人曹峻老师以及全体工作人员为本次展览成功举办付出的辛勤努力。随后他介绍了越文化的历史意义和价值，提到上海大学博物馆是目前国内唯一专题展示和研究海派文化的博物馆，而越文化为海派文化提供了丰富的文化涵养，个性鲜明的越文化与兼容并蓄的海派文化相会于此，展现出了中华文化的传承与交融。

上海大学博物馆馆长李明斌在开幕式上致辞

周寅先生说,萧山是吴越文化的发源地之一,吴越文化大有可为。希望通过本次展览和越文化研讨会,萧山区博物馆提供的70余件藏品能够与与会的专家学者碰撞出学术的火花。他诚挚地邀请各位专家学者去往萧山进行相关的指导和帮助,希望有机会承办百越研究会的相关活动,为萧山的越文化研究贡献一份力量。

杭州市萧山区文化和广电旅游体育局党委委员周寅在开幕式上致辞

此次展览共分三个板块,分别是"刳木为舟""古瓷肇兴""越器流芳"。通过萧山地区远古时期独木舟、上古时代先秦硬陶与原始瓷、中古时期青瓷器等不同时段、不同类别的文化遗物,向观众们讲述古越文化独特而又丰富的深厚内涵。

与会嘉宾参观展览

　　从史前文明曙光初现的川泽湖滨,到物阜民丰、文风昌盛的江南沃土,越文化发源于远古,成形于春秋战国,深深熔铸于汉晋时人的精神和性格之中,亦被后世代代传承。作为越文化的发祥地之一,萧山有着悠久的历史,养育了智慧的古越民族,保存了自新石器时代晚期以来丰富的物质文化遗产。距今8 000年的跨湖桥文化,是先越土著文化的源头之一,出土了中国最古老的独木舟。贯穿商周的印纹硬陶和原始瓷器,不仅是越人物质文化与审美创造的代表,更是中国瓷器艺术之源头。汉六朝以降,越窑青瓷走向成熟,创烧千年而久盛不衰,留下享誉世界的艺术珍品。历史悠久、个性鲜明的越文化,是多元统一、兼容并包的中华文化的组成部分,亦是太平洋南岛语族海洋文明的重要来源。

　　跨湖桥是古越文明的发源地之一,位于杭州市萧山区西南约4公里的湘湖地区。距今约8 000年,跨湖桥先民在磨制石器、制陶、编织和造船等方面已有突出的发明和创造,其器物类型、制造技术与艺术风格有着独特的文化内涵。跨湖桥遗址所发现的独木舟遗存,是中国舟船制造的发端与航海探索的起点,对亚洲东南沿海、太平洋岛屿南岛语族海洋文明的形成有着重要影响。

　　《周易·系辞下》中有"刳木为舟,剡木为楫"的记载。独木舟是史前土著居民最早使用的水上交通工具之一。跨湖桥遗址出土的独木舟,是目前我国发现的最古老的舟船遗迹,表明距今8 000年,萧山湘湖一带的原始先民便已掌握一定的造船与航海技术。跨湖桥遗址独木舟的发现,证明中国大陆东南地区是世界上最早发明舟船、实现近海及远洋航行的地区之一。史前先民在近海采用独木舟,远航则使用边架艇形式。东南地区的土著

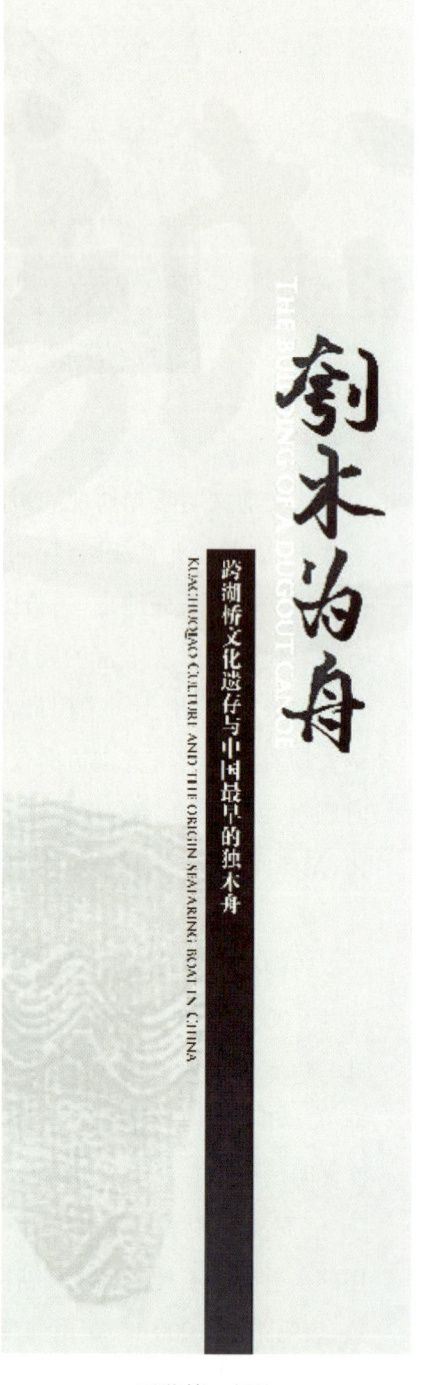

现场图　　　　　　　　　　　展览第一板块

现场展出的独木舟

居民于5 000—1 000年前渡海抵达中国台湾、菲律宾、太平洋群岛,以及南岛语族这一海洋族群的形成,与新石器时代中晚期东南沿海土著先民制造舟船、开启水上交通的探索密不可分。独木舟的诞生,标志着海洋移民与史前文化传播的开端。原始舟船则是文明交流与演进的重要工具。

商周时期,长江下游一带聚落兴盛,人口繁衍。生产力的进步推动了早期政治文明的发展,东周之时,雄踞东南的吴、越两国迅速崛起,势力此消彼长。公元前473年,越国灭吴,一跃成为春秋霸主。

越人在商代便已开始制造和使用印纹硬陶及原始瓷器物。器身上拍印的几何形装饰纹样,彰显了越地居民强烈的审美意识,亦标志着越人工匠娴熟的制造技艺。印纹硬陶与原始瓷,也成为先秦时期越民族独特文化内涵的载体,更是中国千年辉煌制瓷历史的开端。

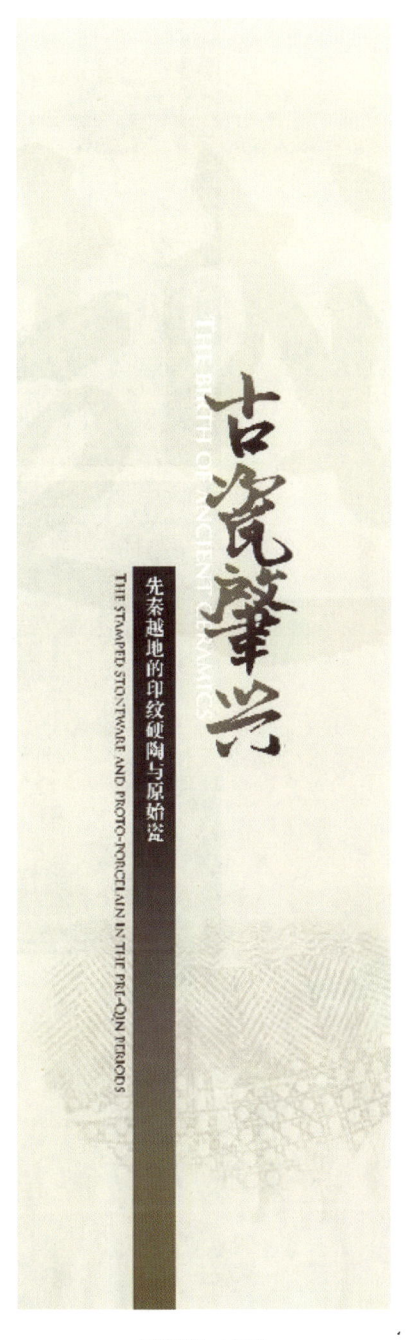

展览第二板块

印纹硬陶质地坚硬,烧成温度在1 100℃左右,商代时出现在长江中下游一带。西周至春秋战国时期,印纹硬陶得到极大发展,于吴越地区广为流行,器表的拍印纹饰极为丰富,同一件器物还施以两至三种不同纹饰。

展厅实景

编织纹单錾带流硬陶壶

"越风悠悠——萧山越文化文物展"在上海大学博物馆隆重开幕

原始瓷的出现有赖于成熟的印纹硬陶烧制工艺，是经过胎土选择、外表施釉、高温烧制后的一种"高温釉陶"，其化学组成与物理性能上已经不同于陶器，因此被称为"原始瓷"。印纹硬陶与原始瓷曾同窑烧造。战国以后，印纹硬陶逐渐走向衰落，逐渐为瓷器所取代。

展厅实景

在先秦原始瓷制作基础之上，东汉时期，越地便已率先烧制出成熟的青瓷。经三国至两晋，制瓷业得到极大发展，越地窑场林立，越窑工匠不仅锤炼了烧造技术，亦不断创新瓷器造型与装饰艺术。西晋永嘉之乱后，随着中原世族的"衣冠南渡"，江南地区成为中国又一经济与文化重心，越窑青瓷的发展也迎来了第一个高峰，终在唐五代时走向鼎盛。

青瓷堆塑罐又称魂瓶，是汉晋时江浙地区流行的一类丧葬明器。古人"事死如生"，堆塑的形象往往取材于生活场景、文化想象或宗教信仰，常见的有楼阁亭阙，杂耍舞乐，莲坐佛像，飞禽走兽等。堆塑造型小而精致，栩栩如生，整体观之层次分明、杂而不乱，浓缩了人间百态、社会风俗以及当时人们的精神世界。

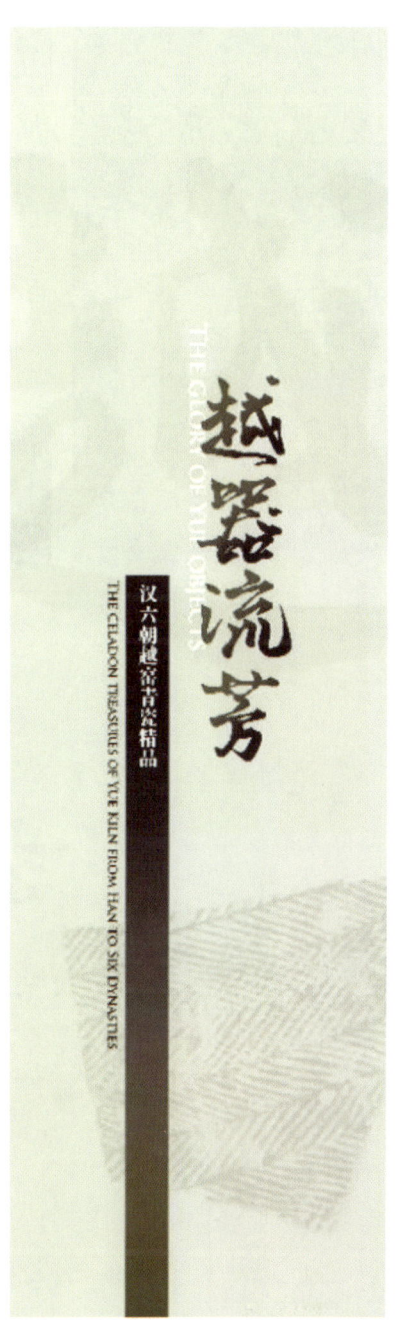

展览第三板块

本次展览展品丰富，包括萧山地区远古时期独木舟、上古时代先秦硬陶与原始瓷、中古时期青瓷器等不同时段、不同类别的文化遗物，向观众们讲述古越文化独特而又丰富的深厚内涵。

青釉堆塑罐　　　　　　　　　　　　展厅实景

展览海报

（原文载于"上海大学博物馆"公众号 2020 年 11 月 14 日）

编 后 记

2020年适逢百越民族史研究会成立40周年，百越民族史研究会与上海大学共同举办了第十九次年会暨成立40周年的纪念研讨会。尽管受到疫情的影响，会议仍克服重重困难，如期在深秋时节美丽的上海大学校园召开。来自中国社会科学院考古研究所、故宫博物院、复旦大学、南京大学、厦门大学、中山大学、湖南大学、中央民族大学、郑州大学、上海大学、暨南大学、安徽大学、上海博物馆、浙江省文物考古研究所、福建博物院、湖南省文物考古研究所、江西省博物馆、四川省文物考古研究院、广西文物保护与考古研究所、海南省文物考古研究所等数十家文博单位近百名学者在线上和线下参加了本次会议。为了配合会议的召开，上海大学博物馆联合杭州市萧山区博物馆同期策划"悠悠越风——萧山越文化文物展"，并在新华网客户端等平台进行直播导览。会议和展览都取得了很大成功，中国社会科学网、中国考古网、澎湃新闻等媒体平台都对此次盛会进行详细报道和推送，在学界和社会上产生了广泛的影响。

会议和展览的成功举办，离不开方方面面的大力支持和配合。从百越民族史研究会到各位参会代表，从上海大学各层级各部门领导和工作人员到学生志愿者们，从上大博物馆和萧山博物馆的策展团队到展陈和运输公司的文物转运和布展，从上海博物馆考古部安排的现场参观到媒体记者的摄影、撰稿、推送，乃至为学者代表们提供住宿、餐饮、会场设备调试的后勤，等等，此次会议和展览的圆满完成，凝聚了所有人为之付出的大量艰辛和汗水。在此，谨对各位致以由衷的谢意。

会议结束后，会务组又在上海大学段勇副书记的支持下，从收到的22篇参会论文中遴选出17篇论文编辑出版。上海大学段勇副书记、百越民族史研究会高蒙河会长为本文集作了序言。此外，我们将会议期间对会议开幕式、分组研讨和同期展览的3篇推文附在文后，以使读者对本次会议和相关学术活动有较为详细和全面的了解。最后，感谢上海古籍出版社缪丹女士和本书编辑姚明辉先生对文集出版所做的努力和辛勤工作。

编 者

2023年9月